“十三五”职业教育国家规划教材

新编21世纪高等职业教育精品教材·工商管理类

创业法律实务

CHUANGYE FALÜ SHIWU

（第3版）

孙祥和 ◎ 编著

中国人民大学出版社

·北京·

前言

Preface

如今的大学生早已不是只在学校闷头读书的“书呆子”，他们之中的很多人，在大学阶段就开始规划自己的未来，开创自己的事业。他们依托熟悉的校园市场环境，通过努力把虚拟的创业梦想一步步转化为现实，在创业路上走得既艰辛又充实。创业已成为象牙塔里一道靓丽的风景。

说起大学生创业，就不得不提及义乌工商职业技术学院。学校紧密依托义乌市场优势，秉承“尚德崇文 创业立身”的校训精神，结合办学实际和市场需求，走出了一条以“创”立校的特色办学之路，形成了创业教育、创意教育、国际教育三大特色教育，在培育创业创新人才、服务地方经济方面取得了突出成绩。学校是浙江省高职高水平学校、浙江省优质高职院校、首批浙江省创业型大学建设试点院校，跻身全国高等职业院校育人成效50强、服务贡献50强、国际影响力50强，荣登全国创新创业典型经验高校，获评全国高校实践育人创新创业基地。2011年3月29日，全球创业周峰会在上海开幕，义乌工商职业技术学院作为全国高职院校、浙江省属高校的唯一代表，与清华大学、北京大学等12所知名高校一同参加了中国大学生自主创业成果展、交流展。

学校不断强化创新创业育人成效，率先在浙江省成立实体化运作的创业学院，建有1.28万平方米的大学生创业园，设立30家师徒制专创工作室。“创”系列文化三次荣获教育部全国高校校园文化建设优秀成果奖；获评全国高校实践育人创新创业基地、浙江省大众创业万众创新示范基地、浙江省众创空间；学生创业项目连续两届获“创青春”中国大学生创业计划竞赛金奖。应届毕业生自主创业率稳定在12%左右，60%以上的毕业生留在本地就业创业，成为地方创新创业的生力军。

《创业法律实务》（第3版）整合并融入了全国多所大学学生创业的故事，提炼了他们创业历程中应用法律知识处理创业事务及遭遇的风险和陷阱，并把他们的创业历程分解为一项项任务。为了便于学生学习和增强教材的趣味性，笔者虚构了一位思维活跃、经历丰富、交友广泛的创业大学生陈碗与一名创业指导老师孙博士，以项目为推进，以任务为导向，把众多现实的法律实务抽象为教材中陈碗的经历以及陈碗和孙博士之间的轻松交流。在其中一些项目和任务中，陈碗是以第一人称的身份出现的。在编著过程中，笔者尽可能让相同的知识只出现一次，以保证教材知识容量尽可能丰富。在内容选取方面，本教材内容与创业者的创业活动和经营管理活动密切相关。在各部分内容中，笔者合理安排法律实务实训活动，注重培养学生的实际操作能力。学生在实训过程中将自己模拟为创业者，根据创业者在创业活动中和经营管理中可能面对的法律事务和出现的问题来安排不同的角色，从各自不同的立场来分析问题和解决问题，锻炼和提高自己的创业能力。创业法律实务课程的开设目的是使学生更好地开展创业活动。

人物：陈碗——大学生创业行动者，开过淘宝店铺、设立过个人独资企业、组建过合伙企业和有限公司（偶在创电子商务有限公司）；孙博士——大学生创业活动法律指导老师，法学博士，律师。

地点：海滨市，海滨市集贸市场。

本教材自出版以来，深受创业大学生和广大社会创业者的喜爱，对他们开展创业活动起到了很好的指导作用。党的十八大以来，中共中央、国务院更加重视创业活动和创业教育，全国兴起一股“大众创业、万众创新”的草根创业新浪潮，也激发社会诸多领域变革。国家加强顶层设计，全面深化改革，对行政法规进行了系统梳理，清理负面清单，试点“最多跑一次”改革，分批废止和修改行政法规，取得一个又一个领域的突破，社会治理能力明显提升，中国法治环境焕然一新。同时，互联网快速发展，创业过程中的新问题、新事物涌现，相关法律法规也为适应社会经济发展需要不断制定、颁发和修订，特别是2020年《中华人民共和国民法典》的诞生。

本次修订充分吸收第1、2版出版以来国家法律法规制定和修订的新成果，将相关背景资料信息更新到最新状态，新增互联网背景下的电子商务、跨境电子商务及网络相关法律多项内容，新增党的十八大以来国家深化改革的重要内容特别是司法领域深化改革的重要内容等背景知识，并对教材中涉及的案例、技能训练等内容进行了大幅调整和更新，同时吸收借鉴教材前两版使用和阅读过程中读者的大量意见和建议，使得教材更加贴近创业实际。

党的二十大报告首次把教育、科技、人才单列成章，并进行三位一体的统筹部署，明确指出“教育、科技、人才是全面建设社会主义现代化国家的基础性、战略性支撑”，导向鲜明、意义深远，充分体现了新征程上党和国家事业发展对教育工作寄予更高期待、提出更高要求。

科技是第一生产力、人才是第一资源、创新是第一动力。党的二十大报告强调，要坚持教育优先发展、科技自立自强、人才引领驱动，加快建设教育强国、科技强国、人才强国。这为科教事业长远发展提供了根本遵循。创新创业教育正成为高校教育的重要目标之一，大学生法律素质培养在创业能力上的体现尤为突出。

本次修订，深入挖掘教材中的思政教育元素，用习近平新时代中国特色社会主义思想铸魂育人，突出素养目标和价值提升，根据国家法律法规制定和修订的新成果、特别是《中华人民共和国民法典》，调整和更新相关法律知识，并对相关背景资料和信息进行了必要更新，以使得教材更加贴近教学需求。

孙祥和

2022 年 11 月

目　录

Contents

导论
创业活动需要法律护航

视频资源

如今的大学生早已不是只在学校闷头读书的“书呆子”，他们之中的很多人，在大学阶段就开始规划自己的未来，开创自己的事业。他们依托熟悉的校园市场环境，通过努力把虚拟的创业梦想一步步转化为现实，在创业路上走得既艰辛又充实。创业已成为象牙塔里一道靓丽的风景。

本教材从几则大学生创业的故事开始，依次展开创业法律实务课程的内容。创业法律实务讲述的是创业活动过程中涉及的法律实务，也是创业活动所需要的法律实务。

导论有两项任务，分别是：

任务 1　认识创业者，了解他们的故事

任务 2　创业活动中学习法律知识的意义

能力目标

- 认识创业者，了解大学生开展创业活动的形式，熟悉他们的创业故事
- 熟悉大学生创业活动中可能遭遇的法律陷阱
- 认识法律对于大学生创业活动的积极作用

知识目标

- 大学生开展创业活动的形式

◆ 大学生创业活动中可能遭遇的法律陷阱
◆ 创业活动中需要应用法律知识处理的事务

职业目标

◆ 通过本项目学习，分析大学生开展创业活动的优势和劣势，结合自身实际选择合适的创业路径
◆ 通过本项目学习，培养法律意识

素养目标

通过对本书导论的学习，强化法治信仰和法治思维，培养安全创业意识，培养合法创业意识。

设问：在高校持续扩招、大学生就业形势越来越严峻的情况下，开展创业不失为一种既具有吸引力又具有感染力的行为。人的行为是从模仿开始的，我们能够从已经有过创业活动经历的学长身上发现什么、学到什么？创业活动中有哪些坎坷？法律对我们迈过这些坎坷又具有什么样的作用？让我们先从阅读学长们的创业故事开始吧。

任务1 认识创业者，了解他们的故事

青年是国家和民族的希望，创新是社会进步的灵魂，创业是推动经济社会发展、改善民生的重要途径。青年学生富有想象力和创造力，是创新创业的有生力量。希望广大青年学生把自己的人生追求同国家发展进步、人民伟大实践紧密结合起来，刻苦学习，脚踏实地，锐意进取，在创新创业中展示才华、服务社会。

——习近平致2013年全球创业周中国站活动组委会的贺信（2013年11月8日）

自2016年起，中国人民大学从全国调研和基础数据着手，每年编写《中国大学生创业报告》。2021年4月24日，《中国大学生创业报告2020》发布。报告编写者通过大样本的数据调查发现，中国大学生的创业意愿持续攀升，2020年在校大学生表现出创业意愿的比重为历年新高。除受到个体家庭因素的影响外，政府和社会对创业的支持、高校的创业理论教育和实践活动，均对在校大学生的创业意愿、创业动机及创业企业绩效有显著的积极影响。而大学生自主创业者的品质特征较个人统计特征对创业绩效的影响更为显著，创新性、先动性与风险承担性的品质特征对创业者的创业绩效呈正向影响。

调查发现，我国大学生有较好的社会创业特质，如同情心、亲社会动机等个性特征明显；在校大学生对社会创业持积极心态，高达49.86%的在校大学生有较强烈的社会创业意愿。尽管我国社会创业大学生所创办的社会企业规模小，但可持续性强，估值高，存在较高的人力资本溢价。①

一、互联网爆发式发展为大学生创业带来巨大契机

互联网为中国大学生创业带来巨大契机。“互联网+”的一大特点就是链接和改造传统行业，而当代大学生正是在网络上成长起来的一代人。教育部、网信办、发改委等部门在2015年开始举办中国国际“互联网+”大学生创新创业大赛，到现在已举办七届，参赛高校达2 000多所，学生报名项目累计达220万余个，参赛人数达950万余人，带动全国数百万大学生投入创新创业活动。

（一）石豪杰：从贷款上大学到百万富翁

2009年9月，石豪杰来到义乌工商职业技术学院报到，6 000元学费还是通过学校提

① 邹硕．中国人民大学发布《中国大学生创业报告2020》［EB/OL］.（2021－04－26）https://baijiahao.baidu.com/s?id=1698084380053645197&wfr=spider&for=pc.

供的助学贷款筹集的。开学不久，在学院创业氛围的影响下，他开始捣鼓淘宝小店，并时常到义乌各大市场了解情况。起步阶段，石豪杰寻找货源四处碰壁，最后通过淘宝批发店进货才打开了淘宝小店的局面。11月，突如其来的寒潮使得南方的天气异常寒冷，石豪杰的一款产品——“USB暖鞋”卖得异常红火。4个月后，他的淘宝小店信誉达到四蓝钻。2010年4月初，石豪杰开始关注3D眼镜。5月，随着3D电影的热播，3D眼镜成为抢手货，在国内3D眼镜市场一炮打响。石豪杰的小店一天的接单量达到了两三千份。很快，石豪杰开始申报自己的专利，并涉足产品批发。到最后，他毅然放弃了经营红火的淘宝小店，全力投入批发领域，先后在“1688”“出口通”等批发平台投入巨资。“做‘出口通’时，开店成本近3万元，做广告花了近4万元。”投入批发领域后，石豪杰并没有很快取得成功，前两个月几乎没有生意，亏损了1万多元。第一份订单是印度客人的2 000副眼镜，虽然订货不多，但利润是国内的几倍，一笔生意就扭转了经营劣势。通过“出口通”平台，他接下了来自世界500强企业的一个大订单：250万副3D眼镜，“每副眼镜0.48美元，利润能达到1元人民币……”

在义乌江东四区可以见到石豪杰创办的公司——义乌睿清光电科技有限公司，一幢4层高的大楼，2楼是办公区，其他3层均为仓库，里面满是各种型号的3D眼镜。办公区陈放着他申请的5项3D眼镜专利及专利所转化成的产品，公司10多名员工每天忙得不亦乐乎。现如今，公司已发展成为一家拥有一定实力的3D眼镜研发、销售企业，年销售额超过千万元，并在深圳、温州开了两家分公司。公司网店触角伸及欧美市场，与英国、保加利亚等50多个国家有网购业务往来，2011年9月至11月，公司网购出口额达300万美元。①

2012年10月，随着公司品牌知名度的扩大，石豪杰还开始给一些大公司提供立体方案咨询业务。截至2012年底，石豪杰的公司一年营业额达到了5 000万元。

（二）刘欢：创业做跨境电商，年收入十多万元

生于1992年的刘欢在2011年高考失利后离开校园到社会上闯荡。当时，国内的电子商务已逐渐兴起，刘欢在腾讯旗下的拍拍网工作了一年，在工作中他发现自己很多专业的东西都不会，依旧需要通过学习来提升自己。刘欢谈道：“在拍拍网工作的一年中，由于专业知识缺乏，我吃了很多苦头，即使每天加班还是赶不上别人的进度。那段时间让我觉得很累并且也意识到没有专业知识是很难有发展空间的，因此我有了返回学校继续学习的念头。”

返校复读一年后，刘欢于2013年9月走进武昌理工学院，成为该校电子商务专业

① 陈彬峰．“淘宝班”批量生产“百万富翁”［N］．金华晚报，2011-10-11；王志坚．石豪杰：该劝退还是评优秀毕业生［N］．浙中新报，2011-10-12.

的学生。

进入大学后的刘欢在专业课上学到了很多专业知识，在学校组织的有关电子商务专业的讲座和研讨会中得到了很多新的感悟和体会。大一下学期，刘欢从学校设立的电子商务孵化基地的创业项目中产生了创业的冲动。在拍拍网工作了一年的刘欢发现国内电子商务存在很多弊病，就决定做跨境电商。怀着试一试的心态，他用自己工作一年的积蓄作为资金，开启了跨境电商创业之路。创业之路并没有想象中那么顺利，在开始创业的几个月里，一笔业务也没有的状况让刘欢受到了很大的打击，但是他并没有放弃，依旧坚持了下来。刘欢在产品质量、物流质量、服务质量等方面考量没有销量的原因，最终发现物流服务对于跨境电商很重要。意识到问题后的刘欢在与物流公司的协商中一步步解决了物流问题，半年后终于迎来了第一笔订单。随着第一笔订单的到来，刘欢的创业之路越来越顺利。2015 年全年销售量达到了 35 万元，净利润达到 30%。

现在已经大三的刘欢，创业之路已逐步走上了正轨，他增加了两个帮手，成为其继续创业路上的合伙人。他将电子产品和汽车配件出口到包括美国、俄罗斯等四五十个国家和地区，年收入已达到十多万元，而这个数字正在逐渐增长。

虽然创业花费了他很多的时间，但是对于学业他从来没有松懈过。在学校他认真学习专业课知识，没有因为创业而耽误课业。[①]

（三）薛静：大四女生开公司替人跑腿，代取快递一件 2 元

某日中午 12 点多，在郑州航空工业管理学院（以下简称“郑州航院”）东苑餐厅附近的一个快递点，下课的学生慢慢向这里聚集，不一会儿就排起了长队。

在这里做事的快递员薛亚威说：“最近有一个人来，一下子取了十几件快递，说是帮同学取的，还给我看了取快递的短信，我们也核对了电话，都一致后就把快递给了他。”

据悉，一下子取走这么多快递的，是一个叫“××跑跑”的公司的工作人员。

“××跑跑”公司的创始人之一薛静，是这所学校的一名大四学生。她自己之前做微商，每天要去快递接收点取很多快递，有时候会想，“要是有人能帮忙取就好了，那其他人也一定有这样的想法吧”。说干就干，去年年底，在老师的帮助下，薛静开始了该项目的创业。

因为有政策扶持，薛静公司的办公地点不用交租金，老师也会帮忙申请一些补助，创业成本不是特别高，只有两三万元。如今，该公司有自己的微信公众号，有需要服务的学生在公众号中下单，他们再把单子转给“跑男”“跑女”们，代取一件普通快递收

① 吕秋晴，皮媛媛，鲁信．将电子产品和汽车配件出售到国外——武汉在校大学生创业做跨境电商 年收入十多万元［EB/OL］．（2016－03－25）http://www.znonline.net/html/xinwen/jingjingxiaoyuan/2016/0325/70693.html.

费2元。如果快递体积较大，将根据情况商议价格，一般在2～10元不等。目前，薛静的团队有30个人左右，都是郑州航院的在校大学生。

当问及学生做“跑男”“跑女”是否会耽误课程时，薛静表示，公司有所有员工的课程表，一般都是安排他们在没有课的时候接单子，而且他们的送取服务都有比较固定的时间点，如中午和晚自习前那一段时间。

其实不只是郑州航院，随着网购越来越普及，河南不少高校都出现了代取快递的服务。在河南农业大学龙子湖校区的一个快递接收点的墙上，有这样一个小纸条，上面写着：代取快递啦，详情加QQ×××××××××。加该号为QQ好友后，对方发来了一份代领须知，收费须知里写道：在菜鸟驿站一次1元（下楼自取），如需上楼，1、2、3楼0.5元，4、5、6楼1元。在微博上，资料显示院校为河南理工大学的一位网友晒出了一张传单，上面写着：还在为冬季打开水发愁吗？还担心早上起来没有热水吗？现在，“滴滴打水”成立了，将为你提供优质的送水服务。①

二、知识产权催生创业

（一）黄鹏：大学生创业开设计公司一年利润百万

“创青春”全国大学生创业大赛近日启动，曾是该项大赛获奖选手的黄鹏大学期间便开始了创业历程。2016年，才从湖北经济学院毕业的他，所创立设计公司年利润已近百万元。

黄鹏是一名艺术专业学生，是2016年京东创培营唯一入围的湖北高校选手，在京东创培营中接受了为期半年的培训。“艺拍即合”平价艺术品交易平台正是这半年京东创培营辅导的潜力项目。

来自农村的黄鹏利用2012年高考后的时间和一个同学去了广州一家瓷砖厂打工。这段经历让他立下了未来创业的决心。由于自己是一名艺术生，黄鹏开始考虑在文化创意领域创业。为了提高专业能力，他在大一下学期召集了几名同学，成立了“小黑马设计小组”，并随后发展成为武汉马邦文化创意有限公司。开始在校园内帮学校的一些职能机构和学生组织设计文化产品。“创意行业，拼的就是一个新。”黄鹏说，为了让公司员工都能保持丰富的创意，黄鹏总是带着员工一起参加各种创意比赛。

2013年，黄鹏携公司骨干成员参加了全国大学生电子商务“创新、创意及创业”挑战赛全国总决赛，并获得了一等奖，而后又获得了“创青春”湖北省大学生创业大赛银奖、DI创新思维大赛亚太区北京国际邀请赛亚太区艺术类一等奖等一系列奖项。

2016年4月，黄鹏从全国近1万人中脱颖而出，成为最终入围“京东首届创培营”

---

① 刘慧丽．大四女生开公司替人跑腿，代取快递一件2元［N］．河南商报，2016-11-30.

的 7 名学员之一。在京东的半年时间里，他获得了诸多交流学习的机会。

在筛选掉继续经营原公司和回农村做农业两条路后，他最终定下了做线上线下结合的艺术品交易平台的目标。“专业是艺术，也是我感兴趣的。但国内现有的几个大交易平台，艺术爱好者要是想在这些平台上交易，必须有营业执照或交纳不菲的保证金。”黄鹏希望建立一个老百姓买得起、艺术家作品有地方展示并销售的平台。普通艺术家的手绘作品定价为 100～500 元，签约大家的画定价不超过 5 000 元。这是黄鹏对自己打造的“艺拍即合”平台产品的定价。

平价并不意味着质低。例如：目前该平台已经签约的工笔画名家郭念桐的作品市场价在每平尺8 000元，而在“艺拍即合”平台，即使是 4 平尺的画最高也只卖 5 000 元。据悉，目前已经签约的全国知名画家已达上百名。

如今，投入 60 万元启动资金的“艺拍即合”网站已上线，位于五洲艺术城 8 000 平方米的实体展厅也吸引了不少游客驻足。[①]

（二）浙江工商职业技术学院：学生专利，企业“抢购”

“同学，你的电器专利产品转让意向价是多少？”“娄梦琳同学的两个专利产品，我都要了。”……爱特科电器公司、浙博克洁具公司等 20 多家国内外企业，慕名前来浙江工商职业技术学院“抢购”该校学生 2010 年 11 月以来半年内新鲜出炉的专利，包括：漂亮的拉杆箱——打开盖子，却是一个小体积、折叠式的便携式野外烧烤炉；看似电视遥控器，其实是电磁辐射测定器；具备太阳能发电装置的凉亭；具有照明功能的扫帚；便携式 LED 感应灯；有显示功能的药箱……一共 80 多件作品，其中 3 项专利已经投入企业的实际生产中，有近半专利已与企业达成开发意向。姚滟同学申请的“具有照明功能的雨伞”国家专利吸引了 5 个企业争相购买，最后被爱特科电器公司以 10 万元人民币的价格成功抢购。

（三）邬金龙：学子出道 5 000 万叫卖“魔鞋”

当大多数大学毕业生还在为找工作发愁时，2009 年 7 月从四川师范大学毕业的巴中小伙邬金龙，在大学期间先后申请到了 3 项实用新型专利，凭借专利转让成为百万富翁，并开始自主创业。

2004 年 12 月，邬金龙以约 100 万元的价格第一次卖出当年申请的实用新型专利——“汽车防撞系统配件”。邬金龙认为，凭一己之力在国内独立推广非常困难，所以选择了转让。

邬金龙卖出的最新专利是正式名称为“带附加结构件的鞋”，即“魔鞋”。邬金龙不

---

① 周萍英．大学生创业开设计公司一年利润百万［N］．楚天金报，2017-05-02.

厌其烦地向投资人展示商业计划书并介绍前景。最终，邬金龙和成都两家有实力的公司合作成立了新公司，邬金龙以专利入股，占30%的股份。邬金龙认为，如果专利转换事业做大了，他能够从中持续获得收益。

（四）校园风：商标持续支持创业事业壮大

2008年从郑州大学毕业的张惠敏，在摸索中走上了创业之路，并成为“创业明星”。考上大学后，她就自己挣钱解决学费和生活费，从卖报纸、卖电话卡到批发电话卡，她最终把目光投向在高校很有潜力的旅游代理上，打出了“校园风”品牌。2008年年初，她和搭档凭借出色的创业方案赢得了8万元创业基金，不失时机地为“校园风”注册了商标。如今，“校园风”假日旅行占据了80%的校园市场，他们的目标是打造校园第一消费品牌。①

三、工匠精神助力创业

（一）闵丹萍：开个性礼品定制店月入万元

95后的闵丹萍虽然年龄不大，但却经营着一家实体店和相应的淘宝店，拥有一个4人的创业团队，月营业额近3万元，每个月的纯收入超过万元。在同学们眼中，闵丹萍已经成为一个不折不扣的“土豪”。2016年，刚满20岁的闵丹萍凭借个性DIY礼品定制项目通过层层选拔，从百余人中脱颖而出，进入荆州市首届创业计划书大赛决赛，并获得三等奖。

闵丹萍是湖北中医药高等专科学校的一名大二学生。从大一开始，她就通过摆地摊卖一些化妆品和小饰品来锻炼自己。后来，为了迎合大学生网上购物的热潮，闵丹萍开起了微店，在朋友圈售卖推销，凭借微店，闵丹萍月利润达到近千元。

一个偶然的机会，闵丹萍了解到个性DIY礼品定制市场前景广阔。2015年暑假期间，闵丹萍特地到北京了解、咨询该项目，并实地考察了类似的个性礼品定制店铺，进行了为期1个星期的专门培训。项目考察回来后，闵丹萍决定自己开一家个性礼品定制店。

说干就干，从店面装修、主题设计到安装设备，这些复杂琐碎的事情闵丹萍都要自己动手操作。2015年9月17日，在学校老师的帮助下，闵丹萍有了一家属于自己的店面。而2015年9月17日这个日子，也深深地烙印在闵丹萍的心里。

几台机器、一些制作DIY礼品的原材料全都就绪后，闵丹萍的小店开业了。店铺

① 蔡君彦．高校毕业生创业的呼声越来越高，但调查数据却显示其成功率相当低［EB/OL］．（2009-03-13）http://news.sina.com.cn/o/2009-03-13/072315302784s.shtml.

主打各种DIY定制：镂空金属照片、DIY人面公仔、3D手机壳、DIY拼图、车载水晶、抱枕、水晶相片、石版画、化妆镜、DIY巧克力、变色杯、鼠标垫、情侣衣、照片钥匙等系列生日礼物和纪念品，售价在10元到60元不等。让闵丹萍没有想到的是小店一开业就陆续接到很多订单，因其新颖、前卫、时髦，在不断增加消费额度的基础上满足了客户的各种要求，如今小店每天盈利近300元。

现在她注册成立了荆楚心潮个性DIY礼品定制有限公司，拥有一个4人的创业团队，并开设了相应的淘宝店，打造线上线下的DIY礼品定制服务。

谈起未来的发展方向，闵丹萍表示，虽然自己现在有了一家小店铺，也在网上开设了淘宝店，进行线上线下的销售，但她还是希望能成立一间专门的工作室。[①]

（二）施雁鹏：90后大学生创业不走寻常路，“私人定制”月入上万

俗话说：“三个臭皮匠，顶个诸葛亮。”在温州大学，有5个90后“手工皮匠达人”自建工作室，专门定制DIY手工包包，走上了一条不同寻常的大学生创业之路。

“我们身上的钱夹、卡包都是自己手工做的。”牛皮水桶包、潮范十足的手持公文包、动物造型的实用卡包、文艺范儿大爱的皮制笔记本、欧美大牌风十足的眼镜袋，这些皮具质量看起来与商场出售的无异，但款式却更别致且极具个性化。就读于温州大学美术与设计学院服装设计与工程专业的施雁鹏与同班同学程思等5人合伙开设了原未手工皮具工作室。取名“原未”，取“初心、本心”之意，希望通过手工制作的皮具留下时光的痕迹，寻回最淳朴的味道。为此，工作室除了推出私人定制服务外，还鼓励手作，推出DIY皮具，受到无数大学生的喜爱。如今，业绩好的时候，工作室月收入可达13 000元。

为了选购一块称心如意的原料，周末一有空，他们便会去黄龙商贸城或水心市场。从大学城坐公交车，来回需要2个小时。而买好皮料之后，他们还要再挤公交车把它们抱回来。现在的他们只需摸一摸、闻一闻便能分辨皮质的优劣。

刚创业时，工作室没有固定的工作场所，他们曾顶着众人异样的目光，坐在寝室过道上缝制。皮料坚硬而且粗糙，工作室里的4个“女汉子”手上几乎都有伤。经过潜心学习，如今他们制作皮包的技术已炉火纯青，并接到了学校给美术与设计学院280位毕业生制作印有学院LOGO的定制卡包纪念品的单子。

在这个工作室里分工明确，程思、周梦怡、余美珍负责产品设计与研发，郭笃鹏负责摄影，施雁鹏负责与外部对接。随着产品的不断推出，他们被越来越多的人知晓，形成了一个“原未”DIY皮具圈子。

---

① 解慧. 95后在校大学生自费创业月入万元 打造个性礼品定制［EB/OL］.（2016-01-11）http://www.hb.xinhuanet.com/2016-01/11/c_1117740291.htm.

现在你来到原未，有十几种皮具样式的图片供客户选择，一旦选好样式、皮料，“皮匠们”就会一个步骤一个步骤地教客户怎样自己制作皮具。

一个男生就特意跑到工作室，花了两天时间，给女朋友制作了一个小巧实用的零钱包。第一天来裁了皮料、打了孔，第二天上午只缝了三针就离开了。大家都以为他要放弃，哪知下午男生又来到工作室。“后来才知道，原来他看到那么多针线就不想缝了，但又觉得已经花了这么多功夫，放弃太可惜，所以硬着头皮将其完成，手工DIY还磨炼了他的耐心。”施雁鹏说。一个在速卖通上经营男鞋的店家则在他们的工作室里自己做了十几个皮具钥匙扣，作为送给外国客户的礼物，并受到了他们的一致好评。①

四、创业路上并非铺满鲜花

当然，大学生创业也并非没有挫折，事实上，他们的创业之路既艰辛又处处布满陷阱、充满风险。

（一）网络诈骗陷阱多

2012年6月，刚刚大学毕业的小张早在前几个月就在积极寻找合适的工作。由于一时没有找到心仪的工作，她就萌生了自主创业的想法。小张形容自己是个“雷厉风行”的人，进行了前期考察后，认定服装生意最赚钱。并且，她自认为考虑很周全：“做服装生意，一来可以在大学城附近开个门面，二来可以在网上销售。实体加网销，双管齐下。”

经过反复斟酌，小张决定先在夜市摆摊以积累资金，等到时机成熟后，再开实体店。

接下来，她通过网络选择了一家名为“致富金”的服装加盟店。小张了解到，这家加盟店在网上反响不错。与对方取得联系，大概了解了情况后，她决定加盟，并且按照对方要求先汇了3 000元诚意金。随后，加盟商让小张自己确定服装型号、款式，看中后便发货。

次日，小张确定好服装型号、数量，通知对方发货，这时，该加盟商通知其先打入5 000元的服装流通金额，并承诺可以根据小张的实际销售情况调换服装数量及款式，看中款式可以自行更换。小张想都没想就答应了这一要求。创业心切的她又找同学、亲戚借了几千元，凑足后将钱打过去。

转眼间，8 000元的前期费用打过去半个多月了，小张却没收到任何货物，对方也没再与她联系。

---

① 蔡驰凯，范怡瑜．90后大学生创业不走寻常路：“私人定制”月入上万［EB/OL］．（2015－05－06）http://news.66wz.com/system/2015/05/06/104438544.shtml.

这时，小张怀疑自己被骗了。于是赶紧跟对方联系。得不到加盟商任何说法后，小张要求退款，但加盟商却百般推脱，最后直接关机。[①]

2013年广西某大学即将毕业的大学生小强想在网上贷一笔创业金自主创业，不料贷款未得，反被骗各种保证金等6万余元。原来，小强看到目前就业压力大，就想到在网上贷款，毕业后自主创业。他通过网络搜索找到一家无抵押贷款公司。与对方联系后，对方要求他先交纳相关费用。于是，小强在5月25日至27日先后汇了800元、1万元、3万元、2万元的利息、还款能力金、押金、保证金等，共计6.08万元。小强家庭极其困难，被骗的钱均为其东补西凑筹到的。交了一系列费用后，小强并未收到贷款，顿感被骗立即向警方报案。[②]

（二）“小超之家”：仅存5个月就被迫停业

“小超之家”是一家专门提供水果配送的网站，从2011年6月上线，到11月中旬“谢幕”，仅存在了5个月。网站负责人杨智超当时正在中国科学院攻读硕士学位。在“谢幕公告”中，杨智超详细解说了自己的收支状况：每天的营业额在2 100元左右，利润率应该在30%左右，每天的毛利大约为600元。一个月下来，减去损耗和上货的人工成本，毛利应该在1.2万元左右。每个月房租支出是3 500元，加上水、电、煤气费，员工吃饭等应该在4 500元左右，员工工资为8 000元，加在一起每个月大体盈亏平衡。

杨智超有4个合伙人，10月之前，5个合伙人都是员工。虽然各有分工，但是遇到早上来货分单的情况，大家还是一起干。随着配送订单的增多，他们雇用了4名员工，包吃包住，每人每月工资为2 000元。4名员工的加入大大缩短了配送时间，但是员工增加了，问题也产生了，“5个老板，员工不知道该听谁的。”杨智超觉得，一家店5个老板的直接后果就是容易导致效率低下。有一次，合伙人讨论要不要在校园里发放优惠券。有人说需要发，相当于做广告了；有人说不能发，发了就好像卖的是廉价水果，最后大家没有得出一致结论。因为5个合伙人都出了资，杨智超虽然是主要负责人，但当合伙人之间出现争议时，他也不能发出强制命令。

租了房子之后，杨智超发现同一座楼里还有一家化妆品连锁店，经过与其经理沟通，“小超之家”把化妆品店的商品摆上了自己的网站，并且帮他们运送，每件化妆品可以拿20%的提成。问题就出在化妆品上。“当我们送第三件化妆品时，就有顾客反映化妆品是假货。”杨智超与合伙人到正规商场去买了同类商品作比较，果然发现了疑点，于是立即将化妆品下架。“一时联系不到化妆品店的经理，我们只好在网站上注明：‘由

---

① 戴诗卉．大学生创业遭网络诈骗 被骗8 000元“加盟费”［N］．金陵晚报，2012－06－20．

② 李斌．大学生网贷“创业金”被骗 自主创业须防诈骗［EB/OL］．（2013－11－07）http://news.xinhuanet.com/2013－11/07/c_118038545.htm．

于无法保证化妆品质量，因此暂停该项服务'。"杨智超说。没过几天，化妆品店的经理回来了，在与"小超之家"沟通合作情况时，却发现商品已经下架，"这个经理气急败坏，扬言要花钱找人收拾我们。""小超之家"后来在网站上挂了一个星期的"道歉信"后，此事才不了了之。[①]

（三）遭遇使用期陷阱，创业受挫

河南商业高等专科学校学生小陈曾满怀激情创业，结果事与愿违。她想开服装店，花500元钱定了一间临街小屋，准备装修时，却发现大红的"拆"字写上了墙。找到房东后，对方反怪她事先不到城建部门打听，定金一分不退。小陈后来试着开了一家饰品店，3个月后因经营不善关门。[②]

无独有偶，哈尔滨市某知名大学商业管理专业的大四学生刘小东等二人为了创业，从同学手里每人四五百元地借到了两万元，2008年3月从中央大街赛丽斯商场6楼"佳佳乐"快餐店老板手里购买了快餐店经营权并签订了转让合同。不料，接手后才发现赛丽斯商场6楼近期要转项经营，"佳佳乐"快餐店无法续约，等于花了两万元购买的经营权只有一个月的有效期。刘小东在短短的20多天里就赔了4 000多元。[③]

（四）超范围经营，重庆大学生创业被罚款

大学生创业时喜欢选择电子商务，但有些大学生因为不熟悉电子商务的相关法律法规而违法经营。渝中区工商分局电子商务监督所对辖区内从事电子商务的企业进行监管时，在某知名论坛上发现了一家重庆本地网站的推荐信息。在论坛发布广告会被删除，而这家网站发的信息是让大家去这家网站看看，并提出意见，涉嫌变相做广告。进入这家网站查看时，监管人员发现这是几个大学生创办的一家科技公司，但却从事奶粉、辅食等食品的网上销售活动。因该公司营业执照核准登记的经营范围中并无食品销售，从而受到了处罚。[④]

（五）违规设置户外广告，大学生创业被城管罚两万元

2008年，黄建斌从广州某大学法律专业毕业后不久，来西安创业，开办了粤满楼酒楼，在酒楼门头上挂了3块牌匾。2009年2月，莲湖区城管执法局进行门头牌匾集中规范整治，按照户外广告"一店一牌"的相关条例，要求限期拆除并拟执行2.1万元

---

① 陶涛，陈璐．水果配送网站倒闭"遗言"对创业者很有用［N］．中国青年报，2011-12-19．

② 蔡君彦．高校毕业生创业的呼声越来越高，但调查数据却显示其成功率相当低［EB/OL］．（2009-03-13）http://news.sina.com.cn/o/2009-03-13/072315302784s.shtml．

③ 谭启首，张非非．创业缺风险意识 20天赔四千多［N］．新晚报，2008-04-01．

④ 杜海．大学生创业网上做买卖 擅自超经营范围被查处［N］．重庆晨报，2009-02-08．

的处罚。酒楼开业还不到半年，经营状况不善，黄建斌还要为这一行为上交“学费”。最终，黄建斌通过请求召开听证会得到罚款数额的减免。①

（六）未签订劳动合同，创业大学生被追索双倍工资

2010年11月，陈女士应聘到大连市沙河口区某公司担任业务员，双方未签订劳动合同。2011年8月，公司单方面终止劳动关系，陈女士申请劳动仲裁，并提出追索双倍工资、经济补偿等，合计26 000多元。庭审中，企业辩称，陈女士是自行离岗，而不是公司通知其离岗的，未签订劳动合同也是陈女士本人的原因，但企业无法提供考勤表、职工花名册及工资支付明细等作为证据。最终此案以用工企业支付陈女士8 000元实现庭上和解。企业法人代表孙某系创业大学生。②

据大连市沙河口区劳动人事部门表示，每年平均能接手有关大学生创业企业的劳动纠纷达三四十起。

（七）误入歧途走歪道，一朝被抓，后悔莫及

2013年7月初，大渡口区的张女士上网时，突然电脑界面弹出一条信息，对方自称是某知名节目组委会，祝贺张女士经过电脑随机抽取，获得了该节目大奖，奖品是苹果笔记本电脑1台和128 000元的奖金。张女士是该节目的忠实“粉丝”，她立即注册账号并输入手机号和验证码。网上果然显示她中奖了，这打消了她心中的疑虑。

几分钟后，一个“400”开头的电话打到张女士的手机上，称领奖前要支付3 800元保证金，并缴税19 500元。张女士通过网上银行很快给对方汇了款，可是对方说没收到。张女士以为操作有误，又汇了同样数额的一笔钱到对方账号。之后，骗子又以银行卡冻结等多个理由先后四次让张女士汇钱。数日后，张女士还没收到奖品，汇出的钱也不知下落。这时，张女士才意识到可能上当了，马上报警。此时，张女士已损失了13万余元。

与张女士有相似遭遇的还有重庆某大学的学生小陈，他给骗子汇去了2 800元。

两个月里就有10余起类似案件，大渡口区警方成立了专案组。经过两个月侦查，该案主要犯罪嫌疑人及团伙成员明确。专案组民警在广西、福建、海南的三个工作组同时收网，分别抓获涉案主要犯罪嫌疑人高某、华某、乐某等6人，冻结赃款33万元。

团伙主犯高某告诉民警，团伙成员多数为刚毕业的大学生。高某称，自己从河南一所大学毕业，毕业后每个月工资只有3 000元，除去房租、水电以及吃饭等费用，所剩无几。看着毕业的一些同学一两年后便买车买房，心里十分不平衡。

一次偶然的机会，听人说起可以利用网站假消息骗钱，就动了心。于是他纠集了同

① 宋洁，贺苗．大学生创业被城管罚两万 申请开听证会减免［N］．西安晚报，2009-03-25.

② 杨璐．大学生创业法律知识欠缺 企业蒙受损失［N］．大连晚报，2011-12-18.

学华某、乐某、何某等5人，在一些知名网站上的一些新闻链接中植入木马，一旦有网民点击这条消息，木马就会启动，弹出“中奖”消息。接着一步步引导受害人，进入他们精心炮制的骗局。从年初开始成功作案10余起，涉案金额达50万元。[①]

2016年，24岁的文某大学毕业后来到江苏昆山找工作，因自己在大学时学的是计算机专业，就同他人注册了一家网络技术服务中心。刚开始，生意很不景气，文某为迅速改变现状，就利用该网络技术服务中心以打电话推销保健品、组织抽奖等方式实施诈骗。9月28日，文某因涉嫌诈骗罪，被江苏昆山警方上网追逃并已被抓获，羁押在看守所。[②]

（八）调查发现近五成创业大学生不清楚合同诈骗及形式

2015年9月—10月，共青团广西区委通过问卷调查、深度访谈等形式，抽取广西12个地市的31所高等院校，就广西创业大学生对创业风险与保障的了解情况展开了调查，收回212份有效问卷。调查结果表明，广西大学生创业面临的主要风险是对市场理解肤浅，导致权益受损难以保障。

这项调查发现，受访的创业大学生对其创业项目如何获得市场收益及成本控制“很清楚”的只有18.46%，而表示“不是很清楚及不清楚”的比例高达35.9%。

因为对市场理解肤浅，大学生创业者普遍对法律法规缺乏清晰的认识，对创业中可能遭遇的合同诈骗、供应商跑路等情况更是不甚了解。

调查发现，近五成（49.74%）的受访大学生创业者对合同诈骗及形式不清楚，还有近三成受访者表示会一次性与“好朋友或信得过”的合作伙伴签订大额合同。这表明在创业过程中，由于识别诈骗能力不足，很多创业大学生可能会面临大概率的风险和权益受损。

此外，86.15%的受访者选择合作伙伴时最看中的是对方的经营绩效，而很少注意合作伙伴及企业的信誉；77.95%的受访者在“与合作伙伴关系好”的情况下，对开展跨行业经营没有明确的选择。这些都是造成大学生创业风险和权益受损的重要原因。

“如果当时能咨询一下专业法律人士，或者能有权威、经验丰富的创业前辈提醒一下的话，应该就不会出现这种情况了。”

2013年12月，当时还在桂林航天工业学院就读的刘晨和同学一起创业，筹划开展手机销售业务。经朋友介绍，刘晨结识了一位在学校开了家实体数码店、“挺有实力的”供货商赵刚（化名）。

赵刚自称是某品牌手机桂林区域代理商，并出示了自己的营业执照和向其他人订购手机的合同。赵刚还告诉刘晨，刘晨认识的两个朋友都与他有过交易。种种信息让刘晨

---

① 李澜.6名大学生“创业”假冒“好声音”网站诈骗50万元［N］.重庆晨报，2013-10-16.

② 陈扬.宿州一大学生创业艰难走歪道 利用网络技术实施诈骗［EB/OL］.（2016-10-10）http://365jia.cn/news/2016-10-10/D9DDC0CBD3A76644.html.

逐渐相信了赵刚。2013 年 12 月 16 日，刘晨和他的创业团队决定向赵刚订购 220 台手机，对方保证在 5 天内交付完手机，但约定的时间过去了，这批货却迟迟没送到。

之后，赵刚又以只要下新单，就可以让厂家恢复正常供货为由，不断催促刘晨的创业团队继续投钱下单。刘晨前后共计投入 39.6 万元订购了 720 台手机，最后却只拿到 50 台。

在与桂林其他院校的大学生创业团队沟通后，刘晨才得知自己并不是唯一创业“被坑”的人。桂林电子科技大学、桂林理工大学和广西师范大学漓江学院等院校的多个大学生创业团队都有类似遭遇，赵刚未履行的货款金额达 270 余万元。

2014 年初，“被坑”的大学生创业者向桂林警方报案。但由于交易合同签订不完善，甚至有的学生团队在交易时根本没有签订书面合同，交货时的凭证也保存得不够详细、完整，使得调查取证更加困难。赵刚被警方拘留了一段时间后，桂林市七星区人民检察院以证据不足为由作出了不予批捕的决定，赵刚获释。

广西艺术学院大三学生杨朔也曾遭遇创业“被坑”。作为广西钰天大学生创业联盟的负责人，杨朔“休学 3 年创业，也走了 3 年弯路”。

2014 年暑假，自称某劳务派遣公司员工的张达（化名）找到杨朔，表示可以在暑假介绍大学生去广东兼职打工，希望杨朔可以帮忙招人，并可给予一笔佣金。

当时正处于创业起步期的杨朔和创业伙伴相信了张达。保险起见，双方第一次合作时只招了 24 人去广东工作，钰天大学生创业联盟的一位负责人也陪同过去。

招募学生并送去广东后，杨朔他们发现用人单位“已招满人，不需要了”。此时，杨朔才明白自己和创业伙伴“被坑”了，想找张达“要个说法”。但由于钰天大学生创业联盟并未注册为企业或组织结构，他们与张达所属公司签订的合约并不具有法律效力。无奈之下，杨朔和他的创业伙伴只好自己掏钱把当初招募的学生接了回来。

被合作伙伴欺骗后，刘晨和杨朔曾都曾向公安、工商等部门反映过情况，但由于签订的合同不具有法律效力，或因为未保存完整证据等原因，他们的维权道路依旧艰难。

以往的创新创业宣传中存在一个误区：往往只讲成功的项目和故事，很少讲失败的案例。这会让很多大学生对创业的想象过于美好简单，而忽视了背后的艰辛和风险。①

任务 2 创业活动中学习法律知识的意义

从上述创业者创业的故事中我们可以看出，创业必须解决干什么以及怎么干的问

① 王林，陈娑妃．中青报谈大学生创业被坑：近五成受访者不清楚合同诈骗及形式［N］．中国青年报，2016-01-31.

题。干什么，就是做什么项目。石豪杰等大学生起步时都是卖商品；刘欢是从做跨境电商起步；薛静等把小“跑腿”做成“大跨越”；黄鹏等发挥自身设计和专业特长；闵丹萍、施雁鹏等则发扬工匠精神，通过组建团队设计和制作产品实现创业梦想；邬金龙则是利用自己的专利与他人合作生产、销售专利产品。怎么干，需要解决以什么形式干和用什么方法干的问题。具体创办一个承载创业事业的载体——创业实体，这可能是一个线下的实体店铺或网上的淘宝店铺——义乌工商职业技术学院的创业大学生大多有这样的店；也可能是一个合伙（组织或）公司——邬金龙以专利入股与合作方组建了新的公司，“小超之家”几个研究生组建了合伙企业，石豪杰等同学先后创办了属于自己的公司。在创业活动过程中，创业者努力推进自己的创业事业，涉及产品开发、商务谈判、专利申请和应用、商标注册与保护、资金需求和使用、员工聘用与公司治理、产品质量维护与消费者/竞争者关系处理、连锁加盟、代理、厂房和仓库租赁等各种事务，纷繁复杂。

创业者在创业征程上每走一步都离不开法律的保驾护航。创业大学生对相关政策不了解、缺乏法律意识是普遍现象，这是制约大学生创业成功的主要原因。他们很少关注创业过程中的法律问题，如公司注册、合同签订、商标、劳动工资关系等。虽然对与创业相关的法律内容有所了解，但他们在实践中的众多环节上却忽视法律，在风险和利益同时存在的情况下，存在投机心理与冒险意识。他们都有先进的技术，也有由政府提供的资金支持，但因缺乏法律和后续支持，很快就生存不下去了。由于执照不年检、不报税等，他们被列入黑名单，这也影响了其将来的信用记录。

一、法律知识助推创业活动

（一）开展创业活动与法律密切相关

创业是一种人的主观行为，创业行为需要遵循一定的规则，这种规则多数情况下是由法律规定的。创业者对外需要与供货商、顾客（购买者、消费者）等发生关系，对内需要与合作者、员工发生关系。在发生这些关系的过程中，都会产生法律上的权利义务关系，这些权利义务关系需要由法律来规范。人们在与创业者及其所创建的主体发生联系时，不用担心会受到创业者的欺骗；创业者自觉维护信誉的同时也不用时刻担心会受到消费者、供货商的讹诈。因为相信有法律的支撑，他们所遵守的规则其他人同样会遵守。

（二）创业活动面临各种各样的问题需要靠法律解决

创业之初，创业者首先需要对干什么的问题进行分析和筛选，知道哪些可以做，哪些不可以做，哪些在经过特殊的程序、履行特殊的手续后才可以做。创业者选择何种主体形式？如何开店和组建公司？如何保护智力成果、版权和专利？如何在面对他人的恶意竞争时捍卫自己的权益？如何发展加盟店，扩展创业事业？如何管理员工，协调好与合作伙伴之间的关系？如何通过法律途径融得资金？如何获得更多的厂房和仓库？如何应对防不胜防的风险，如应对金融危机的冲击、突发事件的发生等？这些问题都需要法律知识指导、分析和判断，法律助推创业事业不断壮大。

二、创业活动中的法律问题

全国政协委员张圣坤认为，大学生创业面临 3 个瓶颈：缺少法律保护、缺少启动资金和缺少高人指点。法律应成为大学生创业过程中必备的知识。大学生只有懂法、守法，并依据法律保护自己的合法权益，才能确保创业行动稳健、长久。

（一）创业初始阶段：与资金、设备、场地等相关的法律问题

大学生在创业过程中首先会遇到资金难题，需要学习《中华人民共和国民法典》（以下简称《民法典》）、《中华人民共和国商业银行法》中关于融资借贷的法律知识。由于身份特殊，大学生普遍没有财产可供抵押，又无银行个人信用记录，容易导致贷款困难，因此需要关注国家和地方政府对大学生创业的政策支持。我国各地针对高校自主创业的学生，在工商注册、小额担保贷款、税费减免等方面出台了很多优惠政策，这尤为重要，同学们需要全面了解并有效利用。

目前，开设淘宝店仍然是一种投资少、见效快的创业形式，很适合在校学生创业。开设淘宝店首先需要了解《淘宝规则》，知晓网络环境下如何取得贷款、积分、信誉等相关知识。

在创业基地中通过项目申报，创业所需的设备、场地问题一般都能在校内解决。在校创业事业做大以后，学校的场地和设施就远远不能满足创业的需要了，这时就需要到校外租赁办公场所、仓库、厂房、店面等。另外，对于一些企业经营类的创业项目，也会涉及在校外租店面及办公场所，这就需要同学们认真学习《民法典》及其相关司法解释中关于房屋租赁的相关法律规定。

（二）创业拓展阶段：与设立经营实体、进行行政审批相关的法律问题

对于创业经济组织的具体责任形式，《中华人民共和国个人独资企业法》《中华人民共和国公司法》（以下简称《公司法》）《中华人民共和国合伙企业法》（以下简称《合伙企业法》）等一系列法律法规都有不同的规定，制定了多种企业组织形式。2005 年《公司法》中新增的一人有限责任公司及 2006 年《合伙企业法》中新增的有限合伙企业的法律规定，对大学生创业有很好的辅助作用，可部分解决大学生创业存在的资金规模较

小、筹措资金困难等问题。公司或企业内部应如何治理，《公司法》中有相关指导意见可用来化解矛盾，提高管理效率。

（三）创业经营阶段：与市场交易及管理相关的法律问题

创业经营必然涉及市场主体间的各种交易行为，无论是从合同的订立到合同的履行，还是违约责任的承担都与《民法典》关系密切。同时应了解《中华人民共和国产品质量法》《中华人民共和国劳动法》《中华人民共和国劳动合同法》及《中华人民共和国社会保障法》《中华人民共和国票据法》《中华人民共和国保险法》《中华人民共和国反不正当竞争法》《中华人民共和国消费者权益保护法》等法律中与自身创业有关的法律规定。在互联网时代，有关互联网和网络方面的法律法规不断颁布和实施，而且更新非常快，深刻地影响着人们的生活，创业活动自然要关注这些新的法律法规。纳税是每个公民的义务，创业者需要明明白白纳税，堂堂正正做事。

（四）创业经营阶段：与知识产权相关的法律问题

很多大学生创业的初始条件正是其所拥有的一项或多项知识产权，如“任务1”中我们所认识的邬金龙。创业经营阶段，很多人也会为了事业的发展而拥有知识产权，如“任务1”中我们所认识的石豪杰。同时，创业经营阶段应该在法律允许的范围内使用他人的知识产权。目前，我国已经建立了一套比较完备的知识产权法律保护体系，主要包括《中华人民共和国商标法》《中华人民共和国著作权法》《中华人民共和国专利法》等。大学生可以利用所拥有的专利来开拓创业之路，创业之初可以利用专利先行公开的特点，合理利用现有专利给自己的创业提供技术开发的思路和可行性支持，同时保证不侵犯他人的专利权。在具体经营过程中，如何合法申请专利、注册商标，如何合法使用专利、商标等知识产权，都是创业活动必须深入细致学习的内容。

（五）创业过程中：与纠纷解决相关的法律问题

根据作用和功能不同，法律可以分为实体法和程序法。实体法会告诉大家可以享受何种权利，应该承担哪些义务；程序法则解决如何才能得到这些权利，怎样履行这些义务。创业学生需要详细学习《中华人民共和国民事诉讼法》和《中华人民共和国行政诉讼法》和《中华人民共和国仲裁法》（以下简称《仲裁法》）中规定的具体诉讼程序，培养积极搜集证据的法律意识。另外，应重视人民调解的作用，在我国特有的文化背景下，这是一种富有中国特色的纠纷处理机制。面对交易金额较大、商品较多的经济往来，要多采用书面合同文本形式。同时，应学习如何聘请律师来帮助解答创业过程中所遇到的专业法律问题。在网络环境下，法律事务的处理变得越来越便捷，但也增加了很多风险，新时代需要我们善于运用网络提高办事效率和维护权利，但要谨防网络陷阱。

除了上述法律问题外，同学们还需要附带学习有关刑事惩罚、犯罪方面的法律知识，合法处理婚姻家庭关系方面的法律知识，财务会计、税务审计方面的法律知识，保险结算方面的法律知识等。

本教材在综合众多创业大学生的经历后，虚构了一个思维活跃、经历丰富、交友广泛的创业大学生陈碗与一名创业指导老师孙博士，通过大学生陈碗的创业经历，以及陈碗与孙博士之间的交流，展开创业法律实务的课程学习。

人物：陈碗——大学生创业行动者，开过淘宝店铺、设立过个人独资企业、组建过合伙企业和有限公司（偶在创电子商务有限公司）；孙博士——大学生创业活动法律指导老师，法学博士，律师。

地点：海滨市，海滨市集贸市场。

学思之窗

习近平总书记给第三届中国“互联网+”大学生创新创业大赛“青年红色筑梦之旅”的大学生的回信

第三届中国“互联网+”大学生创新创业大赛“青年红色筑梦之旅”的同学们：

来信收悉。得知全国150万大学生参加本届大赛，其中上百支大学生创新创业团队参加了走进延安、服务革命老区的“青年红色筑梦之旅”活动，帮助老区人民脱贫致富奔小康，既取得了积极成效，又受到了思想洗礼，我感到十分高兴。

延安是革命圣地，你们奔赴延安，追寻革命前辈伟大而艰辛的历史足迹，学习延安精神，坚定理想信念，锤炼意志品质，把激昂的青春梦融入伟大的中国梦，体现了当代中国青年奋发有为的精神风貌。

实现全面建成小康社会奋斗目标，实现社会主义现代化，实现中华民族伟大复兴，需要一批又一批德才兼备的有为人才为之奋斗。艰难困苦，玉汝于成。今天，我们比历史上任何时期都更接近实现中华民族伟大复兴的光辉目标。祖国的青年一代有理想、有追求、有担当，实现中华民族伟大复兴就有源源不断的青春力量。希望你们扎根中国大地了解国情民情，在创新创业中增长智慧才干，在艰苦奋斗中锤炼意志品质，在亿万人民为实现中国梦而进行的伟大奋斗中实现人生价值，用青春书写无愧于时代、无愧于历史的华彩篇章。

习近平

2017年8月15日

资料来源：http://www.xinhuanet.com//politics/2017-08/15/c_1121487775.htm.

技能训练

1. 开展创业活动为什么需要学习法律知识？

2. 结合自身实际和周围环境谈谈大学生开展创业活动有哪些优势和劣势。

3. 从文中所介绍的几则创业者及其创业故事中，你认为创业取得成功的因素有哪些？创业需要什么样的条件，其中最重要的条件是什么？创业者需要具备何种素质，其中最重要的素质是什么？可以结合自己身边的创业事迹谈一谈。

4. 俗话说，失败是成功之母。成功的创业者和创业故事能够激励创业行动，但不成功的创业者和创业故事则能够警示创业行动一定要走得稳、走得扎实。搜集你身边的创业者和创业故事，试着分析他们成功的经验和失败的教训，并分析他们创业过程中遭受的挫折和失败是否与法律知识欠缺有关。

在线测试

项目一
拥有创业实体，踏上创业征途

视频资源

开设一家淘宝小店，大学生就可以从事最简单的也是最单纯的创业活动。创业实体有多种，同学们可以根据自己的实际情况和创业活动开展的状况，从个体工商户、个人独资企业、合伙企业、有限责任公司等形态中选择适合的创业实体形态。

陈碗家境贫困，但经过自己的努力，入选 2011 年度“全国大学生创业之星”，并创建了自己的公司，现正积极筹备上市、组建股份公司。这让新入学的学弟学妹们羡慕不已。我们的故事就从孙博士对陈碗创业历程的回顾开始，其中涉及陈碗在创业过程中如何施展身手。

本项目有 3 项任务，分别是：

任务 1　注册淘宝小店，开始网络创业

任务 2　设立独资企业和合伙企业

任务 3　组建公司

能力目标

◆ 熟悉注册网络店铺的步骤和条件，熟悉不同规格网络店铺的具体要求

◆ 熟悉个体工商户、个人独资企业、合伙企业、有限责任公司的性质、要求，熟悉其工商登记的程序及要求

◆ 掌握签订合伙协议的注意事项和风险防范，掌握有限责任公司的责任形式

◆ 了解股份有限公司和上市公司的基本常识

知识目标

◆ 淘宝店铺的注册与网络注册登记

◆ 个体工商户登记程序和国家对大学生创业设立个体工商户的特殊政策优惠，个人独资企业和一人有限责任公司的设立，企业的责任形式，合伙制的一般概念，合伙企业的设立程序，合伙协议及合伙人法律风险的防范

◆ 有限责任公司的设立条件和设立程序，公司法人财产权，合伙人、公司董事、经理的同业竞争禁止义务

◆ 股份公司股份的发行与转让，股票上市的条件与程序

职业目标

◆ 通过本项目学习，分析各种创业实体法律形态的特点，结合自身实际选择适宜的创业实体法律形态

◆ 通过本项目学习，掌握设立各种创业实体的基本条件，领悟与不同法律形态的企业交往的技巧

素养目标

通过本项目学习，深化对社会主义市场经济的认识，培养响应党中央号召、积极投身创新创业活动的意识

设问： 当一个创业者有了成熟的创业想法并做好相关准备之后，面临的第一个问题就是以何种身份开展创业活动。创业实体，可能是一个淘宝店——义乌工商职业技术学院的创业大学生大多有这样的店；可能是一个合伙公司——邬金龙以专利入股与合作方组建了新的公司，“小超之家”的几个学生组建了合伙企业。从法律意义上讲，如果是一个人独立创业，他可以登记为个体工商户、设立个人独资企业或一人有限责任公司；如果是两人或两人以上联合创业，他们可以组建合伙企业、有限责任公司和股份有限公司。淘宝店是什么性质的创业实体？创业者在淘宝店已经做得很好的情况下，为什么还要成立公司？邬金龙为什么不出一分钱就能够取得股份，这个股份比例是高了还是低了？让我们来学习一下与创业实体相关的法律知识吧！

任务1 注册淘宝小店，开始网络创业

陈碗初入学时，已经听说了很多创业大咖的传奇故事，对他们神往不已。他也想创业，但不知道开一家网店需要哪些条件、多少成本，怎么才能够把店铺开起来。他找到孙博士，孙博士首先带领他认识了目前网购市场的巨大前景，鼓励他开淘宝小店。

一、网络店铺具有非常广阔的前景

资料阅读

2021年8月第48次《中国互联网络发展状况统计报告》显示，互联网行业的基础支撑、创新驱动、融合引领作用更加凸显，在国民经济和社会中的地位显著提升。

数字经济对经济发展的放大、叠加、倍增效应凸显

近年来，我国各传统产业纷纷利用新技术进行全方位改造，数字经济对经济发展的放大、叠加、倍增效应凸显。2021年上半年，数字经济结构不断优化升级，成为推动经济增长的关键动力。

数字产业化进程加速，产业规模持续扩大

截至2021年6月，移动电话用户总数达16.14亿，较2020年12月增加1 985万户，其中，5G手机终端连接数达3.65亿户，较2020年12月增加1.66亿户。2021年上半年，电信业务收入累计完成7 533亿元，同比增长8.7%；规模以上互联网和相关服务企业完成业务收入6 951亿元，同比增长25.6%；信息技术服务业完成业务收入2.83万亿元，同比增长26.0%；软件业完成业务收入4.42万亿元，同比增长23.2%；规模以上电子信息制造业实现营业收入6.33万亿元，同比增长22.1%。

产业数字化对数字经济的主导作用进一步凸显

在消费领域，网络零售成为消费新引擎，上半年交易规模达6.11万亿元，同比增长23.2%；移动支付蓬勃发展，撬动餐饮、外卖、旅游等多个线下服务场景。在工业制造领域，全国建成具有一定行业和区域影响力的工业互联网平台超过100家，工业互联网平台体系基本形成；智慧工厂、数字农业等产业数字化新模式持续升级，不断释放出更大的产业活力。

数字消费积累隐性价值，释放民生红利

数字消费将线下消费与线上消费、实体消费与虚拟消费、物质消费与精神消费有机融合，形成了新的社会价值。

截至2021年6月，智能家居、可穿戴设备、汽车联网设备的使用率分别达19.8%、13.3%、12.3%，且潜在消费规模大，发展前景广阔。数字化产品及服务释放巨大隐性价值和民生红利，对满足人民美好生活需要产生重要影响。在数字贸易方面，跨境电商零售进口试点范围进一步扩大，全国目前已经发展到105个。

截至2021年6月，我国网民规模达10.11亿，较2020年12月增长2 175万，互联网普及率达71.6%。超过10类互联网应用的用户规模在5亿以上，人均每周上网时长达到26.9个小时，互联网应用塑造了全新的生活方式和社会形态。与此同时，得益于基础设施与配套数字化服务“软硬件”的不断完善，农村群体与城镇居民互联网普及率差异较2020年12月缩小4.8个百分点，数字消费的海量隐性价值正逐步积累并释放出巨大的民生红利。

数字消费逐渐成为大众不可或缺的生活要素。截至2021年6月，数字消费者认为网络支付、即时通信、网络新闻、搜索引擎、网络购物等应用的价值相比其他互联网应用更高；网络视频、网络音乐等垂直品类丰富、满足大众多样化需求的互联网应用价值相对次之；网上外卖、网约车等线下可替代性较强的互联网应用在数字消费者主观认知中的价值相对较低。

数字化转型深入推进三大产业提速发展

2021年上半年，农业、工业、服务业三大产业数字化转型持续深入推进。

智慧农业应用水平提升。物联网、人工智能、5G等技术加速与农业生产深度融合，无人拖拉机、无人抛秧机、“5G+智能大棚”等智能设备推动农业生产养殖过程的精准感知和智能决策，助力农业发展从信息化走向标准化和智能化。

数字技术与制造业产业融合提速。截至2021年6月，企业关键工序数控化率、数字化研发设计工具普及率分别达53.7%和73.7%，制造业数字化转型准备度持续提升。电子设备生产、装备制造等重点行业利用数字化技术不断推陈出新，构建出协同研发设计、远程设备操控、柔性生产制造、无人机巡检等“5G+工业互联网”数字化应用场景，推动产业数字化不断升级。

数字化服务市场加速发展。截至2021年6月，我国网上外卖、在线旅行预订用户规模分别达4.69亿和3.67亿，分别占网民整体的46.4%和36.3%；在线办公、在线教育、在线医疗用户规模分别达3.81亿、3.25亿、2.39亿，分别占网民整体的37.7%、32.1%和23.7%。从餐饮、旅游到办公、教育、医疗等各类传统服务市场因数字化赋能实现了线上线下融合，进一步带动服务业的繁荣发展。

工业互联网成为行业创新发展突出亮点。截至今年6月，工业互联网高质量外网覆盖全国300多个地级行政区，部分省份已实现工业互联网外网所有地市全覆盖以及工业园区广覆盖。“5G＋工业互联网”建设进程明显加快，累计在建项目超过1 500个。标识解析体系“东西南北中”五大国家顶级节点稳定运行，运营二级节点达156个，覆盖全国25个省（区、市），标识注册量达到349亿。与此同时，工业互联网赋能数字化转型应用范围逐步扩大至40个国民经济重点行业，“5G＋工业互联网”融合应用覆盖20余个国民经济重要行业。[①]

2015年3月5日，李克强总理在政府工作报告中首次提出制定“互联网＋”行动计划，并正式确立其为国家战略。互联网已经逐渐跳出一个行业的范畴，正成为国民经济的一大新引擎。政府的大力支持也刺激了网络零售市场的快速增长，网络零售交易规模持续增长。网购规模占社会消费品零售总额比例不断上升，在2011年才4.4%，到2016年为14.90%，到2021年6月底已达到29.63%（见图1-1），接近三成。2021年上半年，国内网络零售市场交易规模达6.28万亿元，较2020年上半年5.36万亿元同比增长17.1%。2021年全年网络零售额达13.1万亿元，同比增长14.1%（见图1-2）。显现出网络零售市场交易规模保持稳步增长，电商对国家经济的促进作用日趋明显。

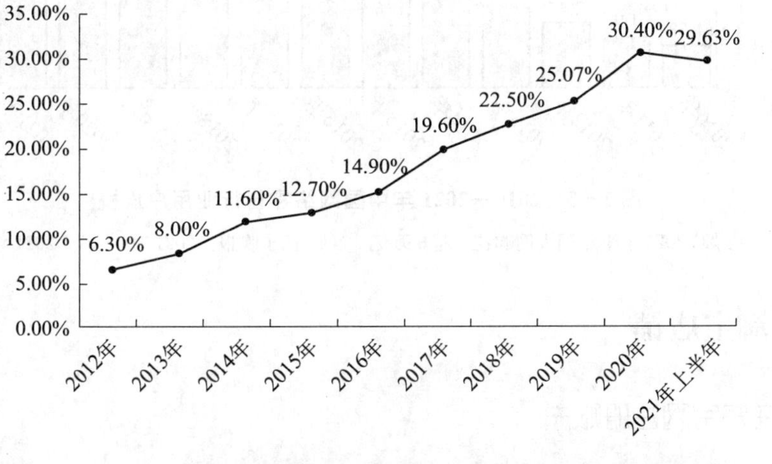

图1-1　2012—2021e中国网络零售市场规模占社会消费品零售总额比重

资料来源：王灿．2021上半年国人网购花了超6万亿［N］．扬子晚报，2021-09-27.

2021年上半年中国网络零售行业用户规模达8.2亿人，截至2021年12月，中国网络零售行业用户规模达8.4亿人（见图1-3）。

电商企业的各项业务早已不限于电商本身，跨境电商、农村电商、O2O等继续保持快速增长，短视频、直播正在成为全民新的生活方式。

---

① 中国互联网络信息中心．第48次中国互联网络发展状况统计报告［EB/OL］．（2021-09-15）http://www.cnnic.net.cn/hlwfzyj/hlwxzbg/hlwtjbg/202109/t20210915_71543.htm.

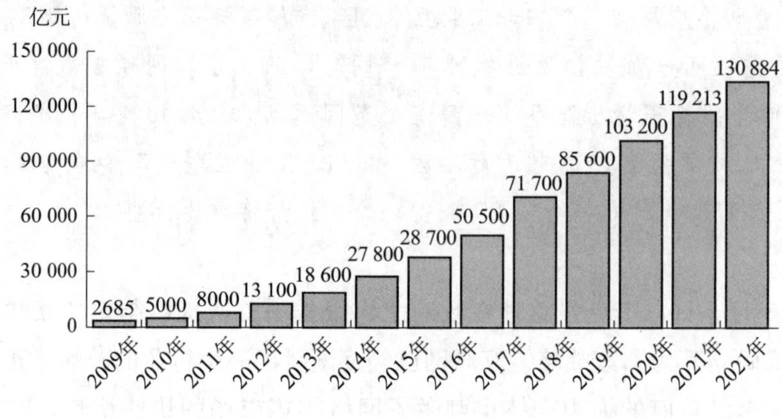

图 1-2　2009—2021 年中国网络零售行业交易规模

资料来源：王灿．2021 上半年国人网购花了超 6 万亿［N］．扬子晚报，2021-09-27，2021 年数据做了更新．

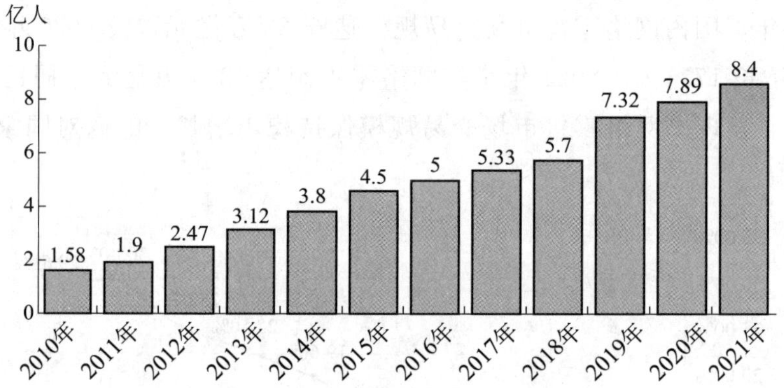

图 1-3　2010—2021 年中国网络零售行业用户规模

资料来源：王灿．2021 上半年国人网购花了超 6 万亿［N］．扬子晚报，2021-09-27，2021 年数据做了更新．

二、注册淘宝店铺

（一）在淘宝网注册账户

进入淘宝网首页（http://www.taobao.com/），点击左上角的“免费注册”。打开新页面后，输入手机号码，获取验证码后，在“已阅读并同意以下协议……”处打钩，并点击“注册”，然后进行手机验证码验证，输入手机验证码并点击“确定”后，就注册成功了。用户应确保有一部手机并能正常接收手机短信，登录名就是手机号码，这个账号通用于支付宝、天猫、一淘、聚划算、来往、阿里云以及阿里巴巴，淘宝网会自动分配给用户一个淘宝会员名，这样就完成了开网店的第一步。淘宝网一个账户可以同时是买家和卖家两个身份。

（二）进行支付宝实名认证

进行支付宝实名认证是必需的一步。进入“免费开店入口”，根据提示完成“开店认证”和“实人认证”操作。

支付宝相当于淘宝网用户的资金中介，是保证买卖双方诚信交易的基础。支付宝实名认证就是确认用户的真实身份。这个认证在一定程度上增加了开网店的复杂程度，但很大程度上增强了淘宝网交易的安全性。现在淘宝网已经跟全国多家银行合作，只要用户有一张实名登记的银行卡，淘宝网就可以通过银行系统确认其身份。一旦发现用户注册资料中的主要内容是虚假的，淘宝网可以随时终止与该用户的服务协议。

（三）通过淘宝开店考试

依次进入“我的淘宝”⟶“我是卖家”，找到“我要开店”按钮，点击后会出现要求参加考试的提示。在淘宝网开店必须通过开店考试，考试的内容是《淘宝规则》。考试分数达到60分才能通过，其中基础题部分的准确率必须为100%。考试通过后阅读《诚信经营承诺书》，然后根据提示填写店铺名称、店铺类目及店铺介绍，勾选同意“商品发布规则”及“消保协议”，然后确认提交。这样，你就成功拥有了一个属于自己的淘宝店铺了。

在淘宝网做生意，不是通过QQ、手机或者其他方式与买家沟通，而是通过阿里旺旺。以后处理买卖过程中与买家的任何纠纷，阿里旺旺的聊天记录都是最重要的证据。淘宝网官方不承认QQ聊天记录，如果以QQ、手机或者其他方式进行沟通，会遭遇很多陷阱和风险，所以阿里旺旺无可替代。

三、网络注册登记

注册登记的最根本目的是保证交易安全，使消费者、经营者的利益都得到保护。如果网站经营者可以不登记，那就如同实体店无证经营一样，这样一来，市场就会无诚信可言。

（一）工商注册登记和淘宝网店注册

陈碗以自然人的身份开设淘宝集市店，从事的是C2C电子商务交易。C2C即Customer to Customer，是个人与个人之间的电子商务。如果仅仅利用店铺在互联网上出售、置换自用物品，且不以营利为目的，是无须进行工商注册的。但陈碗的目的显然不仅仅是满足兴趣，而是要实现盈利。按照工商行政管理机关的有关规定，只要从事商品交易和经营，就必须进行工商注册登记。当然，如果是已经登记注册并取得营业执照的企业和个体工商户从事电子商务经营活动，且经营范围与登记注册的经营范围一致，就无须重复进行工商注册登记，因为电子商务仅仅是开展经营活动的一种形式。

工商注册登记有别于淘宝网店的注册，后者是获得利用淘宝平台从事经营活动和其他活动的资格，用户为了开店与淘宝网需要签订一份《淘宝平台服务协议》。根据这份协议，淘宝网为其提供网络平台（淘宝开放平台）服务，而用户利用淘宝开放平台发布商品和信息、购买商品和服务等。用户与淘宝网是一种平等主体间的法律上所谓的民事关系。但工商注册登记并非如此，工商登记是赋予从事商品经营或提供服务的一种法律上的主体资格。如果没有这种资格，所从事的经营活动就是违法的，就要承担一定的不利后果，即要负法律责任。在实体环境中，要从事生产经营，必须到工商行政管理机关进行工商注册登记，登记包括最简单的个体工商户直至最复杂的股份有限公司等多种形式。

我们所称的网络店铺，规范的名称应该是网络交易经营者。网络交易经营者是指组织、开展网络交易活动的自然人、法人和非法人组织。2021 年 5 月 1 日起施行的《网络交易监督管理办法》规定，网络交易经营者不得违反法律、法规、国务院决定的规定，从事无证无照经营。除《中华人民共和国电子商务法》第十条规定的不需要进行登记的情形外，网络交易经营者应当依法办理市场主体登记。

（二）电子营业执照

网络交易经营者依法办理电子营业执照登记。电子营业执照是由工商行政管理部门依据国家有关法律法规，按照全国统一标准颁发的载有企业登记信息的数字化营业执照，与纸质营业执照具有同等法律效力。根据 2013 年 10 月 25 日国务院常务会议关于“推行电子营业执照和全程电子化登记管理”的精神，推行电子营业执照，建立以电子营业执照为支撑的可信网上业务办理，符合商事登记、后续管理便利化以及信用体系建设的要求，为电子政务和电子商务等领域的“互联网＋”应用提供保障。

电子营业执照采用密码技术，具有市场主体身份认证、防伪、防篡改、防抵赖等安全保障功能，同时便于携带、支持在线身份验证和签名。目前，可利用电子营业执照作为身份认证，进行网上查验、网上工商业务办理、企业信用信息公示平台自主申报信息，以及自主更新电子营业执照载有的企业登记信息。

国家工商行政管理总局 2017 年 4 月发布《关于推行企业登记全程电子化工作的意见》，提出在保留窗口登记的同时，2017 年 10 月底前开通涵盖所有业务、适用所有企业类型的网上登记系统，实现各类型企业的设立、变更、备案、注销等各个业务环节均可通过互联网办理，有条件的地方逐步实施无纸全程电子化登记。

任务2 设立独资企业和合伙企业

在中国，最简单的商事主体形式是个体工商户，另外还有个人独资企业、合伙企业、有限责任公司、股份有限公司、外商投资企业和港澳台投资企业等形式。

如果工商管理部门像对待线下经营活动那样要求电子商务卖家，陈碗所开设的淘宝店从法律上讲至少应该登记为个体工商户。淘宝集市平台类似于集贸市场，每一家淘宝集市店就相当于集贸市场的一个摊位。每一个摊位都有两块匾：一块匾是摊位证，证明经营业主拥有摊位的合法权益；另一块匾是工商营业执照，证明经营业主具有经营的资格。

一、登记个体工商户

资料阅读

个体经济是我国国民经济的重要组成部分，个体工商户是我国公民从事经营活动的一个重要主体形式。有的个体工商户在生意做大后雇用了许多员工，有的超过100人，年业务规模超过1 000万元，基本已经形成小型企业的稳定规模，但只要没有注册公司，在统计意义上他（她）依旧是个体工商户。从一些专业市场（如服饰市场、建材市场、家具市场、水产市场、邮币卡市场、茶叶市场等）及淘宝网卖家中，都可以看到经营规模大、实力雄厚的个体工商户，有的甚至早已是“前店后厂”。因为有一个在专业市场上的窗口，他们可以继续享受国家给予个体工商户的优惠政策。截至2021年底，全国登记在册个体工商户迈上1亿户台阶，已达1.03亿户，占市场主体总量的2/3，实现历史性突破。其中，九成集中在服务业，主要以批发零售、住宿餐饮和居民服务等业态为主。2021年全国新设个体工商户1 970.1万户，同比增长17.2%，超过了从2012年到2021年年均11.8%的增速。根据调查显示，个体工商户平均从业人数为2.68人，以此推算，全国个体工商户解决了我国2.76亿人的就业。[①] 大学生创业也多是从第三产业——网上销售开始。

① 吴爱凤．国家工商总局召开1月18日例行新闻发布会［EB/OL］．（2017－01－18）http：www.china.com.cn；赵文君．我国登记在册个体工商户1.03亿户 实现历史性突破［EB/OL］．（2022－02－01）http://www.cinic.org.cn/xw/tjsj/1236191.html?from=singlemessage。

（一）个体工商户的一般概念

有经营能力的公民，依照《个体工商户条例》规定经工商行政管理部门登记，从事工商业经营的，为个体工商户（以下简称“个体户”）。2011年4月16日发布了《个体工商户条例》；于2014年和2016年对《个体工商户条例》进行了两次修订。

陈碗就是从个体户开始其网上销售的创业历程的。

自然人或以个人为单位、以家庭为单位从事工商业经营的，均为个体户。可以申请个体户经营的主要是城镇待业青年、社会闲散人员和农村村民。国家机关干部、企事业单位职工不能申请从事个体工商业经营。区分从事经营的个体是个人还是家庭，对于个体户的财产责任界定意义重大：以个人名义申请登记的，个人经营，收益也归个人的，对债务负个人责任；以家庭共同财产投资，或者收益的主要部分供家庭成员消费的，债务由家庭共有财产清偿；在夫妻关系存续期间，一方从事个体户经营，其收入作为夫妻共有财产的，债务由夫妻共有财产清偿；家庭全体成员共同出资、共同经营的，债务由家庭共有财产清偿。

个体户可以在银行开设账户，向银行申请贷款，有权申请商标专用权，有权签订劳动合同及请帮工、带学徒，还享有起字号、刻印章的权利。个体户从事生产经营活动必须遵守国家的法律，应按章纳税，服从工商行政管理。

（二）个体工商户登记程序规定

设立个体户的程序比较简单，在乡镇、街道工商所就可以办理，一般要经过以下步骤。

第一步：向经营场所所在地登记机关申请注册登记。如果需要名称，应先办理名称预先登记。申请人应当提交登记申请书、身份证明（申请人员的身份证复印件，如果系外来人员，还应提交暂住证复印件）和经营场所证明，填写《经营者基本情况表》《经营场所证明》等表格。

登记事项包括经营者姓名和住所、组成形式、经营范围、经营场所等。一般情况下，个体户不使用名称，直接以自己的姓名或以家庭的名义从事经营活动。当然，也可以使用名称，那就需要先领取并填写《名称（变更）预先核准申请书》，名称经核准登记后方可使用，并把名称作为登记事项。一个个体户只准使用一个名称，经营者姓名可以作为个体户名称中的字号使用。枪支弹药、药品、食品、烟酒等，属于法律、行政法规规定在登记前须经批准的项目，称为前置许可的经营事项（地方工商行政主管部门会公布企业登记前置许可项目目录），该项经营业务应当依法经过批准，并在登记时提交批准文件。设立企业、组建公司的要求也是一样，下文不再赘述。

第二步：递交申请材料。材料齐全，符合法定形式的，等候领取《准予设立登记通知书》。

第三步：领取《准予设立登记通知书》后，按照《准予设立登记通知书》确定的日期到工商局或工商所交费并领取营业执照。营业执照发放之日，为个体户成立之时。

图 1-4 是个体工商户登记流程，从中我们可以了解个体工商户的登记程序、所需提交的材料以及从申请登记到取得个体工商户营业执照所需要的时间。

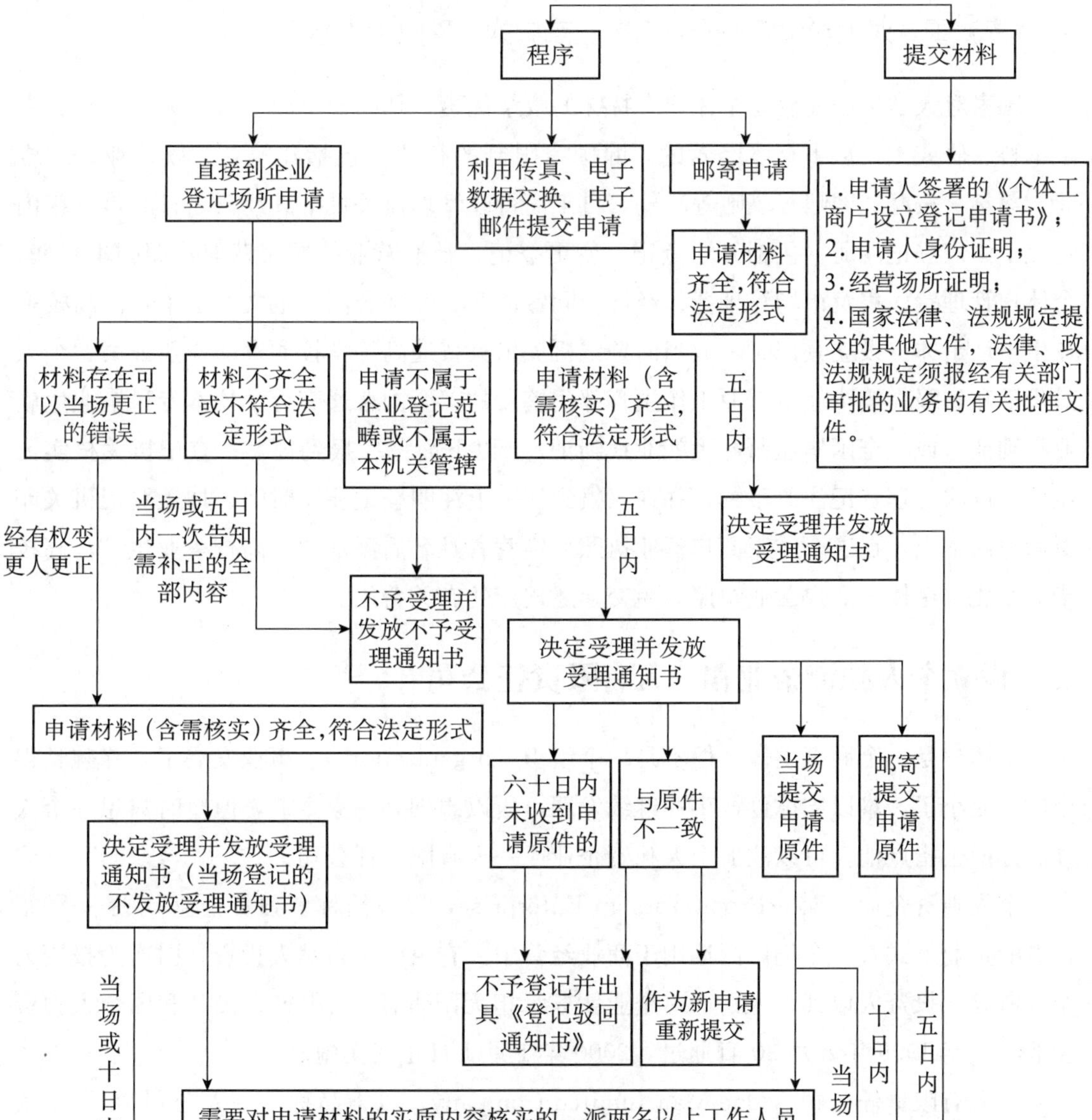

图 1-4 个体工商户登记流程

从2016年12月1日起，全国正式实施个体工商户营业执照和税务登记证“两证整合”，黑龙江、上海、福建、湖北四个省（市）10月1日起先行试点。全面推行“两证整合”登记制度改革是深化商事制度改革的重要举措，有利于推进简政放权、提升公共服务和行政管理效能，有利于简化个体工商户登记注册程序，便利公民从事个体经营，促进个体私营经济健康发展，进一步推动大众创业、万众创新。

（三）国家对大学生创业设立个体工商户的特殊政策优惠

国家对大学生创业设立个体户有特殊的政策优惠。凡高校毕业生（含大学专科、大学本科、研究生）从事个体经营的，除国家限制的行业（包括建筑业、娱乐业、广告业、桑拿、按摩、网吧、氧吧等）外，自工商行政管理机关批准其经营之日起，一年内免交个体户登记注册（包括开业登记、变更登记、补换营业执照及营业执照副本）费、个体户管理费、集贸市场管理费、经济合同鉴证费、经济合同示范文本工本费。高校毕业生申请个体户设立登记时，应当向登记机关出具普通高等学校颁发的毕业证书、个人身份证和省级高校毕业生就业工作主管部门签发的《全国普通高等学校本专科毕业生就业报到证》或《全国毕业研究生就业报到证》（以下简称《报到证》）；登记机关核实无误后，依法办理登记注册手续，并在《报到证》上注明登记注册时间、加盖登记机关印章后退回本人，在《个体工商户营业执照》经营者姓名后添加“（高校毕业生）”；高校毕业生凭《个体工商户营业执照》免交上述规定的有关费用。

二、设立个人独资企业和一人有限责任公司

个体户是一个商事主体，但不是一个组织（organization）。事业发展了，陈碗觉得个体户太小了，难以支撑创业事业继续发展，所以想创办一家企业，但暂时只想一个人办。孙博士指点他，可以注册个人独资企业或一人有限责任公司。

个人独资企业（Sole Proprietorship Enterprise，以下简称“独资企业”）是一种很古老的企业形式，至今仍广泛运用于商业经营中。它由一个自然人投资，财产为投资人个人所有，投资人以其个人财产对企业债务承担无限责任。《中华人民共和国个人独资企业法》于1999年8月30日通过，2000年1月1日正式实施。

一人有限责任公司（One-Man Limited Company，以下简称“一人公司”）属于我国《公司法》中所指的公司，是指公司的全部股份为一个股东享有的公司。一人股东可以是一个自然人，也可以是公司法人。

有别于具有个人和家庭色彩的个体户，虽然都是一个人投资，但独资企业和一人公司属于企业，是组织。目前法律上的企业主要分为三种，即独资企业、合伙企业和公司，前两者是非法人企业，公司属于法人企业。

由于是建立组织，设立企业的条件要比登记个体户多，需要有自己的名称，有自己的章程，有符合规定的资金数额及与企业经营范围相适应的资金，有符合法律规定的组织机构和从业人员，以及有与企业的生产经营规模相适应的经营场所和设施五项条件。

（一）独资企业的设立

只有具备以下五个方面的条件，才可以注册设立独资企业。

1. 投资人为一个自然人

投资人只能是具有中华人民共和国国籍的自然人，不包括外国的自然人，外国的自然人独资设立的企业适用《中华人民共和国外资企业法》。关于投资人的条件，法律只规定了消极条件，即不得成为独资企业投资人的条件：法官（取得法官任职资格、依法行使国家审判权的审判人员）、检察官（取得检察官任职资格、依法行使国家检察权的检察人员）、人民警察和国家公务员四类人员禁止从事营利性活动。

2. 有合法的企业名称

独资企业享有名称权和商号权。独资企业的名称应当与其责任形式及所从事的营业活动相符合。由于独资企业需要承担无限责任，其名称中不得使用“有限”“有限责任”等字样，以防引起不必要的误解。尽管独资企业有自己的名称或商号，并以企业名义从事经营行为和参加诉讼活动，但在主体资格方面，它不具有独立的法人地位，没有自己的法律人格，其民事或商事活动都以独资企业主的个人人格或主体身份进行。虽然不具有法人资格，但独资企业属于独立的法律主体，是非法人组织，能够以自己的名义实施法律行为。

3. 有投资人申报的出资

一定的资本是任何企业得以存在的物质基础，但由于独资企业的出资人承担的是无限责任，故《中华人民共和国独资企业法》不要求独资企业有最低注册资本金，仅要求投资人有自己申报的出资即可。当然，投资人投资的财产必须是私人所有的财产。

4. 有固定的生产经营场所和必要的生产经营条件

这是独资企业存续与经营的基本物质条件，不可或缺。至于经营场所与经营条件的规模与数量等，原则上可以根据各企业的不同情况来确定。

5. 有必要的从业人员

区别于个体户，独资企业是一个组织，必要的从业人员是组织的重要特征。

独资企业由投资人根据设立准则直接或委托代理人到独资企业所在地的工商登记机关申请设立登记。申请设立时，应向登记机关提交：（1）设立申请书。设立申请书应包括企业的名称和住所（独资企业以其主要办事机构所在地为住所）、投资人的姓名和居所、出资额和出资方式、经营范围等事项。（2）投资人的身份证明。（3）生产经营场所使用证明等文件。由委托代理人申请设立登记的，应当出具投资人的委托书和代理人的合法证明。

登记机关应当在收到设立申请文件之日起15日内，对符合规定条件者，予以登记，发给营业执照；对不符合规定条件者，不予登记，并给予书面答复，说明理由。在领取营业执照前，投资人不得以独资企业名义从事经营活动，否则，工商行政管理机关会责令其停止经营活动，并处以3 000元以下的罚款。

独资企业可以在住所地以外设立从事业务活动的分支机构，其设立与登记程序和独资企业的设立程序大体相同，由投资人或者其委托的代理人向分支机构所在地的登记机关申请登记，领取营业执照。分支机构经核准登记后，应将登记情况报该分支机构隶属的独资企业的原登记机关备案。分支机构是企业的一部分，其产生的民事责任理应由独资企业承担。由于投资人以个人财产对独资企业的债务承担无限责任，因此分支机构的民事责任实际上还是由投资人承担。

（二）独资企业的投资人及事务管理

独资企业具有投资主体的单一性、经营管理的直接性等特点，投资人对独资企业财产享有所有权。独资企业成立时的出资和经营过程中积累的财产都归投资人所有。投资人的有关权利可以依法转让或继承。由于投资人的人格与企业的人格密不可分，企业财产所有权均归投资人，因此，投资人对于企业财产享有充分和完整的支配权与处置权，他可以将企业财产的某一部分转让给他人，也可以将整个企业转让给他人。同时，当投资人死亡或被宣告死亡时，其继承人可以依法对独资企业行使继承权。

投资人有权自主选择企业事务的管理形式，其管理模式主要有三种，即自行管理（由投资人本人对企业的经营事务直接管理）、委托管理（由投资人委托其他具有民事行为能力的人负责企业的事务管理）和聘任管理（由投资人聘用其他具有民事行为能力的人负责企业的事务管理）。如果是委托或聘用他人管理企业事务，必须由投资人与受托人或被聘用人员签订书面合同，明确委托的具体内容和授予的权利范围。受托人或被聘用人员应当履行诚信、勤勉义务，按照与投资人签订的合同负责独资企业的事务管理。当然，投资人对受托人或被聘用人员职权的限制，不得对抗善意第三人。

投资人委托或聘用的人员违反规定或违反双方订立的合同，侵犯独资企业财产权益的，责令其退还侵占的财产；给企业造成损失的，依法承担赔偿责任；有违法所得的，没收违法所得；构成犯罪的，依法追究刑事责任。

（三）一人公司的特别规定

独资企业和一人公司同样都是一个人出资，但一人公司的一人股东对公司只承担有限责任，且一人公司登记为企业（公司）法人，这就给监管增加了难度，因为股东容易把公司和个人的财产、业务和行为相混淆。因此，法律对一人公司有更加特殊的要求，主要体现在以下三个方面：

1. 严格的衍生设立制度

一个投资主体只能够同时设立一个一人公司，该一人公司不能投资设立新的一人公司。因为如果允许一个自然人投资设立若干一人公司，易导致公司资产薄弱、清偿债务能力减弱等。

2. 严格的登记公示制度

一人公司应当在公司登记中注明是自然人独资还是法人独资，并在公司营业执照中载明。相对人在交易之前对一人公司的性质一目了然，至于相对人是否与之进行交易，其信用和风险由当事人判断。这样可免去相对人要求一人公司提供营业执照或到公司登记机关查阅的程序，节约了相对人的交易成本，提高了交易效率，在未增加一人公司负担的基础上能更好地保护善意相对人的利益。

3. 严格的财务审计制度

一人公司的股东兼任执行董事是普遍存在的，这使得股东个人交易极易与公司财务混同，为一人股东“损公肥私”提供了便利。财务会计制度要求，一人公司的业务活动、活动场所和账簿记录要同一人股东的业务活动、活动场所和账簿记录分开操作。一人公司应当在每一会计年度终了时编制财务会计报告，并经会计师事务所审计；一人公司的股东不能证明公司财产独立于股东自己的财产的，应当对公司债务承担连带责任。

孙博士特别提醒陈碗注意，《公司法》规定，一人公司必须在名称注册时，明确指明是自然人一人公司还是法人一人公司。另外，一个自然人只能设立一个一人公司，如果与一人公司打交道，还要进一步了解这是个人办的还是公司法人办的。因此，当交易者对一人公司比较了解后，个人的信誉可能比公司的信誉作用更大。

案例分析

广东省东莞市杰美讯能源科技有限公司（以下简称“杰美讯公司”）于2010年1月成立，汪芳为该公司唯一股东，由其丈夫徐国鸿（台湾居民）负责经营。2010年3月至7月间，杰美讯公司多次向四川省绵阳市龙华薄膜有限公司购买货物，但未支付货款。2012年2月，汪芳将所持杰美讯公司股权转让给他人，并办理了股权变更登记。2012年3月，徐国鸿与汪芳离婚。2012年10月，龙华公司提起诉讼，要求杰美讯公司、徐国鸿及汪芳承担连带清偿责任。汪芳以其股权转让为由拒绝清偿，徐国鸿则以其行为属于职务行为为由，主张应由杰美讯公司承担。

分析：

(1) 龙华公司的货款能否得到清偿？

(2) 杰美讯公司及徐国鸿、汪芳对龙华公司的货款承担何种清偿责任？

三、企业的责任形式

关于个人投资或出资、个人经营等方面，陈碗很容易理解，但在责任形式方面，陈碗对于无限责任和有限责任的概念还不是很清晰，孙博士为他做了专题介绍。

商事主体的投资人对所投资商事主体的外在债务承担责任，包括无限责任和有限责任两种形式。

有限责任即有限清偿责任，是指投资人仅以自己投入企业的资本对企业债务承担清偿责任，资不抵债的，其多余部分自然免除的责任形式。也就是说，投资人对商事主体的外在债务的承担有一个最高限额，这个限额一般是投资人承诺对该商事主体的投资额，超过这个限额，投资人就没有责任了。无限责任则是无限清偿责任，是指投资人对企业的外在债务不以其投入的资本为限，当企业负债摊到他名下的份额超过其投入的资本时，他除了以原投入的资本承担债务之外，还要以自己的其他财产继续承担债务。

举例来说，陈碗有一套住房和一辆轿车，投资设立企业几年后，企业因经营不善而发生亏损 16 万元。如果陈碗设立的是一人公司，承担有限责任，则他只需以 10 万元的投资本金承担责任即可，多余的 6 万元，陈碗没有责任。由于陈碗在公司成立时就已经缴足了所认缴的投资额 10 万元，他就不再承担其后公司经营的风险和责任。如果陈碗设立的是独资企业，需要承担无限责任，则他除了以其投入企业的 10 万元承担债务外，还须另外拿出自己的 6 万元来清偿债务，极有可能需要用他自有的住房或轿车来清偿债务。如果他的其他所有财产还不足 6 万元，不足以清偿债务的话，就只能依法申请破产保护，即由法院依法判定免除或推迟债务。一般而言，法人类企业的投资者对企业债务均承担有限责任。

《公司法》规定，股东以投资公司的资本为限对公司债务承担有限责任，这里包括两个有限责任层次：一是公司以其全部资产为限对其对外债务承担责任，二是股东以其认缴的出资额为限对公司承担责任。有限责任公司的股东对公司的债务承担仅仅以其出资额为限，股东的个人财产与公司债务无关，不能用来清偿公司的债务；另外，有限责任公司的股东只对公司负责，不对公司的债权人负责，公司的债权人只能要求公司清偿债务，不能要求股东个人清偿债务。

个体户对其债务，独资企业的投资人和合伙企业的普通合伙人对其投资企业的债务承担无限责任。

独资企业的投资人以投资人个人财产出资设立独资企业的，以投资人的个人财产承担无限责任；以投资人的家庭财产出资设立的，以投资人的家庭财产承担无限责任。实践中主要根据独资企业设立登记时在工商行政管理机关的投资登记来确定投资人是以个人财产还是家庭财产来对企业债务承担责任。

案例分析

甲公司是经营批发业务的有限责任公司，甲公司的主要债务人是乙公司、丙公司、丁企业和戊企业。乙公司是以零售业为主的有限责任公司，由张某和刘某出资设立；丙公司由王某一人设立；丁企业是由金某、肖某和姜某共同出资设立的合伙企业；戊企业是陈某的独资企业。甲公司一直向乙公司、丙公司、丁企业和戊企业催缴债务未成，1月2日，金某退出合伙企业。1月10日，甲公司再次要求乙公司、丙公司、丁企业和戊企业还款。乙公司、丙公司、丁企业和戊企业账面上确实没有资金。于是，甲公司向张某、刘某、王某、金某、肖某、姜某和陈某追偿。但张某、刘某、王某认为自己只是股东，没有义务承担出资以外的债务；金某认为自己已经退出了合伙企业，不应对企业债务承担责任；肖某、姜某和陈某认为，自己应当仅就出资额为限承担责任。

分析：

(1) 张某、刘某、王某、金某、肖某、姜某和陈某的说法正确吗？为什么？

(2) 甲公司的债权应如何实现？

四、成立合伙企业

一个人的力量毕竟太单薄，把企业事务交给受托人或被聘用人员管理后，陈碗又总感觉受托人或被聘用人员缺少闯劲。陈碗希望能够让受托人或被聘用人员能够充满闯劲和干劲，与自己共同把事业做大做强。如果有两个以上的人一起合作，虽然可能增加协调和沟通的矛盾，但毕竟多一个人就多一份资源，几个人可以相互提醒、相互关照。孙博士推荐了两种模式供陈碗选择：一是成立合伙企业，把志同道合的人吸收进来，也可以把独资企业的受托人或被聘用人员吸收进来，大家共同出资、共同经营、共享收益、共担风险。二是组建两人以上的有限责任公司。合伙企业的合伙人承担无限责任，但注册相对简单；有限公司的股东对公司承担有限责任，但注册相对复杂。《合伙企业法》规定，可以组建有限合伙企业，在责任承担方面综合了普通合伙企业和有限责任公司的特点。这是一种比较流行的企业形式。陈碗准备先成立一个合伙企业，于是，孙博士把有关合伙企业的知识向陈碗作了介绍。

（一）合伙制与合伙企业

1.“管鲍之交”与合伙制

关于合伙，孙博士首先向陈碗讲述了一则“管鲍之交”的典故。“管鲍之交”发生在2 500年前的春秋时期，典故中的两个主角——管仲和鲍叔牙最初的身份都是商人，他们从事的活动正是合伙经商做买卖。可见合伙制度源远流长。

合伙是指两个以上的人基于共同的目的，相互约定共同出资、共同经营、共享收益、共担风险的自愿联合。

资料阅读

管仲祖上曾是贵族，但到他这一辈时，家道败落，管仲的父亲去世早，管仲和母亲相依为命，日子过得非常艰难。鲍叔牙和管仲是同乡，比管仲大两岁，他的家境要好一些。管仲和鲍叔牙从小一起玩耍，一起读书。管仲家里很穷，为了脱贫致富，他和鲍叔牙一起经商做买卖。他们之间的交情之所以称为“管鲍之交”，不是因为他们儿时的感情基础，而是因为他们一起经商时，经受住了3个重大考验。

第一，多拿多占。管仲回忆和鲍叔牙的交情时曾经说：“吾始困时，尝与鲍叔贾，分财利，多自与，鲍叔不以我为贪，知我贫也。”

第二，越办越糟。管仲回忆说：“吾尝为鲍叔谋事而更穷困，鲍叔不以我为愚，知时有利不利也。”

第三，负贩受辱。管仲回忆说：“吾尝与鲍叔负贩于南阳，吾尝三辱于市，鲍叔不以我为怯，知我欲有所明也。”

管仲和鲍叔牙一起经商，可以说是我国历史上有文献记载最早的“合伙制”。现在的股份公司制度，就是从这种合伙制发展起来的。历史上，合伙制是很多中小商人经常采用的经营方式。人们进行合伙的目的主要有两个：一是增强资本实力，扩大经营规模。单个人的资金和资源毕竟有限，多个人合伙后，资金和资源就多了，容易把事业做得更大。二是降低经营风险。合伙后，大家能相互支持，降低和分散风险，分担亏损。

从具体情况来看，管仲和鲍叔牙两人可能既出资又出力，不仅是股东，还要当伙计干活。在经济学上，这属于“劳动与货币资本联合”的合伙制。由于鲍叔牙的经济条件比管仲好，因此，鲍叔牙的出资可能要多些，管仲的出资可能要少些，甚至可能不出资。但管仲有经营才能，在这种情况下，如果盈利，管仲和鲍叔牙可以平均分配，也可以多分一些给鲍叔牙。当然，史料记载的实际情况是：每次都是管仲多拿多占，但鲍叔牙一点也没有计较，这反映出合伙人之间的信任关系非常重要。

2. 合伙企业的一般概念

《中华人民共和国合伙企业法》于2006年8月27日修订，自2007年6月1日起施行，规定了普通合伙企业和有限合伙企业两类合伙企业。

普通合伙企业（General Partnership Enterprise）由普通合伙人（General Partnership）组成，有限合伙企业（Limited Partnership Enterprise）由普通合伙人和有限合伙人（Limited Partnership）组成。普通合伙人对合伙企业债务承担无限连带责任，有限合伙人以其认缴的出资额为限对合伙企业债务承担责任。

关于无限连带责任，孙博士指出，就是无限责任与连带责任的结合，即无限连带责任＝无限责任＋连带责任。

连带责任是指依照法律规定或者当事人约定，两个或两个以上当事人对其共同债务全部承担或部分承担，并能因此引起其内部债务关系的一种民事责任。当责任人为多人时，每个人都负有清偿全部债务的责任，各责任人之间有连带关系。

连带责任是我国民事立法中的一项重要民事责任制度，其目的在于补偿救济，加重民事法律关系当事人的法律责任，有效保障债权人的合法权益。连带责任主要是基于合伙、担保、联营、承包等合同关系或代理行为、上下级间的关系产生的。《民法典》规定，连带债务人都有义务向债权人清偿债务。也就是说，债权人可同时或先后要求连带债务人全体或部分或一人履行全部或部分义务，被请求之债务人不得以超出自己应付份额为由，提出抗辩。连带责任对每个具体债务人来说，意味着责任的加重，它在债务人的内部关系中形成互相监督、互相制约的力量，并促使债务人共同防止和消除违法行为，保证债权人的债权得以顺利实现。

连带债务人在各债务人与债权人之间的关系（外部关系）中按连带责任处理，而在各债务人之间的关系（内部关系）上一般依按份责任处理，连带债务的债务人各自应承担的债务份额，依法律规定或当事人的约定，既无法律规定又无约定的，应平均承担。例如：甲、乙、丙三人成立的合伙企业破产时，当甲、乙已无个人资产抵偿企业所欠债务时，虽然丙已依约还清应分摊的债务，但仍有义务用其个人财产为甲、乙两人付清所欠应分摊的合伙债务，当然，此时丙对甲、乙享有财产追索权。

合伙企业比较容易设立和解散。合伙人签订了合伙协议，就宣告合伙企业的成立。新合伙人的加入，旧合伙人的退伙、死亡、自愿清算、破产清算等均可造成原合伙企业的解散及新合伙企业的成立。

合伙人可按各自对合伙企业的贡献，通过协议约定收益分配方式和分配比例。合伙企业在生产经营活动中所取得、积累的财产，归合伙人共有。如有亏损，则亦由合伙人共同承担。损益分配的比例，应在合伙协议中明确规定；未经规定的可按合伙人出资比例分摊，或平均分摊。合伙协议不得约定将全部利润分配给部分合伙人或者由部分合伙人承担全部亏损。仅以劳务出资的合伙人，一般不分摊损失。

合伙人投入的财产，由合伙人统一管理和使用，未经其他合伙人同意，任何一位合伙人不得将合伙财产移作他用。只提供劳务、不提供资本的合伙人仅有权分享一部分利润，而无权分享合伙财产。

3. 合伙企业的设立程序

合伙企业的设立程序一般分为申请和审批两步。合伙企业可以设立分支机构。当合伙企业登记事项发生变更时，需要及时办理变更登记。

（二）普通合伙企业

1. 设立条件

设立普通合伙企业，应当具备下列条件：

（1）有两个以上的合伙人。设立合伙企业的自然人应当具有完全民事行为能力。国有独资公司、国有企业、上市公司和公益性事业单位、社会团体不得成为普通合伙人，但可以成为有限合伙人。

（2）有书面合伙协议。合伙协议经全体合伙人签名、盖章后生效。合伙人按照合伙协议享有权利，履行义务。

（3）有合伙人认缴或者实际缴付的出资。合伙人应当按照合伙协议约定的出资方式、数额和缴付期限，履行出资义务。合伙人可以用货币、实物、知识产权、土地使用权或者其他财产权利出资，也可以用劳务出资，非货币财产、其他财产权利及劳务出资的价值，可以由全体合伙人协商确定，也可以由全体合伙人委托法定评估机构评估。以非货币财产出资需要办理财产权转移手续的，应当依法办理。

（4）有合伙企业的名称和生产经营场所。普通合伙企业名称中应当标明“普通合伙”字样。

（5）法律、行政法规规定的其他条件。

2. 合伙协议

陈碗和张同学、李同学组建了普通合伙企业，碍于情面，三人对利润的分配等并没有很好地协商。注册登记时，他们随便找了一份合伙协议样本，草草签名后就交到工商管理部门了。由于产权机制、管理机制的自主性，大家都认为合伙具有高效性。合伙之初，大家都很有干劲，盈余不多，倒也没有什么矛盾。但好景不长，随着盈余的增多，他们之间开始有裂痕了：张同学认为应该把盈余全部分配掉；李同学也认为应该分掉，但提出自己的贡献最大，应该多分；陈碗则认为，创业才起步，应该把盈余用在事业的快速拓展方面。陈碗比较憋屈，因为他觉得自己在盈余的产生中起了主要作用，但张同学和李同学并没有这种意识。三人经常为了一点小事而争执。陈碗深深地后悔，当初合伙协议没有面面俱到，为现在纠纷的处理埋下了隐患，也影响了同学关系。最终，三人分道扬镳。

在实际中，“一年合伙，两年红火，三年散伙”的情形已经成为合作对象难以走出的怪圈，极大地阻碍了企业的进一步发展。因此，在合作之初，合作人如果能够摆脱重情轻法的束缚，规范合作的详细模式和企业的各项制度，将既能使大家不伤感情，避免纠纷发生，也能使企业顺利发展壮大。

合伙协议是设立普通合伙企业最重要的文件。合伙企业的收益分配、入伙、退伙、事务管理等重要事项都需要在合伙协议中列明。

（1）合伙人应当对出资数额、盈余分配、债务承担、入伙、退伙、合伙终止等事项，订立书面协议。合伙人的权利和义务可以参照下文“××市××毛绒厂（普通合伙）合伙协议”示范文本规定。

（2）个人合伙的经营活动，由合伙人共同决定，合伙人有执行或监督的权利。合伙人可以推举负责人，合伙负责人和其他人员的经营活动，由全体合伙人承担民事责任。合伙的债务，由合伙人按照出资比例或者协议的约定，以各自的财产承担清偿责任。普通合伙人对合伙的债务承担连带责任，但单纯以劳务出资的合伙人对合伙债务不承担责任。偿还合伙债务超过自己应当承担数额的合伙人，有权向其他合伙人追偿。

（3）说明分配利润和分担损失的方式、具体事务的分担、经营过程中的合理支出（如每个合伙人每月经营成本的计算等）。

（4）投票权和决策权。一般而言，合伙人有同等投票权，特别是在涉及企业重大事务时。合伙人对普通合伙企业有关事项作出决议，按照合伙协议约定的表决办法办理。合伙协议未约定或者约定不明确的，实行合伙人一人一票并经全体合伙人过半数通过的表决办法。除合伙协议另有约定外，普通合伙企业的下列事项应当经全体合伙人一致同意：改变合伙企业的名称，改变合伙企业的经营范围、主要经营场所的地点，处分合伙企业的不动产，转让或者处分合伙企业的知识产权或其他财产权利，以合伙企业名义为他人提供担保，聘任合伙人以外的人担任合伙企业的经营管理人员。

（5）撤资的条件和处理方法。如当合伙人离开公司，或合伙企业解体时，每个合伙人资本份额应如何估价、如何处理等问题。

（6）制定合理的财务制度。最为重要的是企业财务会计制度，根据会计准则达成协议或让可靠的会计人员从事会计工作，尤其是存在不参加实际业务的合伙人时，从而能从专业角度把握企业经营的真实情况。

下面是一份普通合伙企业的合伙协议（示范文本），以供参考：

××市××毛绒厂（普通合伙）

合伙协议

根据《中华人民共和国合伙企业法》《中华人民共和国市场主体登记管理条例实施细则》，经各合伙人协商一致，本着自愿、平等、公平、诚实信用的原则，合伙兴办××市××毛绒厂（普通合伙），现订立如下书面协议。

第一条　合伙企业组织形式、合伙企业名称及主要经营场所地址

本企业为普通合伙企业。

名称：××市××毛绒厂（普通合伙）。

主要经营场所地址：××市××街道××村。

第二条　合伙目的和合伙经营范围

为发展经济，活跃市场，改善人民生活水平，努力办好本企业。

经营范围：许可经营项目：黑炭衬、树脂衬、毛绒制品。

第三条　合伙人的姓名及住所

王×住所：××市××街道××村。

李×住所：××市××街道××村。

第四条　合伙人的出资方式、数额和交付出资的期限

合伙企业出资总额为人民币10万元。

王×以货币方式出资5万元，占总出资额的50%；出资在合伙企业设立前一次性缴足。

李×以货币方式出资5万元，占总出资额的50%；出资在合伙企业设立前一次性缴足。

第五条　合伙期限

本合伙企业的经营期限为无期限年，工商登记机关核准之日为经营起始日，非因下列原因，不能提前终止：

1. 提前达到本协议预期的目的；

2. 某一合伙人死亡、成为限制或无民事行为能力人、破产之后，其他合伙人不愿维持合伙的；

3. 全体合伙人一致同意提前终止的。

第六条　利润分配

1. 利润是指每个合伙年度内的营业总收入减去成本，并按营业总收入的10%提留后备基金后的净利润。

2. 净利润的80%，按各合伙人的出资比例分配；净利润的20%，作为福利费用，按人数平均分配。

3. 利润分配方案连同每会计年度经营收支明细账，在会计年度终止前的一个月公布。

4. 合伙人在分配方案公布之后、实施之前，可对分配方案和账目进行审核，任何人对分配方案持有异议，应由合伙人全体会议讨论裁决。

第七条　亏损分担

1. 合伙企业的债务，应先以其全部财产进行清偿，合伙企业财产不能清偿到期债务的，合伙人承担无限连带责任。合伙人按比例分担合伙债务。

2. 新的合伙人对其入伙前的合伙债务承担无限连带责任。退伙人对退伙时已存在的合伙债务，不论到期与否，都应承担清偿义务。

第八条　合伙企业事务的执行

合伙企业的事务委托王×执行，被委托执行合伙企业事务的合伙人不按照合伙协议或者合伙人的决定执行事务的，其他合伙人可以决定撤销该委托。执行合伙企业事务的

合伙人，对外代表合伙企业。

第九条　入伙与退伙

1. 新合伙人入伙时，应当经全体合伙人一致同意，并依法订立书面入伙协议。订立入伙协议时，原合伙人应当向新合伙人告知原合伙企业的经营状况和财务状况，入伙的新合伙人对入伙前合伙企业的债务承担连带责任。

2. 合伙人在本协议约定的合伙期限内不得声明退伙，但出现下列情况除外：

(1) 本协议第五条第二款所列的提前终止原因；

(2) 经全体合伙人同意退伙；

(3) 发生合伙人难以继续参加合伙企业的事由；

(4) 其他合伙人严重违反合伙协议约定的义务。

3. 合伙人发生《中华人民共和国合伙企业法》所规定的下列当然退伙情形的，当然退伙：

(1) 作为合伙人的自然人死亡或者被依法宣告死亡；

(2) 个人丧失偿债能力；

(3) 作为合伙人的法人或者其他组织被依法吊销营业执照、责令关闭、撤销或者被宣告破产；

(4) 法律规定或者合伙协议约定合伙人必须具有相关资格而丧失该资格；

(5) 合伙人在合伙企业中的全部财产份额被人民法院强制执行。

4. 合伙人有下列情形之一的，经其他合伙人一致同意，可以决议将其除名：

(1) 未履行出资义务；

(2) 因故意或者重大过失给合伙企业造成损失；

(3) 执行合伙企业事务时有不正当行为；

(4) 发生合伙协议约定的事由。

第十条　财产份额转让

合伙企业存续期间，合伙人向合伙人以外的人转让其在合伙企业中的全部或者部分财产份额时，须经其他合伙人一致同意。合伙人依法转让其在合伙企业中的财产份额的，在同等条件下，其他合伙人有优先购买权。

合伙人以外的人依法受让合伙人在合伙企业中的财产份额的，经修改合伙协议即成为合伙企业的合伙人，依照《中华人民共和国合伙企业法》和修改后的合伙协议享有权利，履行义务。

合伙人之间转让在合伙企业中的全部或者部分财产份额时，应当通知其他合伙人。

第十一条　合伙企业的解散与清算

1. 合伙企业有下列情形之一的，应当解散：

（1）合伙期限届满，合伙人决定不再经营；

（2）合伙协议约定的解散事由出现；

（3）全体合伙人决定解散；

（4）合伙人已不具备法定人数满三十天；

（5）合伙协议约定的合伙目的已经实现或无法实现；

（6）被依法吊销营业执照、责令关闭或者被撤销；

（7）法律、行政法规规定的其他原因。

2. 合伙企业解散，应当由清算人进行清算，在法定期限内通知债权人并在报纸上进行公告。清算人由全体合伙人担任；经全体合伙人过半数同意，可以自合伙企业解散事由出现之日起十五天内指定一个或者数个合伙人，或者委托第三人，担当清算人。

自合伙企业解散事由出现之日起十五天内未确定清算人的，合伙人或者其他利害关系人可以申请人民法院指定清算人。

3. 清算结束后，清算人应当编制清算报告，经全体合伙人签名盖章后，在十五天内向企业登记机关报送清算报告，申请办理合伙企业注销登记。

第十二条　争议解决办法

凡因本协议引起的和与本协议有关的所有争议，合伙人可以通过协商或调解解决，不愿通过协商、调解解决或协商、调解不成的，向人民法院提起诉讼。

第十三条　违约责任

1. 违反本协议第四条的规定，未履行或未足额履行出资义务的，合伙人应按未履行出资额的5%向其他合伙人承担违约责任。未履行出资义务的合伙人不得参与利润分配，但必须按约定的债务分担比例分担亏损。

2. 违反本协议的约定执行合伙事务的，应就合伙事务的损失向其他合伙人承担赔偿责任。

3. 违反本协议其他约定，应依法承担违约责任。

第十四条　其他

1. 合伙会计年度从每年的1月1日开始，到同年12月31日止。

2. 合伙所有的明细账目应充分显示合伙的经营状况、资金周转状况和纳税情况。

3. 合伙事务执行人应在年终将年度资产负债表和经营报告的复印件交送每个合伙人，如果合伙人在收到上述复印件之后的一个月内没有向合伙事务执行人提出书面或口头反对意见，即推定其对该年度的经营状况没有异议。

全体合伙人签字：王×　李×

2022年×月×日

合伙人在企业创办阶段可以聘请律师代为拟定、审核企业的各项制度及相关协议，再就具体条款进行认真讨论和修改。在专业律师的协助下，法律风险的防范能够更为深入、全面。

案例分析

某高校汽车修理专业有4个同学甲、乙、丙、丁，拟创办一个从事汽车修理的普通合伙企业。拟签订的合伙协议规定：

（1）甲、丙各出资人民币5 000元，于合伙企业成立后1个月内，第1期出资2 000元，6个月内全部缴付；乙以家中修理工具出资，不经过法定评估机构评估，四方协商估价为8 000元，修理工具不办理过户手续，仍由乙使用和处置；丁经济困难，以劳务出资。

（2）甲、丙委托乙、丁执行合伙企业事务，甲、丙不参与企业的事务管理。乙、丁在执行事务中所产生的收益与另外两个合伙人以4∶6分成，如发生亏损，则由乙、丁承担。

（3）合伙企业起名为万利得汽修有限责任公司。甲和丙以出资额对合伙企业的债务负责，乙和丁负无限责任。

（4）甲个人对赵某负有债务2 000元，计划待合伙企业成立后，以替赵某大修汽车1次抵消对赵某的债务。

分析：上述合伙协议的条款是否合法？

以上案例可以从以下4个方面来分析：

（1）合伙协议有关出资、出资方式、出资期限的约定是否符合法律规定？

（2）合伙协议有关合伙企业事务执行的约定及亏损承担的约定是否符合法律规定？

（3）合伙协议有关企业与合伙人个人债权人关系的约定是否符合法律规定？

（4）企业名称及债务承担的约定是否符合法律规定？

3. 普通合伙企业财产

合伙人的出资、以合伙企业名义取得的收益和依法取得的其他财产，均为合伙企业的财产。合伙企业的财产为合伙人共同共有，对财产的占有、使用、收益和处分，均应当依照全体合伙人的共同意志进行。除非法律另有规定，合伙人在合伙企业清算前，不得请求分割合伙企业的财产。

除合伙协议另有约定外，合伙人向合伙人以外的人转让其在合伙企业中的全部或者部分财产份额或出质时，须经其他合伙人一致同意。未经其他合伙人一致同意，其行为无效，由此给善意第三人造成损失的，由行为人依法承担赔偿责任。合伙人之间转让在合伙企业中的全部或者部分财产份额时，应当通知其他合伙人。

合伙人向合伙人以外的人转让其在合伙企业中的财产份额的，在同等条件下，其他合伙人有优先购买权。合伙人以外的人依法受让合伙人在合伙企业中的财产份额的，经修改合伙协议即成为合伙企业的合伙人，依照法律和修改后的合伙协议享有权利，履行义务。

（三）有限合伙企业

有限合伙企业由普通合伙人执行合伙事务，有限合伙人只以其出资额为限对债务承担有限责任，一般不直接参与企业经营管理活动。

有限合伙人可以用货币、实物、知识产权、土地使用权或者其他财产权利作价出资，但不得以劳务出资。有限合伙人应当按照合伙协议的约定按期足额缴纳出资；未按期足额缴纳的，应当承担补缴义务，并对其他合伙人承担违约责任。有限合伙企业登记事项中应当载明有限合伙人的姓名或名称及认缴的出资数额，并在有限合伙企业名称中标明“有限合伙”字样。

资料阅读

有限合伙主要适用于风险投资，由具有良好投资意识的专业管理机构或个人作为普通合伙人，承担无限连带责任，负责企业的经营管理；作为资金投入者的有限合伙人享受合伙收益，对企业债务只承担有限责任。风险投资铸就了硅谷神话，一个重要原因便是风险投资机构实行的有限合伙制。“有限合伙为能人和富人创造了一个共舞的平台”，有限合伙鼓励富人作为有限合伙人，能人作为普通合伙人参与企业经营。

任务3 组建公司

对照《公司法》的相关规定，陈碗认为已经具备设立有限责任公司的5个基本条件：股东人数在50人以下，股东具备法定资格；注册资本不少于最低限额3万元人民币；股东共同制定公司章程；有公司名称，建立符合有限责任公司要求的组织机构；有公司住所，包括固定的生产经营场所和必要的生产经营条件。经过一段时间的思考，陈碗决定组建有限责任公司。

一、有限责任公司的股东出资和设立程序

（一）股东出资

有限责任公司的发起人应当按照《公司法》和公司章程规定的出资方式和出资额向

公司履行出资义务，缴纳出资。全体股东在公司登记机关认缴的出资额为公司的注册资本。

陈碗希望注册一家注册资本比较多的有限公司，这样信誉好一些，生意也好谈一些。但如果陈碗没有更多的现金怎么办？陈碗可以将具有良好业绩和信誉的淘宝店铺作为无形资产折算成资本金，还可以以家中电脑等出资。因为有限责任公司的股东可以用货币出资，也可以用实物、工业产权、非专利技术、土地使用权等可以用货币估价并可以依法转让的非货币财产作价出资；对作为出资的非货币财产应当评估作价，核实财产，不得高估或者低估作价。股东可以分期缴纳公司章程中规定的各自所认缴的出资额。实际出资时，如果以货币出资，则将货币出资足额存入有限责任公司在银行开设的账户；如果以非货币财产出资，则依法办理其财产权的转移手续。

（二）设立程序

陈碗、张同学、李同学决定共同成立“海滨市偶在创电子商务有限公司”，三个股东共同委托张同学向海滨市工商局申请企业名称预先核准。

根据《公司法》和《企业名称登记管理规定》，公司名称由行政区划名称字号（或者商号）、行业或者经营特点、组织形式组成。跨省、自治区、直辖市经营的企业，其名称可以不含行政区划名称；跨行业综合经营的企业，其名称可以不含行业或者经营特点。企业名称中的行政区划名称应当是企业所在地的县级以上地方行政区划名称。市辖区名称在企业名称中使用时应当同时冠以其所属的设区的市的行政区划名称。开发区、垦区等区域名称在企业名称中使用时应当与行政区划名称连用，不得单独使用。

除全国性公司，国务院授权的机关批准的大型进出口企业，国务院或者其授权的机关批准的大型企业集团，以及国家市场监管总局规定的其他企业外，公司名称冠以“中国”“中华”“全国”“国家”等字词的，应当按照有关规定从严审核，并报国务院批准。

企业可以选择字号。字号应当由两个以上的字组成。县级以上地方行政区划名称、行业或者经营特点不得作为字号，另有含义的除外。民营企业可以使用投资人姓名作字号。

行业或经营特点应当根据企业的主营业务和国民经济行业分类标准标明。国民经济行业分类标准中没有规定的，可以参照行业习惯或者专业文献等表述。

公司的组织形式包括有限责任公司和股份有限公司。

海滨市市场监管局工作人员对通过企业名称申报系统提交完成的企业名称“海滨市偶在创电子商务有限公司”进行形式审查，认为该名称符合规定，且经过工商注册名称查询系统查询，该名称属于首次申请，可以使用，“海滨市偶在创电子商务有限公司”保留期为 2 个月。设立企业依法应当报经批准或者企业经营范围中有在登记前须经批准的项目的，保留期为1年。申请人应当在保留期届满前办理企业登记。经企业登记机关设立登记，颁发营业执照后，企业名称正式生效。企业名称转让或者授权他人使用的，相关企业应当依法通过国家企业信用信息公示系统向社会公示。

根据预先核准的企业名称，陈碗、张同学、李同学三个股东制定了《海滨市偶在创电子商务有限公司章程》。公司章程是规定公司的性质、宗旨、任务等内容的文件，是公司组织及其活动的基本规则。章程中须载明下列事项：公司的名称和住所，公司的经营范围，公司的注册资本，股东的姓名或名称，股东的权利和义务，股东的出资方式和出资额，股东转让出资的条件，公司的机构及其产生的办法、职权、议事规则，公司的法定代表人，公司解散的事由与清算办法，股东认为需要规定的其他事项。所有股东在公司章程上完成签名、盖章。

股东认足公司章程规定的出资后，由全体股东指定的代表或者共同委托的代理人向公司登记机关报送公司登记申请书、公司章程等文件，申请设立登记。

经公司登记机关审核，核发了企业法人营业执照，海滨市偶在创电子商务有限公司（以下简称“偶在创公司”）就正式成立了。

偶在创公司成立后，向股东签发了出资证明书。出资证明书由公司盖章，载明了下列事项：公司名称，公司登记日期，公司的注册资本，股东的姓名或名称、缴纳的出资额和出资日期，出资证明书的编号和核发日期。

公司应当置备股东名册，记载下列事项：股东的姓名或者名称及住所、股东的出资额、出资证明书编号。记载于股东名册的股东，可以依股东名册主张行使股东权利。公司应当将股东的姓名或者名称向公司登记机关登记；登记事项发生变更的，应当办理变更登记。未经登记或者变更登记的，不得对抗第三人。

二、公司拥有独立于股东的法人财产权

公司财产与投资者个人财产是严格区分的，这在学术上称为“法人财产权”，即企业法人有接受投资、进行经营、经营的结果由投资人承受的权利。

案例分析

个体户张某与个体户刘某共同发起成立了A服装贸易公司，并由该公司买下了张某的全部产业。不过，公司并没有付给张某现款，只是给了他股份和债权。张某拥有公司90%的股份。由于经营不善，公司最终解散。张某声称自己是公司的债权人，有权要求公司偿还他借给公司的钱。但是，公司其他债权人主张，既然公司成立后的业务与公司成立前完全一样，而且张某拥有公司几乎全部的股份，所以，实质上A公司几乎是张某的私人企业，因此，张某与公司之间并不存在什么债权债务关系，张某无权要求

用公司财产偿还所欠债务，而只能由其他债权人共同分配公司财产，以清偿债务。为此，各方发生纠纷，诉至法院。

分析：

（1）张某在公司中的身份究竟是什么？

（2）张某要求清偿债务有无法律依据？

（3）法院将如何处理该债务清偿案件？

三、公司董事、经理、合伙人的同业竞争禁止义务

偶在创公司任命陈碗为董事长，张同学为总经理，聘用了10多名员工。经过陈碗、张总经理和全体员工的共同努力，公司高效运转，利润空间非常大，淘宝店在公司的影响下，生意也比从前更加火暴。陈碗有些后悔把自己原来的淘宝店铺投入公司了，因为要不然，这些利润都能够归他个人所有，而不需要与其他股东分享。张总经理看到公司销售行情这么好，就打起了自己的小算盘，因为公司经营得再好，自己也只能够分得属于自己股份份额的比例部分，但如果是自己一个人干，所有的利润都能够归自己一个人所有。于是，他注册了淘宝店，开始与公司经营同样的业务。张总经理在管理公司事务的同时，把自己的淘宝店打点得很出色，短短时间内就成为皇冠店。陈碗发现后很郁闷，认为他这样做会影响偶在创公司的业务发展，但不知道如何与他沟通。

孙博士给陈碗看了一起刚刚发生的事件：

资料阅读

甲和乙均为某市青松化工制品有限公司（以下简称“青松公司”）的董事。某年9月，甲、乙又与其所任职公司以外的两人丙、丁合伙开办了一家化工原料厂，从事与青松公司相同的产品生产。第二年1月，青松公司发现了甲和乙的这一行为。经临时股东大会决议，公司免去了甲、乙公司董事的职务。同时，公司还要求甲和乙将其与他人合伙经营化工原料厂期间所得收入共计20万元人民币交予公司，被二人拒绝。青松公司遂诉至法院，要求免去甲和乙公司董事的职务，并要求二人将经营化工原料厂期间的收入交予公司。

案例中，甲、乙同丙、丁合伙开办化工原料厂，其产品又与青松公司产品相同，该行为是违法的。《公司法》第147条规定：“董事、监事、高级管理人员应当遵守法律、行政法规和公司章程，对公司负有忠实义务和勤勉义务。”《公司法》第148条规定：“董事、高级管理人员不得有下列行为：……（五）未经股东会或者股东大会同

意，利用职务便利为自己或者他人谋取属于公司的商业机会，自营或者为他人经营与所任职公司同类的业务。”这在法律上称为“同业竞争禁止”。《公司法》第148条还规定：“董事、高级管理人员违反前款规定所得的收入应当归公司所有。”《中华人民共和国刑法》（2020年修正）第165条规定：“国有公司、企业的董事、经理利用职务便利，自己经营或者为他人经营与其所任职公司、企业同类的营业，获取非法利益，数额巨大的，处三年以下有期徒刑或者拘役，并处或者单处罚金；数额特别巨大的，处三年以上七年以下有期徒刑，并处罚金。”（即非法经营同类营业罪）。因此，青松公司有权免去甲和乙公司董事的职务、要求二人将经营化工原料厂期间的收入交予公司。

无论是一人公司还是两人以上公司或合伙企业，都对董事、经理或合伙人的同业竞争禁止义务作出了规定。

所以，陈碗在组建有限责任公司后，如果原先的淘宝店铺没有转入公司，由于是与现有公司的经营业务相似，陈碗就不能够继续经营了。他可以选择作价转让：可以转让给他人，也可以转让给公司。陈碗是将淘宝店铺作价作为对偶在创公司的投资处理的。陈碗委托孙博士把上述有关“同业竞争禁止”的规定告知张总经理。张总经理认识到自己的错误，把所经营的淘宝店的收益全部上交给偶在创公司，并主动关闭了自己所经营的淘宝店。

四、了解股份有限公司

股份有限公司（以下简称股份公司），是指将全部资本分为等额的股份，股东以其所持股份为限对公司承担责任，公司以其全部资产为限对公司债务承担责任的公司。股份公司根据其发行的股票是否上市交易，可分为上市公司和非上市公司。上市公司是指其发行的股票经国务院或国务院授权的证券管理部门批准，在证券交易所上市交易的股份公司。其他的则为非上市公司。相对于有限责任公司而言，股份公司组建程序复杂，设立门槛高，管理严格。对于创业学生而言，在将来事业做大做强之后，为进一步拓展事业，会需要考虑组建股份公司。同时，创业者可以借鉴股份公司的内部治理机制组织企业管理。

（一）股份公司的设立方式和设立程序

根据《公司法》的规定，股份公司的设立方式分为发起设立和募集设立两种。发起设立是指由发起人认购公司应发行的全部股份设立公司。募集设立是指由发起人认购公司应发行股份的一部分，其余部分向社会公开募集设立公司。设立股份公司的方式，由发起人自行选择。

设立股份有限公司，应当具备下列条件：(1) 发起人符合法定人数；(2) 有符合公司章程规定的全体发起人认购的股本总额或者募集的实收股本总额；(3) 股份发行、筹办事项符合法律规定；(4) 发起人制定公司章程，采用募集方式设立的经创立大会通过；(5) 有公司名称，建立符合股份有限公司要求的组织机构；(6) 有公司住所。

(二) 股份的发行

股份公司为筹集资金，经批准可以分配或者出售公司股票。根据股份公司筹集资金的阶段，可以将发行分为设立发行和增资发行。

1. 设立发行：股份公司在设立过程中发行股份

设立发行是指股份公司在设立过程中发行股份。设立发行应向中国证监会递交募股申请，经批准后方可发行。设立发行必须具备一定的条件。

股份的发行实行公开、公平、公正的原则。这要求股份公司在向社会公开募集股份时，应就有关的股份发行信息，如招股说明书、财务会计报告等依法公开披露；同次发行的股票，每股的发行条件和发行价格应当相同；发行同种股份，股东享有的权利也应当相同。

股份公司发行股票，发行价格可以按照票面金额发行，也可以超过票面金额，即溢价发行，但不得低于票面金额发行。溢价发行要经过国务院证券管理部门同意，且溢价发行所得的溢价款应列入公司资本公积金。

2. 增资发行：为增加股份公司的资本而再次发行股份

发行新股必须具备以下条件：(1) 前一次发行的股份已经募足，并且间隔一年以上；(2) 公司在最近三年内连续盈利，并可向股东支付股利；(3) 公司在最近三年内财务会计报表无虚假记载；(4) 公司预期利润可达同期银行存款利率。此外，根据《公司法》规定，上市公司发行股票所募集的资金必须按照招股说明书所列的用途使用；改变招股说明书所列资金用途，必须经股东大会批准；擅自改变用途未作纠正的，或者未经股东大会认可的，不得发行新股。

除发行新股以外，上市公司送股和配股也是增资发行的形式。送股是指把公司的股息和红利转为公司的资本。配股是指上市公司在获得有关部门的批准后，向其现有的股东提出配股建议，使现有股东可按其所持股份的比例认购配售股份的行为。

(三) 上市公司

股份公司发行的股票经国务院或者国务院授权的证券管理部门批准，在证券交易所上市交易，这样的股份公司称为“上市公司”。

股份公司必须符合以下条件，方可申请其股票上市：

（1）股票经国务院证券管理部门批准已向社会公开发行。

（2）公司股本总额不少于人民币3 000万元。

（3）开业时间在三年以上，最近三年连续盈利；原国有企业依法改建而设立的，或者《公司法》实施后新组建成立，其主要发起人为国有大中型企业的，可连续计算。

（4）持有股票面值达人民币1 000元以上的股东人数不少于1 000人，向社会公开发行的股份达公司股份总数的25%以上；公司股本总额超过人民币4亿元的，其向社会公开发行股份的比例为15%以上。

（5）公司最近三年内无重大违法行为，财务会计报告无虚假记载。

（6）国务院规定的其他条件。

股份公司申请其股票上市交易，应当报经国务院或者国务院授权的证券管理部门批准。上市交易申请获批后，被批准的上市公司必须公示其股票上市报告，并将申请文件存放在指定的地点供公众查阅。上市公司的股份，依相关法律进行上市交易。上市公司必须按照《公司法》的规定，定期公开财务状况和经营状况，在每个会计年度内每半年公布一次财务会计报告。

学思之窗

大学生创业企业香港上市，湖北“上市公司倍增计划”显效

2020年9月18日上午，福禄控股（02101.HK）于港交所正式挂牌上市，成为中国第三方虚拟商品及服务第一股。福禄控股是湖北省武汉东湖新技术开发区（以下简称“武汉东湖高新区”）第47家上市公司。

2018年，湖北省开始实施“上市公司倍增计划”，计划用5年时间让全省上市企业数量翻番。为了实现这一目标，湖北省政府出台《进一步推进企业上市工作的意见》，明确了省级层面支持企业上市的政策，在分阶段奖励、加大项目用地支持、实施“绿色通道”制度等方面实现重大突破，让湖北多层次资本市场建设驶入了快车道。

为尽量减轻疫情对湖北省企业上市进程影响，充分利用证监部门对湖北企业上市的扶持政策，湖北省地方金融监管局帮助重点后备企业通过线上方式办理“绿色通道”事项，协调解决上市过程中遇到的困难和问题。

湖北全面复工复产后，已有回盛生物、均瑶健康、长源东谷以及福禄控股4家企业登陆资本市场。截至目前，湖北今年已新增6家境内上市公司、1家境外上市公司。

作为湖北上市公司聚集地的武汉东湖高新区，本月也接连收获资本市场的好消息。除今天登陆港交所的福禄控股外，四方光电已于本月8日成功过会，未来将在科创板首

发上市。9 月 22 日，科前生物、路德环境也将在科创板上市，并将同时在上交所敲钟。

“光谷公平开放的土壤和积极向上的营商环境让我们这些草根创业者看到了成功的希望。”福禄控股董事长兼 CEO 符熙在上市仪式上说。

10 年前，符熙刚创业时，还只是个卖“点卡”的大学生，如今福禄控股已发展成中国最大的第三方虚拟商品及服务提供商。

武汉东湖高新区金融办主任秦军认为，作为该区第 47 家上市公司，福禄控股不仅是光谷数字经济领域的典型代表，更是光谷大学生创业、草根创业的鲜活案例，生动展现了光谷的创新创业文化。

湖北省地方金融监管局局长段银弟表示，从疫情发生到复工复产，湖北的基本金融服务没有断档，湖北将抢抓创业板注册制改革机遇和新三板改革有利时机，进一步推动“上市公司倍增计划”，推动辖区公司发展。

梳理福禄控股的成长路径，是一股互联网创业的“清流”。

2009 年，福禄控股创始人符熙还是一名成绩优越的在校大学生，正在上大四的他开启了自己的大学生创业项目，想继续从事网络方面的事。

说干就干。符熙邀请了曾经在游戏公司做业务拓展的小伙伴赵笔浩，还有具备相关财务经验的茅峰一起在武汉光谷成立了福禄网络。

彼时智能充值业务特别火爆，但缺乏规范化，符熙经过市场调研后于 2010 年成立“卡门网”，与“筋斗云”智能软件相结合，一个全新的双系统智能充值平台诞生。

在十年前，除了骏网等成熟的游戏充值平台，淘宝上的虚拟充值业务也在急速蔓延中，后来者福禄只是 PC 端充值供应商中最不起眼的一个。

但是很快，智能手机端的流量就超过了 PC 端。福禄看准了移动充值服务的趋势，2014 年，与当时最为火爆的视频平台和游戏平台合作；2015 年业务范围又扩展到当时特别火的音乐平台和体育平台。

随着直播行业的大火，福禄又一次看准了风口，2016 年开始为直播平台提供服务。

2017 年，福禄的交易额超过 100 亿元。服务范围覆盖了电商、金融、游戏、泛娱乐、知识付费等领域，并且已经有腾讯、阿里巴巴、各大银行这样的巨头作为合作伙伴，实现了逆袭。

截至目前，福禄旗下的自主第三方虚拟商品及服务，不仅囊括了游戏、话费、流量、Q 币、视频会员、加油卡、礼品卡等多种品类，而且还为消费者提供模块化虚拟商城搭建、虚拟商品的电商代运营等服务，覆盖市面 90%以上的虚拟充值商品。

截至目前，福禄已经有超过 1 400 家合作商家、4 亿独立用户。

在瞬息万变的互联网行业，对福禄来说，规模化筑起的壁垒或许并不能持久。技术的进一步发展，使得现存的主流应用和服务随时都有可能被取代。

基于此，福禄自己建立了一套链接上游内容、下游渠道的SaaS平台，在这个平台上可以实现开店、营销、会员管理、积分管理、促活等一系列功能，覆盖虚拟商品的整个运营、销售和用户管理等环节。

最终，在虚拟充值这一基础服务外的持续运营能力，成了福禄甩开同行的一大武器，也让它最终走上了IPO之路。

资料来源：周芳．大学生创业企业香港上市，湖北“上市公司倍增计划”显效［EB/OL］．（2020-09-18）https://news.sina.com.cn/o/2020-09-18/doc-iivhvpwy7435761.shtml.

技能训练

一、结合本项目所学知识，设计投资合作方案，拟订法律性文件

唐笑在实习期间深受一家房地产开发公司老总的赏识，开发公司老总承诺将其开发的二期楼盘交予唐笑代理销售，但代理销售合同只能与唐笑的公司签订，且公司注册资本不得少于50万元。该楼盘的代理销售业务净利润保守估算有200万元，许多投资人都愿意出资与唐笑共同设立房地产销售代理有限公司，同意由唐笑享有该楼盘代理项目净利润的40%。唐笑无钱出资。请设计一个投资合作方案，拟订法律性文件，填写设立登记的申请文件，帮助唐笑实现创业梦想。

二、案例分析题

试用所学知识分析以下案例：

【案例1】 甲与乙是夫妇，2020年，甲辞职开办了一家小卖部。但甲开店的想法一直都遭到丈夫乙的反对，所以双方签订了一份协议，协议约定：甲开店的一切责任自负，双方的各自收入归个人支配。甲在经营中效益时好时坏，但乙从不过问。甲开店后并没有与乙分伙，她也经常以营业收入为家中购置共同的生活用品，但两人的收入的确各自保管。2022年，甲由于几次进货失误，造成商品严重积压，并欠下3万多元的债务。2022年初，债主纷纷前来讨债，甲将全部货物及自己的存款还债，结果仍欠丙1万多元。丙因向甲要不到全部欠款，便向法院起诉，请求以乙的存款偿还。法院经查实，乙在银行有5万元的存款。

分析：丙是否有权请求乙偿还甲所欠的债务？

【案例2】 个体工商户小王2019年4月向W市工商局申办了个体工商户营业执照，字号名称为W市××××××，营业执照上的经营场所是W市城关F街，营业执照上的经营范围是房产中介服务。2022年8月，W市工商局在检查中发现了问题，小王自2021年2月起在W市R街的DF销售中心利用W市某房产中介服务中心的名义，代理了DF房地产服务。

经W市工商局审查，小王的公司代理销售额约为28 000万元，收取代理费170万元，付出劳务工资和相关税费 145 万元，经营所得为 25 万元。W 市工商局认为，小王的行为是无照经营，违反了《市场主体登记管理条例实施细则》。

分析：W 市工商局的认定是否有道理？你如何看待小王的行为？

【案例 3】 甲、乙、丙、丁四人按照《合伙企业法》的规定，共同投资设立了一家从事商品流通的有限合伙企业，取名稳信贸易联合企业。合伙协议约定了以下事项：(1) 甲以现金 5 万元出资；乙以房屋作价 8 万元出资；丙以劳务作价 4 万元出资，另以商标权作价 5 万元出资；丁以现金 10 万元出资。(2) 丁为普通合伙人，甲、乙、丙均为有限合伙人。(3) 各合伙人按相同比例分配盈利、分担亏损。(4) 合伙企业事务由丙和丁执行，甲和乙不执行合伙企业事务，也不对外代表合伙企业。(5) 普通合伙人向合伙人以外的人转让财产份额的，不需要经过其他合伙人同意。

分析：合伙协议是否符合法律规定？

【案例 4】 甲、乙、丙、丁共同投资设立了 A 有限合伙企业（以下简称 A 企业）。合伙协议约定：甲、乙为普通合伙人，分别出资 10 万元；丙、丁为有限合伙人，分别出资 15 万元；甲执行合伙企业事务，对外代表 A 企业。

2021 年，A 企业发生下列事实：

2 月，甲以 A 企业的名义与 B 公司签订了一份 12 万元的买卖合同。乙获知后，认为该买卖合同损害了 A 企业的利益，且甲的行为违反了 A 企业内部规定的甲无权单独与第三人签订超过 10 万元合同的限制，遂要求各合伙人作出决议，撤销甲代表 A 企业签订合同的资格。

4 月，乙、丙分别征得甲同意后，以自己在 A 企业中的财产份额出质，为自己向银行借款提供质押担保。丁对上述事项均不知情，乙、丙之间也对质押担保事项互不知情。

8 月，丁退伙，从 A 企业取得退伙结算财产 12 万元。

9 月，A 企业吸收庚作为普通合伙人入伙，庚出资 8 万元。

10 月，A 企业的债权人 C 公司要求 A 企业偿还 6 月份所欠款项 50 万元。

11 月，丙因所设独资企业发生严重亏损，不能清偿 D 公司的到期债务，D 公司申请人民法院强制执行丙在 A 企业中的财产份额用于清偿其债务。人民法院强制执行丙在 A 企业中的全部财产份额后，甲、乙、庚决定 A 企业以现有企业组织形式继续经营。

经查：A 企业内部约定，甲无权单独与第三人签订超过 10 万元的合同，B 公司与 A 企业签订买卖合同时，不知 A 企业该内部约定。合伙协议未对合伙人以财产份额出质事项进行约定。

分析：

(1) 甲以 A 企业的名义与 B 公司签订的买卖合同是否有效？请说明理由。

(2) 合伙人对撤销甲代表 A 企业签订合同的资格事项作出决议，在合伙协议未约定表决办法的情况下，应当如何表决？

（3）乙、丙的质押担保行为是否有效？请分别说明理由。

（4）如果A企业的全部财产不足以清偿C公司的债务，对不足清偿的部分，哪些合伙人应当承担清偿责任？如何承担清偿责任？

（5）人民法院强制执行丙在A企业中的全部财产份额后，甲、乙、庚决定A企业以现有企业组织形式继续经营是否合法？请说明理由。

【案例5】 甲、乙、丙、丁四人决定投资设立一家普通合伙企业，并签订了书面合伙协议。合伙协议的部分内容如下：

（1）甲、乙、丙以货币出资。

（2）丁以劳务折价出资，但丁不得过问企业事务，也不承担企业亏损的民事责任。

（3）由甲执行合伙企业事务，对外代表合伙企业，但签订标的1万元以上的合同应经其他合伙人同意。

合伙企业在存续期间，发生下列事实：

（1）甲擅自以合伙企业的名义与善意第三人A公司签订标的2万元的合同，乙合伙人获知后，认为该合同不符合合伙企业的利益，经与丙、丁商议后，即向A公司表示对该合同不予承认。

（2）合伙人丁提出退伙，合伙企业又接纳戊入伙。合伙企业的债权人A公司就合伙人丁退伙前发生的债务24万元，要求合伙企业的现合伙人甲、乙、丙、戊及退伙人丁共同承担连带清偿责任。丁以自己已经退伙为由，拒绝承担清偿责任。戊以自己新入伙为由，拒绝对其入伙前的债务承担清偿责任。

分析：

（1）合伙协议中是否有不合法之处？请说明理由。

（2）甲以合伙企业的名义与A公司所签的合同是否有效？请说明理由。

（3）丁和戊拒绝承担清偿责任的主张是否成立？请说明理由。

【案例6】 徐某作为唯一自然人股东于2020年初注册设立一人有限责任公司。2021年，徐某以公司名义取得一幅国有出让土地使用权。2022年初，徐某与吴某达成协议，徐某将公司除该幅土地权益外的其他财产作价3 000余万元转让给吴某，徐某作为股东期间的公司债权、债务由徐某负责。吴某随即于2月底前在徐某的协助下将该一人公司进行了工商变更登记，变更登记后的公司仍为一人公司，股东为吴某，公司其他信息不变。2022年4月，徐某为股东期间的公司债权人张某起诉该一人公司及吴某承担连带清偿责任。

分析：

张某起诉该一人公司及吴某承担连带清偿责任能否得到法院支持？张某应如何主张

权利？

【案例 7】 甲、乙、丙拟共同出资设立一家有限责任公司（以下简称公司），并共同制定了公司章程草案。该公司章程草案有关要点如下：

（1）公司注册资本总额为 600 万元。各方出资数额、出资方式以及缴付出资的时间分别为：甲出资 180 万元，其中，货币出资 70 万元、计算机软件作价出资 110 万元，首次货币出资 20 万元，其余货币出资和计算机软件出资自公司成立之日起 1 年内缴足；乙出资 150 万元，其中，机器设备作价出资 100 万元、特许经营权出资 50 万元，自公司成立之日起 6 个月内一次缴足；丙以 270 万元货币出资，首次货币出资 90 万元，其余出资自公司成立之日起 2 年内缴付 100 万元，第 3 年缴付剩余的 80 万元。

（2）公司的董事长由甲委派，副董事长由乙委派，经理由丙提名并经董事会聘任，经理作为公司的法定代表人。在公司召开股东会会议时，出资各方行使表决权的比例为：甲按照注册资本 30%的比例行使表决权；乙、丙分别按照注册资本 35%的比例行使表决权。在公司召开股东会会议时，应提前 25 日通知全体股东。

（3）公司分配红利时，出资各方依照以下比例进行分配：甲享有红利 25%的分配权，乙享有红利 40%的分配权，丙享有红利 35%的分配权。

（4）公司不设监事会，由乙担任监事。

分析：

（1）公司的法定代表人由经理担任是否符合《公司法》的有关规定？请说明理由。公司出资人的货币出资总额是否符合《公司法》的有关规定？请说明理由。甲以计算机软件和乙以特许经营权出资的方式是否符合有关规定？请说明理由。甲、乙、丙分期缴纳出资的时间是否符合《公司法》的有关规定？请说明理由。

（2）公司董事长、副董事长的产生方式是否符合《公司法》的有关规定？请说明理由。公司的法定代表人由经理担任是否符合《公司法》的有关规定？请说明理由。公司的首次股东会由谁召集和主持？请说明理由。公司章程规定的出资各方在公司股东会会议上行使表决权的比例是否符合《公司法》的有关规定？请说明理由。公司召开股东会会议时的通知时间是否符合《公司法》的有关规定？请说明理由。

（3）公司章程规定的出资各方分红比例是否符合《公司法》的有关规定？请说明理由。

（4）公司章程规定不设监事会是否符合《公司法》的有关规定？请说明理由。

【案例 8】 紫云有限公司设有股东会、董事会和监事会。近期公司的几次投标均失败，董事会对此的解释是市场竞争激烈、对手强大。但监事会认为是因为董事狄某将紫云公司的标底暗中透露给其好友的公司。监事会拟采取下列处理措施：（1）提议召开董事会；（2）提议召开股东会；（3）提议罢免狄某；（4）聘请律师协助调查。

分析：上述处理措施是否合适？

【案例9】 李可与顾仁、王凡三人合伙开了一家玩具厂，李可占股1/5；李可同时与吴用两人共同投资设立了一家婚庆服务公司，李可占股30%，吴用占股70%。2020年初，顾仁、王凡二人不顾李可的反对，聘请曹大当玩具厂的生产厂长。

分析：曹大能当成玩具厂的生产厂长吗？假若婚庆公司股东会表决聘请苏姗任公司的CEO，李可反对，吴用赞同，苏姗可以任婚庆公司的CEO吗？

【案例10】 A是从事生产经营的有限责任公司，总资产1 000万元，总负债100万元。现公司董事会决定：（1）以本公司名义投资20万元，与B公司组成合伙企业；（2）以A公司名义向C公司投资200万元；（3）以本公司名义发行100万元公司债券。

分析：这三项决定是否都合法？请说明理由。

【案例11】 荣吉有限公司是一家商贸公司，刘壮任董事长，马姝任公司总经理。股东会决议如下：（1）马姝担任公司总经理须经刘壮的聘任；（2）马姝享有以公司名义对外签订合同的法定代理权；（3）马姝有权制定公司的劳动纪律制度；（4）马姝有权聘任公司的财务经理。

分析：以上股东会决议是否有效？请说明理由。

【案例12】 罗财与胡科各出资2万元、8万元设立一家财产咨询有限公司。

分析：

（1）公司章程可否规定罗财担任执行董事，为公司的法定代表人？

（2）怎样避免表决时胡科一人说了算的局面？

在线测试

项目二
合同事务处理

视频资源

在创办公司之前，陈碗围绕店铺的经营，不断与买家和卖家洽谈，需要经过很多次的讨价还价和咨询答复，最终才能就货品和价格等事项达成一致，促成买家下单。但买家下单后，陈碗并不一定就做成了生意，还需要确认买家已经实际支付款项的信息。在淘宝平台上，陈碗仅仅是通过淘宝平台信息，得知买家已经向支付宝支付了款项，但自己并未实际收到买家所付出的款项。等买家确认收到货品，或由支付宝设置的程序推定默认买家实际已经收到货品时，陈碗才能实际收到货款。陈碗并不直接将货品送交买家，而是通过快递公司。有时候，买家提出货品存在瑕疵，包括货品短缺、质量瑕疵、名不副实等，可能导致交易的变更甚至取消。为了提高店铺声誉和促进销售，陈碗有时还会提供货到付款的服务，一旦买家拒收货品，快递公司会将货品退回。这些事务需要根据《中华人民共和国民法典》、特别是其中“第三编 合同”的相关知识来处理。在创业经营活动中，陈碗每天都在不断地谈合同、签订合同、履行合同、处理合同事务和管理合同。

本项目有 5 项任务，分别是：

任务 1　交易达成

任务 2　合同审查和合同履行

任务 3　常见合同形式

任务 4　电子商务合同

任务 5　合同保全和违约责任

能力目标

◆ 掌握交易达成的要件；掌握合同生效的要件；掌握无效合同，效力待定合同，可撤销、可变更合同的表现形式及法律后果

◆ 熟悉合同订立的形式，熟悉格式合同及其处理

◆ 掌握合同审查的要点和具体注意事项

◆ 熟悉几种特殊合同在创业活动中的作用及合同当事人的权利义务内容

◆ 掌握电子合同的成立条件、订立系统，熟悉电子合同的概念、特征，了解电子合同的分类

知识目标

◆ 要约和要约邀请的区别；广告构成要约的条件；承诺成立的要件；要约、承诺的撤回，要约的撤销与失效

◆ 合同订立的三种形式；要式合同，格式条款、格式合同；合同生效的要件；合同内容及审查

◆ 合同履行的原则；合同履行中的抗辩权：同时履行抗辩权、后履行抗辩权、不安抗辩权

◆ 买卖合同，委托合同，承揽合同，租赁合同，赠品销售和有奖销售合同

◆ 电子合同的成立条件：电子签名和电子认证

◆ 合同履行中的保全措施：代位权和撤销权；违约责任归责原则及承担违约责任的主要形式

职业目标

◆ 通过本项目学习，分析创业活动中的常用合同，进行合同审查

◆ 通过本项目学习，能够应对合同签订、履行过程中的相关风险和陷阱

◆ 通过本项目学习，懂得应用特殊合同形式开展经营活动创新

素养目标

通过本项目学习，培养诚实守信的经营理念，培养应用法律武器维护自身合同权益的意识

任务1 交易达成

合同的订立，是指两个或两个以上的民事主体，依法就合同的主要条款经过协商一致达成合意的法律行为。在学术上，我们把合同定义为平等主体的自然人、法人、其他经济组织之间设立、变更、终止民事权利义务关系的协议，也称契约。

通常所说的交易达成，是指合同的订立并生效。这至少包括合同的订立和合同的生效两个环节。

一、一项有效的要约和一项有效的承诺成立合同

创业活动中合同是如何订立的呢？这要从合同订立的程序、形式等方面来认识。

合同的签订需要当事人双方对合同的内容进行协商，达成一致意见。这一过程可以分为两个阶段，即要约和承诺。讨价还价和咨询答复行为是连续的要约过程，一旦承诺达成，合同就成立了。

（一）要约和要约邀请

在社会经济生活中，商品的生产者和经营者在生产经营过程中都需要订立大量的合同。在这些订约过程中，当事人为达到商品交换的目的需要经常进行要约。

要约是指订立合同的一方当事人向他方发出的以订立合同为目的的意思表示。发出要约的当事人称要约人，要约指向的当事人称受要约人。

1. 要约

有效的要约应具备下列条件：

（1）要约是要约人向相对人作出的含有合同条件的意思表示，旨在得到受要约人的承诺并成立合同，只有要约人是特定的人，受要约人才能对之承诺。

（2）要约必须是要约人向相对人发出的意思表示。相对人一般为特定的人，不是向特定人提出的建议，仅视为要约邀请，而不是要约。但在特殊情况下，要约人也可以向不特定的人发出要约，如商业广告的内容符合要约规定的，视为要约。

（3）要约的内容明确、全面，受要约人通过要约不但能明确地了解要约人的真实意思，而且能知道未来订立合同的主要条款。

（4）要约是一种法律行为，要约人受到要约的约束，如果对方接受要约，合同即告成立。

要约自送达受要约人能够控制的地方时开始生效。要约的送达方式不同，其到达时

间的确定也不同。采取直达方式发出要约的，记载要约的文件交给受要约人时即为到达；采用普通邮寄方式送达的，以受要约人收到要约文件或者要约送达受要约人信箱的时间为到达时间；采用数据电文方式发出要约的，电文进入收件人指定系统的时间或者未指定特定系统情况下电文进入收件人任何系统的首次时间为要约到达时间。

2. 要约邀请

我们经常在生活中和网上看到铺天盖地的广告，这些广告并不是要约。

陈碗的网站上挂着各种商品的橱窗，不断弹出各种商品信息，吸引买家注意，向陈碗发出购买商品的要求，这在法律上称为要约邀请。要约邀请对于交易的达成至关重要，要约邀请的目的是吸引买家的眼球，使之向卖家发出购买商品的要求，所以淘宝店铺都花了很多心思，装扮得十分靓丽。从法律上讲，这些广告多属于要约邀请，无须承担法律责任。也就是说，淘宝店主无须对浏览过网站但没有与其达成合同的人负责任，除非他们的广告侵犯了《中华人民共和国广告法》（以下简称《广告法》）的规定，或具有不正当竞争的嫌疑。

当然，在某些情况下，发出要约邀请的卖家也要承担责任。例如：如果参加的是"秒杀"活动，如果买家"秒杀"成功，卖家却没有发货，卖家将承担一定的责任。

资料阅读

2010年4月6日早上，肯德基分时段和轮次推出网络"秒杀"优惠，最高优惠幅度达32元。下午，顾客消费时，却被告知后两轮活动已经取消。众多消费者手持在网上辛苦"秒杀"来的优惠券聚集在各地肯德基门店讨说法。肯德基回应称，有大量顾客持"假优惠券"消费，故取消活动。从肯德基此次优惠活动来看，肯德基一方面称电子优惠券库存设为100张，拍完即止；另一方面又号召网友"秒杀"，同时声称"复印有效"，最终导致优惠券数量剧增、卖场失控的状况。

2010年4月7日，消费者刘先生将肯德基告上法庭。刘先生认为，他与肯德基之间已经构成了买卖合同关系，肯德基没有按照发行的优惠券所载明的条款履行合同义务的行为属于违约行为。刘先生起诉至法院，要求判令肯德基按优惠价格向他半价（32元）出售外带全家桶套餐一份。在肯德基优惠券中明确注明了优惠食品项目和价格、使用地点、使用时段、使用期限及使用方式，内容已经符合要约要件。肯德基拒绝兑付的行为显然与法律、诚信相背。[①]

肯德基"秒杀门"事件道出了区别于价目表、拍卖公告"要约邀请"性质的要约的

---

① 赵俊．肯德基"秒杀门"是否违法［EB/OL］．（2010－04－15）http://baike.baida.com/item/肯德基秒杀门/10947650?fr=aladdin.

概念。如果某人发出的信息被界定为要约，一旦受要约人作出行动，此人将承担一定的法律后果。

3. 要约和要约邀请的区别

要约与要约邀请的区别在于：

（1）要约是当事人自己主动愿意订立合同的意思表示，以订立合同为直接目的；要约邀请则是希望对方主动向自己提出订立合同的意思表示，其本身不具有任何法律效力。

（2）要约必须包括未来可能订立合同的主要内容，而要约邀请则没有这一方面的要求。

（3）要约中含有当事人表示愿意接受要约约束的意思，而要约邀请则不含有。

（4）要约往往是向特定人发出的，而要约邀请一般向不特定的多数人发出。

如果商业广告的内容符合上述（1）（2）（3）项规定，虽然不是对特定的相对人发出，也视为要约，这就是对不特定多数人的要约。

在网络条件下，要约可以向不特定的多数人发出，肯德基的“秒杀门”事件中就是将通过网络看到告示的不特定的多数人转变成了“特定的人”。

4. 要约的认定

陈碗有过一次购房经历，通过对要约和要约邀请含义的正确理解，维护了自己的合法权益。

案例分析

有一天，陈碗在某报纸上看到一家房地产公司的广告。广告宣称：“本公司举办销售让利活动，提供的楼盘符合现代住宅要求，并提供相应设施：预留煤气管道、电话口、空调洞、内塑钢门、屋顶花园、共用电线……”广告中所说的这些条件令陈碗很动心，于是，他与该房地产公司取得了联系，最终签订了购房合同，并约定：由买方预付全部房款，卖方于收到房款后1个月内交付所购房屋，并为买方办理房屋产权证。陈碗依约支付了全部房款，房地产公司向陈碗交付了住房。

陈碗入住以后，发现自己所购的住房并没有预留煤气管道、空调洞等。他认为，房地产公司提供的房屋与广告中的承诺不符，要求房地产公司赔偿其损失。房地产公司辩称：广告不过是要约邀请，双方签订的购房合同是其履行义务的唯一根据，所以无须承担违约赔偿责任。

分析：

（1）广告是否可以成为合同组成部分的法律依据？

（2）广告是否为房屋买卖合同的组成部分？

（3）陈碗如果向法院提起诉讼，其诉讼请求是否有效？

《民法典》（第三编 合同）规定：商业广告和宣传的内容符合要约规定的，视为要约。《最高人民法院关于审理商品房买卖合同纠纷案件适用法律若干问题的解释》第三条规定：商品房的销售广告和宣传资料为要约邀请，但是出卖人就商品房开发规划范围内的房屋及相关设施所作的说明和允诺具体确定，并对商品房买卖合同的订立以及房屋价格的确定有重大影响的，构成要约。该说明和允诺即使未载入商品房买卖合同，亦应当为合同内容，当事人违反的，应当承担违约责任。

从案例中的广告内容来看，完全符合商品房广告成为要约的条件，即广告所承诺的内容在商品房规划范围内（广告所承诺的预留煤气管道等内容完全符合商品房规划范围内这一空间区域的要求），广告内容是对房屋及其相关设施所作的具体确定的说明和允诺，广告的内容对房屋买卖合同的订立及价格的确定有重大影响（广告所承诺的内容均是房屋价格的参考因素，因此，可以认定其对商品房的价格确定和是否订立买卖合同有重大影响）。可见，开发商所作的允诺完全应当认定为合同的组成部分，即使这些部分未写入房屋买卖合同，也应当认定为合同条款。

因此，开发商违反了商品房买卖合同的义务，理应承担违约责任。开发商的违约行为将导致陈碗购房成本的增加。如果陈碗要获得广告中承诺的设施就必须另外支付成本，而这些成本原本应当由开发商支付。因此，陈碗可以向开发商主张获得广告承诺的相应设施而发生的成本，如安装煤气管道、钻空调洞等涉及的费用。

（二）承诺

承诺是指受要约人同意要约的意思表示。承诺的法律效力在于，承诺一经作出，并送达至要约人，合同即告成立，要约人不得拒绝。网络购物中表现为订单的生成，下一步就是要求买家付款，而付款就已经是合同履行的内容了。

当然，承诺欲取得成立合同的法律效力，应具备一定的条件：

（1）承诺必须由受要约人向要约人发出。承诺须向要约人作出，才能达到缔约的目的，向非要约人作出的“承诺”，不构成承诺。

（2）承诺应以明示的方式作出。承诺应当以通知的方式作出，通知可以是书面形式，如果法律或要约中没有规定以书面形式表示承诺的，当事人可以用口头形式表示承诺。根据交易习惯或者当事人的约定，也可以默示的方式表达。

（3）承诺的内容须与要约的内容一致。承诺欲取得成立合同的法律效果，必须与要约的内容一致。如果受要约人在承诺中对要约的内容加以扩张、限制或变更，便不构成承诺，而应视为新要约。当然，承诺对要约的内容作出非实质性变更的，除要约人及时表示反对或者要约表明承诺不得对要约的内容作出任何变更以外，该承诺有效，合同的内容以承诺的内容为准。

(4) 承诺须在要约有效期内到达要约人。受要约人超过承诺期限发出承诺，除非要约人及时通知受要约人该承诺有效，为新要约。受要约人在承诺期限内发出承诺，按照通常情况能够到达要约人，但因其他原因承诺到达要约人时超过承诺期限的，除非要约人及时通知受要约人因承诺超过期限不接受该承诺，该承诺有效。

承诺生效时，合同成立。承诺生效时间的确定标准分为两种：一是受要约人采用通知的方式承诺，在承诺通知到达要约人时生效；二是在承诺不需要通知的情况下，承诺生效的时间以受要约人根据交易习惯或者要约的要求作出承诺的行为为标准确定，即受要约人作出行为时，承诺生效。

(三) 要约、承诺的撤回，要约的撤销与失效

在网络条件下，要约和承诺的送达是瞬时实现的。但瞬时完成的事情难免考虑得不够周到，也最容易反悔。这就涉及要约的撤回与撤销、承诺的撤回等概念。

1. 要约的撤回与撤销

要约到达受要约人时生效。要约在发出以后尚未到达受要约人前，还没有生效，此时要约可以撤回。撤回要约的通知应当在要约到达受要约人之前或者与要约同时到达受要约人。要约到达受要约人，要约发生法律效力，要约人使要约丧失法律效力的行为，为要约的撤销。

在两种情况下要约不得撤销：一是要约人确定了承诺期限或者以其他形式明示要约不可撤销；二是受要约人有理由认为要约是不可撤销的，并已经为履行合同做了准备工作。

肯德基陷入“秒杀门”风波，正是因为要约是明示不可撤销的，且消费者已经在为履行合同做了准备工作（即计划去肯德基享受“美餐”）。

2. 承诺的撤回

在承诺未送达要约人前，承诺尚未发生法律效力，可以撤回。撤回承诺的通知应当在承诺到达要约人之前或者与承诺的通知同时到达要约人。

撤回承诺，一般只发生在承诺采用书面通知的情况下，如果承诺采用的是对话方式作出或者通过行为方式作出，都不存在撤回承诺的问题。承诺只可能撤回，而不能撤销。因为承诺一经生效，合同即告成立，对于已经成立的合同，一方当事人无权撤销，而只能按照合同变更、解除的规定处理。

在网络条件下，订单的形成说明合同已经成立。而在买家付款之前，一般情况下，卖家并不急于发货，这时候，允许取消订单和修改订单。一些货到付款的网络卖家，包括当当网和亚马逊，一般情况下，会保留几个甚至十几个小时的反悔期，这段时间允许取消订单或修改订单，也是为了抵消“反悔”的风险。一旦卖家已经在组货和发货，将无法在网站上取消订单和修改订单。如果货送达后，买家拒收或拒付货款，将要承担一

定的责任。这将在合同履行的内容中学习。

3. 要约的失效

要约生效后，要约人与受要约人均受其约束，但有下列情形之一的，要约失效。

（1）拒绝要约的通知到达要约人。如陈碗向张三发出要约，要与他签订一个买卖合同，张三回电话明确表示不愿与陈碗订立买卖合同，这就发生了拒绝要约的法律效果，导致要约失效。

（2）要约人依法撤销要约。

（3）承诺期限届满，受要约人未作出承诺。如陈碗向张三发出要约，规定如同意，在一周内答复，可是过了一个星期，没有任何消息，就认为要约已经失效了。

（4）受要约人对要约的内容作出实质性变更。如陈碗向某服装厂发出要约，要求订1 000件内衣，每件价格40元，结果某服装厂回信称可以供应1 000件内衣，但每件价格50元，这就是对要约内容进行了实质性变更。标的质量、数量、价款、价格等方面作出了变更，都形成了新的要约，从而导致原要约失效。

要约失效后，要约人不再承担接受承诺的义务，而受要约人也不再享有通过承诺使合同得以成立的权利。

二、重要合同采用书面形式，格式合同存在陷阱

（一）合同订立的三种形式

为适用市场经济发展的需要，合同可以是书面形式，也可以是口头或其他形式。市场经济讲求速度、效益和效率，签订合同如果都采用书面形式，既不经济，又影响了速度和效率。书面形式多种多样，可以是很正规的合同书，也可以是信函往来或电报、电传、传真、电子数据交换和电子邮件等。平时，我们买东西时所取得的非正规购货小票，或较正规的发票和收据，都是书面合同的组成部分，在证明权利时，都是合同的内容。通过电子数据交换和电子邮件等电子信息网络以电子的形式达成的合同为电子合同，在任务4中将作专题介绍。

其他形式可能是默示的形式，或某种行为。在期货交易所，交易员在大厅里比画来比画去，什么手势代表买进，什么手势代表卖出，什么手势代表买进多少手，什么手势代表卖出多少手，这些都是根据交易习惯，以其他形式订立合同。

尽管合同以口头形式和书面形式订立都行，但遇到内容重要、标的额较大的业务时，还是要求书面形式，因为只有书面形式最有利于证据保全。法律上讲证据，由于口头合同无法保存证据，一旦利益受损，就很难诉诸司法渠道，以保障自身利益。

最常见的是双方签字盖章的合同书形式。合同书中一般明确记载着合同双方当事人

的权利义务、解决争议的方法等具体内容。合同书可以是很正式、印刷精美、项目齐全的文本，也可以是一张便条。

依据法律规定或当事人约定，必须采用书面形式而成立或生效的合同是要式合同。目前，非自然人之间的贷款合同、租赁期限在六个月以上的租赁合同、融资租赁合同、建设工程合同、技术开发合同、技术转让合同等都是法定要式合同。

（二）书面合同的签署

书面合同的签署还涉及签章、合同附件、签约时间等。

1. 签章

合同对方如果是企业法人或其他组织，在签章处应当加盖单位印章及授权代表签字；如果是公民个人，则要求其本人签名。对于超过一页的合同，还应当加盖骑缝章。所有的印章和签字均应当清晰、完整。

2. 合同附件

要注意合同有无附件及附件与主合同的关系，审查附件的内容是否与主合同一致。合同附件的内容非常重要，应该与主合同同等对待。

3. 签约时间

合同落款处应当有签订的具体时间，这关系到合同生效的时间及合同履行期限的确定等问题。

（三）格式条款、格式合同

在网络上，订单下达后，卖家会安排快递送货。快递公司每天接单成千上万笔，如果一个个地签合同，耗不起这个时间。同样，网络卖家一个个地针对每个事项与买家讨论合同，那网店一天就做不了几笔生意。于是，他们都使用了一种格式合同的形式。格式合同是指合同条款由当事人一方预先拟定，对方只能表示全部同意或者不同意的合同形式，有时也表现为合同中的格式条款。其优点在于可以节省时间，有利于事先分配风险，降低交易成本。其弊端在于提供商品或服务的一方在拟定合同条款时，经常利用其优越的经济地位，制定有利于自己而不利于对方的条款，对合同中的风险和负担作不合理的分配。现实生活中，除了个体差异较大、不经常发生的业务，几乎已经成为格式合同的天下了。到房地产开发公司买房子所签订的售房合同，到保险公司投保所签订的保险合同，都是格式合同。工厂的购销合同大多已经提前印制，只需要填写一些预留的诸如品名规格、数量、质量、价格等信息。

到商店去买东西，商店里贴的告示，即所谓的店堂告示、顾客须知，也是格式合同的一种表示形式。对于这些格式合同，作为顾客，要么接受，要么拒绝，别无选择，顾客利益很容易受到商家侵害。因此，法律为了维护不提供格式条款的一方当事人的利益，对于格式合同的内容有一系列的限制性规定，包括三个方面：

（1）提供格式条款的一方有提示说明的义务，应当采取合理的方式提请对方注意免除或限制其责任的条款，按照对方的要求对该条款予以说明。

（2）格式条款有两种解释，应当作出不利于提供格式条款的解释。

（3）格式条款和非格式条款不一致的，应当采用非格式条款。

三、合同的生效

一项经过要约和承诺成立的合同，并不当然生效，而是要符合合同生效的要件才能具有法律效力。有效合同是指法律承认其效力的合同。

从原则上来讲，承诺的通知到达要约人时，合同即告成立，但是这个成立了的合同并不一定有效。有一些合同虽然成立了，但永远不会生效，如毒贩买卖毒品的合同；另有一些合同虽然已经订立了，但是附了条件或者附了期限，在这些条件或期限到来之前，合同是无效的。

如果不能同时符合合同生效的要件，将导致合同的效力存在瑕疵。有效的合同具有法律约束力，无效的合同不具有法律约束力。当合同违反法律或社会公共利益时，合同当然无效；当合同当事人主体资格存在瑕疵时，合同需要等待有主体资格的当事人的确认，如果确认了，合同有效，得不到确认，则合同无效，合同的效力处于不确定状态；当合同当事人意思表示不真实或合同的内容不确定或不可能时，则取决于当事人事后的反应，他们可以选择变更或撤销合同。

（一）合同生效的要件

依法成立的合同，自成立时生效。一般而言，合同生效的要件包括：

1. 合同当事人订立合同时具有相应的缔约行为能力

《民法典》规定，18周岁以上的自然人为成年人，不满18周岁的自然人为未成年人。成年人为完全民事行为能力人，可以独立实施民事法律行为。16周岁以上的未成年人，以自己的劳动收入为主要生活来源的，视为完全民事行为能力人。8周岁以上的未成年人以及不能完全辨认自己行为的成年人为限制民事行为能力人，实施民事法律行为由其法定代理人代理或者经其法定代理人同意、追认；但是，可以独立实施纯获利益的民事法律行为或者与其年龄、智力相适应的民事法律行为。不满8周岁的未成年人以及不能辨认自己行为的成年人为无民事行为能力人，由其法定代理人代理实施民事法律行为。法人的民事行为能力只能限制在其核准登记的生产经营和业务范围内，因此，法人具有在其生产经营和业务范围内的缔约行为能力。

法律上把存在缔约行为能力缺陷主体所签订的合同称为效力待定合同，包括三类：

（1）限制民事行为能力人订立的合同。这种合同只有经过法定代理人的追认才具有法律效力。法定代理人以行动自愿履行合同的行为视为其对合同的追认；法定代理人的追认必须是无条件的，不得对合同的追认附加任何条件，除非合同相对人同意。

（2）因无权代理订立的合同。对于根本没有代理权，或超越代理权，或代理关系终止后签订的合同，尽管行为人的代理权存在瑕疵，但这种瑕疵是可以补正的，可因本人的追认而使无权代理行为有效。未经本人追认，对本人不发生效力，由行为人承担责任。行为人虽无代理权，但善意相对人客观上有充分理由相信行为人有代理权，则该代理行为有效，这在法律上称为“表见代理”。法人或其他组织的法定代表人、负责人超越权限订立的合同，除相对人知道或者应当知道其超越权限的以外，该代表行为视为有效。

（3）无处分权人订立的合同。无处分权人处分他人的财产，经权利人追认，或无处分权人订立合同后取得处分权的，该合同有效。追认可以直接向买受人作出，也可以向处分人作出，可以用口头形式作出，也可以用书面形式作出，同时必须用明示的方式作出，沉默和不作为都不视为追认。

2. 合同当事人意思表示真实

意思表示真实是构成有效合同的先决条件之一。一方以欺诈、胁迫的手段订立的合同，损害国家利益，这样的合同是无效合同；一方以欺诈、胁迫的手段或者乘人之危，使对方在违背真实意思的情况下订立的合同，这样的合同是可撤销合同。即以欺诈、胁迫手段，如果损害的是国家的利益，那么这个合同是无效的；如果损害的是国家以外的对方当事人的利益，那就是可撤销合同。

可撤销合同是指因为合同当事人订立合同时意思表示不真实，经过当事人行使撤销权，使已经生效的合同归于无效的合同。

案例分析

哈尔滨市某知名大学商业管理专业的大四学生刘小东等二人为了创业，从同学们手里每人三五百元地借到了 2 万元，一个月前从中央大街赛丽斯商场 6 楼“佳佳乐”快餐排档老板手里购买了其经营权并签订了转让合同。不料，二人接手后才发现赛丽斯商场 6 楼近期就要转项经营，“佳佳乐”快餐排挡无法续约，等于花了 2 万元购买来的经营权有效期只有一个月。转让前刘小东曾专门咨询过赛丽斯商场 6 楼经理，后者明确告知刘小东“可以续约”，并未提及商场近期将要转项经营之事。因此刘小东认为，赛丽斯商场未能告知其风险，应担负其损失。

资料来源：谭启首，张非非．创业缺风险意识 20 天赔四千多 [N]. 新晚报，2008-04-01.

分析： 刘小东能否以对方以欺诈手段签订合同而请求撤销该合同？

可撤销合同在没有被撤销之前是有效的，一旦被撤销，就与无效合同一样，自合同成立之日起，不再具有法律约束力。损害方有权请求人民法院或者仲裁机构变更或者撤销（要求变更的，法院或仲裁机构不得撤销），但具有撤销权的当事人自知道或者应当知道撤销事由之日起一年内（不适用诉讼中止、中断）没有行使撤销权，或具有撤销权的知道撤销事由后明确表示或以自己的行为放弃撤销权的，撤销权丧失。

案例分析

郑先生是外地人，大学毕业后留在南京发展。经过几年的打拼，手头有了一些积蓄，准备与女友步入婚姻殿堂，遂打算购买一处二手房作为新房。两人积极寻找合适的房源，看中一套房子后，拿出全部的积蓄凑足购房款。但是好景不长，郑先生某天下班回家时偶然听见邻居说刚刚购置的新房卧室曾死过两人，顿时惊出一身冷汗。而其妻更是经常噩梦连连，导致神经衰弱。郑先生以卖方欺诈为由，要求退房、还款。房子的原主人最后只好承认，他知道这房子的情况可能让人不舒服，可当时没有当回事，再说郑先生当初也没有仔细询问，所以忘记将这一情况向郑先生说明，这是他的疏漏，但他仅仅愿赔偿损失，坚决不同意退房。

分析：郑先生能以欺诈为由要求法院撤销合同吗？

在签订合同时，如果有特殊要求，一定要认真、仔细考虑，一旦签订了合同，一些问题就很难解决了。在现实生活中，一些车子、房子会因为曾经出过事故而大大贬值，但一定要在合同审查时询问清楚，可以让卖家提供一个额外的担保。

3. 合同不违反法律或社会公共利益

合同不违反法律，是指合同不得违反当事人必须遵守、不得通过协商加以改变的强制性法律规定，但当事人并不必须遵守《民法典》中用以指导当事人订立合同的任意性规定。当然，如果合同内容的部分条款有效、部分无效，那么部分条款被确认为无效不影响有效条款的效力。

4. 合同的内容必须确定或可能

有法谚曰："依法成立之契约，于当事人之间犹如法律。"因此，作为确定当事人各自权利、义务依据的合同内容对于判断合同是否生效，生效后如何履行，以及发生纠纷时判断孰对孰错具有重大意义。如果合同内容属于事实不能、自始不能、客观不能、永久不能及全部不能中的任何一种情形，则合同无效。

在网络环境中，往往有些匪夷所思的事情，很多人认为不可能或不确定的内容，只要当事人不撤销，合同仍然会发生效力。

另外，法律、行政法规规定应当办理批准、登记等手续的合同，必须依照规定办理批准登记等手续才能生效；否则，即使具备了上述一般合同的生效要件，合同也不生效。例如：根据《民法典》规定，当事人以城市不动产抵押的，必须经县级以上地方人民政府规定的部门办理抵押物登记后，抵押合同才能生效。

（二）附条件和附期限的合同

当事人对合同的效力可以约定附条件。附生效条件的合同，自条件成就时生效。当事人不正当地阻止条件成就的，视为条件成就；不正当促成条件成就的，视为条件不成就。

当事人对合同的效力可以约定附期限。附期限的合同是指附有将来确定到来的期限作为合同的条款，作为合同的开始，并在该期限到来时合同的效力发生或终止。附生效期限的合同，自期限届至时生效。附终止期限的合同，自期限届满时失效。

例如：商城委托陈碗代销一批货物，在代销合同中规定“本代销合同自合同签订之日起三十日后开始生效”，即代销合同实际上还要等三十天才能生效，这就是一个附生效期限的合同。再如：三个人合办一家餐馆，约定合伙期限为四年。这就是一个附解除条件的合同，一旦四年期满，合伙关系就自动解除。

任务2 合同审查和合同履行

合同审查是指对合同内容合法合规性的审查。合同内容即合同条款，是对合同当事人权利、义务的具体规定，是合同当事人经协商达成的相互之间应承担的权利（债权）和义务（债务）。合同履行是指债务人全面地、适当地完成合同义务，从而使债权得到实现，如交付标的物、完成工作、支付价款等。合同履行既是合同本身法律效力的主要内容，也是合同关系消灭的主要原因。

案例分析

共青团广西区委调查发现，近五成受访创业大学生不清楚合同诈骗及形式。尽管已毕业离开学校，但刘晨（化名）仍在为自己两年多前在校创业“被坑”的经历维权。因为“挺有实力的”供货上家突然失踪，当时还是大三学生的刘晨和创业团队损失了数十万元货款。

有着类似经历的还有桂林电子科技大学、桂林理工大学和广西师范大学漓江学院等多所院校的大学生创业团队。这些被骗创业团队的标的物货款金额共达270余万元。然而直到现在，这些当初在校创业被骗的大学生仍在通过各种途径维权，在桂林当地网站论坛上高频发帖，反映自己的诉求。

2013年12月，当时还在桂林航天工业学院就读的刘晨和同学一起创业，筹划开展手机销售业务。经朋友介绍，刘晨结识了一位在学校开了家实体数码店、“挺有实力的”供货商赵刚（化名）。

赵刚自称是某品牌手机桂林市区域代理商，并出示了自己的营业执照和向其他人订购手机的合同。赵刚还告诉刘晨，刘晨认识的两个朋友都跟他有过交易。种种信息让刘晨逐渐相信了赵刚。2013年12月16日，刘晨和他的创业团队决定跟赵刚订购220台手机，对方保证在5天内交付完手机，但约定的时间过去，这批货却迟迟没送到。

之后，赵刚又以只要下新单，就可以让厂家恢复正常供货为由，不断催促刘晨的创业团队继续投钱下单，刘晨前后共计投入39.6万元订购了720台手机，最后却只拿到50台。

在与桂林地区其他院校的大学生创业团队沟通后，刘晨才得知自己并不是唯一创业“被坑”的人。桂林电子科技大学、桂林理工大学和广西师范大学漓江学院等院校的多个大学生创业团队都有类似遭遇，赵刚未履行的货款金额达270余万元。

2014年初，“被坑”的大学生创业者向桂林警方报案。但由于交易合同签订不完善，甚至有的学生团队在交易时根本没有签订书面合同，交货时的凭证也保存得不够详细、完整，使得调查取证更加困难。赵刚被警方拘留了一段时间后，桂林市七星区检察院以证据不足为由作出了不予批捕的决定，赵刚获释。

广西艺术学院大三学生杨朔也曾遭遇创业“被坑”。作为广西钰天大学生创业联盟的负责人，杨朔“休学3年创业，也走了3年弯路”。

2014年暑假，自称某劳务派遣公司员工的张达（化名）找到杨朔，表示可以在暑假介绍大学生去广东兼职打工，希望杨朔可以帮忙招人，并可给予一笔佣金。

当时正处于创业起步期的杨朔和创业伙伴相信了张达。保险起见，双方第一次合作时只招了24人去广东工作，钰天大学生创业联盟的一位负责人也一起陪同过去。

招募学生被送去广东后，杨朔他们发现用人单位“已招满人，不需要了”。此时，杨朔才明白自己和创业伙伴“被坑”了，想找张达“要个说法”。但由于钰天大学生创业联盟并未注册为企业或组织结构，他们与张达所属公司签订的合约并不具有法律效力，无奈之下，杨朔和他的创业伙伴只好自己掏钱把当初招募的学生接了回来。

资料来源：王林．大学生创业被坑维权难，近半受访者不懂合同诈骗 [N]．中国青年报，2016-01-31；谢洋，李迪斐，董兴生．桂林多个创业团队上当，损失数百万元货款 [N]．中国青年报，2014-03-03.

分析：杨朔和他的创业伙伴为什么会“被坑”？如何能够防范“被坑”事件发生？

一、合同审查

创业活动中，看似布满鲜花，实则异常艰辛，到处都是布满鲜花和嫩草的陷阱，稍不留神，就会“受伤”。交易由一系列合同构成，把好合同的审查关，对于规避创业风险、保护创业成功至关重要。合法、具体可行，并符合交易习惯，且不违反公序良俗，是合同内容审查的要求。陈碗根据自身创业经历，总结了如下几点，供创业的同学参考。

（一）合同的内容是否合法

审查合同的内容是否合法，主要是看合同内容有无违反国家法律法规的强制性规定，是否存在损害社会公共利益或以欺诈、胁迫手段订立合同的情形，是否存在重大误解或显失公平等。

（二）权利义务的内容是否明确且具有可操作性

某单位联系一家单位为另一家企业提供设备，原本应当签署三方协议，但是该单位为了体现自身在该项交易中所起的作用，在签署合同时把自己和需方共同作为合同一方，供方作为另一方，但是合同中没有具体区分该单位与需方之间对于付款义务的承担。后由于需方经营状况不佳，无力支付设备货款，设备供方就直接将该单位告上法庭，并查封了该单位的账户。其原因就在于合同中没有将权利义务区分清楚，造成被动。要审查合同双方的权利义务是否完备、明确，特别是要审查合同标的、数量、质量、价款、履行方式、期限等主要条款，一旦未作约定或约定不明，将给合同履行带来重大风险隐患。

（三）合同内容是否有利于合同履行

合同内容一般包括当事人的名称或姓名/住所、标的、数量、质量、价款或报酬、履行期限、履行地点和方式、违约责任及解决争议的方法等条款。这些条款需要明确具体，并有利于合同履行。

1. 当事人的名称或姓名、住所

当事人是合同的主体。合同中如果不写明当事人，谁与谁做交易都搞不清楚，就无法确定权利的享受和义务的承担，发生纠纷也难以解决，特别是在合同涉及多方当事人的时候更是如此。不仅要把应当规定的当事人都规定到合同中去，而且要把各方当事人的名称或姓名、住所都规定准确、清楚。

2. 标的

合同对标的的规定应当清楚明白、准确无误，对于名称、型号、规格、品种、等级、花色等都要约定得细致、准确、清楚，防止出错。特别是对于不易确定的无形财产、劳务、工作成果等，更要尽可能地描述准确、清楚；不动产应注明名称和坐落地点。合同中还应当注意各种语言、方言以及习惯称谓的差异，避免不必要的麻烦和纠纷。

3. 数量

在大多数合同中，没有规定数量，合同是不能成立的。许多合同，只要有了标的和数量，即使对其他内容没有规定，也不妨碍合同的成立与生效。一般而言，合同的数量要准确，选择使用共同接受的计量单位、计量方法和计量工具，计量单位、计量方法和计量工具要符合国家或者行业规定。根据不同情况，要求不同的精确度，允许的尾差、磅差、超欠幅度、自然耗损率等也不同。对于有形财产，数量是对单位个数、体积、面积、长度、容积、重量等的计量；对于无形财产，数量是个数、件数、字数及使用范围等多种量度方法；对于劳务，数量为劳动量；对于工作成果，数量是工作量及成果数量。

4. 质量

国家有强制性标准规定的，必须按照规定的标准执行，且要明确标准代号全称。可能有多种适用标准的，要在合同中明确适用哪一种，并明确质量检验的方法、责任期限和条件、质量异议期限和条件等。对于有形财产而言，质量亦有外观形态问题。质量条款的重要性是毋庸赘言的，许多合同纠纷由此引起。合同中应当对质量问题尽可能规定得细致、准确和清楚。

5. 价款或报酬

应当在合同中规定清楚或者明确规定计算价款或报酬的数额、计算标准、结算方式和程序。有些合同比较复杂，涉及货款、运费、保险费、保管费、装卸费、报关费及一切其他可能支出的费用，这些费用由谁支付都要规定清楚。

6. 履行期限

履行期限直接关系到合同义务完成的时间，涉及当事人的期限利益，也是确定合同是否按时履行或者迟延履行的客观依据。不同的合同，其履行期限的具体含义不同。买卖合同中，卖方的履行期限是指交货日期，买方的履行期限是指交款日期；运输合同中，承运人的履行期限是指从起运到目的地卸载的时间；工程建设合同中，承包方的履行期限是指从开工到竣工的时间。正因为如此，期限条款应当尽量明确、具体，或者明确规定计算期限的方法。

7. 履行地点和方式

履行地点应冠以省、市、县名称，交付标的物方式、劳务提供方式和结算方式应具体、清楚。不同的合同，履行地点有不同的特点。买卖合同中，买方提货的，在提货地履行；卖方送货的，在买方收货地履行。工程建设合同中，在建设项目所在地履行。运输合同中，从启运地运输到目的地为履行地点。履行地点有时是确定运费由谁负担、风险由谁承担，以及所有权是否转移、何时转移的依据。履行地点也是在发生纠纷后确定由哪一地法院管辖的依据。因此，履行地点在合同中应当规定得明确、具体。

不同的合同决定了履行方式的差异。买卖合同是交付标的物，而承揽合同是交付工作成果。履行可以是一次性的，也可以是在一定时期内的，也可以是分期、分批的。运输合同按照运输方式的不同可以分为公路、铁路、海上、航空等履行方式。履行方式还包括价款或报酬的支付方式、结算方式等，如现金结算、转账结算、同城转账结算、异地转账结算、托收承付、支票结算、委托付款、限额支票、信用证、汇兑结算、委托收款等。履行方式与当事人的利益密切相关，应当从方便、快捷和防止欺诈等方面考虑采取最适当的履行方式，并且在合同中明确规定。

8. 违约责任

违约责任在合同中非常重要，如果没有违约责任，那么一旦一方违约，另一方的权益就得不到有效保护，所以应明确规定违约责任，并且应当明确违约责任的具体实施办法，如赔偿金数额或具体计算方法及支付方式等。法律的规定是原则性的，即使细致也不可能面面俱到，照顾到各种合同的特殊情况。因此，当事人为了特殊的需要，为了保证合同义务严格按照约定履行，为了更加及时地解决合同纠纷，可以在合同中约定违约责任，如约定定金、违约金、赔偿金额及赔偿金的计算方法等。

9. 解决争议的方法

选择诉讼或仲裁之一作为解决争议的方法，不要出现“既由法院管辖又由仲裁机构裁决”的条款，也不要出现“由法院管辖或者仲裁机构仲裁”的条款。约定通过诉讼解决的，还可以约定管辖法院；约定由仲裁机构裁决的，应写明具体仲裁机构的名称。

（四）合同生效条款

合同成立的条件比较容易明确，合同的生效则由于可能涉及法定的审批，因此当事人在理解上可能存在偏差，认为合同一经签署成立就生效了。一般应当写明：“合同自合同双方（或者各方）法定代表人或授权代表签字并加盖单位公章（合同专用章）之日起生效。”如合同有固定期限的，还应当写明：“本合同有效期自×年×月×日至×年×月×日止。”对于法律、法规规定应当经批准或者登记后生效的，或者合同约定须经公证等生效条件的，应当在合同中写明并及时办理相关手续。

（五）终止、解除合同的条件

当事人意思自治是最普遍的原则，这说明虽然法律规定了合同的解除条件，但由于其并不明确具体，因此需要当事人注意在合同中明确这些条件，包括解除合同后的条款，如违约情形、违约责任、违约所产生的损失范围及补偿、对于可预期利益范围的界定等，避免将来产生争议。

（六）保护性条款

合同中除设定违约责任外，还应当设置其他的保护性条款，特别是合同标的额比较大、履行周期比较长的，可以考虑设置定金条款、履约保证金条款、抵押和质押条款等，从而减少风险。

（七）合同解释条款

对于涉外合同或者存在多个补充协议的合同，应当设置合同解释条款，或设定当合同条款相冲突时以何种语言的文本为准，或设定不同文本的效力顺序。如建筑工程施工合同往往还包括招投标文件及履行过程中的补充协议，因此，设定解释顺序尤其重要。

（八）清洁文本条款

在签署合同过程中应注意：当合同中有清洁文本条款时，合同中的所有条款文字与数字（签署人签字、时间签署与盖章除外）均应当事先打印完成，不得在合同签字过程中出现合同正文内有手写文字或者空白未填写的情况存在。合同中应当写明："本合同正文为清洁打印文本，如双方对此合同有任何修改及补充均应另行签订补充协议。合同正文中任何非打印的文字或图形，除非经双方确认同意，不产生约束力。"

二、合同履行

陈碗搭建了一个供货平台，每天学弟学妹们到供货平台购货，陈碗也经常要到市场、生产厂家那里购货，为了创立自己的品牌，陈碗的公司还要向工厂定制商品。一个人的精力和时间毕竟有限，不可能事必躬亲，所以，陈碗需要把事务分解给合作伙伴和公司员工。

社会有分工，要完成一项合同事务，其实环节很多，陈碗作为公司管理者，仅仅是一个合同管理者，每一项事务都要交给专业人员处理，交给专业机构办理，如物流交给物流公司，货款结付通过银行和票据。市场中到处是陷阱，陈碗的公司也遭遇过因产品不合格被投诉等，陈碗的公司需要继续向厂家和上一级卖家索赔。

（一）全面履行和诚实信用是合同履行的基本原则

合同履行要求按照合同约定履行义务并且遵守诚实信用原则。

全面履行原则，也称适当履行原则或正确履行原则，是指当事人依照合同规定的标的及其质量、数量，由适当的主体在适当的履行期限、履行地点，以适当的履行方式，全面完成合同义务的履行原则。

根据《民法典》规定，当事人要遵循诚实信用原则，以善意的方式履行义务，不得滥用权力及规避法律或合同规定的义务，并应根据合同的性质、目的和交易习惯履行下列法定的附随义务：（1）及时通知的义务；（2）协助的义务；（3）提供必要条件的义务；（4）防止损失扩大的义务；（5）保密的义务。

（二）履行中的抗辩权

合同履行过程中会遭遇一旦己方履行了义务，对方却无法履行义务的情形。为了避免这种风险及其带来的损失，需要有效行使抗辩权。

案例分析

偶在创公司向海滨市乙公司定制打底裤一批，总价15万元。合同约定，偶在创公司预付总价款的30%，即4.5万元。在即将支付预付款前，偶在创公司得知乙公司因担保纠纷影响，车间已经停产。

陈碗担心乙公司无法交付打底裤，预付款会成为呆账，但合同约定自己需要先履行预付款的义务，否则要承担违约责任。陈碗不知道怎么办才好，于是向孙博士请教。

分析：

（1）在乙公司催付预付款时，偶在创公司能否拒绝支付预付款？

（2）什么权利能够支持偶在创公司拒绝支付预付款？

（3）偶在创公司应如何做才能取得这样的权利？

在双务合同中，一方当事人在对方不履行或履行不符合约定时，依法对抗对方要求或否认对方权利主张的权利为抗辩权。行使抗辩权而不履行合同义务的一方，不承担违约责任。

根据行使抗辩权的当事人履行合同的先后顺序，可以把抗辩权分为三类：同时履行抗辩权、后履行抗辩权和不安抗辩权。

1. 同时履行抗辩权

当事人互负债务，没有先后履行顺序的，应当同时履行。一方在对方未履行之前有权拒绝其履行请求；一方在对方履行债务不符合约定时，有权拒绝其相应的履行请求。

同时履行抗辩权的行使必须符合下列条件：

（1）须是在同一双务合同中互负债务。它仅仅适用于双务合同，而不适用于各类单务合同（如无偿保管、无偿委托），以及非真正的双务合同（如委托合同）。

（2）须双方互负的债务均已届清偿期。

（3）须对方未履行债务。

（4）须对方的对待给付是可能履行的。如果一方已经履行，另一方因过错不能履行其所负的债务（如标的物已遭到毁损、灭失等），则只能适用债务不履行的规定请求补救，而不发生同时履行抗辩问题。如果因不可抗力发生履行不能，则双方当事人将被免责。

偶在创公司向海滨市乙公司定制打底裤一批，总价15万元，合同约定8月5日交货，交货当天，买方结清货款，即双方的债务是同时履行的债务。如果在8月5日这一天，乙公司没有向偶在创公司交货，反要求偶在创公司先付货款15万元，偶在创公司就可以行使同时履行抗辩权而拒绝乙公司的要求。偶在创公司行使抗辩权对抗对方的请求权，拒绝履行义务的行为不构成违约。

2. 后履行抗辩权

先履行一方履行债务不符合约定的，后履行一方有权拒绝相应的履行要求。上例中，如果订货合同规定，买方在卖方交付货物后的3天内结清货款，即买方的义务在后，偶在创公司在收到货物的3天之内支付货款都是合法的。这种情况下，如果乙公司没有在约定日期向偶在创公司交付打底裤，反要求偶在创公司先付款，则偶在创公司可行使后履行抗辩权加以拒绝。

3. 不安抗辩权

不安抗辩权是指双务合同中应先履行义务的一方当事人，有证据证明对方当事人不能或可能不能履行合同义务时，在对方当事人未履行合同或就合同履行提供担保之前，有暂时中止履行合同的权利。

陈碗所遇到的实际情况是，偶在创公司需要先履行预付款的义务，却因为发现乙公司可能无法交货而拒绝履行自己的义务，所行使的是不安抗辩权，也称先履行抗辩权，即偶在创公司履行合同义务在先，对方履行义务在后。

上例中，孙博士提示陈碗：偶在创公司可以拒绝支付，除非乙公司能提供一定的担保。如果乙公司拒绝提供担保，则偶在创公司可以解除与乙公司的合同。孙博士同时提醒陈碗，需要取得乙公司无法履行合同的确切证据，并把自己暂时不履行义务的情况及时通知乙公司。

根据《民法典》规定，应当先履行债务的当事人，有确切证据证明对方有下列情形之一的，才可以行使不安抗辩权，中止合同履行。（1）经营状况严重恶化；（2）转移财产、抽逃资金，以逃避债务；（3）丧失商业信誉；（4）有丧失或者可能丧失履行债务能力的其他情形。

当事人行使不安抗辩权后，会导致中止履行直至解除合同的法律效力。行使不安抗辩权中止履行的，应及时通知对方。对方提供适当担保时，应恢复履行。中止履行后，对方在合理期限内未恢复履行能力并且未提供适当担保的，中止一方可解除合同。

应注意的是，同时履行抗辩权、后履行抗辩权只是暂时阻止对方当事人请求权的行使，而不是永久性终止合同。而不安抗辩权在中止履行合同后，如果对方在合理期限内未恢复履行能力并且未提供适当担保的，中止履行合同的一方可以解除合同。

任务3 常见合同形式

公司在开展业务过程中，不可避免要与客户签订各种合同，这个过程涉及大量法律知识。如果把握不准，最好多参考相关类型的合同模板，重要的交易要咨询律师，有条件的最好配备法务人员。与此同时，大学生创业者还要克服浮躁和急功近利的心态，不要采取不正当竞争方式，否则可能聪明反被聪明误，要承担严重的法律后果，到头来吃亏的反而是自己。[①]

一、买卖合同

买卖合同是最基本、最典型的双务、有偿合同，一般为诺成合同、非要式合同。

案例分析

2021年6月17日，偶在创公司与乙公司签订购销合同一份。合同约定：由乙公司于同年8月30日前供给偶在创公司澳大利亚羊毛100吨，允许交货时间正负误差5天；付款方式为偶在创公司在合同签订后给付乙公司总货款的25%作为定金，货到当天付清全款。6月20日，偶在创公司按约给付了定金60万元。同年8月27日，偶在创公司致函乙公司，表示100吨澳大利亚羊毛月底到货后，交付180万元承兑汇票有困难，要求货到时先交付60万元承兑汇票，另120万元在9月份分两次给付。乙公司对偶在创公司此次变更付款方式和时间的要求未予同意，并提出，货已到达指定交货地点，要求偶在创公司将货款备齐，按合同约定办理付款手续。

8月31日，乙公司运送30吨澳大利亚羊毛至偶在创公司，要求偶在创公司给付货款后才交货，偶在创公司则要求乙公司按合同约定交付全部货物，乙公司则坚持付多少款就交多少货，看过汇票后再交货。因双方协商未果，乙公司遂将货退回。偶在创公司遂诉至法院，认为乙公司未按约供货属违约行为，请求法院判令乙公司双倍返还定金。乙公司辩称：己方已依约备好货物，而偶在创公司却未备好货款，因而未按约定交货，合同违约方应是偶在创公司，请求法院驳回偶在创公司的诉讼请求。

分析：

（1）双方当事人订立的购销合同是否有效？为什么？

---

① 舒红梅．创业需要法律知识保驾护航［N］．中国教育报，2006-08-09．

(2) 合同成立后，偶在创公司虽提出变更付款日期，合同是否变更？是否继续有效？

(3) 合同签订后，偶在创公司付给乙公司总货款的25%作为定金是否合法？为什么？

(4) 8月27日，偶在创公司致函乙公司，表示100吨澳大利亚羊毛月底到货后，交付180万元承兑汇票有困难，要求货到时先交付60万元承兑汇票，另120万元在9月份分两次给付。这一行为属于什么性质的行为？

(5) 乙公司退回货物是否违约？为什么？

（一）标的物的交付和所有权的转移

标的物的所有权自标的物交付时起转移。当事人可约定买受人未履行支付价款或其他义务的，标的物所有权属于出卖人。出卖具有知识产权的计算机软件等，除法律或当事人约定外，该标的物知识产权不属于买受人。标的物在交付前产生的孳息，归出卖人所有；交付后产生的孳息，归买受人所有。

标的物在订立合同之前已为买受人占有的，合同生效的时间为交付时间。出卖人应当按照约定的地点交付标的物。对交付地点没有约定或约定不明的，可以协议补充；不能达成补充协议的，按照合同相关条款或者交易习惯确定：履行地点不明确，给付货币的，在接受货币一方所在地履行；交付不动产的，在不动产所在地履行；其他标的，在履行义务一方所在地履行。仍不能确定的：标的物需运输的，出卖人应将标的物交付给第一承运人以运交给买受人；无须运输，出卖人和买受人订立合同时知道标的物在某一地的，出卖人应在该地点交付标的物；不知标的物地点的，应在出卖人订立合同时的营业地交付。

（二）标的物的风险承担

(1) 所有权转移不是确定风险转移的标准。一般情况下，标的物毁损、灭失的风险，在标的物交付之前由出卖人承担，交付之后由买受人承担。出卖人按照约定或者法律规定将标的物置于交付地点，买受人违反约定没有收取的，标的物毁损、灭失的风险自违反约定时起由买受人承担。

(2) 出卖人出卖交由承运人运输的在途标的物，除当事人另有约定外，风险自合同成立时由买受人承担。

(3) 出卖人按照约定或者依照《民法典》（第三编 合同）有关规定将标的物置于交付地点，买受人违反约定没有收取的，标的物毁损、灭失的风险自违反约定之日起由买受人承担。当事人没有约定交付地点或约定不明，标的物需要运输的，出卖人将标的物交付给第一承运人后，标的物的风险由买受人承担。

（4）因标的物质量不符合要求，致使不能实现合同目的的，买受人可以拒绝接受标的物或者解除合同。买受人拒绝接受标的物或者解除合同的，标的物毁损、灭失的风险由出卖人承担。

（5）标的物的风险由买受人承担的，不影响因出卖人履行债务不符合约定，买受人要求其承担违约责任的权利。出卖人按约未交单证和资料的，不影响风险的转移。

（三）出卖人的权利保证

（1）出卖人就交付的标的物负有保证第三人不得向买受人主张任何权利的义务。

（2）买受人有确切证据证明第三人可能就标的物主张权利的，可中止支付相应价款，但出卖人提供适当担保的除外。

（四）标的物的质量与检验

（1）出卖人对标的物的质量负有瑕疵担保义务。此义务可以通过检验来解除。

（2）出卖人交付的标的物不符合质量要求的，买受人可以依法要求其承担违约责任。

（3）买受人收到标的物时应当在约定的检验期间内检验。没有约定检验期间的，应当及时检验。

（4）当事人约定检验期间的，买受人应当在检验期间内将标的物的数量或质量不符合约定的情形通知出卖人。买受人怠于通知的，视为标的物的数量或质量符合约定。当事人没有约定检验期间的，买受人应当在发现或者应当发现标的物的数量或质量不符合约定的合理期间内通知出卖人。买受人在合理期间内未通知或者自标的物收到之日起两年内未通知出卖人的，视为标的物的数量或质量符合约定，但对标的物有质量保证期的，适用质量保证期，不适用两年的规定。出卖人有欺诈行为的，也不适用两年的规定。

二、委托合同

委托合同，又称委任合同，是指委托人和受托人约定，由受托人处理委托事务的合同。委托合同是典型的劳务合同，是诺成合同、双务合同。受托人以委托人的名义办理委托事务，委托合同具有人身性质，以当事人之间相互信任为前提，但具有人身属性的事项，如结婚、离婚、收养子女等，不适用于委托合同。

委托合同既可以是有偿合同，也可以是无偿合同。受托人为处理委托事务垫付必要费用的，委托人应偿还该费用及利息。因不可归责于受托人的事由，委托合同解除或委托事务不能完成的，委托人应当向受托人支付相应报酬。一方可随时解除委托合同，但除不归责外，因此给对方造成损失的，应负赔偿责任。受托人超越权限给委托人造成损失的，应赔偿。在无偿委托的情况下，只有因受托人故意或重大过失给委托人造成损失的，才可以要求其赔偿。

（一）转委托

（1）经委托人同意，受托人可转委托。转委托经同意的，委托人可就委托事务直接指示转委托的第三人，受托人仅就第三人的选任及对第三人的指示承担责任。

（2）转委托未经同意的，受托人应对转委托的第三人的行为承担责任，但在紧急情况下，受托人为维护委托人利益需转委托的除外。

（二）受托人与第三人的关系

（1）受托人以自己的名义，在委托人的授权范围内与第三人订立的合同，第三人在订立合同时知道受托人与委托人之间的代理关系的，该合同直接约束委托人和第三人，但有确切证据证明该合同只约束受托人和第三人的除外。

（2）受托人以自己的名义与第三人订立合同时，第三人不知道受托人与委托人之间的代理关系的，受托人因第三人的原因对委托人不履行义务，受托人应当向委托人披露第三人，委托人因此可以行使受托人对第三人的权利，但第三人如果知道该委托人存在，就不会与受托人订立合同的除外。

（3）受托人因委托人的原因对第三人不履行义务，受托人应当向第三人披露委托人，第三人因此可以选择受托人或者委托人作为相对人主张其权利，但第三人不得变更选定的相对人。第三人选定委托人为其相对人的，委托人可向第三人主张其对受托人的抗辩及受托人对第三人的抗辩。

案例分析

【案例1】 受托人缺陷带来的风险。某食品加工厂因生产需要，急需从某地购买一批活猪。考虑对该地情况不熟，便与该地某贸易公司签订了一份代购生猪的委托合同。该贸易公司将收购的生猪运出境时，被当地工商行政管理部门扣留。经查实，该贸易公司无权经营生猪贸易活动。虽然该食品加工厂后来得到贸易公司一定的补偿，但严重地影响其生产经营。

分析：该贸易公司签订代购生猪的委托合同是否有效？

【案例2】 转委托带来的风险。谢某委托宋某代自己出售一批商品。宋某经过一段时间的推销，发觉很难完成委托事务，于是便委托自己的朋友张某代为自己寻找买主，此事得到了谢某的同意。一天，张某找到买主，便直接与谢某联系。经谢某的指示，张某将这批货物卖掉，然后携款而逃。谢某寻张某不到，便起诉宋某，要求宋某赔偿损失。

分析：宋某应否承担对张某选人的未尽注意义务的法律责任？

【案例 3】 共同委托带来的风险。王某委托张某与李某共同管理自己的仓库。张某与李某约定，张某负责白天的安全，李某负责夜间的安全。一天晚上，李某因喝酒过多而造成仓库被盗。李某经济困难，王某便要求张某赔偿损失，张某以自己没有过错为由拒绝赔偿。

分析：张某应否赔偿王某所遭受的损失？如果张某应该赔偿王某所遭受的损失，赔偿过后，张某是否有权向李某追偿？

三、承揽合同

案例分析

H 公司与 M 公司签订了一份加工雨衣的合同。合同约定：H 公司提供雨衣原材料，M 公司将其制成 10 000 件雨衣，并把合格的雨衣成品交给 H 公司。双方还约定了雨衣的质量、价款、履行期限等事项。合同签订后，H 公司积极提供原料，且分 3 次预付了加工费 3 万元。M 公司也利用自有设备加工了 3 000 件雨衣。为了按时交货，M 公司又将其余的 7 000 件以每件增加 1 元的加工费擅自转让给 N 公司加工。M 公司在交付 10 000 件雨衣时，要求 H 公司多支付加工费 7 000 元，H 公司不同意，双方协商不成，M 公司将 H 公司诉至法院，请求判决 H 公司支付加工费。

分析：

(1) H 公司与 M 公司签订了何种类别的合同？其有哪些法律特征？

(2) H 公司、M 公司和 N 公司之间存在何种法律关系？

(3) 如何看待 M 公司将 7 000 件雨衣转让给 N 公司加工的行为？

(4) H 公司是否应该支付 M 公司加工费？为什么？

(5) 法官会如何判决本案？

在加工承揽合同中，承揽人未经定作人同意，将主要工作交由第三人完成，定作人可解除合同。定作人途中变更承揽工作的要求，造成承揽人损失的，应赔偿损失。定作人不履行协助义务致使承揽工作不能完成的，承揽人可催告定作人在合理期限内履行义务，并可顺延履行期限；定作人逾期不履行的，承揽人可解除合同。交付成果不符合质量要求的，定作人可要求承揽人承担修理、重作、减少报酬、赔偿损失等违约责任。定作人未向承揽人支付报酬或材料费等价款的，承揽人完成的工作成果享有留置权，但当事人另有约定的除外。定作人可随时解除合同，但因此给承揽人造成损失的，应赔偿。

四、租赁合同

偶在创公司准备在郑州办一家分公司，委派李同学前往筹办。李同学已经向工商管理部门递交了申请，估计很快就能批下来。于是，李同学开始租店面，落实办公地点事宜。

遭遇过租房陷阱，李同学格外小心。不久，他就找到了一家门面。在确认不会存在诸如被拆迁的风险后，李同学找到了房东。但房东提出要收押金，李同学不愿交，房东坚持要收。陈碗想问：收租房押金到底合不合法；如果能收，押金的标准是多少？孙博士指点：如果房东要收押金，可计算一下押金数额在经营成本中所占的比例大不大。如果不大，又不影响资金流动，可以交；反之，则要考虑放弃，另换一家。目前还没有明确的法律条款规定租房押金能不能收、收多少。如果房东提出押金要求，双方可以在合同中约定，千万不能口头约定，否则今后免不了产生纠纷。

对于创业者，房屋租赁是最容易被人“钻空子”的领域，房屋租赁中的法律问题也是创业者经常遇到的。因为经营所需的场地较大，一般人家中没有这么大的房子，只有靠租赁才能解决，如果不懂法，在签租赁合同时很容易吃亏。

创业者在为自己的公司购买或租赁经营场所时，一定要弄清该宗房产上的权利义务关系，可以到房屋管理局、土地管理局的登记簿查看该房产的情况，特别要注意查看是否存在第三人的优先性权利，如房屋抵押权。作为创业者，要尽量避免卷入这类官司，否则，高昂的诉讼成本和大量时间、精力的付出，将令创业者身心疲惫。所以，在租赁房屋时，创业者一定要注意：一是房屋租赁合同要尽量写得详细些，包括装修、维修该由谁承担等，一般房屋修缮由房东负责。租赁期限不得超过 20 年。超过 20 年的，超过部分无效。租赁期限届满，当事人可以续订租赁合同；但是，约定的租赁期限自续订之日起不得超过 20 年。如果租赁期限超过 6 个月，一定要签订书面合同，否则如果无法确定租赁期限的，则视为不定期租赁，这时当事人在合理期限之前通知对方后可以随时解除合同。二是租赁合同到期后，原承租人在同等条件下享有优先承租权。有些房屋因周围环境改善后市口变好，房东不想把房子再租给创业者，或者提出要提高房租。这时创业者的生意已做得很好，如果经营地点改变，原来辛苦建立起来的客户网络就要受影响。在这种情况下，创业者可用优先承租权来约束房东。

李同学租了店面，合同上约定租期从 2019 年 10 月 19 日到 2023 年 10 月 18 日。由于租赁后，商品房房价和房租一直在上涨，到 2021 年 6 月，房东要提高租金，李同学该怎么办？

根据 2011 年 2 月 1 日起实施的《商品房屋租赁管理办法》第九条，房屋租赁合同期内，出租人不得单方随意提高租金。现在，房东单方提出涨租金，李同学可以拒绝。如果协商不成，可以通过法律途径来解决。

签订租赁合同时应当明确当事人双方的权利义务：

（1）承租人按照约定的方法或者租赁物的性质使用致使租赁物受到损耗的，不承担损害赔偿责任。未按此使用造成损耗的，出租人可解除合同并要求赔偿损失。

（2）出租人负维修义务，但另有约定的除外。承租人在租赁物需要维修时可要求出租人在合理期限内维修。出租人未履行维修义务的，承租人可自行维修，维修费用由出租人负担。因维修租赁物影响承租人使用的，应减少租金或延长租期。

（3）承租人未经出租人同意转租的，出租人可解除合同。

（4）在租赁期间，因占有、使用租赁物获得的收益，归承租人所有，但当事人另有约定的除外。

（5）承租人应当按照约定的期限支付租金。对支付期限没有约定或者约定不明确，依照《民法典》有关规定仍不能确定的，租赁期间不满一年的，应当在租赁期间届满时支付；租赁期间一年以上的，应当在每届满一年时支付，剩余期间不满一年的，应当在租赁期间届满时支付。

（6）承租人无正当理由未支付或者迟延支付租金的，出租人可要求承租人在合理期限内支付。承租人逾期不支付的，出租人可解除合同。

（7）因第三人主张权利，致使承租人不能对租赁物使用、收益的，承租人可要求减少租金或者不支付租金。租赁物在租赁期间发生所有权变动的，不影响租赁合同的效力，即实行“买卖不破租赁”的原则。

订立商铺租赁合同时，还需要特别注意以下几点法律问题：

（1）承租人的主体资格。商铺作为不动产，其出租人必须是商铺的所有权人或者使用权人。若是所有权人，应依法取得产权证；若是使用权人，应有合法租赁凭证及允许转租的书面证明。另外，房屋有共有人的，还须经过共有人书面同意。

（2）租赁物的用途。租赁商铺必须确认租赁物的用途。租赁商铺用途必须为商业用房，否则无法办理营业执照。

（3）租赁期限。租赁期限不得超过 20 年，超过 20 年的，超过部分无效。租赁期间届满，当事人可以续订租赁合同，但约定的租赁期限自续订之日起仍不得超过 20 年。

（4）转租。因商铺经营风险较大，故在经营状况不佳时，可能会涉及商铺转租的问题。出租人是否允许承租人转租，应在租赁合同中予以明确。若承租人未经出租人同意转租的，出租人可以解除合同。

（5）装修补偿。首先，出租人与承租人应在租赁合同中明确出租房屋能否装修；其次，双方应约定，在租赁期结束或因其他原因解除租赁合同后，对装修如何进行处理。在对装修处理方式未作约定的情况下，若出租方违约，致使租赁合同解除，出租方应赔偿承租方装修损失；若承租方违约，但装修对承租方确有用处的，出租方亦应对承租方适当补偿。

（6）租赁合同登记。在租赁合同成立后，合同当事人应将租赁合同送至房管部门登记备案。未经登记备案的租赁合同亦是有效合同，但不具有对抗第三人的法律效力。

案例分析

李某与刘某签订了房屋租赁合同。根据《民法典》知识和相关法律规定，回答下列问题：

（1）假如房屋租赁合同的租赁期限为30年，合同是否有效？为什么？

（2）假如租赁期间房屋需要维修，承租人也要求维修，但由于出租人没有维修，致使房屋侧墙倒塌，造成承租人财产损失，责任应当由谁承担？为什么？

（3）为了美观舒适，承租人对房屋进行了装修，要求出租人按照装修费用的一半支付。此要求是否合理？为什么？

（4）承租人经出租人同意将房屋转租，承租人和出租人之间的关系是否解除？为什么？

（5）在承租期间，出租人将房屋出售，是否需要征求承租人的同意？为什么？

五、赠品销售和有奖销售合同

陈碗尝试过多种销售方式，包括赠品销售、有奖销售等，不断进行创新。

为了扩大销售和提高竞争力，陈碗经常在销售过程中打出赠品和抽奖的广告。当然，“羊毛出在羊身上”，为了提高经济效益，陈碗往往从小个体户手中采购一些非常便宜的赠品和奖品，以降低赠品和奖品的成本。但陈碗在网站上把赠品和奖品的价格标注得很高，只有这样才能增强吸引力。冬天，暖手宝很流行，很多人到网上买暖手宝，陈碗在卖化妆品和饰品时，把暖手宝当作赠品，经营业绩一下子提高很多。开始还比较顺利。但有一次，有个客户抗议了，说暖手宝漏电，把他的手给烫伤了，要求陈碗赔偿。陈碗认为，赠品是单纯的赠与，根据民法典及相关司法解释的规定，赠与的财产有瑕疵的，赠与人不承担责任。退一步讲，这仅仅是一种附义务的赠与合同：顾客不购买商品，商家是不会赠与的。因此，法律上把购买商品看作赠与对应的义务。附义务的赠与，赠与的财产有瑕疵的，赠与人在附义务的限度内承担与出卖人相同的责任。简单来说，购买500元的化妆品，赠品暖手宝价值30元，则商家对赠品应承担全部的责任限于30元，最多也就是500元的义务。当然，赠与人故意不告知瑕疵或者保证无瑕疵，造成受赠人损失的，应当承担赔偿责任。

于是，陈碗对于消费者的投诉不予理会。但这个客户坚持认为陈碗应该承担损害赔偿责任，说他因为烫伤，花费的医药费近千元。陈碗被他折腾得没有办法，就找到孙博士。孙博士的解释恰恰与陈碗的理解完全相反。

孙博士认为，在赠品促销过程中，只要顾客购买了商品，商家是不能任意撤销赠与的，而根据《民法典》的规定，赠与合同中，赠与人有任意撤销权，即“赠与人在赠与财产的权利转移之前可以撤销赠与”，这与赠与合同的特征不符。在附义务的赠与合同中，“赠与”与“义务”之间的关系通常是这样的：（1）从主从看，赠与是主要的，义务是附属的；（2）从大小看，义务的限度小于赠与财产的价值；（3）从先后看，“赠与”在先，受赠人履行“义务”在后。如“我送你一套房子，但你要安排一间给我外婆住。”在商品促销附赠中，以商品交易为主，商品价值大于赠品，先买商品后有赠品，这些都与附义务赠与合同不符。所以，对赠品促销的正确理解是，附赠行为是买卖合同的一部分。合同中，买者有一项义务：支付价金；而卖者须负两项义务：给付商品、给付赠品。可见，赠品并非赠送的，卖者（商家）有义务给付符合约定的赠品，否则应承担产品瑕疵责任。这个责任的大小与商品价值大小无关。

顺着赠品销售的话题，陈碗和孙博士又聊起了抽奖式销售（有奖销售）。从表现上来看，这两种方式还是有很多不同的：

赠品销售常表现为“买一送一”，即买一件商品送一件赠品。赠品销售有两个特点：（1）在价值上，商品价值远远大于赠品价值，否则商家就亏本了；（2）每个消费者都能获得赠品。

有奖销售常表现为：消费者购买商品后，会获得一张奖券，中奖者可获得奖品。有奖销售有两个特点：（1）在价值上，奖品价值完全可能超过商品价值，即买 100 元的商品，有可能获得 10 000 元的奖品；（2）并不是每个消费者都能获得奖品。

同时，有奖销售的法律性质也与赠品销售不同，不能简单定义为买卖合同。

在整个有奖销售过程中，先后发生了四种合同关系：（1）买卖合同：消费者付款，商家给付商品，合同履行完毕。（2）赠与合同：商家赠与奖券，即所谓的赠品，其实就是一张奖券。（3）射幸合同：买者拿到奖券后，赠与合同即履行完毕。同时发生另一个法律关系：抽奖人可能中奖，但能否中奖尚不确定。这种不确定的合同，法律上称为射幸合同。（4）给付合同：中奖后，不确定的关系变为确定，射幸合同便终止。这时，发生了一个新的、确定的债权债务关系：商家须向中奖者给付约定的奖品，这是一个给付合同关系。

上述四个合同关系是互相独立的，而奖品法律关系就是第四个合同——给付合同。这和买彩票是一样的。商家必须给付符合约定的奖品，如奖品有质量瑕疵，则商家必须负责赔偿，其赔偿的责任限额，与买卖合同中的商品价值大小无关。所以，买 100 元的商品，中 10 000 元的奖品，奖品质量有问题，商家必须承担 10 000 元的责任。

孙博士提醒，即使是赠品和奖品，也要保证质量，和正常的销售商品同等对待。

任务4 电子商务合同

随着电子技术的发展，电子合同以其传输方便、节约等特点得以出现，其虽然也通过电子脉冲来传递信息，但是不再以纸为原始凭据，而只是一组电子信息。电子合同，又称电子商务合同，根据联合国国际贸易法委员会《电子商务示范法》以及世界各国颁布的电子交易法，同时结合我国《民法典》的有关规定，电子合同可以界定为：电子合同是双方或多方当事人之间通过电子信息网络以电子的形式达成的设立、变更、终止财产性民事权利义务关系的协议。通过上述定义可以看出，电子合同是以电子的方式订立的合同，其主要是指在网络条件下当事人为了实现一定的目的，通过数据电文、电子邮件等形式签订的明确双方权利义务关系的一种电子协议。

一、电子合同的特征

电子合同与传统的合同相比有着显著的区别，电子合同的当事人、要约、承诺及合同的效力问题都具有其特殊性。

（一）合同的订立以数据电文的方式通过互联网进行

签订电子合同这种民事法律行为是双方或者多方民事主体的法律行为。当事人之间以电子的方式，以设立、变更、终止财产性民事权利义务为目的所签订的这种合同，是合同的新形式。

在传统合同的订立过程中，当事人一般通过面对面的谈判或通过信件、电报、电话、电传和传真等方式提出要约和接受要约，并最终缔结合同。而电子合同的当事人均是通过电子数据的传递来完成的，一方电子数据的发出（输入）即可视为要约，另一方电子数据的回送（回执）即为承诺。由于电子数据交换具有自动审断的功能，因此，电子合同的签订过程是通过互联网在计算机上操作完成的。这是电子合同区别于传统合同的关键特征。

（二）交易主体虚拟和广泛

电子合同订立的整个过程所采用的是电子形式，通过电子邮件、EDI 等方式进行合同的谈判、签订及履行等。这种订立方式大大节约了交易成本，提高了经济效益。电子合同的交易主体可以是任何自然人和法人及其相关组织。这种交易方式当然需要提供一系列的配套措施，如建立信用制度，让交易的相对人在交易前知道对方的资信状况。在世界经济全球化的今天，信用权益必将成为一种无形的财产。

（三）技术化、标准化

电子合同是通过计算机网络进行的，其有别于传统的合同订立方式。电子合同的整个交易过程都需要一系列的国际国内技术标准予以规范，如电子签名、电子认证等。这些具体的标准是电子合同存在的基础。如果没有相关的技术与标准，电子合同是无法实现和存在的。电子合同是采用电子数据交换的方法来签订合同的，因此，电子合同的内容可以完全储存在计算机内存、磁盘或者其他接收者选择的非纸质中介物（如磁带、磁盘、激光盘等）上，无须采用书面形式。

（四）合同订立电子化

合同的订立需要要约和承诺两个过程，电子合同同样需要具备这些要件。电子合同中的要约和承诺均可以用电子的形式完成，只要输入的相关信息符合预先设定的程序，计算机就可以自动作出相应的意思表示。

（五）合同中的意思表示电子化

意思表示电子化是指在合同订立的过程中通过相关的电子方式表达自己的意愿的一种行为，这种行为的表现方式是通过电子化形式即“数据电文”实现的。

二、电子合同的分类

对电子合同进行科学的分类，一方面有利于法学研究，使研究更加深入；另一方面可以使电子合同法律制度的建设更具有针对性和全面性。根据电子合同主体的不同，电子商务合同可分为商业机构之间的电子合同（Business to Business 模式）、用户之间的电子合同（Consumer to Consumer 模式）、商业机构与用户之间的电子合同（Business to Consumer 模式）。

电子合同作为合同的一种，也可以按照传统合同的分类方式进行划分，但基于其特殊性，还可以将其分为以下几种类型：

（1）根据电子合同订立的具体方式，可分为利用电子数据交换订立的合同和利用电子邮件订立的合同。

（2）根据电子合同标的物的属性，可分为网络服务合同、软件授权合同、需要物流配送的合同等。

（3）根据电子合同当事人的性质，可分为电子代理人订立的合同和合同当事人亲自订立的合同。

（4）根据电子合同当事人之间的关系，可分为：B2C合同，即企业与个人在电子商务活动中所形成的合同；B2B合同，即企业之间从事电子商务活动所形成的合同；B2G合同，即企业与政府进行电子商务活动所形成的合同。

三、电子合同的订立与成立

由于电子交易均采取电子方式进行，要约的内容均表现为数字信息在网络上传播，因此往往要约人在自己的计算机上按下确认键的同时对方计算机几乎同步收到要约的内容。这种技术改变了传统交易中的时间和地点观念。为了明确电子交易中要约的到达标准，《民法典》第137条第2款规定："以非对话方式作出的意思表示，到达相对人时生效。以非对话方式作出的采用数据电文形式的意思表示，相对人指定特定系统接收数据电文的，该数据电文进入该特定系统时生效；未指定特定系统的，相对人知道或者应当知道该数据电文进入其系统时生效。当事人对采用数据电文形式的意思表示的生效时间另有约定的，按照其约定。"《民法典》第482条规定了以信件或者电报等作出的要约的承诺期限计算方法：要约以信件或者电报作出的，承诺期限自信件载明的日期或者电报交发之日开始计算。信件未载明日期的，自投寄该信件的邮戳日期开始计算。要约以电话、传真、电子邮件等快速通讯方式作出的，承诺期限自要约到达受要约人时开始计算。

电子合同的成立时间是指电子合同开始对当事人产生法律约束力的时间。在一般情况下，电子合同的成立时间就是电子合同的生效时间，一般认为收件人收到数据电文的时间即为到达生效的时间。收件人为接收数据电文而指定了某一信息系统，该数据电文进入该特定系统的时间，视为收到时间；收件人没有指定某一特定信息系统的，则数据电文进入收件人的任一信息系统的时间为收到时间。

认定发送和接收电子合同的时间对于判断交易成立和生效具有重要的意义。根据民事法律关系基本原理以及电子合同的实际情况，认定发送和接收电子信息时间的默认规则为：在双方没有相反约定的情况下，某个电子信息进入某个输送人无法控制的信息系统就视为该信息已经被发送；如果信息先后进入多个信息系统，那么该信息被发送的时间就是先进入网络服务提供者的服务器的时间。在判断信息接收时间方面，如果电子信息的接收人指定了一个信息接收系统，则电子信息进入该系统的时间即为信息接收的时间。

承诺生效时合同成立。当事人采用信件、数据电文等形式订立合同要求签订确认书的，签订确认书时合同成立。当事人一方通过互联网等信息网络发布的商品或者服务信息符合要约条件的，对方选择该商品或者服务并提交订单成功时合同成立。

承诺生效的地点为合同成立的地点。采用数据电文形式订立合同的，收件人的主营业地为合同成立的地点；没有主营业地的，其住所地为合同成立的地点。当事人另有约定的，按照其约定。

案例分析

2021 年 6 月 24 日，市民刘先生发现自己银行卡账户突然少了 8 500 元。当时，他以为遭遇了盗刷事件，连忙跑到银行查询款项去向，结果显示这笔钱是通过快捷支付平台划走的。“如果是我自己花的，肯定有印象。”回家后，刘先生左思右想，他最终把目光锁定在了 12 岁的儿子小涛（化名）身上。他一问儿子才知道，这笔钱都被他用来打赏网络主播了。刘先生认为，儿子属于未成年人，这种消费未经过家长同意不能算数。刘先生向直播平台提出退款要求，但平台却让他提供“的确是未成年人消费”的证据。

资料来源：满文飞，邵宽明 .12 岁小学生打赏 3 名主播花掉 8 500 元 [N]. 载半岛晨报，2017-06-29.

分析：刘先生如何能够提供这样的证据？

四、电子签名与电子认证

由于在电子商务合同上签字或者盖章是很困难的，因此，在实践中用何种技术来解决签名和盖章问题是电子合同成立与生效的关键。

为尽快形成以可靠电子签名为核心技术的可信电子合同标准，并推动电子商务更快地发展，工信部在 2012 年启动了国家可信电子签名及数据电文应用试点工程，以建立健全电子合同系统。电子合同系统是指具备缔约人身份认证、合同电子签名、合同存储与调用等功能以实现在线订立电子合同及处理的信息系统，即电子合同订立系统。其特点为：

1. 具备缔约人身份认证功能

电子合同订立系统只支持持有数字证书的企业或用户在线订立电子合同。而数字证书是由第三方电子认证机构颁发的，可以证明自己的身份及识别对方的身份。

2. 具备电子签名功能

电子合同订立系统通过电子签名技术来实现电子合同的签订。

3. 具备合同存储和管理功能

交易双方签订的电子合同可以存储在平台里，方便以后查阅、核对以及打印等。

4. 具备便捷、低廉、有效的优势

美国是世界上最先授权使用数字签名的国家，其规定用密码组成的数字签名与传统的签字具有同等的效力。从技术的角度而言，电子签名主要是指通过一种特定的技术方案来赋予当事人一个特定的电子密码，确保该密码能够证明当事人的身份，而同时确保发件人发出的资料内容不被篡改。电子签名的主要目的是利用技术手段对数据电文的发件人身份作出确认并保证传送的文件内容没有被篡改，以及解决事后发件人否认已经发送或者收到资料等问题。因此，验证解密得到的结果与经过计算后的结果必然不同，从而保证了电子信息的真实性与完整性。

电子认证与电子签名一样，也是电子商务中的安全保障机制，是由特定的机构提供的，对电子签名及其签署者的真实性进行验证的服务。电子认证是指由特定的第三方机构通过一定的方法对签名者及其所做的电子签名的真实性进行验证的一种活动。电子认证主要应用于电子交易的信用安全方面，保障开放性网络环境中交易人的真实性与可靠性。电子认证是确定某个人的身份信息或者特定的信息在传输过程中未被修改或者替换。电子认证既可以在当事人相互之间进行，也可以由第三方作出鉴别。电子商务活动常常是跨国境的，各个参与方需要由不同国家的认证机构对各自的身份进行认证，并向电子商务活动的相对方发放认证证书，这在实践中就需各国相互承认对方国家认证机构发放的电子认证证书的效力。

在认证机构的设立上，必须强调认证机构是一个独立的法律实体，能够以自己的名义从事数字服务，并且能够以自己的财产提供担保，能够在法律规定的范围内自己承担相应的民事责任。其必须保持中立，并具有可靠性、真实性和公正性。电子认证机构一般不得直接和客户进行商业交易，也不能在当事人之间的交易活动中代表任何一方的利益，而只能通过发布公正的交易信息促成当事人之间的交易。它必须能被当事人接受，也就是说，它应当在社会上具有相当的影响力和可信度，并足以使人们在网络交易中愿意接受其认证服务。当事人对电子认证机构的接受可能是明示的，也可能是在网络交易中默示承认或者是基于成文法律的要求。另外，电子认证机构不能以营利为目的，认证机构应当是一种类似于承担社会服务功能的公用事业，其营业的宗旨应该是提供公正、安全的交易环境，保护第三人的合法权益，促进电子合同交易，加快电子商务的发展。

《民法典》赋予了电子签名的合法性。当事人一方通过互联网等信息网络发布的商品或者服务信息符合要约条件的，对方选择该商品或者服务并提交订单成功时合同成立。当事人采用信件、数据电文等形式订立合同要求签订确认书的，签订确认书时合同成立。

电子证据具有合法性。在电子商务活动中，电子合同、订货单、提单、确认书、转运单、保险单、付款通知、有关票据等电子文件（即电子单证）是在计算机的磁性介质中传递、存储的电子数据，无法被人识读，只能通过屏幕显示或打印输出文件才能识读。但这只是一种抄录，而不是传统意义上的证据原件。我国《民事诉讼法》第66条单列“电子数据”的证据类型，经过国家电子商务认证中心（CA）、电子数据交换（EDI）服务中心的认证和防火墙的技术处理，辨别真伪后，电子单证计算机记录可以作为合法的证据来认定事实、定性处理。

任务5 合同保全和违约责任

在经营活动中，经常会遇到供货方交付的商品不符合要求或拖欠货款的事宜，其中有些是无意的，但也有些是恶意的。为了挽回损失、要回货款，陈碗尝试过很多方法，包括采取合同履行中的保全措施，追究对方违约责任，申请支付令等。

一、采取保全措施

合同的保全措施是指为防止因债务人的财产不当减少而给债权人的债权带来危害，债权人为保全其债权的实现而采取的法律措施。保全措施包括代位权和撤销权。

（一）代位权

根据《民法典》的规定，因债务人怠于行使其到期债权，对债权人造成损害的，债权人可以向人民法院请求以自己的名义代位行使债务人的债权。

行使代位权的条件包括：（1）债务人对第三人享有到期债权；（2）债务人怠于行使其债权；（3）因债务人怠于行使权利已害及债权人的债权；（4）债务人与债权人的合同关系已到期，债务人已陷于延期履行。

代位权的行使范围以债权人的债权为限，但该债权专属于债务人自身的除外。专属于债务人自身的债权，是指基于抚养关系、扶养关系、赡养关系、继承关系产生的给付请求权和劳动报酬、退休金、养老金、抚恤金、安置费、人寿保险、人身伤害赔偿请求等权利。

代位权的适用对象是债务人的消极行为，即债务人危及债权人利益的怠于行使其权利的行为，主要是指债务人不履行其对债权人的到期债务，又不以诉讼方式或仲裁方式向其债务人主张其享有的具有金钱给付内容的到期债权，致使债权人的到期债权未能实现。如次债务人（即债务人的债务人）提出抗辩，不认为债务人有怠于行使到期债权情况的，应当承担举证责任。在代位权诉讼中，次债务人对债务人的抗辩，可以向债权人主张。

债权人必须通过法律诉讼的方式来行使代位权，其债权就代位权行使的结果有优先受偿权利。

（二）撤销权

债务人无偿处分对外债权（以放弃其债权、放弃债权担保、无偿转让财产等方式无偿处分财产权益，或者恶意延长其到期债权的履行期限），或者以不合理价格进行资产交易（债务人以明显不合理的低价转让财产、以明显不合理的高价受让他人财产或者为他人的债务提供担保，债务人的相对人知道或者应当知道该情形的），影响债权人的债权实现，债权人可以请求人民法院撤销债务人的行为。

案例分析

甲公司向偶在创公司购买了30万元货物。货物交付后，甲公司没有及时支付货款，经偶在创公司多次催要未果。甲公司还振振有词，厂房是租来的，设备几天前就已经卖掉了，“要钱没有，要命一条”。陈碗进行了仔细调查，发现甲公司几天前卖掉的机器价值50万元，甲公司把机器卖给了关联公司，只收取20万元，这家关联公司还结欠甲公司货款10万元且已到期，甲公司就是不去向该关联公司清收这笔债权。

分析：偶在创公司怎么做才能够收回自己的债权？

甲公司的行为其实是在逃避债务。偶在创公司可以依据法律向人民法院提起代位权诉讼和撤销权诉讼，撤销甲公司向其关联公司出售机器的行为，收回该机器重新变卖，以变卖所得清偿自己的债权。代甲公司的位，以自己的名义向关联公司索取关联公司应归还甲公司的10万元债权，以清偿自己的债权。偶在创公司在代位诉讼中，债权人胜诉的，诉讼费由次债务人负担，从实现的债权中优先支付。作为债权人，偶在创公司行使撤销权的必要费用，由债务人——甲公司负担，如果第三人——关联公司有过错的，应适当分担。

撤销权自债权人知道或者应当知道撤销事由之日起一年内行使。自债务人的行为发生之日起五年内没有行使撤销权的，该撤销权消灭。撤销权的时效不适用时效中止、中断的相关规定。

案例分析

甲公司为开发新项目，急需资金，便向乙公司借款15万元，期限6个月，月利率为银行贷款利率的1.5倍，到期一次性本息还清。甲公司向乙公司出具了借据。

甲公司因新项目开发不顺利未盈利，6个月到期时无法偿还乙公司的欠款。某日，乙公司向甲公司催促还款无果，但得到一个信息：A单位曾向甲公司借款20万元，现已到还款期，A单位正准备还款，但甲公司让A单位不用还款。于是，乙公司向人民法院起诉，请求甲公司以A单位的还款来偿还债务，甲公司辩称该债权已放弃，无法清偿债务。

分析：

(1) 甲公司的行为是否构成违约？为什么？

(2) 乙公司是否可以针对甲公司的行为行使撤销权？为什么？

(3) 乙公司是否可以行使代位权？请说明理由。

上例中，甲公司的行为已构成违约。甲公司与乙公司之间的借贷合同关系是自愿订立的，无违法内容，又有书面借据，是合法有效的。甲公司系债务人，负有按期清偿本息的义务；乙公司为债权人，享有按期收回本金、收取利息的权利。甲公司不能如约履行清偿义务，构成违约。甲公司放弃对A单位享有的债权，表面上是处分自己的权益，实际上却损害了乙公司的债权，依照《民法典》规定，乙公司可以行使撤销权，撤销甲公司放弃债权的行为。乙公司撤销权的行使范围以其对甲公司债权15万元本金及利息为限，其行使撤销权的必要费用，由甲公司负担。同时，乙公司可以直接向A单位行使代位权。

二、追究违约责任

违约责任是指违约的当事人一方对另一方承担的责任。违约责任制度是保障债权实现和债务履行的重要措施，与合同债务有密切联系。债务是责任发生的前提，责任是债务不履行的结果。合同关系的相对性决定了违约责任的相对性，即违约责任是合同当事人之间的民事责任，合同当事人以外的第三人对当事人之间的合同不承担违约责任。

（一）违约责任以违约行为的发生作为承担责任的依据

《民法典》规定，当事人一方不履行合同义务或者履行合同义务不符合约定的，应当承担继续履行、采取补救措施或者赔偿损失等违约责任；当事人一方未支付价款或者报酬的，对方可以要求其支付价款或者报酬；质量不符合约定的，应当按照当事人的约定承担违约责任；当事人一方因第三人的原因造成违约的，应当向对方承担违约责任。由此可见，只要发生了违约事实，当事人就要承担违约责任，而不管当事人有无过错。

违约责任以补偿守约方因违约行为所受损失为主要目的，以损害赔偿为主要责任形式，但也可以由当事人在法律规定的范围内约定。违约责任可以约定（如约定违约金、约定定金），也可以直接适用法律的规定（如支付赔偿金、强制实际履行等），被违约人可以在诸种违约责任形式中进行选择，因此，违约责任具有补偿性和一定的任意性、选择性。

案例分析

员工程某与其恋人定于2021年11月17日举行婚礼仪式，他们于1个月前与某婚庆服务社达成协议，由该服务社为其提供“婚庆一条龙”服务。协议由婚庆服务社提供，为填充表格式，主要内容为婚礼时间、服务内容和备注。经双方商定，双方签订协议如下：婚礼日定于11月17日，在约定时间内，由服务社将6辆奥迪汽车开至女方家，并提供摄影、新娘盘头、化妆等服务项目，需程某支付680元。服务社在协议签订时预收现金100元，在备注部分有打印的“因用户原因取消合约，定金不退”条款。后程某在合同履行日前又支付了500元。

但该服务社未按约提供服务。一是车辆比预定时间晚到1小时，且只有5辆；二是因车辆晚到，新娘只得另请他人化妆、盘头；三是婚礼仪式举行时，该服务社摄影机突然因故障无法工作，致使“过门”“拜天地”及“闹洞房”等重要场景未能及时录像。据此，程某认为该服务社的违约行为给他们造成了极大的精神损伤，在经协商及消协调解均宣告无效的情况下，于次年11月诉至法院，要求判令服务社退还服务费600元，赔偿精神损失3 000元。

分析：

（1）这份合同是否有效？

（2）对这件事应如何看待？

案例中，程某与服务社签订的婚庆服务合同系合同双方自愿订立的，并且与法律、法规无相悖之处，合法有效。依法成立的合同对当事人具有法律约束力，受法律保护。当事人应当按照约定全面履行自己的义务。服务社未能全面履行合同约定的义务，构成违约，给程某夫妇造成的损失应予赔偿。

（二）法律规定的免责事由

《民法典》规定，因不可抗力不能履行合同的，根据不可抗力的影响，部分或者全部免除责任。当事人迟延履行后发生不可抗力的，不能免除责任。

陈碗与西安某公司签订合同，约定由陈碗在1月10日给西安某公司发运货物。1月9日，陈碗将货备好，计划第二天发货。9日深夜，突起暴风雨，导致列车暂时停运而无法发货。由于陈碗履行合同没有延迟，发生不可抗力导致的延迟，可以免责。但如果到20日，陈碗才准备第二天发货，这就是迟延履行，已经违约了。由于是延迟履行合同，陈碗就要承担违约责任。

不可抗力造成违约的，违约方虽然没有过错，但是法律规定因不可抗力造成的违约要承担违约责任的，违约方也要承担无过错违约责任。例如：按照《中华人民共和国民用航空法》规定，承运人的义务是把旅客和货物运到目的地。飞机在飞到上空时，遭遇百年一遇的气流影响而坠毁，承运人就因不可抗力影响而未能将旅客和货物运至目的地。虽然违约是因不可抗力造成的，但法律规定了航空公司的赔偿责任。

当事人因不可抗力不能履行合同的，应当及时通知对方，以减轻可能给对方造成的损失，并应当在合理期限内提供证明。

上例中，陈碗因9日深夜遭遇列车暂时停运而无法及时发货，应尽快通知西安某公司，告诉该公司另做打算。如果该公司已与第三方订立合同，拟将此批货物转售第三方，则该公司可能因陈碗的违约而对第三方违约。陈碗因不可抗力违约，如果及时通知了对方，即西安公司，则根据法律规定无须承担违约责任，但该西安公司如果没有及时作出反应，也没有将陈碗因不可抗力无法及时交货或根本无法交货的事宜及时通知第三方，从而因为没有及时等到这批货物而对第三方违约，并因此产生损失，那么，西安公司的这个损失就无法要求陈碗承担。当然，如果陈碗没有及时通知西安公司，西安公司因为无法等到这批货物并因此对第三方违约而产生损失，则这个损失就需要由陈碗承担。

（三）承担违约责任的主要形式

1. 继续履行

继续履行，又称实际履行、强制实际履行，指债权人在债务人不履行合同义务时，可请求人民法院或仲裁机构强制债务人实际履行合同义务。但有下列情形之一的除外：(1) 法律上或者事实上不能履行；(2) 债务的标的不适于强制履行或者履行费用过高；(3) 债权人在合理期限内未要求履行。

2. 采取补救措施

补救措施包括修理、更换、重做、退货、减少价款等。例如：到理发店理发，双方形成了劳务合同关系，理完发后，支付完费用，回去一照镜子，如果发现还有一处没有理好，可以重新回到理发店，要求理发师再理好，理发店不会再次收取费用，这就是理发师在采取补救措施。

3. 赔偿损失

当事人不履行合同时，在履行义务或者采取补救措施以后，对方还有其他损失的，应当赔偿损失。赔偿损失与采取补救措施和继续履行可以并用。

例如：某工厂应该在 1 月 1 日前向偶在创公司供应生产化妆品的原材料，但是 1 月 1 日前，该工厂没有供应，造成偶在创公司停工、停产。所以，偶在创公司可以要求该工厂继续履行，即继续供应原材料。而且，由于该工厂没有按期供应原材料，造成偶在创公司停产损失，偶在创公司还可以要求该工厂赔偿这部分损失。

4. 支付违约金

违约金是指按照双方当事人的约定，当事人一方违约的，应向另一方支付的金钱。违约金可以是具体的数额，也可以是一种计算方法。

违约金是带有惩罚性的，所以不论违约的当事人一方是不是已经给对方造成损失，都应当支付。违约金和赔偿金最大的区别在于：违约金的前提条件双方当事人有约定，无论违约是否给对方造成损失，都得按照违约金的规定进行支付；赔偿金只有在违约行为给对方造成损失的情况下才需要支付。

如果约定的违约金低于造成的损失，当事人可以请求人民法院或者仲裁机构予以增加；如果约定的违约金过分高于造成的损失，当事人可以请求人民法院或者仲裁机构予以适当减少。因为虽然违约金本身具有惩罚性，但法律考虑惩罚也应有一定的限度，所以法律给违约一方请求减少违约金的法律救济，但这种救济必须通过人民法院来实现。当事人就迟延履行约定违约金的，违约方支付违约金后，还应当履行债务，即违约金条款和继续履行可以同时使用。

由于违约金必须在合同中约定，因此在现实生活中，如果合同双方当事人没有约定违约金，当违约给对方造成经济损失时，违约方需要向对方支付赔偿金。但如果当事人一方违约并没有给对方造成损失，在这种情况下，违约就没有损失了。所以，为了保证合同能够严格履行，需要约定违约金条款。

5. 给付定金或者双倍返还定金

当事人可以约定一方向对方给付定金作为债权的担保。定金合同自实际交付定金时成立。定金的数额由当事人约定；但是，不得超过主合同标的额的百分之二十，超过部分不产生定金的效力。实际交付的定金数额多于或者少于约定数额的，视为变更约定的定金数额。债务人履行债务的，定金应当抵作价款或者收回。给付定金的一方不履行债务或者履行债务不符合约定，致使不能实现合同目的的，无权请求返还定金；收受定金的一方不履行债务或者履行债务不符合约定，致使不能实现合同目的的，应当双倍返还定金。当事人既约定违约金又约定定金的，一方违约时，对方可以选择适用违约金或者定金条款。定金不足以弥补一方违约造成的损失的，对方可以请求赔偿超过定金数额的损失。

学思之窗

充分认识颁布实施《民法典》重大意义 依法更好保障人民合法权益

2020年5月28日，十三届全国人大三次会议审议通过了《中华人民共和国民法典》，这是新中国成立以来第一部以“法典”命名的法律，是新时代我国社会主义法治建设的重大成果。安排这次集体学习，目的是充分认识颁布实施《民法典》的重大意义，推动《民法典》实施，以更好推进全面依法治国、建设社会主义法治国家，更好保障人民权益。

《民法典》在中国特色社会主义法律体系中具有重要地位，是一部固根本、稳预期、利长远的基础性法律，对推进全面依法治国、加快建设社会主义法治国家，对发展社会主义市场经济、巩固社会主义基本经济制度，对坚持以人民为中心的发展思想、依法维护人民权益、推动我国人权事业发展，对推进国家治理体系和治理能力现代化，都具有重大意义。

《民法典》系统整合了新中国成立70多年来长期实践形成的民事法律规范，汲取了中华民族几千年优秀法律文化，借鉴了人类法治文明建设有益成果，是一部体现我国社会主义性质、符合人民利益和愿望、顺应时代发展要求的法典，是一部体现对生命健康、财产安全、交易便利、生活幸福、人格尊严等各方面权利平等保护的法典，是一部具有鲜明中国特色、实践特色、时代特色的法典。实施好《民法典》，重点要做好以下工作。

第一，加强《民法典》重大意义的宣传教育。要讲清楚，实施好《民法典》是坚持以人民为中心、保障人民权益实现和发展的必然要求。《民法典》调整规范自然人、法人等民事主体之间的人身关系和财产关系，这是社会生活和经济生活中最普通、最常见的社会关系和经济关系，涉及经济社会生活方方面面，同人民群众生产生活密不可分，同各行各业发展息息相关。《民法典》实施得好，人民群众权益就会得到法律保障，人与人之间的交往活动就会更加有序，社会就会更加和谐。要讲清楚，实施好《民法典》是发展社会主义市场经济、巩固社会主义基本经济制度的必然要求。《民法典》把我国多年来实行社会主义市场经济体制和加强社会主义法治建设取得的一系列重要制度成果用法典的形式确定下来，规范经济生活和经济活动赖以依托的财产关系、交易关系，对坚持和完善社会主义基本经济制度、促进社会主义市场经济繁荣发展具有十分重要的意义。要讲清楚，实施好《民法典》是提高我们党治国理政水平的必然要求。《民法典》是全面依法治国的重要制度载体，很多规定同有关国家机关直接相关，直接涉及公民和法人的权利义务关系。国家机关履行职责、行使职权必须清楚自身行为和活动的范围和界限。各级党和国家机关开展工作要考虑《民法典》规定，不能侵犯人民群众享有的合法民事权利，包括人身权利和财产权利。同时，有关政府机关、监察机关、司法机关要依法履行职能、行使职权，保护民事权利不受侵犯、促进民事关系和谐有序。《民法典》实施水平和效果，是衡量各级党和国家机关履行为人民服务宗旨的重要尺度。

第二，加强民事立法相关工作。《民法典》颁布实施，并不意味着一劳永逸解决了民事法治建设的所有问题，仍然有许多问题需要在实践中检验、探索，还需要不断配套、补充、细化。有关国家机关要适应改革开放和社会主义现代化建设要求，加强同《民法典》相关联、相配套的法律法规制度建设，不断总结实践经验，修改完善相关法律法规和司法解释。对同《民法典》规定和原则不一致的国家有关规定，要抓紧清理，该修改的修改，该废止的废止。要发挥法律解释的作用，及时明确法律规定含义和适用法律依据，保持《民法典》稳定性和适应性相统一。

"法与时转则治。"随着经济社会不断发展、经济社会生活中各种利益关系不断变化，《民法典》在实施过程中必然会遇到一些新情况新问题。这次新冠肺炎疫情防控的实践表明，新技术、新产业、新业态和人们新的工作方式、交往方式、生活方式不断涌现，也给民事立法提出了新课题。要坚持问题导向，适应技术发展进步新需要，在新的实践基础上推动《民法典》不断完善和发展。

第三，加强《民法典》执法司法活动。严格规范公正文明执法，提高司法公信力，是维护《民法典》权威的有效手段。各级政府要以保证《民法典》有效实施为重要抓手推进法治政府建设，把《民法典》作为行政决策、行政管理、行政监督的重要标尺，不得违背法律法规随意作出减损公民、法人和其他组织合法权益或增加其义务的决定。要规范行政许可、行政处罚、行政强制、行政征收、行政收费、行政检查、行政裁决等活动，提高依法行政能力和水平，依法严肃处理侵犯群众合法权益的行为和人员。

民事案件同人民群众权益联系最直接最密切。各级司法机关要秉持公正司法，提高民事案件审判水平和效率。要加强民事司法工作，提高办案质量和司法公信力。要及时完善相关民事司法解释，使之同《民法典》及有关法律规定和精神保持一致，统一民事法律适用标准。要加强涉及财产权保护、人格权保护、知识产权保护、生态环境保护等重点领域的民事审判工作和监督指导工作，及时回应社会关切。要加强民事检察工作，加强对司法活动的监督，畅通司法救济渠道，保护公民、法人和其他组织合法权益，坚决防止以刑事案件名义插手民事纠纷、经济纠纷。

《民法典》专业性较强，实施中要充分发挥律师事务所和律师等法律专业机构、专业人员的作用，帮助群众实现和维护自身合法权益，同时要发挥人民调解、商事仲裁等多元化纠纷解决机制的作用，加强法律援助、司法救助等工作，通过社会力量和基层组织务实解决民事纠纷，多方面推进《民法典》实施工作。

第四，加强《民法典》普法工作。《民法典》共7编1 260条、10万多字，是我国法律体系中条文最多、体量最大、编章结构最复杂的一部法律。《民法典》要实施好，就必须让《民法典》走到群众身边、走进群众心里。要广泛开展《民法典》普法工作，将其作为“十四五”时期普法工作的重点来抓，引导群众认识到《民法典》既是保护自身权益的法典，也是全体社会成员都必须遵循的规范，养成自觉守法的意识，形成遇事找法的习惯，培养解决问题靠法的意识和能力。要把《民法典》纳入国民教育体系，加强对青少年《民法典》教育。

《民法典》专业术语很多，要加强解读。要聚焦《民法典》总则编和各分编需要把握好的核心要义和重点问题，阐释好《民法典》关于民事活动平等、自愿、公平、诚信等基本原则，阐释好《民法典》关于坚持主体平等、保护财产权利、便利交易流转、维护人格尊严、促进家庭和谐、追究侵权责任等基本要求，阐释好《民法典》一系列新规定新概念新精神。

第五，加强我国民事法律制度理论研究。改革开放以来，我国民法理论研究和话语体系建设取得了明显成效，但同日新月异的民法实践相比还不完全适应。要坚持以中国特色社会主义法治理论为指导，立足我国国情和实际，加强对民事法律制度的理论研究，尽快构建体现我国社会主义性质，具有鲜明中国特色、实践特色、时代特色的民法理论体系和话语体系，为有效实施《民法典》、发展我国民事法律制度提供理论支撑。

各级党和国家机关要带头宣传、推进、保障《民法典》实施，加强检查和监督，确保《民法典》得到全面有效执行。各级领导干部要做学习、遵守、维护《民法典》的表率，提高运用《民法典》维护人民权益、化解矛盾纠纷、促进社会和谐稳定能力和水平。

资料来源：习近平．充分认识颁布实施《民法典》重大意义 依法更好保障人民合法权益［J］．求是，2020（12）．

技能训练

一、思考题

1. 为了更新办公设备，陈碗的公司向外省的一家电脑公司发出了采购 100 台办公电脑的要约（电子邮件形式），第二天，恰逢市场上电脑价格大跌，陈碗非常懊悔，可以采取何种措施避免公司多承担采购成本？

2. 2018 年 10 月，恒湘公司股东谢某与西城公司股东刘某分别代表公司签订了一份代办协议，约定由恒湘公司为西城公司代办用地和国土手续。西城公司先期交付 50 万元代办费。后西城公司自己办好了相关手续，但恒湘公司一直没退还剩余的 45 万元（恒湘公司为办手续已经支出 5 万元，对此西城公司予以认可）。2019 年 8 月 29 日，恒湘公司被吊销营业执照。谢某与另外两位股东于 2021 年 1 月 29 日成立了三富公司。2021 年 6 月 4 日晚，刘某带领 20 余人胁迫谢某以三富公司的名义签订了《债务抵偿协议书》，内容是：债务方三富公司欠债权方刘某现金 45 万元，三富公司以自行开发建设的金虹大厦二层门面抵偿 45 万元债务。后刘某于 2022 年 12 月以此协议将三富公司诉至法院，请求判令三富公司偿还欠款。

对本案中的《债务抵偿协议书》的效力认定和本案的处理有两种不同意见：（1）该合同属于可撤销合同，但由于三富公司一年内没有行使撤销权，因而应该判令三富公司偿还 45 万元债务；（2）该合同属于无效合同，无效合同自始无效，因而不应支持刘某的诉求。请结合所学知识，谈谈自己的看法。

3. 偶在创公司与 A 公司订立买卖合同，合同标的价款 100 万元，合同约定定金 20 万元，同时约定违约金为不能交付部分的 15%。合同到期后卖方没有交付货物，造成偶在创公司损失 18 万元。偶在创公司采取什么措施、什么条款最有利于维护自己的利益？

二、案例分析题

试用所学知识分析以下案例：

【案例1】 甲建筑工程公司向乙、丙两水泥厂各发一函，均称："急需1000号水泥1 000吨，价格为每吨300元，货到付款。"乙水泥厂收到函后即传真给甲："函收到，即日发出。"丙水泥厂收到函后未回函，但当即组织车队运输1000号水泥1 000吨，给甲送去。

分析： 甲与乙、丙之间的合同是否成立？

【案例2】 张某和李某签订了一份买卖合同，双方约定由张某向李某提供一批生产用原材料，总货款为100万元，张某最晚于8月底前供货，货到付款。7月，张某从报纸上得知，李某为逃避债务私自转移财产，被法院依法查封扣押了财产。于是张某通知李某，在李某付款或提供担保前中止履行合同。

分析： 在李某付款或提供担保前，张某能否中止履行合同？为什么？

【案例3】 2019年3月6日，翟某借给高某44 000元，该款到期后，高某拒不偿还。2020年4月8日，高某与其弟徐某达成房屋买卖协议，双方约定，高某把其所属的四间门面房及院落和其他六间住房以2万元的价格转让给徐某。高某所转让的门面房中，北面两间曾经评估鉴定价值4万元，且转让时徐某也知道高某负有债务未清偿。高某转让房产后，表示无力清偿翟某债务。

分析： 翟某如何维护自己的债权？

【案例4】 某贸易公司与某海运公司订立租船合同：在约定期间内，海运公司派船到山东龙口港，装运水泥1万吨至广州黄埔港，运费为每吨人民币85元。约定贸易公司支付海运公司定金15万元，并约定违约方应支付对方合同价款5%的违约金。贸易公司实际支付了定金10万元。后来，海运公司未在约定期间内派船，向贸易公司提出解除合同，并将定金返还，但贸易公司不同意，并多次催告履行。

分析： 贸易公司应如何追究海运公司的违约责任，以最大限度维护自己的权益？

【案例5】 王先生因开快餐店要给服务员定做工作服，与某服装厂负责人张某签订了56套工作服定做合同。但张某未经过王先生同意便将这56套服装交由李某完成。后经王先生验收，该批服装不符合他与张某签订合同中的要求，但张某与李某相互推卸责任，导致王先生一直无法得到赔偿。

分析： 王先生该向谁索赔？

【案例6】 甲公司与乙公司签订了一份供货合同，约定由乙公司在一个月内向甲公司提供一级精铝锭100吨，价值130万元。双方约定如果乙公司不能按期供货，每逾期一天须向甲公司支付货款价值0.1%的违约金。由于组织货源的原因，乙公司在两个月后才交付给甲公司100吨精铝锭，甲公司验货时发现不是一级精铝锭，而是二级精铝锭，就以对方违约为由拒绝付款，要求乙公司支付一个月的违约金 3.9 万元，并且要求乙公司重新提供 100 吨一级精铝锭。但乙公司称逾期供货不是自己的过错，而是国家的产业政策调整使然，不应该支付违约金，而且所提供的精铝锭是经过质量检验机构检验合格的产品，甲公司不应小题大做，现在精铝锭供应比较紧张，根本不可能重新提供精铝锭。甲公司坚持乙公司应当支付违约金和按照合同约定的质量标准履行合同。双方为此发生争议，甲公司起诉至人民法院，要求乙公司支付违约金和重新履行合同。乙公司在答辩状中称，逾期供货不是自己的本意，也不是自己所能控制得了的，不应当支付违约金，即使支付违约金，也不应当支付 3.9 万元之多。

分析：

（1）甲公司与乙公司之间签订的合同是否有效？

（2）乙公司没有在约定的时间内交付货物是客观原因还是市场原因？

（3）甲公司要求乙公司支付违约金和重新提供一级精铝锭的说法有无依据？

（4）乙公司主张不能按时供应货物有无依据？

（5）乙公司主张违约金数额太高的说法有无依据？

【案例 7】 2022 年 5 月 12 日，甲、乙两厂签订购销合同。双方约定：乙厂供应甲厂洗衣机零配件 5 万套，每套价格 10 元；乙厂于同年 6 月 10 日起，每月交货 1 万套；甲厂于签约后 10 天内付乙厂定金 5 万元；乙厂每月月底交货，甲厂收货后 10 天内验货付款；违约责任为未履行货物价款的 5%。甲厂依约付给乙厂定金。在乙厂履行了第一、二批交货义务后，适逢一外商紧急求购这种洗衣机零配件，出价远远高于甲厂在合同中约定的价格，乙厂就另和外商签订了以这种洗衣机零配件为标的的购销合同。由于生产能力有限，乙厂遂不再履行其与甲厂签订的购销合同，要求解除第三、四、五批货物的合同。甲厂不同意解除合同，并要求乙厂支付违约金并双倍返还定金。乙厂认为，甲付给的 5 万元定金根本没有投入使用，况且合同才签订 3 个月，也没有给甲厂造成实际经济损失，双倍返还定金并支付违约金有失公平。因此，乙厂只同意返还甲厂的 5 万元定金。于是甲、乙两厂发生纷争，甲厂起诉到人民法院。

分析：

（1）甲厂要求乙厂双倍返还定金是否于法有据？为什么？

（2）甲厂要求乙厂支付违约金是否于法有据？为什么？

（3）乙厂应如何承担违约责任？

（4）假设甲厂同意解除合同，但要求解除全部合同，能否得到法律支持？为什么？

（5）甲厂不同意解除合同，则甲厂能否要求乙厂继续履行余下的合同义务？

（6）假设甲厂举证证明，因乙厂违约致其不能如期履行与丙厂签订的洗衣机供销合同，丧失利润 3 万元。据查，甲、乙订立合同时乙厂知道甲、丙之间的合同。那么甲厂能否要求乙厂承担这3万元的损失？为什么？

（7）假设甲厂举证证明乙厂供应的零配件存在严重的质量隐患，致使甲厂与之配套的其他洗衣机零配件损坏，总计损失5 000多元，则甲厂可以请求乙厂承担什么责任？

【案例8】 甲公司为开发新项目，急需资金。2022年3月12日，甲公司向乙公司借款15万元。双方谈妥，乙公司借给甲公司15万元，借期6个月，月息为银行贷款利息的1.5倍，至同年9月12日本息一起付清，甲公司为乙公司出具了借据。甲公司因新项目开发不顺利，未盈利，到了9月12日无法偿还欠乙公司的借款。乙公司向甲公司催促还款无果，但得到一条信息，某单位曾向甲公司借款20万元，现已到还款期，某单位正准备还款，但甲公司让某单位不用还款。

分析： 乙公司应当采取何种措施？

【案例9】 2022年4月20日原告谢某某受被告天搜公司电话和短信邀请，参加被告以亚太中小企业经济发展研究会及浙江省中小企业研究院名义举办的“2022转型创新思维”交流论坛会，并在会上与被告签订《移商平台开发及服务开通合同》一份，价款180 000元。合同约定，被告提供“掌握新乡”平台App服务，原告当场刷卡支付90 000元。之后天搜公司并未按照合同提供“掌握新乡”平台App服务，其向原告出具售后服务卡中“服务约定，享受《移商报》专题栏目报道一次”，但经查询合法出版物不存在《移商报》。另查询得知，亚太中小企业经济发展研究会及浙江省中小企业研究院两机构均不合法存在。天搜公司虚拟相关机构、假借机构名义召开会议，并且在电脑和手机微信中做的宣传会议内容与会议实际内容不一致，此种营销模式已经涉嫌欺诈。

分析：

（1）原告谢某某撤销服务合同的诉请能否得到法院支持？

（2）合同撤销后，天搜公司应承担何种责任？

在线测试

项目三

知识产权法律实务

视频资源

陈碗认为，自己的思想就是最大的财富，在新经济时代，创意指导下的创业最能够获得成功。乐购、华联等超市都在创立自己的销售品牌，陈碗也这样做，在商品销售的过程中，在商品上印上偶在创公司的销售商标志。偶在创公司的品牌不再因别人仿冒而使得收益降低。陈碗不断看书，从书中汲取营养，他想把自己的创业历程写成书，他相信，这本书或许会成为畅销书，这能够为陈碗带来持续的收益，这种收益是通过著作权表现出来的。

本项目有 4 项任务，分别是：

任务 1　用好知识产权

任务 2　商标权保护

任务 3　专利权保护

任务 4　著作权保护

能力目标

◆ 掌握知识产权出资的特殊要求，了解知识产权转让和许可使用的收益

◆ 熟悉注册商标的具体要求，了解商标和企业名称、服务商标与商品商标的区别和联系；熟悉注册商标的程序；掌握商标权人的权利和义务；熟悉驰名商标的特殊保护

◆ 熟悉专利的种类和专利权的内容，掌握专利申请权授予的阶段，熟悉专利权的维护和异议，了解委托专利和技术开发合同

◆ 熟悉著作人格权和著作财产权的内容，了解著作权的邻接权

◆ 熟悉各种网络知识产权，适应网络时代知识产权要求

知识目标

◆ 知识产权的作价出资、转让和许可使用，知识产权的质押融资

◆ 商标注册的要求，商标的分类，商标的注册程序，商标人的权利，驰名商标的特殊保护

◆ 专利权的申请和内容，专利权的维持和异议，委托专利和技术开发合同

◆ 著作人格权和著作财产权的内容

◆ 网络知识产权

职业目标

◆ 通过本项目学习，懂得应用知识产权获得各种政策支持和寻求合作伙伴

◆ 通过本项目学习，懂得应用所拥有的知识产权启动创业活动，懂得应用商标注册、专利申请等来巩固创业成果

素养目标

◆ 通过本项目学习，培养知识产权战略意识、创新意识、创造意识、运用意识、管理意识和保护意识

◆ 通过本项目学习，增强文化自觉，坚定文化自信，加深对文明、自愿、平等、诚信等社会主义核心价值观的理解和领悟

任务1 用好知识产权

知识产权能够为创业者带来诸多收益，可以作为非货币财产出资，可以通过转让、许可他人使用来获取收益，还可以进行权利质押，实现融通资金的目的。

一、作价出资获取持续收益

《公司法》及其他企业法都规定，股东（或出资人、投资人）可以用货币出资，也可以用实物、知识产权、土地使用权等可以用货币估价并可以依法转让的非货币财产作价出资。

拥有专利、吸收风险投资基金是很多大学生开启创业大门的钥匙。大学生可以将专利折价入股，获取持续收益。

为鼓励知识产权转化为生产力，鼓励创新创业，国家取消了对知识产权出资比例的限制，将出资决定权直接交给企业，技术或知识产权可以100%出资，由企业自行决定是投入货币还是土地、设备等，及投入的比例问题。一方面，这突出了企业投入资金的多少是企业自己的事，政府不再干预；另一方面，这也是对科技创新、经济转型升级的鼓励。

从登记角度看，对于知识产权出资的审查与核准一般侧重4个方面，即用于出资的知识产权要具备确定、现存、可评估、可转让的特点。因此，申请人在以知识产权出资时，要确定用于出资的知识产权是否符合4个要件的要求，即确定性、现存性、可评估性、可转让性。

（1）确定性是指用于知识产权出资的标的物必须是特定的现实对象。也就是说，标的物应当明确、具体，不能仅仅是一种抽象的概念。

（2）现存性是指用于出资的知识产权必须是事实上已经依法获得的知识产权，而且出资者对该知识产权依法享有处分权。

（3）可评估性是指用于出资的知识产权必须具有能够通过客观评价予以确认的具体价值，即可以用货币进行具体估价。如果无法通过客观评价确认具体价值，无法用货币进行具体估价，则该知识产权不能用于出资。

（4）可转让性是指为了使公司股东能够履行出资义务，用于出资的知识产权应适合独立转让，即权利可以发生独立、完整的转移。

按照《知识产权法》的规定，知识产权人实现其权利一般有两种途径：一是自己直接运用自己的知识产权，二是将自己的知识产权转让或许可他人实施。用知识产权出资入股属于第二种知识产权实现的途径，所以出资的具体方式应当包括转让和许可两种方式，即知识产权所有人以转让知识产权所有权的方式出资，亦可以使用许可方式出资。不过，以使用许可方式出资往往要求出资人能够持续获取与所在公司业务发展相关专利的能力。

二、通过转让、许可他人使用获益

有了自己的商标和专利，创业者可以通过转让、许可他人使用来获取收益。

创业者需要签订好合同，还要进行备案。技术转让合同属于法律规定必须采用书面形式的合同，如果没有采用书面形式，会导致合同无效。

技术转让合同包括专利申请权转让合同、技术秘密转让合同、专利实施许可合同。当事人对后续改进分享没有约定或者约定不明的，依《民法典》相关规定仍不能明确的，一方后续改进的技术成果，其他各方无权分享。有效期届满或被宣告无效，专利权人不得就该专利与他人订立专利实施许可合同。

拥有注册商标、企业标识、专利、专有技术等经营资源的创业者，可以通过合同形式将其拥有的经营资源许可其他经营者（被特许人）使用，被特许人按照合同约定在统一的经营模式下开展经营，并向特许人支付特许经营费用，从而获得持续收益。

三、通过权利质押融通资金

依法可以转让的商标专用权、专利权、著作权中的财产权，可以对外质押作为担保合同履行的方式，得到银行或其他机构的资金支持。

国务院《“十三五”国家科技创新规划》提出，建立知识产权质押融资市场化风险补偿机制，简化知识产权质押融资流程。

国务院办公厅 2016 年 7 月 8 日印发《国务院关于新形势下加快知识产权强国建设的若干意见》重点任务分工方案的通知（国办函〔2016〕66 号），对加快知识产权强国建设的工作进一步分解细化到具体责任部门，形成加强知识产权保护的工作合力。

任务 2 商标权保护

商标权是商标专用权的简称，是指商标主管机关依法授予商标所有人对其注册商标受国家法律保护的专有权。商标注册人拥有依法支配其注册商标并禁止他人侵害的权利，包括商标注册人对其注册商标的排他使用权、收益权、处分权、续展权和禁止他人侵害的权利。商标是用以区别商品和服务不同来源的商业性标志，由文字、图形、字母、数字、三维标志、颜色组合、声音或者上述要素的组合构成。

一、商标抢注

商标抢注不仅发生在大品牌和大明星身上，如今，很多看起来名不见经传的线上品牌，尤其是淘宝商城上的“淘品牌”，正被商标抢注机构盯上，面临危机。

层出不穷的商标被抢注的新闻让这样一个现象成为热点话题。实际上，商标抢注早已形成一个产业，不仅在国际上是这样，而且在国内也成为品牌争夺的一种常规手段。就是在这样一个领域，从事线上经营的企业或者说网商们很多却并不在行，或者起先并不是特别重视。一则关于至少 97 个好品牌的商标正在被人抢注的报道，引发了电商界人士广泛的关注和热议、共鸣。在报道中提到被抢注的商标不乏一些知名品牌，而抢注的都是同一家公司，名为“杭州麦尚品牌管理有限公司”。这些被抢注的好品牌商标大多是“淘品牌”，没有注册，但是可能是未来扩展范畴的商品类别。为了保护自己的商标，一般大公司都会注册公司品牌商标的所有类别，但是像“淘品牌”这样的公司，创业之初出于省钱的目的，或者说意识上的一些疏漏，可能会漏掉一些和主业相关的商标类别，这就给了商标注册机构可乘之机。

一般商标注册成功的时间是 14～16 个月，其中经过初审商标还要有 3 个月的初审公告期，所以在这段时间内，品牌可以准备相关的材料和证据对商标进行异议。企业一旦错过异议期，商标会被对方成功注册，这时候便需要走争议程序来进行补救。其实，97 个“淘品牌”仅仅是被抢注商标的冰山一角。对于广大的线上品牌来说，一方面要及时自检，做好事后的补救工作；另一方面，更重要的是培养事前的预防意识。

企业一定要较早关注电子商务与网络法律问题的律师建议，要关注商标问题，把商标作为企业经营的重中之重。“淘品牌”一开始只为赚钱和盈利，而不重视法律筹划，后面如果出现趋同，成本会越来越高。实际上，“淘品牌”在日后的经营过程中，会成为创业者占有市场、与对手展开竞争以及提升企业知名度的重要武器，它也能够帮助创业者实现很多商业上的考虑和目的。①

随着“一带一路”的开展，在经济社会和商业全球化发展的今天，商标权保护的重要性日益凸显。中国的商标权保护起步较晚，中国知名商标被国外抢注从而贻误时机的例子数不胜数。全国中药行业著名老字号“同仁堂”的中药制品畅销海内外，但进不了日本市场，因为“同仁堂”商标已于 1983 年被日本一家经营食品饮料的企业注册。联想集团启动新英文商标“Lenovo”就是因为“Legend”商标此前在很多国家已被抢注，联想商标在美国注册的时间甚至比国内还早。海信、大宝、五粮液准备向海外“走出

① 庄胜春．商标抢注蔓延至线上品牌 多家“淘品牌”被抢注［EB/OL］．(2012-04-15) www.cnr.cn.

去”的时候，也遭遇到自己的商标在第三国无法使用、商标被抢注的尴尬与无奈。众所周知的上海冠生园食品总厂的“大白兔”商标在日本、菲律宾、印度尼西亚、美国和英国都曾被抢注。

所以，创业企业不仅要有商标注册意识，还要把握企业商标注册的完整内涵，以注册商标为基础实施商标战略。

二、商标注册

（一）注册商标的具体要求

注册商标有具体的要求。陈碗刚开始要求注册“海滨市供货平台”，商标局认为不可以，因为海滨市是地名；以后又想过用“好销”这样的词来注册，但同样遭到拒绝。

《中华人民共和国商标法》（以下简称《商标法》）规定，下列标识不得作为商标使用：

（1）同中华人民共和国的国家名称、国旗、国徽、军旗、勋章相同或者近似的，以及同中央国家机关所在地特定地点的名称或者标志性建筑物的名称、图形相同的；

（2）同外国的国家名称、国旗、国徽、军旗相同或者近似的，但该国政府同意的除外；

（3）同政府间国际组织的名称、旗帜、徽记相同或者近似的，但经该组织同意或者不易误导公众的除外；

（4）与表明实施控制、予以保证的官方标识、检验印记相同或者近似的，但经授权的除外；

（5）同“红十字”“红新月”的名称、标识相同或者近似的；

（6）带有民族歧视性的；

（7）夸大宣传并带有欺骗性的；

（8）有害于社会主义道德风尚或者有其他不良影响的。

县级以上行政区划的地名或者公众知晓的外国地名，不得作为商标。但是，地名具有其他含义或者作为集体商标、证明商标组成部分的除外；已经注册的使用地名的商标继续有效。

《商标法》规定，下列标识不得作为商标注册：

（1）仅有本商品的通用名称、图形、型号的；

（2）仅仅直接表示商品的质量、主要原料、功能、用途、重量、数量及其他特点的；

（3）缺乏显著特征的。

当然，作为地名，也有专门的地域商标，海滨市试点就正在申请注册“海滨市”区域名商标。将来如果商品是放在海滨市市场供商家采购，就可以同时使用这种区域名商标。

（二）服务商的商标

到华联超市和乐购超市购物时经常能看到打着华联和乐购商标的商品，但仔细一看会发现，这些商品并不是华联超市和乐购超市生产的，商品外包装上同时印有生产厂商的商标。华联超市和乐购超市是在使用服务商的商标，这也可以理解为华联超市和乐购超市借用生产厂商和产品为自己造势，生产厂商也借助与华联超市和乐购超市良好的紧密关系来推销产品，这是一种共赢的做法。

陈碗想过多种好听的名字，但最终注册了“偶在创”商标，可以印制在所销售的商品上。虽然偶在创公司的供货平台所销售的商品多数源于市场采购，但印上销售商的商标，对于消费者或购买者而言，等于多了一层商品品质担保。如果是向厂家或者市场直接定制的商品，偶在创公司会要求受托定制商品的厂家或商家贴上“偶在创”商标，类似于我国企业为国外制造无牌商品的原厂委托制造（OEM）一样。

（三）服务商标与商品商标

专业提供服务的第三产业企业，如餐饮、宾馆、律师事务所等，为了区别自己独特的服务和保护自己的品牌权利免受他人仿冒，会注册服务商标。《商标法》中有关商品商标的规定，同样适用于服务商标。

服务商标毕竟不同于商品商标，所以在对不同商标的保护上，需要充分考虑它们不同的特点。服务商标和商品商标还是存在很大的区别的。

1. 二者欲加以区分的对象不同

商品商标所要区分的是某种商品，一般都是有形的，表现为某种物品。如“海尔”商品商标，所要区分的是冰箱或洗衣机这两种商品，使这一品牌的冰箱或洗衣机与其他品牌相区别。而服务商标则不然，它所要区分的是某种服务，一般都是无形的，表现为人的行为。如“香格里拉”服务商标，所要区分的是酒店业所从事的为人们提供住宿、服务的行为，使其与其他酒店的服务区别开来。由此可见，服务商标区分的难度比商品商标区分有形商品的难度要大得多。

2. 二者的使用方式、宣传效用不同

由于商品商标所要区分的是有形商品，因此它可以通过印刷、粘贴等方法直接附带在商品上。它和商品的结合非常紧密，随着商品一起流通，随时供人们鉴别、认识，其宣传效果和商品同时起作用，人们拿到商品，往往就可以同时看到商标，因此，商品商标比较便于社会公众的识别，使本品牌的商品很容易地与其他品牌的商品区别开来。而服务商标的使用不可能直接附加在无形的行为上，只能通过在服务场所布置的招牌标志上、有关工具上，以及在广告宣传中体现出来，其宣传作用往往必须借助宣传媒体来实现，而且其作用的效果也需要多方面、多角度反复出现、反复强调后，才能引起人们的注意。

3. 二者与商号、企业名称之间联系的密切程度不同

商号，又称字号，是构成企业名称的核心要素，是一家企业与同行业的其他企业相区别的关键标志。商号与企业名称均同属于工业产权。除个别商品商标与商号、企业名称有联系，如“狗不理”既是包子这种商品的商标，也是生产这种包子的企业的商号、名称，绝大多数情况下，商品商标与商号、企业名称之间没有直接的联系。例如：“双钱”牌胶鞋与其生产企业的商号、企业名称“大中华胶鞋厂”就无任何联系；再如：“北京”牌电视机与其生产企业的商号、企业名称“天津通信广播电子公司”更是毫无联系。所以，从实践中大多数情况来看，商品商标与生产企业的商号、企业名称之间的联系不是十分紧密。服务商标则不然，它与商号、企业名称之间的联系往往是密不可分的，尤其是其中的文字内容，往往很多的服务商标就是直接采用与商号相同的文字，如“香格里拉”服务商标。服务商标的这一特点，无论是在我国还是在世界其他国家，都体现得非常突出、非常一致。

（四）商标注册申请流程

注册商标其实很简单，但要经过严肃的法律程序，通常包括申请、异议、批准注册等阶段。首先由商标注册申请人提出申请，经商标局审查后予以初步审定公告，3个月内没有人提出异议或提出异议经裁定不成立的，该商标即注册生效，受法律保护，商标注册人享有该商标的专用权。具体的申请流程如下：

1. 商标注册预先查询

商标注册申请人或其代理人在提出注册申请前，需要对申请的商标是否与在先权利商标相同或近似进行查询（中国商标网：http://sbj.saic.gov.cn）。查询的范围以查询之日起已进入商标局数据库的注册商标和申请中商标为限，结果不具法律效力，仅作为参考，并不是商标局核准或驳回该申请的依据。

2. 商标注册形式审查

商标注册主管机关对申请商标注册的文件、手续是否合乎法律规定进行形式审查，若符合法律规定，审查机构编定申请号，确定申请日，发放《注册受理通知书》。确立申请日十分重要，因为我国商标注册采用申请在先原则，一旦发生多人申请同一商标注册的情形，申请日的先后即成为确定商标权的法律依据。商标注册的申请日以商标局收到申请书的日期为准。

3. 商标注册实质审查

商标注册主管机关对商标注册申请是否合乎《商标法》的规定进行检查、资料检

索、分析对比、调查研究并决定给予初步审定或驳回申请等。

4. 商标注册初审公告

商标注册申请经审查后，对符合《商标法》有关规定的，决定允许其注册，并在《商标公告》中予以公告。初步审定的商标自刊登初步审定公告之日起 3 个月内，没有人提出异议的，该商标予以注册，同时刊登注册公告，发放注册证。

商标有效期为 10 年，期满后可以展期，但要注意，如果商标注册后连续 3 年不使用，可能在别人的要求下或者商标局的主动检查下被撤销。

（五）商标注册成本

商标注册按照《类似商品和服务区分表》一类一标进行注册，每个商标在每个商品/服务类下有一次官方收费和代理费用，官方收费每项约 1 000 元（除非指定超过 10 个细分项），代理费用的具体收费由代理机构确定，每项约 1 000 元。

假如某公司有一个徽标和一个文字标识，两个商标如果都分别在六类下申请，官方收费加代理费用合计 3 万～4 万元。如果商标对该公司很重要（如面对大量公众用户），而且该公司已经决定对特定商标进行知名度投资，就尽量不要在商标注册上省钱，应该在六类下都注册。

（六）商标异议与域名的关系

万一商标被同类经营范围的公司抢注了，应该怎么办呢？需要从以下几个方面展开认真、细致的调查：

（1）是否侵犯你的在先权利？

（2）该商标原公司是否在先使用并具有一定的影响力？

（3）同类经营公司是否与原公司有合作？是否属于代理人、代表人抢注的情况？

（4）是否侵犯了驰名商标权益或者存在其他恶意注册的情况？

如果存在以上情况，你可以在商标公告期内对该商标进行异议，或者在商标注册后进行争议。如果不存在以上情况，就要对自己的商标进行保护性注册。

陈碗现在已经注册了“偶在创”商标，那么他对域名“偶在创 .com”是否有所有权？他并不自动有域名所有权，因为商标是商标，域名是域名。但是，如果能证明对方对域名的申请是恶意行为，即你的商标是“偶在创”，对方抢注了“ www. 偶在创 .cn”，可以申请域名仲裁。

关于“恶意”的证据包括：

（1）自己有在先商标公开使用，具有广泛的知名度，以致可以推导对方应该是先听说了这个商标才去注册域名的（无论商标是否已进行官方注册，但已注册更好）；

（2）对方没有注册该域名的正当原因；

（3）对方注册的目的不是使用，而是转让（如证据显示对方提出过“给10万元就转让”）。

三、商标权人的权利

注册商标，除了能够保护商品不受侵犯，还能够通过转让和许可使用使自己得到额外收益。同时，如果觉得他人的商标好，也可以通过受让得到商标使用权或所有权。

商标权人的权利主要包括商标专有使用权和禁止权、商标许可权和转让权。

（一）商标专有使用权和禁止权

商标专有使用权是商标权人最基本的核心权利，表现为商标权人可以在核定的商品上独占性地使用核准的商标，并通过使用获得其他合法权益。

商标禁止权是指注册商标所有人有权禁止他人未经许可，在同一种或者类似商品或服务项目上使用与其注册商标相同或近似的商标。商标权具有与财产所有权相同的属性，即不受他人干涉的排他性，具体表现为禁止他人非法使用、印制注册商标及其他侵权行为。由此可见，商标专有使用权和禁止权是商标权的两个方面。

资料阅读

大学毕业后为了创业走捷径，竟然利用网络销售各种假冒国际品牌的运动服装，销售金额近500万元。日前，犯罪嫌疑人刘李勇被浙江省丽水市莲都区检察院以销售假冒注册商标的商品罪逮捕。

现年25岁的刘李勇是大学专科毕业生，2007年，他还没毕业时就开始经营网店了。当时，开网店主要是帮人看店代发鞋子。毕业后，刘李勇未找到满意的工作，见开网店利润丰厚，自己也有经验，就打算以此为业。

从2009年10月开始，刘李勇通过网络，先从广东、山东等地购入大量假冒的“Adidas”“Nike”等国际品牌运动服装，然后以本人身份在淘宝网注册了“小李勇运动旗舰店”，雇用了一名在校大学生岳某（另案处理）为其看店，同时还以岳某的身份注册了网店“运动前线”。之后，刘李勇在网店上传了各种假冒“Adidas”等国际品牌的服装图片，并编辑网店页面，大肆进行销售。2012年3月8日，公安机关在刘李勇家中将其抓获归案。至案发时，刘李勇销售金额达461万余元。

资料来源：李俊．“大学生”自己创业本没错，网店卖假太不该［N］．检察日报，2012-05-02.

（二）商标许可权和转让权

商标许可权是指注册商标所有人通过签订许可使用合同，许可他人使用其注册商标的权利。许可人是注册商标所有人，被许可人根据合同约定，支付商标使用费后在合同约定的范围和时间内有权使用该注册商标。商标许可使用，商标权人并没有失去商标所有权，反而能够使得商标更加富有价值，所以许可制度对于企业发展横向联合、发挥优势、扩大名牌商品生产、活跃流通、满足消费者需要、提高社会经济效益等具有积极的意义。

商标转让权是指注册商标所有人按照一定的条件，依法将其商标权转让给他人所有的权利。商标权转让后，受让人取得注册商标所有权，原来的商标权人丧失商标专用权，即商标权从一个主体转移到另一主体。转让注册商标，应由双方当事人签订书面合同，并共同向商标局提出申请，经商标局核准公告后方有效。

资料阅读

2002年，韩国现代公司通过合资成立了北京现代汽车公司（简称“北京现代”），并将北京现代打造成最重要的海外生产基地。成立第一年，北京现代便以产销5万辆的业绩，创造了中国汽车产业的纪录。北京现代对于广告不惜代价地巨额投入。2003年年初，仅仅为了将原来的“北京国安足球队”冠名为“北京现代队”，就一举掷出1.18亿元。苦心营造“现代”品牌显然进入北京现代的发展战略核心。

但是，让人不可思议的是，直到汽车上市后，北京现代才去商标局注册商标。而查询结果则让北京现代大吃一惊，“现代”商标早在1996年2月14日就被浙江现代集团成功注册。略具讽刺色彩的是，11年前申请注册“现代”汽车商标时，浙江现代还是一个小商贸公司，浙江现代曾经为此用中英文给韩国现代汽车董事长写过一封信，并没有得到回应。

在商标早已被注册的北京现代在法律上完全处于被动：自己的商标原来早已成为他人的囊中之物，辛辛苦苦花了这么多银子全是在为他人做嫁衣暂且不说，而且每生产一辆现代汽车都是在侵犯他人的商标权。2004年2月，北京现代的董事长赶赴杭州，主动找到浙江现代集团，表示希望买回“现代”商标。浙江现代集团向北京现代提出“用现代汽车在浙江杭州地区的总经销来换取商标”的条件，而北京现代的省级总经销权大约折价4 000万元。北京现代全盘接受了这个条件。

资料来源：苏东悦．北京现代换回被抢注商标权［N］．南方都市报，2004－02－13；张利东，张见悦．“现代汽车”早被注册 北京现代巨资买回商标［N］．京华时报，2004－02－12.

四、驰名商标

如果商标在较大地域范围（如国际、全国）的市场上享有较高声誉，为相关公众广为知晓，有良好质量信誉，商标所有权人可以向有权机关（国家知识产权局商标局、商标评审委员会或人民法院）提出申请，依照法律程序将此商标认定为“驰名商标”。

由于驰名商标蕴含巨大的投入和可预期的经济利益，且长期是不法侵权者觊觎的对象，因此，对驰名商标侵权的认定与一般商标不同。

驰名商标享有特别的法律保护，为了避免出现诸如苹果商标被恶搞的尴尬，陈碗可以申请驰名商标。对驰名商标的保护主要是从横向和纵向两方面入手，横向使与驰名商标近似的标识范围扩大；纵向则使驰名商标所标示的商品或服务类别扩大，从相同或类似商品或服务扩大到非类似的商品或服务上，达到给予特殊保护的目的。世界有关商标的知识产权公约也是基于这种思路来认定驰名商标侵权以保护驰名商标的。如《保护工业产权巴黎公约》（简称《巴黎公约》）规定：凡系被成员国认定为驰名商标的标识，一是禁止其他人抢先注册，二是禁止其他人使用与之相同或近似的标识。《建立世界知识产权组织公约》（简称“WIPO公约”）则进一步宣布《巴黎公约》的特殊保护延及驰名的服务商标，把保护范围扩大到禁止在非类似的商品或服务上使用与驰名商标相同或近似的标识。中国目前对驰名商标侵权的认定基本上也是沿袭了这种思路。

驰名商标实际上属于著作权保护领域，但多年来，我国消费领域异化了这一专业名词。一旦产品获得“驰名商标”称号，就可以获得特殊保护，如禁止不当注册、不当使用等，防止杂牌“傍名牌”。但是长久以来，商家的广告宣传让不少消费者误以为“驰名商标”代表某个品牌商品质量好、信誉高。其实，贴着“驰名商标”标志，并不足以说明其质量胜过同类产品。因此，当商家把“驰名商标”作为一种荣誉使用在产品或宣传活动中时，就构成了不正当竞争。日常消费时，消费者常常会听到、见到“请认准中国驰名商标”这样的广告宣传。但修改后的《商标法》规定：生产、经营者不得将“驰名商标”字样用于商品、商品包装或者容器上，或者用于广告宣传、展览以及其他商业活动中。违反此规定的，由地方工商行政管理部门责令改正，处10万元罚款。

该法规将“禁止驰名商标宣传”的主体限定为生产、经营者，其他主体从事“驰名商标宣传”并不受其约束。同时，该法确立了“勿为模式”，表明对在各类商标使用中附加“驰名商标”字样的行为均予以禁止的立法态度。

案例分析

大中电器销售饮水机时，因为使用了“驰名商标”四个字，被法院判令三倍赔偿消费者。赵先生起诉称，其于2014年11月在大中电器清河店购买沁园饮水机和浪木饮水机各一台，当时，附近墙柱广告中标明：该两款饮水机获得“中国名牌”“中国驰名商标”标志及字样。后赵先生了解到，根据有关规定，所有获得“中国名牌”的企业于2012年9月后，禁止在广告中使用“中国名牌”标志及称号，超期使用认证标志涉嫌假冒，对消费者构成误导。另外，《商标法》也明确规定：广告中禁止出现“中国驰名商标”字样。赵先生认为以上标志和用语对消费者构成误导，于是向海淀工商部门投诉，工商部门对大中电器清河店违法使用“中国名牌”“中国驰名商标”广告语一事进行立案调查，定性属实，对该店处以10万元的行政处罚。随后，赵先生诉至法院，请求判令大中电器退货、退款且三倍赔偿。

资料来源：高健，文海宣．用“驰名商标”宣传 大中被判三倍赔偿［N］．北京日报，2016-09-06.

分析：

（1）大中电器的上述行为应如何定性？

（2）你认为本案应如何处理？

五、网络商标权

随着电子商务的发展，网络上商标权遭遇侵权的情况也屡见不鲜。电子商务环境下的商标侵权问题存在以下两个特征：

第一，大多数问题出在与交易信息相关的环节。传统经济模式下，交易的进行往往必须伴随实物商品，包括实物的展示或流转。传统商标法对侵权行为也是根据该特征来界定的，即与实物商品直接挂钩。例如：我国《商标法》中对侵权行为的规定包括“在商品上使用商标”“销售假冒产品”“制造商标标识”。而在电子商务模式下，在互联网的海量信息环境中，对交易对象的选择、识别和锁定成为交易完成的至关重要的前提条件，其重要性甚至不逊于产品本身。因而，引发学界及司法界大量讨论的往往都是涉及交易信息的新型的商标使用行为是否构成侵权。

第二，共同侵权的普遍性及归责的难点。由于交易各个环节都离不开第三方服务提供商的辅助，电子商务下的侵权行为的另一个热点就是共同侵权问题。由于支付服务提供商的地位和传统支付模式下的第三方并没有本质的区别，而辅助完成货物交付服务的物流服务提供商与传统经济下的角色也并无二致，因此大量问题仍集中于交易信息领域的服务提供商即互联网信息服务提供商的共同侵权责任问题上。

《商标法》第57条第二款规定，未经商标注册人的许可，在同一种商品上使用与其注册商标近似的商标，或者在类似商品上使用与其注册商标相同或者近似的商标，容易导致混淆的，属于侵犯注册商标专用权。

任务3 专利权保护

专利权有助于创业者维持较高的收益，提升品牌形象。创造发明教会了他们在实践中利用已有的知识创造性地分析问题、解决问题；在已有问题上进行探索，用新的方法和手段解决问题，获得新的结论。

一、“发明”一点也不难

2010年，随着3D电影市场的兴起，3D眼镜需求增长。义乌工商职业学院的创业学生榜样石豪杰的淘宝小店一天的接单量达到了两三千份。很快，石豪杰开始申报自己的专利。在不到一年的时间里，石豪杰申请了外观设计和实用新型几项专利。

资料阅读

因为看到小区停车难，所以想到了“不占绿地停车位”；因为家中一次被盗的经历，所以发明了“防盗抽屉”……只要善于发现生活中的点滴，发明创造其实一点都不难。

都说小区停车难，“不占绿地停车位”说不定是出路。老新村因为在最初设计时并没有预留停车的位置，从而引发停车难的问题。可否将停车位的绿地由移动式种植草坪的大托盘来替代？这样的话，白天，将种植草坪的大托盘拉出来，将停车位盖住；晚上，将种植草坪的大托盘推进去，将绿地盖住，变成上下两层。这既解决了车位少停车难的问题，又保持了原有的绿化面积。这其实是一种换位思考方式，将社会上现有的上下两层移动式停车位方法换位到通过移动草坪的方法来空出车位，成为“不占绿地停车位”。

一家五金店的私营业主，平时为了方便找零钱，抽屉开了经常不锁。一次来了三个小偷，两个男的佯装成顾客向店主问东问西，分散他的注意力，另一个女的趁他不备拿走了抽屉里全部的钱。要是抽屉即使在不锁的情况下，也只有店主打得开，那小偷即使再使障眼法也偷不到钱财了。结合物理学知识，主人手上带一只磁性戒指，应用磁感应开关控制锁具。通常情况下，抽屉只要往里一推就会被锁上，而主人想要打开抽屉时，站在桌前，手往抽屉底下一伸，用磁性戒指使隐蔽的磁感应开关工作，抽屉就被里面的弹簧推出来。别人由于没有磁性戒指，就不能打开抽屉。这个原理其实与汽车的感应遥控关锁车门的道理一样，但用在抽屉上，就是一项新的专利。另外，还有在原有的听诊器上加上一个辅助装置发明的“新型听诊器”。根据日常生活中看到的一些现象就可以做出小的发明，这些小发明看似十分简单，但就是这一点点的改变，就能取得非凡的效果。

资料来源：奚晓平，王晶．生活中多留心眼 新区一中学生“披金戴银”[N]．城市商报，2008-10-31.

《中华人民共和国专利法》（以下简称《专利法》）所称的发明是指对产品、方法或其改进所提出的新的技术方案。发明人只有将这种技术方案向国家知识产权局提出申请，并且经过一系列严格的审查，符合新颖性、创造性和实用性等规定，才能够获得专利权授予。《专利法》规定，可以获得专利保护的发明创造有发明专利、实用新型专利和外观设计专利三种，其中发明专利是最主要的一种。但发明专利是一件非常困难的事情，创业大学生更多申请的是外观设计专利和实用新型专利。申请人还应按期办理登记手续和缴纳当年年费，这项专利申请才能正式成为一项具有专利多种属性的发明专利。

二、专利的种类及专利权申请

（一）专利的种类

1. 发明

《专利法》所称发明，是指对产品、方法或者其改进所提出的新的技术方案。

发明是一项新的技术方案。技术方案是指运用自然规律解决人类生产、生活中某一特定技术问题的具体构思，是利用自然规律、自然力使之产生一定效果的方案。技术方案一般由若干技术特征组成。例如：产品技术方案的技术特征可以是零件、部件、材料、器具、设备、装置的形状、结构、成分、尺寸等；方法技术方案的技术特征可以是工艺、步骤、过程所涉及的时间、温度、压力以及所采用的设备和工具等。各个技术特征之间的相互关系也是技术特征。

发明分为产品发明和方法发明两大类型。产品发明包括所有由人创造出来的物品作出的发明；方法发明包括所有利用自然规律的方法，又可以分为制造方法和操作使用方法两种类型，如对加工方法、制造方法、测试方法或产品使用方法等所作出的发明。

《专利法》保护的发明也可以是对现有产品或方法的改进。绝大多数发明都是对现有技术的改进，如对某些技术特征进行新的组合、对某些技术特征进行新的选择等。只要这些组合或选择产生了新的技术效果，就可以获得专利保护的发明。

2. 实用新型

《专利法》所称实用新型，是指对产品的形状、构造或者其结合所提出的适于实用的新的技术方案。

实用新型与发明的相同之处在于：实用新型也必须是一种技术方案，而不能是抽象的概念或者理论表述。实用新型与发明的不同之处在于：(1) 实用新型只限于具有一定形状的产品，不能是一种方法，如生产方法、试验方法、处理方法和应用方法等，也不能是没有固定形状的产品，如药品、化学物质、水泥等；(2) 对实用新型的创造性要求不太高，而实用性较强。

3. 外观设计

外观设计是指对产品的形状、图案或者其结合以及色彩与形状、图案的结合所作出的富有美感并适于工业应用的新设计。

4. 三者的区别

(1) 定义层面。从《专利法实施细则》中有关发明和实用新型的定义来看，发明是指对产品、方法或者其改进提出的新的技术方案，实用新型是指对产品的形状、构造或者其结合所提出的适于实用的新的技术方案。由此可看出，发明可以保护的主体比实用新型多，实用新型专利只能保护结构方面的（包括层结构），不能保护方法、材料之类，但是发明除了可以保护结构层面还能保护方法、材料等。

外观设计与实用新型都涉及产品的形状。二者的区别在于：实用新型是一种技术方案，它所涉及的形状是从产品的技术效果和功能角度考虑的；外观设计是一种设计方案，它所涉及的形状是从产品美感的角度考虑的。外观设计是关于产品外表的装饰性或艺术性的设计，这种设计可以是平面图案、立体造型或者二者之结合。

(2) 专利申请审查层面。申请发明专利或者实用新型专利，应当提交请求书、说明书、说明书摘要及权利要求书等文件；说明书应当对发明或实用新型作出清楚、完整的说明，以所属技术领域的一般技术人员能够实施为准。申请外观设计专利只要求提交请求书及有关图片或照片。

另外，发明专利申请需要经过实质审查，即专利性审查，较为严格；实用新型专利及外观设计专利申请仅经过形式审查，不涉及专利性审查。换句话说，实用新型专利及外观设计专利只要文件不出错（明显出错）都会授予专利权。

(3) 审查周期层面。从审查周期来看，发明专利申请的审查周期较长，三五年是正常的；实用新型专利及外观设计专利申请的审查时间较短，快的几个月，慢的也只要一年左右。

(4) 专利权的稳定性层面。从专利权的稳定性来看，发明是经过实质审查的，所以一旦获得专利权，其权利是比较稳定的，不容易被宣告无效；实用新型及外观设计专利未经实质审查，即使获得专利权，其权利也非常不稳定，很容易被宣告无效。

（5）专利权保护依据层面。发明专利或实用新型专利的受保护范围，要以申请案中的权利要求书为准。申请案中的附图及说明书可用来解释权利要求书。外观设计专利的受保护范围，则以表示在申请案中的图片或照片所反映的外观设计专利产品为准。

（6）保护期限层面。从保护期限来看，发明专利的保护期限为20年，实用新型专利与外观设计专利则是10年。

（二）发明专利申请

依据《专利法》，发明专利申请的审批程序包括受理、初审、公布、实质审查和授权五个阶段。实用新型专利或外观设计专利申请在审批过程中不进行公布和实质审查，只有受理、初审和授权三个阶段。

1．受理阶段

将符合《专利法》授权客体的技术内容，按照《专利法》的要求，撰写成规定的文件格式，用符合规定的语言描述规则后提交给国家知识产权局，就是专利的申请过程。专利申请文件的填写和撰写有特定的要求，申请人可以自行填写或撰写，也可以委托专利代理机构代为办理。尽管委托专利代理是非强制性的，但是考虑到精心撰写专利申请文件的重要性，以及审批程序的法律严谨性，对经验不多的申请人来说，委托专利代理是值得提倡的。

国家知识产权局受理处或各代办处收到专利申请后，对符合受理条件的申请，将确定申请日，给予申请号，发出受理通知书，通知申请人。如果申请文件未打印、印刷或字迹不清、有涂改的，或者附图及图片未用绘图工具和黑色墨水绘制、照片模糊不清有涂改的，或者申请文件不齐备的，或者申请书中缺申请人姓名或名称及地址不详的，或者专利申请类别不明确或无法确定的，以及外国单位和个人未经涉外专利代理机构直接寄来的专利申请，国家知识产权局不予受理。

2．初审阶段

专利申请受理后，申请人要按照规定缴纳申请费，然后自动进入初审阶段。初审前，发明专利申请首先要进行保密审查。

在初审时，国家知识产权局要对申请是否存在明显缺陷进行审查，如审查内容是否属于《专利法》中不授予专利权的范围，是否明显缺乏技术内容不能构成技术方案，是否缺乏单一性，申请文件是否齐备、格式是否符合要求。若是外国申请人还要进行资格审查及申请手续审查。不合格的，国家知识产权局将通知申请人在规定的期限内补正或陈述意见，逾期不答复的，申请将被视为撤回，经答复仍未消除缺陷的，予以驳回。发明专利申请初审合格的，将发给初审合格通知书。对于实用新型专利和外观设计专利申请，除进行上述审查外，还要审查是否明显与已有专利相同，即要符合新颖性要求。经初审未发现驳回理由的，将直接进入授权程序。

对专利申请文件的主动修改和补正也是申请人可以视需要选择的一项手续。实用新型专利和外观设计专利申请，只允许在申请日起2个月内提出主动修改；发明专利申请只允许在提出实质审查请求时和收到国家知识产权局发出的发明专利申请进入实质审查阶段通知书之日起3个月内对专利申请文件进行主动修改。

3. 公布阶段

发明专利申请从发出初审合格通知书起进入公布阶段，如果申请人没有提出提前公开的请求，要等到自申请日起满18个月才进入公开准备程序。如果申请人请求提前公开的，则申请立即进入公开准备程序。经过格式复核、编辑校对、计算机处理、排版印刷，大约3个月后在《专利公报》上公布其说明书摘要并出版说明书单行本。申请公布以后，申请人就获得了临时保护的权利。

4. 实质审查阶段

发明专利申请公布以后，如果申请人已经提出实质审查请求并已生效的，申请人进入实质审查程序。如果申请人自申请日起满1年还未提出实质审查请求，或者实质审查请求未生效的，申请既被视为撤回。

实质审查期间将对专利申请是否具有新颖性、创造性、实用性及《专利法》规定的其他实质性条件进行全面审查。经审查认为不符合授权条件的或者存在各种缺陷的，国家知识产权局将通知申请人在规定的时间内陈述意见或进行修改，逾期不答复的，申请被视为撤回，经多次答复申请仍不符合要求的，予以驳回。实质审查周期较长，若自申请日起2年内尚未授权，从第三年起，应当每年缴纳申请维持费，逾期不缴的，申请将被视为撤回。

实质审查中未发现驳回理由的，将按规定进入授权程序。

5. 授权阶段

实用新型专利和外观设计专利申请经初步审查，发明专利申请经实质审查，未发现驳回理由的，国家知识产权局将发出授权通知书和办理登记手续通知书。申请人接到授权通知书和办理登记手续通知书以后，应当按照通知书的要求在2个月之内办理登记手续并缴纳规定的费用。在期限内办理了登记手续并缴纳了规定费用的，国家知识产权局将授予专利权，颁发专利证书，在专利登记簿上记录，并在2个月后于《专利公报》上公告，专利权自公告之日起生效。未在规定的期限内按规定办理登记手续的，视为放弃取得专利权。

（三）专利申请的注意事项

在专利申请的审批过程中，需要注意及时答复国家知识产权局的各种通知书。

（1）遵守答复期限，逾期答复和不答复后果是一样的。针对审查意见通知书指出的问题，应分类逐条答复。答复可以表示同意审查员的意见，按照审查意见办理补正或者对申请进行修改；不同意审查员意见的，应陈述意见及理由。

（2）属于格式或者手续方面的缺陷，一般可以通过补正消除缺陷；明显实质性缺陷一般难以通过补正或者修改消除，多数情况下只能就是否存在或属于明显实质性缺陷进行申辩和陈述意见。

（3）对发明专利或者实用新型专利申请的补正或者修改均不得超出原说明书和权利要求书记载的范围，对外观设计专利申请的修改不得超出原图片或者照片表示的范围。修改文件应当按照规定格式提交替换页。

（4）答复应当按照规定的格式提交文件，如提交补正书或意见陈述书。一般补正形式问题或手续方面的问题使用补正书；修改申请的实质内容或不同意审查员意见进行申辩时，使用意见陈述书。

逾期未办理规定手续的，申请将被视为撤回，国家知识产权局将发出视为撤回通知书。申请人如有正当理由，可以在收到视为撤回通知书之日起 2 个月内，向国家知识产权局请求恢复权利，并说明理由。请求恢复权利的，应当提交恢复权利请求书，说明耽误期限的正当理由，缴纳恢复费，同时补办未完成的各种应当办理的手续。补办手续及补缴费用一般应当在上述 2 个月内完成。

当然，就当前整体的专利质量而言，专利权实际的保护范围与专利权人所期望的保护范围往往存在差别，甚至差别很大。因此，如果想要一个切实有效的专利权保护，还是需要委托正规的、具备相当专利业务处理水平的专利代理机构来代为办理专利业务。

专利权的保护以公开为原则，一旦技术公开却因为疏忽或其他原因没有能够得到法律保护，无异于将自己的技术方案无偿地公之于众。技术可以通过加密措施而成为专有技术，一旦有人不当侵犯，可以提起侵权诉讼而主张自己的权利。同时，也提醒创业者在专利申请过程中，需要对最为关键的技术进行保密性处理，以防一旦专利无法获得授权而使自己受损。

（四）专利的国际申请

国际专利申请分两种方式：一是通过《巴黎公约》方式。这种方式适用于发明、实用新型、外观设计专利申请。二是通过《专利合作条约》（PCT）方式。这种方式只适用于发明、实用新型专利申请，不适用于外观设计专利。

中国单位或个人申请国际专利的具体办法为：向专利局申请专利或者在国际申请中指定中国，并经国务院有关主管部门同意后，委托国务院或者国务院授权专利局指定的专利代理机构办理。专利代理机构在接受申请人委托后，把国务院有关主管部门同意向外国申请专利的有关文件送交专利局备案。

向国际局递交国际申请的，其主管国际检索单位和国际初步审查单位是中国专利局。

三、专利权的维持和异议

（一）专利权的维持

专利权保护有期限限制，可以通过续期使之持续有效。但是很多专利到期后并没有续期，专利权会因为期限届满和未缴费而终止。发明专利权自申请日起算维持满 20 年，实用新型专利或外观设计专利权自申请日起算维持满 10 年，依法终止。专利申请被授予专利权后，专利权人应于每一年度期满前一个月预缴下一年度的年费。期满未缴纳或者缴纳数额不足的，国家知识产权局将发出缴费通知书，通知专利权人自应当缴纳年费期满之日起 6 个月内补缴，同时缴纳滞纳金。期满未缴纳或者缴纳数额不足的，专利权自应缴纳年费期满之日起终止。

如果错过了缴纳年费的时间，可以在自申请日起 6 个月内补交，但要缴纳滞纳金。如果超过 6 个月，可以在收到专利权终止通知书 2 个月内向国家知识产权局办理权利恢复手续，补交年费和恢复费。如果已经超过了上述时间，则专利权终止，无法恢复，申请人只能对其进行改进后重新申请。

资料阅读

陈某在 2008 年向国家知识产权局提出“便携式电梯”的专利申请，2009 年，该申请进入实质审查程序后，由于通信故障，长久没有接到国家知识产权局的函件。陈某于是电话询问国家知识产权局，却被告知，由于逾期没有对国家知识产权局的第一次实质审查意见作出答复，案件已经被视为撤回，成为失效案件了。陈某提出恢复权利的要求，也被以“逾期”等理由驳回，不予恢复权利。这样，这项可能具有市场前景的发明创造就无法取得专利权授予了。有商家善于钻这方面的空子，他们从《专利公报》上公布的说明书摘要和出版的说明书单行本上无偿使用“便携式电梯”的技术方案，并将产品投入市场获利。

很多专利沉睡多年，创业者如果能够经常登录中华人民共和国国家知识产权局网站（www.sipo.gov.cn），进入专利检索页面，即可检索到中国已经公开的全部专利。对于感兴趣的专利技术，可以检索其法律状态，如果显示已经失效，那么就可以放心使用了。

对于创业大学生而言，经常性地到国家知识产权局网站搜寻已经终止，特别是因为未缴费而终止的专利权，或者已经被宣告无效的专利权是非常有益的，这有助于缩短技术开发周期，减少开发成本。

（二）专利权的异议

专利申请自授权之日起，任何单位或个人认为该专利权的授予不符合《专利法》有关规定的，可以请求宣告该专利权无效。请求宣告专利权无效或者部分无效的，应当按规定缴纳费用，提交无效宣告申请书一式两份，写明请求宣告无效的专利名称、专利号，并写明依据的事实和理由，附上必要的证据。对专利的无效请求所作出的决定，任何一方如有不服的，可以在收到通知之日起 3 个月内向人民法院起诉。国家知识产权局在决定发生法律效力以后予以登记和公告。宣告无效的专利权视为自始即不存在。

【思考】陈碗做了一个产品并出售了很久，却得知另一家申请了外观设计专利的公司欲起诉陈碗侵权。陈碗该怎么办？

四、委托专利和技术开发合同

创业者可以将自己的需要委托给专业人士开发，得到发明，委托人和受托人之间需要签订技术开发合同。技术开发合同是要式合同，需要在合同中明确专利权的归属等一系列问题。

案例分析

2001 年 1 月 19 日，恒泰公司与王增禄就开发异黄酮（此处特指染料木素，一类新药）协议约定：由王增禄完成异黄酮的开发研究等；由恒泰公司提供小型设备、大型实验场地及条件；王增禄是本项技术研究成果的唯一合作者，恒泰公司在项目完成后付给王增禄技术劳务费 200 万元。该协议对技术成果归属未作出约定。2001 年 2 月 28 日，恒泰公司委托第四军医大学对在现有基础上开发的与染料木素相关的派生科技成果研制开发。2002 年 6 月 28 日，恒泰公司将染料木素的制备工艺及药物组合与应用向国家知识产权局申请专利。2004 年 9 月，恒泰公司、第四军医大学将其共同研发并经国家食品药品监督管理总局批准进行临床研究的正式批件及上述研究成果的专利申请权无偿独占性地转让给九州公司；2005 年 8 月 31 日，国家知识产权局向九州公司颁发了发明专利证书。专利证书载明：染料木素的制备工艺发明人：王四旺、王增禄、王剑波；专利权人：九州公司。王增禄认为，染料木素的制备工艺技术的专利申请权及专利权应专属自己所有，故诉至人民法院。

分析：王增禄的要求是否合理？

（一）技术开发合同的法律性质

技术开发合同是指当事人之间就新技术、新产品、新工艺或者新材料及其系统的研究开发所订立的合同。技术开发针对的是未知技术领域和新的技术课题。如果只是将技术成果运用于实践，没有研究开发的内容，则不属于技术开发的范畴。技术开发合同包括委托开发合同和合作开发合同。委托开发合同是指当事人一方委托另一方进行研究开发所订立的合同。作为合同的标的，技术开发涉及的是一项新的技术方案，它可以是方案本身，也可以是体现技术方案的产品、工艺、材料或者其组合的系统。技术开发属于创新活动。技术开发合同的目的是当事人希望在高新技术领域有所突破、创新，因此具有履行的协作性；技术开发成果具有创造性，重在解决尚未解决的问题，研制或改进尚不存在或不完善的课题；技术开发合同的标的具有一定的新颖性。案例中，恒泰公司与王增禄双方就开发异黄酮一类新药签订的协议符合委托开发合同的特征，因此应适用委托开发合同的法律规定确定争讼之专利权的归属问题。

（二）委托开发合同专利权的归属

委托开发完成的发明创造的归属是指当事人在履行委托开发合同中产生的发明创造归谁所有、如何行使、如何转让、如何进行利益分配等内容。当事人之间在完成发明创造过程中，通过合同对专利申请权及专利权归属有约定的，依其约定办理；未作出约定或者约定不明的，申请专利的权利属于研究开发人，取得专利权后，研究开发人依法享有专利权，但委托人可以无偿使用该专利。案例中，恒泰公司与王增禄签订的协议仅约定了王增禄是本项技术及研究成果的唯一合作者，未对专利权的归属作出明确约定，因此，争讼之专利权应归属于王增禄。

（三）职务发明创造

执行本单位的任务或者主要利用本单位的物质技术条件所完成的发明创造为职务发明创造。职务发明创造申请专利的权利属于该单位；申请被批准后，该单位为专利权人。非职务发明创造，申请专利的权利属于发明人或者设计人；申请被批准后，该发明人或者设计人为专利权人。利用本单位的物质技术条件所完成的发明创造，单位与发明人或者设计人订有合同，对申请专利的权利和专利权的归属作出约定的，从其约定。案例中，王增禄在履行其与恒泰公司签订的委托技术开发协议期间，既不是在本职工作中作出的发明创造，也不属于履行本单位交付的本职工作之外的任务所作出的发明创造，更不是主要利用所在单位的物质技术条件完成的发明创造。根据《民法典》规定，非职务技术成果的使用权、转让权属于完成技术成果的个人，完成技术成果的个人可以就该项非职务技术成果订立技术合同，恒泰公司无权以争讼之专利为标的与他人签订技术转让合同。因此，染料木素的制备工艺发明专利的专利权人应为王增禄。

涉及专利权的案件需要由中级以上人民法院受理。人民法院审理判决确认发明专利的专利权人为王增禄。

任务4 著作权保护

由于陈碗的经历太丰富了，陈碗的形象和肖像被制作成广告，陈碗也不断地写博客，写多了，陈碗就可以出书了，继而需要著作权保护。著作权分为著作人格权与著作财产权。开学时，陈碗写了一份创业计划书，结果被组赛方公开发布到网站上，陈碗通过著作权诉讼维护了自己的权益。

2010年3月15日，中华网公司在其官网发布公告称，3月15日—5月15日开展中华杯网络创业大赛，暂定于6月底结束。陈碗看过这则广告后，注册成为会员，并与中华网公司网上签订保密协议。陈碗在5月14日通过互联网向中华网公司发出创业计划书，其主要内容是：拟在网上建立一个MBA入学考试辅导网站，并提出了具体设想。陈碗在计划书中提到，由于在他发表计划书之时，国内尚无类似的网站，不存在同类网站间的相互竞争，而MBA学员考前培训存在巨大商机，因此想尽快设立该网站，尽早占领市场。在分析了市场前景后，陈碗具体提出了建立网站的详细步骤及财务分析，预计从2011年7月—2013年6月创立网站，设想总投资540万元，3年总收益1 060万元。陈碗在创业计划书的末尾注明："本创业计划书不得公开。"中华网公司就大赛3次发布延期公告，将大赛截止日期延至8月31日，奖项公布时间也相应顺延至9月。陈碗在参加创业大赛期间，开始着手寻找合作伙伴等创业前期工作。当陈碗再次上网查看创业计划书时，发现其创业计划书已被公开于中华网公司网站上，查看次数为30次，只得停止了建立网站的前期工作。[①]

在孙博士的鼓励下，陈碗以中华网公司的行为已经侵犯了其著作权为由，将其诉至法院，并主张50万元的赔偿。

根据《中华人民共和国著作权法》（以下简称《著作权法》），作者具有决定其作品是否公之于众的权利，即发表权。陈碗是本案所涉创业计划书的作者，依法享有法律规定的著作权。本案中，被告中华网公司未经陈碗的许可，在自己网页上使用陈碗的创业

① 参见屠冬青诉中华网国际网络传讯有限公司网络著作权侵权纠纷案，一审判决书：长沙市中级人民法院（2001）长中经二初字第178号；二审判决书：湖南省高级人民法院（2001）湘法经二终字第30号。文中对当事人姓名作了改编。

计划书并供人查阅，违背陈碗的主观意愿，使其作品处于为不特定多数的社会公众知晓的状态，已构成对陈碗作品著作权之发表权的侵犯，应当承担侵权的法律责任。同时，中华网公司违反了其在网上公开发布的大赛公告及其与陈碗之间签订的保密协议，又系违约行为，应承担违约责任。陈碗可以选择要求中华网公司承担违约责任或侵权责任。最终法院判决中华网公司赔偿陈碗损失 1.6 万元，并在其网站首页刊登声明，向陈碗公开赔礼道歉。

一、著作人格权

著作人格权，又称著作人身权、著作精神权，是指作者对其作品所享有的各种与人身相联系或者密不可分而又无直接财产内容的权利，是作者通过创作表现个人风格的作品而依法享有获得名誉、声望和维护作品完整性的权利。该权利由作者终身享有，不可转让、剥夺且不受限制。作者死后，著作人格权一般由其继承人或者法定机构予以保护。根据《著作权法》的规定，著作人格权包括发表权（决定作品是否公布于众的权利）、署名权（表明作者身份，在作品上署名的权利）、修改权（修改或者授权他人修改作品的权利）和保护作品完整权（保护作品不受歪曲、篡改的权利）。

二、著作财产权

著作财产权是指作者对其作品的自行使用和被他人使用而享有的以物质利益为内容的权利。著作财产权的内容具体包括复制权（以印刷、复印、拓印、录音、录像、翻录、翻拍等方式将作品制作一份或者多份的权利）、发行权（以出售或者赠与的方式向公众提供作品的原件或复制件的权利）、出租权（有偿许可他人临时使用电影作品和以类似摄制电影的方法创作的作品、计算机软件的权利，计算机软件不是出租的主要标的的除外）、展览权（公开陈列美术作品、摄影作品的原件或者复制件的权利）、表演权（公开表演作品，以及用各种手段公开播送作品的表演的权利）、放映权（通过放映机、幻灯机等技术设备公开再现美术、摄影、电影和以类似摄制电影的方法创作的作品等的权利）、广播权（以无线方式公开广播或者传播作品，以有线传播或者转播的方式向公众传播广播的作品，以及通过扩音器或者其他传送符号、声音、图像的类似工具向公众传播广播作品的权利）、信息网络传播权（以有线或者无线方式向公众提供作品，使公众可以在其个人选定的时间和地点获得作品的权利）、摄制权（以摄制电影或者以类似摄制电影的方法将作品固定在载体上的权利）、改编权（改编作品，创作出具有独创性的新作品的权利）、翻译权（将作品从一种语言文字转换成另一种语言文字的权利）、汇编权（将作品或者作品的片段通过选择或者编排，汇集成新作品的权利），以及应当由著作权人享有的其他权利。

资料阅读

思思是某大学英语系优等生，英文功底扎实，在校园享有“小翻译”的美名，为英文图书的出版进行翻译工作。可有一天，思思突然接到法院的传票，她因为侵犯了别人的著作权而被告上了法庭。消息传开，同学们都感到很吃惊。

对于自己成为被告，思思一头雾水：书明明是自己翻译的，又没有抄别人的东西，怎么会侵犯了别人的著作权呢？自己怎么会成为被告呢？因为她翻译的图书都是经“书商”出版的，每次出书之前，“书商”拿来原稿，思思只负责翻译。与出版社的合同也是由“书商”交给她的，她并没有多加考虑就签上了自己的名字。

《著作权法》规定，改编、翻译、注释、整理已有作品而产生的作品，其著作权由改编、翻译、注释、整理人享有，但行使著作权时不得侵犯原作品的著作权。改编、翻译作品也称为演绎作品，演绎作品是指在原有作品的基础上，经过改编、翻译者的二次创作而产生的作品。因此，演绎作品有两个著作权人，即原作者和演绎者。上述案例中，思思就是演绎者。她翻译的作品是由“书商”提供的，而“书商”并没有取得原作者的授权。因此，作为翻译者的她，已经与出版社签订了出版合同，就要承担侵权责任。①

孙博士提醒大学生，现在在大学校园里，有很多像思思这样的学生在从事不同的创作。有的同学在写书，有的同学在开发软件，也有的和思思一样做翻译。在创作过程中，一定要先查阅《著作权法》，了解自己是否侵权，以免遭遇不必要的麻烦。对于接受委托所从事的演绎作品创作活动，由于绝大多数大学生无法得知是否得到原作者的授权，该怎么办呢？孙博士支招：一定要要求委托方提供原作者的授权文件，并与委托方签好合同，在合同中规定，由委托方承担著作权方面所有的风险和责任。

资料阅读

2006年，还在湖北老家念高中的刘炜，在网上聊天时认识了一个自称电脑技术非常好、昵称为“如风”的网友，并加为QQ好友，经常向他请教一些电脑技术问题。

2007年秋，刘炜成为一名在校大学生，一次在“魔兽世界”游戏的贴吧里，看到一个昵称为“黑夜”的人寻找会架设服务器的人合作做网络游戏私服的帖子，刘炜推荐了“如风”。

---

① 佚名. 女大学生为什么会成为被告？[EB/OL].（2001-12-17）http://www.stcsm.gov.cn/learning/lesson/guanli/20011217/20011217-1.asp.

一番网上热聊，3个天南地北的年轻人很快作出决定：一起做网络游戏“劲舞团”的私服，所得利益平均分配。按照分工，刘炜注册了一个网络域名，用于设置私服游戏的网站主页，又租赁了一台服务器，用来设置私服游戏的论坛，为玩家提供客服。“如风”负责从境外一个网络论坛上下载“劲舞团”游戏，服务器端程序架设到“黑夜”工作的某网络公司服务器上。“黑夜”则在一名为“财旺通”的网上交易平台注册，收取玩家的钱款。

2008年8月，刘炜等3人开设的“劲舞团”私服正式营运。到2009年2月刘炜被抓，在半年多的时间里，他们共租用了10多台服务器开设私服，总共收取玩家钱款190余万元，扣除各项费用后，每人分得约40万元。

法院经审理认为，被告人刘炜以营利为目的，未经著作权人许可，复制发行计算机软件，其行为已构成侵犯著作权罪，且情节特别严重，依法应当承担刑事责任。鉴于刘炜实施部分犯罪行为时不满18周岁，且能自愿认罪，法庭依法从轻判决，以侵犯著作权罪判处其有期徒刑3年，并处罚金人民币100万元。

资料来源：章伟聪．开设私服非法经营 大学生被判侵犯著作权［EB/OL］．（2009-11-09） http://www.chinacourt.org/article/detail/id/381136.shtml.

三、著作权的邻接权

著作权的邻接权是指作品传播者对在传播作品过程中产生的劳动成果依法享有的专有权利，又称作品传播者权或与著作权有关的权益。没有作品，就谈不上作品的传播，因而邻接权以著作权为基础；对于著作权合理使用的限制，同样适用于对邻接权的限制；邻接权的保护期也为50年。

邻接权与著作权的主要区别是：邻接权的主体多为法人或其他组织，著作权的主体多为自然人；邻接权的客体是传播作品过程中产生的成果，而著作权的客体是作品本身；邻接权中除表演者权外一般不涉及人身权，而著作权包括人身权和财产权两方面的内容。

四、网络著作权

随着以互联网为代表的新经济成为一个利益巨大的经济部门，传统的著作权人希望将其对传统作品的权利自然延伸到网络上，网络上的既得利益者则希望网络上的权益能得到传统著作权的扩大保护。网络著作权的概念随之出现。网络著作权的主体是作者和网络管理者，客体是以数字信号为形式、以网络为载体进行传播的作品。从作者方面看，是指作者对其依法创作的作品享有的专有权；从使用方面看，是指抄录、复制以及其他使用作品的权利。

案例分析

华盖公司作为一家图片授权公司，向广州市白云区法院诉称：欧派公司未经其许可，在自建的新浪微博中使用华盖公司享有著作权的图片，新浪微博的开办公司——北京微梦创科网络技术有限公司为欧派公司的侵权行为提供了信息发布平台，二者应共同承担赔偿责任。欧派公司认为，他们转发的图片来自皮皮时光机软件图片库，也没有获利，请求法院驳回原告的请求。微梦创科公司认为，其接到华盖公司投诉后已经将信息删除，不再承担责任。法院查明，欧派公司在转发该配图微博时没有审查权利归属，也未能提供证据证明使用该图片已获授权。

分析：

(1) 本案中，华盖公司对涉案图片拥有什么权利？

(2) 欧派公司能否任意使用皮皮时光机软件图片库？

(3) 新浪微博的独立注册公司——微梦创科公司作为第三方平台有无责任？

(4) 如果欧派公司直接将皮皮时光机发布的带有侵权图片的微博进行了转发，那么欧派公司作为微博转发者是否应该承担侵权责任？

(一) 信息网络传播权

据中国互联网络信息中心统计，截至2021年12月，中国网民总数突破10亿，互联网已成为公众获取信息的重要途径，通过信息网络传播权利人作品的情况越来越普遍。为保护权利人的信息网络传播权，鼓励作品的创作和规范网络传播行为，我国《著作权法》在2001年修订时新增了“信息网络传播权”，2006年7月1日颁布实施了《信息网络传播权保护条例》。这一权利的规定，迎接了网络技术发展给著作权法律关系带来的冲击与挑战，弥补了原《著作权法》缺乏专门调整网络著作权法律关系的空白。

《著作权法》第10条规定，所谓信息网络传播权，是指以有线或者无线方式向公众提供，使公众可以在其选定的时间和地点获得作品的权利。

(二) 网络第三方平台责任

1. 避风港规则

若网络服务提供商（ISP）只提供空间服务，并不制作网页内容，那么当ISP被告知侵权时，则负有删除的义务，否则就被视为侵权，这就是“避风港规则”。如果侵权内容既不在ISP的服务器上存储，又没有被告知哪些内容应该删除，则ISP不承担侵权责任。后来，避风港规则也被应用在搜索引擎、网络存储、在线图书馆等方面，包括

“通知＋移除”。

《信息网络传播权保护条例》第 15 条规定：网络服务提供者接到权利人的通知书后，应当立即删除涉嫌侵权的作品、表演、录音录像制品，或者断开与涉嫌侵权的作品、表演、录音录像制品的链接，同时将通知书转送提供作品、表演、录音录像制品的服务对象；服务对象网络地址不明、无法转送的，应当将通知书的内容同时在信息网络上公告。第 23 条规定：网络服务提供者为服务对象提供搜索或者链接服务，在接到权利人的通知书后，根据本条例规定断开与侵权的作品、表演、录音录像制品的链接的，不承担赔偿责任；但是，明知或者应知所链接的作品、表演、录音录像制品侵权的，应当承担共同侵权责任。

众所周知，微博最大特点就是可以极为便利地接触并转发他人发布的信息。在信息技术的帮助下人们接触信息的能力较以往大大提升。与此同时，微博用户每天面对海量的信息，不可能也没有能力做到对信息的合法性作出实质性审查，这一点微博用户和微博平台本身是一样的，所以对平台适用的避风港规则，也应该推而广之适用于转发用户。最终应该承担审查义务的是微博发布者，其了解微博的作用和可能带来的转发效果，所以应该也有能力对发布内容承担责任。反过来，如果判决微博转发者承担侵权责任，那么将导致公众因为潜在的侵权风险而停止使用转发功能，从而微博媒体也会因转发失效而不再具备存在价值，这样的结果显然是不合理、缺乏效率的。

近年来，由于数码摄影的兴起，图片的创作变得简单、成本低廉，以数码形式存在的图片作品大量产生，从店面装修到产品宣传，从个人小店到知名公司，图片侵权行为日渐扩散。特别是随着互联网的迅猛发展，图片作品可以在互联网上轻易快捷地展示、复制和传播，通过互联网获得并使用图片的侵权纠纷案件大量产生，并有不断增加的趋势。虽然网络上大量图片可以免费下载，但免费网站免费下载并不代表可以任意使用，使用他人享有著作权的图片资源，一定要事先获得授权。

上述案例中，欧派公司在转发该配图微博时没有审查权利归属，也未能提供证据证明使用该图片已获授权，构成侵害著作权，应在其微博中删除并停止使用涉案图片，并赔偿华盖公司经济损失。

2. 红旗标准

当有关他人实施侵权行为的事实和情况已经像一面色彩鲜艳的红旗在网络服务提供者面前公然地飘扬，以至于处于相同情况下的理性人都能够发现时，如果网络服务提供者采取“鸵鸟政策”，装作看不见侵权事实，则同样能够认定网络服务提供者至少“应当知晓”侵权行为的存在。对于网络服务提供者明知或者应知的侵权行为，采取“通知＋移除”的规则，以避免承担间接侵权责任。

学思之窗

向知识产权强国不断迈进

“建设面向社会主义现代化的知识产权制度”“建设支撑国际一流营商环境的知识产权保护体系”“建设促进知识产权高质量发展的人文社会环境”……前不久，中共中央、国务院印发了《知识产权强国建设纲要（2021—2035年）》（以下简称《纲要》）。这是以习近平同志为核心的党中央面向知识产权事业未来15年发展作出的重大顶层设计，是新时代建设知识产权强国的宏伟蓝图，在我国知识产权事业发展史上具有重大里程碑意义。

知识产权是保护和激励创新的制度基石。习近平总书记强调：“创新是引领发展的第一动力，保护知识产权就是保护创新。”党的十八大以来，在以习近平同志为核心的党中央坚强领导下，我国知识产权事业不断发展，走出了一条中国特色知识产权发展之路，取得了历史性成就，有力支撑了创新型国家建设和全面建成小康社会目标的实现。世界知识产权组织近期发布的《2021年全球创新指数报告》显示，中国在创新领域的全球排名从去年的第十四位上升至今年的第十二位，是前30名中唯一的中等收入经济体。这也从一个方面说明，我国已成为名副其实的知识产权大国，具备了向知识产权强国迈进的坚实基础。

当前，我国已进入新发展阶段，知识产权作为国家发展战略性资源和国际竞争力核心要素的作用更加凸显。国家知识产权局发布的数据显示，我国知识产权保护社会满意度由2012年的63.69分提高到了2020年的80.05分。同时，我们也要清醒看到发展中存在的不足。例如，随着新技术新业态蓬勃发展，知识产权保护法治化仍然跟不上；知识产权整体质量效益还不够高，高质量高价值知识产权偏少等。也正因此，《纲要》明确提出“全面提升知识产权创造、运用、保护、管理和服务水平”。可以说，建设知识产权强国，是建设社会主义现代化强国的必然要求，是推进国家治理体系和治理能力现代化的内在需要，是推动高质量发展的迫切需要，是推动构建新发展格局的重要支撑。实施知识产权强国战略，对于提升国家核心竞争力，扩大高水平对外开放，实现更高质量、更有效率、更加公平、更可持续、更为安全的发展，满足人民日益增长的美好生活需要，具有重要意义。

建设中国特色、世界水平的知识产权强国，是以习近平同志为核心的党中央作出的重大战略部署，是做好新时代知识产权工作的总抓手。《纲要》对知识产权强国建设作出整体部署，明确了知识产权强国建设的指导思想、工作原则和发展目标，我们必须准确把握知识产权强国建设的总体要求，牢牢把握、始终坚持“法治保障，严格保护”

“改革驱动，质量引领”“聚焦重点，统筹协调”“科学治理，合作共赢”的工作原则。同时，《纲要》还明确了知识产权强国建设到2025年和2035年的发展目标，我们必须紧紧抓住这一目标，坚持分阶段实现。

一分部署，九分落实。“建设激励创新发展的知识产权市场运行机制”“建设便民利民的知识产权公共服务体系”“深度参与全球知识产权治理”……《纲要》明确了知识产权强国建设六大方面重点任务，这是知识产权强国建设的关键领域和核心环节，需要全面把握，一体推进落实。各级领导干部必须增强知识产权保护意识，加强学习，熟悉业务，增强新形势下做好知识产权保护工作的本领，既学会运用知识产权保护制度推动经济社会高质量发展，又学会利用知识产权保护制度开展国际合作和竞争，推动知识产权保护工作不断迈上新的台阶。

当前，我国正在从知识产权引进大国向知识产权创造大国转变，知识产权工作正在从追求数量向提高质量转变。加快推进知识产权改革发展，协调好政府与市场、国内与国际，以及知识产权数量与质量、需求与供给的联动关系，全面提升我国知识产权综合实力，大力激发全社会创新活力，我们就一定能充分发挥知识产权制度在社会主义现代化建设中的重要作用，更好建设中国特色、世界水平的知识产权强国。

资料来源：谷业凯．向知识产权强国不断迈进［N］．人民日报，2021－10－08.

技能训练

一、思考题

1. 试论述知识产权能够为创业者带来哪些收益？

2. 天外天公司将“天外天”作为商标向国家知识产权局商标局提出商标注册申请，使用在第11类的取暖器上，但未获核准注册。试分析天外天公司未获核准注册的理由。

3. 某作品原件上只有刘一守一人的署名。试分析刘一守不是该作品作者的可能性。

4. 张某与李某两人就相同主题的发明分别于2019年4月5日和2020年2月1日向国家知识产权局申请专利。试分析李某能获得该发明专利权的法律依据和条件。

5. 甲未经专利申请人乙的许可，将其从乙处盗取的实用新型技术付诸实施，并公开在市场上销售。请详细说明乙应该如何保护自己的合法权益。

二、案例分析题

试用所学知识分析以下案例：

【案例1】 甲、乙两人合作创作了一部著作，1993年出版时，双方约定的署名顺序为甲、乙。1996年，甲、乙在原作的基础上共同修订准备出版第二版。在该书付印之际，乙未与甲协商，即通知出版社调整署名顺序，将乙署名为第一作者，甲署名为第二作者。图书出版后，甲见署名顺序被调换，便告乙侵犯其署名权。

分析：甲的主张是否成立？为什么？

【案例 2】 邯郸某食品厂是“乐华”注册商标的商标权人，该商标使用在罐头商品上。沧州某厂在罐头上使用未注册商标“月华”牌，且包装使用与“乐华”商标相似的装潢。北京某仓储公司帮助沧州某厂运输、存储“月华”牌罐头并在北京某商场销售。

分析：

(1)“月华”与“乐华”是否构成商标近似？为什么？

(2) 沧州某厂的商标是否侵犯了“乐华”的商标权？为什么？

(3) 北京某仓储公司是否应承担责任？

(4) 北京某商场是否应承担责任？

【案例 3】 公司甲与业余发明人乙订立了一份技术开发协议，约定由乙为甲开发完成一项电冰箱温控装置技术，由甲为乙提供技术开发资金、设备、资料等，并支付报酬。在约定的时间内，乙完成了合同约定的任务，并按约定将全部技术资料和权利都交给了甲公司。此外，乙在完成开发任务的过程中，还开发出一项附属技术 T，并以自己的名义就技术 T 申请了专利。甲公司知道此事后，认为技术 T 的专利申请权应归甲公司所有，因此，甲、乙双方就技术 T 的专利申请权归属发生争议。

分析：

(1) 技术 T 的专利申请权应归谁所有？为什么？

(2) 该纠纷可通过哪些途径解决？

【案例 4】 2014 年 5 月，北京市海淀区法院受理完美（中国）有限公司诉北京窝窝团信息技术有限公司未经许可在网络销售“完美芦荟胶”的商标权纠纷案。完美（中国）有限公司诉称，2013 年，公司发现窝窝团发布多条商品信息，以每支 8.8 元或 8.9 元的低价，组织消费者团购“价值 38 元/支的完美芦荟胶”，该商品使用了与完美公司注册商标相同的标识，于是公司通过窝窝团网站购买了该商品。经鉴别，该商品包装粗糙、防伪标签与公司生产的产品完全不一致，属于侵权商品。完美公司认为，窝窝团未经许可，利用网络销售侵犯其注册商标专用权商品的行为，已严重侵犯注册商标专用权，对公司声誉造成负面影响及经济损失，故要求北京窝窝团信息技术有限公司赔偿经济损失及维权费用共计 55 万元。

分析：

本案中，被告是否构成对原告注册商标专用权的侵犯？

【案例 5】 2011 年 3 月，原告立邦涂料有限公司发现被告展进公司未得到原告的许可和授权，在被告淘宝公司运营的淘宝网上开设店铺，并大量使用“立邦”商标标识、平面广告来装饰其店铺页面，此行为足以误导消费者，侵犯了原告的商标权。淘宝公司在接到原告的投诉通知后，未采取有效措施制止侵权行为，构成共同侵权。立邦公司向上海市徐汇区人民法院提起诉讼，请求判令两被告立即停止侵权，赔礼道歉，赔偿经济损失及合理费用共计20万元，但徐汇区法院一审驳回了立邦公司的诉讼请求。立邦公司对一审的判决不服，向上海一中院提出上诉。

分析：

（1）展进公司使用立邦公司的注册商标装饰店面是否构成商标侵权？

（2）淘宝公司作为网络服务提供者是否构成商标侵权？

（3）在何种情况下构成对商标的合理使用？

（4）展进公司在代理品牌界面设置众多品牌广告图片的行为违法吗？

【案例6】 李婉芬与王中山共同演奏、录制了一盘《古筝》音乐磁带。其中，《战海河》由李婉芬、杨洁明共同创作，《战海河》《长安八景》已公开发表，《艳阳天》《阳关三叠》《彝族舞曲》由李婉芬改编但并未公开发表。除《阳关三叠》由李婉芬演奏外，其余均由王中山演奏。北京电视艺术中心音像出版社（以下简称出版社）得知大连磁带厂音像公司（以下简称音像公司）有一盘《古筝》磁带母带，遂与音像公司达成母带版权转让协议，约定为独家出版发行权。出版社拿到母带后，将磁带定名为《古筝经典》出版发行，未经李婉芬、杨洁明、王中山许可，亦未在磁带包装上署名，未支付任何报酬，并且将《长安八景》尾声部最后八小节删除。专家认为，这样的删除破坏了该作品的完整性。

为此，李婉芬等3人向法院提起侵权之诉。出版社辩称：我社所用的母带及版权是通过转让合同从音像公司处获得的，与李婉芬等3人无关，即使人民法院认定侵权，也应由音像公司承担责任。至于未在磁带包装上为曲作者、表演者署名，未支付报酬，我社愿支付报酬，但不同意登报致歉。

分析：出版社分别侵犯了李婉芬、杨洁明、王中山的哪些权利？为什么？

【案例7】 甲公司指派员工唐某从事新型灯具的研制开发，唐某于1999年3月完成了一种新型灯具的开发。甲公司对该灯具的技术采取了保密措施，并于2000年5月19日申请发明专利。2001年12月1日，国家知识产权局公布该发明专利申请，并于2002年8月9日授予甲公司专利权。此前，甲公司与乙公司于2000年7月签订专利实施许可合同，约定乙公司使用该灯具专利技术4年，每年许可使用费10万元。

2004年3月，甲公司欲以80万元将该专利技术转让给丙公司。唐某、乙公司也想以同等条件购买该专利技术。最终甲公司将该专利出让给了唐某。唐某购得专利后，拟以该灯具专利作价80万元出资，设立一家注册资本为300万元的有限责任公司。

2004年12月，有人向专利复审委员会申请宣告该专利无效，理由是丁公司已于1999年12月20日开始生产相同的灯具并在市场上销售，该发明不具有新颖性。经查，丁公司在获悉甲公司开发出新型灯具后，以不正当手段获取了甲公司的有关技术资料并一直在生产、销售该新型灯具。

分析：

（1）唐某作为发明人，依法应享有哪些权利？

（2）甲公司在未获得专利前，与乙公司签订的专利实施许可合同是否有效？如甲、乙双方因此合同发生纠纷，应如何适用有关法律？

（3）甲公司为何将专利技术出让给唐某？该专利技术转让合同成立后，对甲公司和乙公司之间的专利实施许可合同的效力有何影响？

（4）唐某拟以该专利作价 80 万元设立注册资本为 300 万元的有限责任公司，是否符合法律规定？为什么？

（5）该专利是否应当因为不具有新颖性而被宣告无效？为什么？

（6）对丁公司的违法行为应如何定性？为什么？

【案例 8】 2014 年 8 月，北京市朝阳区人民法院就经济参考报社诉中国雅虎网的经营者——北京阿里巴巴信息技术有限公司（以下简称“阿里巴巴公司”）侵害作品信息网络传播权案作出一审宣判，认为阿里巴巴公司侵权事实成立，判决其赔偿经济参考报社相应经济损失 5 000 元。法院审理查明，经济参考报社对《畸形消费产业之颓》等 4 篇涉案作品，享有著作权包括信息网络传播权。被告阿里巴巴公司未经著作权人许可，在其主办的中国雅虎网上转载涉案作品，侵犯了经济参考报社所享权利，应承担赔偿经济损失的侵权责任。阿里巴巴公司称其对涉案作品使用系合理使用的抗辩，无事实及法律依据，法院不予支持。

分析：

阿里巴巴公司侵犯了经济参考报社的什么权利？本案应如何处理？

【案例 9】 美团网因大众点评网盗取前者网站摄影图片，于 2013 年底向法庭提起诉讼，上海市徐汇区法院作出了判决，被告上海汉涛信息咨询有限公司（即大众点评网）立即停止侵害北京三快科技有限公司（即美团网）对 90 张团购摄影图片享有的署名权、信息网络传播权，立即删除 90 张团购摄影图片；被告上海汉涛信息咨询有限公司于本判决生效之日起 10 日内，赔偿原告北京三快科技有限公司经济损失 2.64 万元以及后者为制止侵权所支付的合理开支 2.3 万元。美团网起诉大众点评网一事刚告一段落，大众点评网又将美团网推上了被告席。大众点评网方面认为，旗下拥有著作权的逾百张图片遭到了美团网的侵权，甚至部分照片是从大众点评网上直接截图使用。现大众点评网已向北京市朝阳区人民法院提起了诉讼。

分析：

（1）免费网站下载的摄影图片是否构成著作权的合理使用？为什么？

（2）在何种情况下构成著作权的合理使用？

在线测试

项目四 经营活动中的法律实务

视频资源

在创业过程中，为了扩大规模，需要筹集资金。筹集资金的渠道有很多，最普遍的是向银行申请贷款，还有引进创业投资基金、参与商业特许经营等。国家为了鼓励和支持大学生创业，制定和颁布了很多扶持政策。为了保证合同的履行，通常需要提供担保，担保方式包括人的担保、物的担保及钱的担保，物的担保又包括抵押担保和质押担保。汇票、本票、支票是最常用的票据结算方式，省去了现金结算的种种不便，围绕票据的出票、背书、支付等行为凝结着票据参与人的各种权利。随着经济的发展和社会的进步，新型结算方式层出不穷。在网络环境下，支付宝凭借其强大的平台优势，已经成为网络结算的主要工具。正因为网络环境毕竟有别于现实生活，对交易和结算的双方或各方的身份的甄别有一定困难，所以一定要多留心眼，谨防受骗上当。创业风险无处不在，为了避免风险对创业活动的持续性产生严重影响，创业者需要对财产和人身进行保险。创业者积极参加社会保险，有助于稳定员工和社会和谐。商事主体从事生产经营受到工商登记机关核定的经营范围限制，工商登记机关核定的企业经营范围是区分企业合法经营与非法经营的法律界线。通过一定的媒介和形式直接或间接地介绍所推销的商品或提供的服务，需要借助广告，制作和发布广告需要遵循一定的规则。

本项目有 5 项任务，分别是：

任务 1　创业融资

任务 2　利用担保增强信誉

任务 3　支付结算

任务 4　利用保险分担风险

任务 5　经营范围和广告

能力目标

◆ 熟悉大学生筹集资金的银行贷款、引进创业投资基金等途径，认识特许经营利弊，正确选择合适的特许人

◆ 掌握保证、抵押、质押、留置和定金五种担保方式

◆ 熟悉汇票、本票、支票的结算及票据行为和票据权利，掌握支付宝和微信支付结算方式

◆ 掌握商业保险合同中的当事人及不同当事人的权利义务关系，熟悉基本养老保险、基本医疗保险、工伤保险、失业保险及生育保险的内容和待遇

◆ 熟悉营业执照中对经营范围的规定和限定，掌握广告规则

知识目标

◆ 创业小额贷款的优惠和申请程序，一般银行借款、网上贷款的申请程序，创业投资基金，商业特许经营和特许经营合同

◆ 担保的五种方式：保证、抵押、质押、留置、定金

◆ 常用的三种票据：汇票、本票、支票；票据行为；票据权利；支付宝；微信支付

◆ 人身保险合同；财产保险合同；五种社会保险：基本养老保险、基本医疗保险、失业保险、工伤保险、生育保险

◆ 经营范围，广告规则

职业目标

◆ 通过本项目学习，学会选择适当的途径筹集创业资金

◆ 通过本项目学习，学会各种合同和债务担保方式，学会常用的几种支付结算方式，提高网络风险防范能力

◆ 通过本项目学习，懂得应用保险机制来防范风险，懂得参加社会保险所获得的保障

素养目标

◆ 通过本项目学习，培养诚实守信的经营理念，加深对中国特色社会主义市场经济的认识

◆ 通过本项目学习，培养对民生问题的关注，进一步坚定制度自信

◆ 通过本项目学习，加深对中国特色社会保障体系的理解，增强公平正义理念和共同富裕意识

任务1 创业融资

虽然通过阿里巴巴等电子商务平台，大学生可以实现无风险、无资金要求的“零成本”创业，但是，在电子商务竞争越来越激烈的客观背景下，在要把创业事业做大做强的主观心理驱使下，对资金的需求仍然非常大。陈碗面对竞争，急需资金。他的燃眉之急应如何化解？

一、大学生创业融资难

天明双创研究院和 UFO. WORK 于 2021 年 12 月联合发布的《2021 双创白皮书》指出，创业带动就业成为一种新的就业模式。返乡入乡和大学生创业群体数量不断攀升，2020 年返乡入乡创业人数达 1 010 万。2020 年，我国大学生创业人数增至 82.3 万，同比增长 11.07%。2021 届毕业生人数高达 909 万，预计 2021 年大学生创业人数或达 90 万，大学生创业率达 10%。

中国青年创业就业基金会与泽平宏观联合开展青年创业专题研究，基于 2021 年 8 月组织的 8 319 份调查问卷完成了《中国青年创业发展报告（2021）》（2022 年 2 月发布），从创业者的基础特征、创业资金、创业驱动力、创业现状、面临困难五方面刻画中国创业青年群体画像。（1）专科及以上学历的创业者占比超 85%；（2）超九成创业者启动资金低于 50 万元，创业启动资金主要来自个人或家庭积蓄、亲友借贷，创业者主要通过银行贷款、合伙入股方式融资；（3）首次创业人数占七成，33 岁及以上人群超 50%有二次及以上创业经历；（4）创业形式以个人独资、合伙创业为主，70%的创业者在三年内开始盈利，过半创业企业在初期实现规模显著扩大；（5）创业资金、社会资源和知识储备不足是青年创业主要面临的困难。

创业启动资金缺口方面，近六成创业者资金缺口在 5 万元以内，资金缺口高于 50 万元的创业者占比不足 10%。整体看，创业启动资金缺口以小额为主，一定程度上反映出创业初期资金获取难，大部分初创者对创业过程中资金的安排使用方面经验不足、对融资的方法和经验掌握不够等问题。

创业启动资金来源方面，九成以上来自个人或家庭积蓄、亲友借贷，创投公司及其他渠道占比较少，整体资金来源较为单一。

创业融资方式方面，八成以上的创业者通过银行贷款和合作入股的方式融资，选择抵押担保等方式融资的创业者较少。

缺乏初始资金也是大学生创业的重要障碍。调查显示，大学生难以获取创业必需的资金支持。在接受调查的大学生中，仅有10%获得了银行贷款，5.2%享受到了政府创业基金，2%得到了其他机构部门的支持，其余的创业资金则多是通过家庭、创业团队等自筹或者是朋友的支持等途径获得。缺乏资金支持的大学生无法将好的创业点子付诸实际的创业活动，而对于已经开展创业活动的公司，情势依然不容乐观。由于资金的短缺，极易导致公司资金周转不灵，从而降低了公司抵御风险的能力，使公司在竞争格局中处于不利位置。

如果把企业比作一个人，那么企业的现金流就如同人体内的血液。资金之于企业，犹如血液之于人。融资是增加企业资金流的重要渠道。融资的渠道一般有三种：一是吸收外来投资，特别是吸收风险投资，也包括吸收新的投资者，如吸纳新的合伙人和公司股东。二是对外借款，包括向自然人借款、向单位借款和向银行借款。向银行借款是最常见的形式，国家为了扶持中小企业，设立了中小企业金融机构和担保公司。融资租赁是一种融购销业务与银行借款业务于一体的形式。三是占用供货方和购货方资金。为什么素不相识的一方能够占用另一方资金？如何减轻这种顾虑？这涉及担保事宜。

融资，首先要求企业外树形象、内强素质，加强自身制度建设。融资的关键是利用企业的盈利前景吸引投资方，不管通过哪种渠道，投资方都会考察企业的真实情况。例如：投资方在与企业谈判的过程中，有一个重要的程序就是聘请律师、会计师对企业进行全面的调查。如果企业平时不注重规范建设，管理混乱，连创业者自己都搞不清楚企业的真实情况，那么显然无法得出满意的调查结果，无法让潜在投资方相信企业具有盈利能力，这样的企业难以让人相信是值得投资的。

目前，由于新创中小企业规模小、信用度不高，在融资管理中面临很多困难，如融资渠道单一、融资风险大、融资法律操作实务经验缺乏等，这些都是准备创业的大学生需要注意的问题。

二、银行借款融资

（一）创业小额贷款

为了缓解大学生创业的资金难题，国家出台了大学生创业贷款的相关政策，包括各大银行和有条件的城市信用社要为自主创业的各大高校毕业生提供小额贷款、简化程序、提供开户和结算便利、提供优惠的低利率、提供担保基金等。

另外，人力资源和社会保障部启动了创业小额贷款。这是一种公益贷款模式，主要针对小微企业，贷款额度一般为2万～5万元，并视情况适当增加。贷款时限一般为1年。这种创业小额贷款独具优势：根据贷款申请人的具体情况，政府可以帮助贴息；即便要支付利息，其贷款利率也低于普通的商业贷款利率。

不过，申请创业小额贷款必须满足 4 项条件，在还款时限方面也有具体要求：第一，有好的创业项目；第二，必须办理工商营业执照；第三，有合法的经营场地；第四，必须有担保人，人社部门将对担保人进行资格审查。

（二）一般银行贷款

创业者依据《贷款通则》《中华人民共和国商业银行法》等法律法规申请银行贷款，其程序大致包括贷款申请、对借款人的信用等级评估、贷款调查、签订借款合同、贷款发放、贷后检查、贷款归还等程序。

借款人需要贷款，应当向主办银行或者其他银行的经办机构直接申请，并根据要求填写包括借款金额、借款用途、偿还能力及还款方式等主要内容的借款申请书，并提供借款人及保证人基本情况和相关资料。

所有贷款应当由贷款人与借款人签订借款合同。借款合同是指借款人向贷款人借款，到期返还借款并支付利息的合同。贷款人还可以要求借款人依照《民法典》的规定提供担保。

贷款发放后，贷款人将对借款人执行借款合同情况及借款人的经营情况进行追踪调查和检查。贷款到期后，借款人应当按照借款合同规定按时足额归还贷款本息。

根据贷款期限的长短，银行贷款可分为短期贷款（贷款期限在 1 年及 1 年以内的贷款）、中期贷款（贷款期限在 1 年以上、5 年及 5 年以下的贷款）和长期贷款（贷款期限在 5 年以上的贷款）3 种。

根据贷款的条件，银行贷款包括信用贷款（以借款人的信誉发放的贷款）、担保贷款（包括保证贷款、抵押贷款、质押贷款）和票据贴现（贷款人以购买借款人未到期商业票据的方式发放的贷款）3 种形式。

除委托贷款以外，贷款人发放贷款，借款人应当提供担保。贷款人应当对保证人的偿还能力，抵押物、质物的权属和价值，以及实现抵押权、质权的可行性进行严格审查。

（三）网上贷款

个人客户可使用网上银行注册卡下挂的定期存款等作为质押物，获得一定比例的贷款资金，这种方式操作简易，资金瞬时到账，设计人性化，提供各类个人贷款信息查询。但需要注意：网上个人质押贷款期限最多为 1 年；在网上申请的个人质押贷款才可以在网上申请放款；网上银行自助签订的贷款合同只能在网上银行发放贷款；网上个人质押贷款如果逾期，需要到营业网点才能办理还款手续。

资料阅读

广西某大学即将毕业的大学生小强（化名）想在网上贷一笔创业金自主创业，不料贷款未得，反被骗各种保证金等6万多元。11月5日，南宁警方针对这起破获的案件，提醒自主创业者防范“网络贷款”诈骗。

小强看到目前就业压力大，就想到在网上贷款，毕业后自主创业。通过网上搜索，小强找到一家无抵押贷款公司，与对方联系后，对方要求要先交一系列押金、保证金等。于是，小强在2013年5月25日至27日先后汇了800元、10 000元、30 000元、20 000元的利息、还款能力金、押金、保证金等，共计60 800元。小强家庭极其困难，被骗的钱均为东补西凑筹到的。交了一系列押金、保证金等后，小强并未收到贷款，顿感被骗，立即向警方报案。

此类案件嫌疑人得手后一般都会断绝与受害人的所有联系，侦办难度很大。经查，嫌疑人作案使用的银行卡、手机、QQ等均已停用。南宁市公安局刑侦支队十大队侦察员全面查询嫌疑人作案用网络工具的所有活动轨迹，通过对大量信息进行比对、排查，同时多次请求外地警方协查，逐步还原嫌疑人真实身份。经过近半年追踪，民警在深圳市龙岗区将犯罪嫌疑人陈某兄弟2人抓获，并缴获作案使用的电脑3台、手机8部、银行卡和手机卡一批。经审讯，陈氏兄弟承认了冒充网络贷款客服人员实施诈骗、为诈骗团伙取款等犯罪事实。

南宁市公安局提醒，广大创业者不要轻易相信“网络贷款”一类的公司，特别是在“放贷”之前以各种理由、名目要求缴纳保证金、承诺金等费用的，基本上都可以认定为诈骗。

资料来源：李斌．大学生网贷“创业金”被骗 自主创业须防诈骗［EB/OL］．（2013-11-07）http://news.xinhuanet.com/2013-11/07/c_118038545.htm.

现在各种针对大学生创业的网上贷款是比较多的，但要提醒各位创业者，网上贷款一定要走正规渠道，以防上当受骗。在众多大学生求职、创业的高峰期，一些不法分子利用大学生求职、创业心切，防范心理弱等特点，设下种种骗局让不少大学生吃了亏。正常情况下，办理贷款的手续是很复杂的。网络贷款诈骗的一个共同点就是以各种方式要求贷款人先汇钱。若是把钱汇入对方账号后发觉上当，应保留相关证据，如对方的账号、银行的交易记录等，然后在户籍所在地派出所或案发地派出所报案。

资料阅读

无须担保，只要把利息汇至指定账号，就能领到几万元、几十万元的贷款，并且是现金支付。真有这样的好事吗？22岁的小左大学毕业后想创业，但苦于资金不足。一天晚上，他通过网络搜索找到一家信誉排位靠前的信贷公司，遂通过QQ向该公司了解了相关情况。

“递交资料→10分钟审核信息→支付预收利息→签约→30分钟内放款……”该公司简单的贷款流程令小左喜出望外。他还被告知，贷2万元需先交500元利息，无须担保，只要把利息汇到指定账号上，公司会马上放款，并且是现金支付，最长还款期限为6年。

第二天，小左按照对方的提示，将500元利息汇到对方指定账户后，一名“陈经理”让小左直接与其上级领导“王总”联系。而“王总”说，贷2万元需预交1年利息，要再补交1 000元。犹豫不决的小左为能顺利贷到款，再次给对方汇去1 000元钱。

当天晚些时候，“王总”打电话给小左说让办事员把合同和钱送去。但几分钟后，小左接到“女办事员”电话，称次日上午9点联系。

次日上午，几经联络，两人约定在唐寺门会面。但是，“女办事员”以巨额资金的安全问题为由，要求再汇5 000元押金过去。这一要求遭到小左拒绝。经“陈经理”协调，称需3 000元押金。忧心忡忡的小左要求对方退款，“陈经理”承诺当天下午退还。但此后，小左就再也联系不上该公司的相关人员了。5天后，小左选择了报警。

登录该公司网站发现，该网站还有两个内容相同、名称却不同的“孪生姊妹”，这些网站上都只留了以400开头的热线和QQ号码，公司地址、备案单位等都没有，营业执照、荣誉证书等也被模糊处理。

资料来源：严坡，崔蕾，李保宏．民警提醒网络广告不可轻信 办贷款还得走正规渠道[N]．东方今报，2010-04-14.

三、融资租赁

有一次，陈碗看中一台设备，但价款太高，贷款又困难。孙博士指点：融资租赁模式有助于处理这一困局。融资租赁（Financial Leasing）是指实质上转移与资产所有权有关的全部或绝大部分风险和报酬的租赁。资产的所有权最终可以转移，也可以不转移。出租人根据承租人对租赁物件的特定要求和对供货人的选择，出资向供货人购买租赁物件，并租给承租人使用，承租人则分期向出租人支付租金。在租赁期内，租赁物件的所有权属于出租人所有，承租人拥有租赁物件的使用权。租期届满，租金支付完毕且承租人根据融资租赁合同的规定履行完全部义务后，对租赁物的归属没有约定或者约定不明的，可以协议补充；不能达成补充协议的，按照合同有关条款或者交易习惯确定；仍然不能确定的，租赁物件所有权归出租人所有。由于具有融资与融物相结合的特点，出现问题时租赁公司可以回收、处理租赁物，因此在办理融资时对企业资信和担保的要求不高，非常适合中小企业融资。

创业者可以结合自身实际选用合适的融资租赁方式。

（一）简单融资租赁

简单融资租赁是指由承租人选择需要购买的租赁物件，出租人在对租赁项目进行风险评估后，出租租赁物件供承租人使用。在整个租赁期间承租人没有所有权但享有使用权，并负责维修和保养租赁物件。出租人对租赁物件的好坏不负任何责任，设备折旧在承租人一方。

（二）回租融资租赁

回租融资租赁是指设备的所有者先将设备按市场价格卖给出租人，然后以租赁的方式租回原来设备的一种方式。回租融资租赁的优点在于：一是承租人既拥有原来设备的使用权，又能获得一笔资金；二是由于所有权不归承租人，租赁期满后根据需要决定续租还是停租，从而提高承租人对市场的应变能力；三是使用权没有改变，承租人的设备操作人员、维修人员和技术管理人员对设备很熟悉，可以节省时间和培训费用。设备所有者可将出售设备的资金大部分用于其他投资，把资金用活，而少部分用于缴纳租金。回租融资租赁业务主要用于已使用过的设备。

（三）杠杆融资租赁

杠杆融资租赁的做法类似于银团贷款，是一种专门做大型租赁项目的有税收好处的融资租赁，主要是由一家租赁公司牵头作为主干公司，为一个超大型的租赁项目融资。首先成立一个脱离租赁公司主体的操作机构——专为本项目成立资金管理公司提供项目总金额20%以上的资金，其余部分资金来源则主要是吸收银行和社会闲散游资，为租赁项目取得巨额资金。其余做法与融资租赁基本相同，只不过合同的复杂程度因涉及面广而随之增大。杠杆融资租赁由于可享受税收好处、操作规范、综合效益好、租金回收安全、费用低，因此一般用于飞机、轮船、通信设备和大型成套设备的融资租赁。

（四）委托融资租赁

委托融资租赁有两种方式。第一种方式是拥有资金或设备的人委托非银行金融机构从事融资租赁，第一出租人同时是委托人，第二出租人同时是受托人。这种委托租赁的一大特点就是让没有租赁经营权的企业，可以“借权”经营。第二种方式是出租人委托承租人或第三人购买租赁物件，出租人根据合同支付货款，又称委托购买融资租赁。

（五）项目融资租赁

项目融资租赁是指承租人以项目自身的财产和效益为保证，与出租人签订项目融资租赁合同，出租人对承租人项目以外的财产和收益无追索权，租金的收取也只能以项目的现金流量和效益来确定。出卖人（即租赁物品生产商）通过自己控股的租赁公司采取这种方式推销产品，扩大市场份额。通信设备、大型医疗设备、运输设备甚至高速公路经营权都可以采用这种方法。其他还包括：返还式租赁，又称售后租回融资租赁；融资转租赁，又称转融资租赁；等等。

（六）经营性租赁

经营性租赁是指在融资租赁的基础上计算租金时留有10%以上的余值，租期结束时，承租人对租赁物件可以选择续租、退租、留购。出租人对租赁物件可以提供维修保养，也可以不提供，会计上由出租人对租赁物件提取折旧。

（七）国际融资转租赁

租赁公司若将从其他租赁公司融资租入的租赁物件转租给下一个承租人，这种业务方式叫融资转租赁，一般在国际进行。此时业务做法同简单融资租赁无太大区别。出租方从其他租赁公司租赁设备的业务过程，由于是在金融机构间进行的，在实际操作过程中，只是依据购货合同确定融资金额，在购买租赁物件的资金运行方面始终与最终承租人没直接的联系。在做法上可以很灵活，有时租赁公司甚至直接将购货合同作为租赁资产签订转租赁合同。这种做法实际上是租赁公司融通资金的一种方式，租赁公司作为第一承租人不是设备的最终用户，因此也不能提取租赁物件的折旧。转租赁的另一功能就是解决跨境租赁的法律和操作程序问题。

四、引进创业投资基金

资料阅读

2014年6月3日，华科大电信系2011届硕士毕业生柯尊尧等创办的米折网获3 000万美元B轮融资；7月16日，机械学院2005届硕士毕业生杨永智开发的海豚浏览器获畅游1.2亿美元战略投资；7月21日，软件学院2011届本科毕业生黄承松等创办的卷皮网获得5 000万元人民币A轮融资；一年前，计算机学院2003届本科毕业生姚欣凭借其创办的PPTV获得2亿美元的融资。

2007年，华科大设立50万元人民币的“大学生创业基金”，为优秀大学生创业企业提供资金支持；2013年，这一基金年度发放的数额达210万元人民币。

为了让大学生创业落地生根，华科大先后与武汉市人才交流服务中心、湖北省青创中心、岱家山科技园、东西湖区海峡科技园、黄冈市青年创业中心等单位开展协作，提供免费创业空间、见习岗位、创业基金等，为学生团队打造创业训练场。

数据显示，截至2014年底，华科大超过70%的毕业生在读期间有参与过创新创业训练计划项目的经历。3年来，华科大涌现出100余家科技含量高的学生创业公司，如深圳乐行天下科技有限公司、杭州互秀科技有限公司、武汉奇米网络科技有限公司等一批获得千万元以上投融资的企业。

资料来源：谢湘，雷宇．华科大学生为何能叱咤“创业江湖”[N]．中国青年报，2014-10-27.

创业投资（Venture Capital，VC），又称风险投资，在我国是一个约定俗成的具有特定内涵的概念。广义的风险投资泛指一切具有高风险、高潜在收益的投资；狭义的风险投资是指以高新技术为基础，对生产与经营技术密集型产品的投资。

资料阅读

一直以来，大学生创业备受资金不济的困扰。日前，包括北京易净星科技有限公司等首批十家大学生创业企业在北京股权交易中心敲锣挂牌，这同时标志着北京市大学生创业服务平台和大学生创业板正式启动。

而对在四板挂牌的企业，均可享受到中关村特有的“科技创新、科技金融”相关政策，同时企业借助四板市场的融资能力建设与专项辅导，也将更好地解决其融资难、融资贵的问题。据悉，这种“服务平台+创业板”的大学生创业服务工作模式在国内尚属首创。

据介绍，市人力资源和社会保障局在着力推进大学生创新创业中，率先引入市场机制，与中关村股权交易服务集团联手打造北京市大学生创业服务平台和大学生创业板。

大学生创业服务平台将面向北京地区高校在校生、毕业未满5年的高校毕业生（含留学回国人员）、在岗大学生村干部、流动发展后未满5年的大学生村干部四类人员，为其提供就业促进、创业培训、小额担保贷款、社会保险、人事代理、档案管理、员工招聘、职称评审、劳动关系、外国人在京就业等方面的政策咨询服务和部分业务经办服务。

同时，对于符合条件的大学生创业企业，可以通过北京股权交易中心（通称北京四板市场）认可的推荐机构推荐至大学生创业板挂牌。挂牌后，大学生创业企业均能享受中关村特有的“科技创新、科技金融”相关政策，同时，四板市场还将提供融资贷款、投融资对接、工商代办等一系列服务，甚至包括到沪深证券交易所上市的服务。这样，初创企业缺少资金、缺乏抗风险能力、欠缺政策统筹支持等问题都将得以解决。

据悉，本次首批十家大学生创业板挂牌企业都是大学生自主创立的创新型企业，覆盖高端制造、智能设备、环境保护、教育服务等多个领域。各企业中，既有已获得投资机构青睐的明星企业，也有商业模式尚待完善、产品仍需打磨的初创企业。市人力资源和社会保障局表示，2015年，有6 400名大学生成功创业，今后的数字将会更高。

资料来源：解丽．10家大学生创业企业四板挂牌 融资不再是难事［N］．北京青年报，2016-07-04．

实际上，获取创业投资支持的过程就是展示企业价值和企业家技巧的过程。创业者在准备洽谈事宜之前，需要准备4份主要文件，包括建议书、业务计划书、尽职调查报告和营销材料。正式接触之前，一般需要提前递交业务计划书及其行动纲要。

由于接受创业投资是一件非常专业的事情，因此投融资过程中涉及的法律问题十分复杂，如融资人的法律主体地位、融资方式的选择、回报的形式和方式的选择等。资本市场上没有免费的午餐，要考虑清楚何时引进VC或PE（私募股权投资），创业者在引入投资的过程中一定要找律师，不能说对方有律师自己就放心了，律师是为各自客户的利益服务的。现在许多创业者在和投资方签订投资意向书及股权转让协议等时不找律师，这样很容易陷入风险。

五、从事商业特许经营

商业特许经营的核心是知识产权的授予使用、特许人具备成熟的经营模式和持续指导能力、被特许人在统一模式下经营并向特许人交纳费用。

目前，我国已成为发展最快、市场空间最大、特许经营体系最多的国家之一。自从1987年第一家国外特许企业肯德基进驻我国开始，相关法律制度与规制规则有一个探索、发展和逐步完善的过程。进入21世纪以来，特许经营成为席卷全球的浪潮。越来越多的企业感受到特许经营的魅力，特许经营被西方经济学家称为21世纪的主流经济模式，因为这种经营方式是双赢的：对特许人来说，可以用别人的钱和经营场所进一步发展自己的品牌；对受许人或被特许人来说，可以在别人的帮助下，用别人的赚钱方式赚自己的钱。

2007年5月1日起施行的《商业特许经营管理条例》与2012年2月1日起施行的新《商业特许经营备案管理办法》、2012年4月1日起施行的新《商业特许经营信息披露管理办法》共同构成了我国商业特许经营制度的主体框架。

商业特许经营即连锁经营，是指拥有注册商标、企业标志、专利、专有技术等经营资源的企业（特许人），以合同形式将其拥有的经营资源许可其他经营者（被特许人）使用，被特许人按照合同约定在统一的经营模式下开展经营，并向特许人支付特许经营费用的经营活动。目前，这种连锁经营的模式备受青睐。一方面，特许经营企业通过这种模式扩大了企业规模，达到了融资的目的；另一方面，作为中小投资者的加盟商，也因为连锁经营中的统一管理、统一产品、统一形象和统一营销经营模式降低了创业风险。

（一）商业特许经营和特许经营合同

特许人与被特许人之间本质上是合同关系。从事特许经营活动，特许人和被特许人应当采用书面形式订立特许经营合同。当然，未订立书面特许经营合同，并不必然导致合同无效。

在没有合同约定的情形下，《商业特许经营管理条例》规定“被特许人在特许经营合同订立后的合理期限内仍可以单方解除合同，但被特许人已经实际利用经营资源的除外”，为被特许人享有并合理使用解除权提供了司法解释。

根据规定，从事特许经营活动，特许人和被特许人应当订立书面形式的特许经营合同。特许人和被特许人应当在特许经营合同中约定，被特许人在特许经营合同订立后一定期限内，可以单方解除合同。特许经营合同约定的特许经营期限应当不少于3年，但是被特许人同意的除外。未经特许人同意，被特许人不得向他人转让特许经营权。被特许人不得向他人泄露或者允许他人使用其所掌握的特许人的商业秘密。

被特许人（加盟商）应拥有知情权。特许人应当向被特许人提供特许经营操作手册，并按照约定的内容和方式为被特许人持续提供经营指导、技术支持、业务培训等服务。特许人向被特许人收取的推广、宣传费用，应当按照合同约定的用途使用。同学们可以从网络上下载一份“代理经营协议书”，供学习时参考。

特许人与被特许人之间的内部民事责任问题，基本上可以适用《民法典》关于缔约过失责任、违约责任、侵权责任等相关规定。特许人和被特许人可以通过特许经营合同约定消费者权益保护和赔偿责任的承担问题，此内部约定对第三人并没有法律效力。

一般认为，被特许人是具有独立责任能力的主体，因此应确定被特许人承担对外民事责任的原则，特许人一般无须承担被许可人对第三人的民事责任。但是，如果第三人能够证明其在交易时善意且无过失地相信被特许人系特许人之代理人，根据表见代理规则，特许人应承担对第三人的责任。如果特许人许可使用的经营资源存在瑕疵，导致第三人受损，根据共同侵权规则，特许人与被特许人应当承担连带责任。

（二）认识特许经营利弊，正确选择合适的特许人

加盟特许经营具有开办风险较低、开办成本透明、产品或服务有较好的市场、经过实践证明了的营销方案、特许人的培训保证等优点，但也具有企业决策力受到限制、特许费用使利润减少、不可能再引进其他供应商产品、对特许人的依赖性较强，以及特许人一旦失去市场，被特许人也就失去了市场等缺点。

如果合作愉快，特许经营会产生预期或应有的效果，这是这种经营方式存在及发展、壮大的根本理由，所以特许经营被誉为“成功率最高的创业模式”之一。但事情并非总是如人所愿，与特许经营方式一起发展壮大的，还有该经营方式带来的纠纷。造成这种现象的理由很简单：有机遇必定有风险，机遇越多，风险也就越大。特许经营既然是“挡不住的诱惑”，那它背后必定有“躲不过的风险”。即使是在特许经营年销售额占商品零售额近一半的美国，每年也有不少加盟店赔本关门。客观地说，特许人和受许人都有可能在纠纷中是过错方或违约方。作为初创业者，选择一家有前景的特许人，成为他们的被特许人，也不失为一种成本低、风险不高的创业模式。所以，需要认识特许经营利弊，正确选择合适的特许人。

几乎所有的特许人在招募被特许人时都会介绍自己所拥有的经营资源的优势，为加盟者所能够提供的管理经验、专业培训和后续支持，以及加盟者可预期的投资回报水平。但是，特许人也存在专门为了骗人的情形，以及虽然确实是合法经营，但却不具有发展前景的情况。作为创业者，只有选择具有良好发展前景的特许人，才能够实现创业的理想抱负。

在选择时，首先需要求助于政府的公示信息。为了遏制频发的特许经营欺诈案件，国务院 2007 年颁发了《商业特许经营管理条例》，对特许人的准入、备案及信息披露等都作了明确规定。《商业特许经营管理条例》要求特许人向商务主管部门备案。在省、自治区、直辖市范围内从事特许经营活动的，应当向所在地省、自治区、直辖市人民政府商务主管部门备案；跨省、自治区、直辖市范围从事特许经营活动的，应当向国务院商务主管部门备案。商业特许经营的备案工作实行全国联网。虽然政府有明确规定，但不是所有特许人都已经备案，也不是已经备案就不可能是骗子。备案，只能表明特许人具有特许经营的资格，不代表政府对它有任何定性。因此，寻求特许人，更重要的是求助于自己。政府的公示信息能帮助创业者了解感兴趣的特许人是否具有经营资格，而这个特许人是否具有可靠的前景和值得信赖，还得依靠创业者做深入细致的调查、研究和比较。

如果开展特许经营业务，要满足特许经营资格。特许人资格必须是企业，既包括法人型企业，也包括非法人型企业，企业以外的其他单位和个人不得作为特许人从事特许经营活动。特许人从事特许经营活动应当拥有成熟的经营模式，具备为被特许人持续提供经营指导、技术支持和业务培训等服务的能力，拥有至少 2 个直营店，并且经营时间超过 1 年。

特许经营活动中涉及商标许可、专利许可的，依照有关商标、专利的法律、行政法规的规定办理。例如：如果涉及注册商标，依照《商标法》等有关规定，必须订立商标使用许可合同，约定许可使用类型，并应当在合同签订 3 个月内，报商标局办理商标使用许可合同备案。

商标使用许可合同备案与否，对被特许人行使正当权益具有重要影响。根据《最高人民法院关于审理商标民事纠纷案件适用法律若干问题的解释》，除非当事人另有约定，如果商标使用许可合同未经备案，虽然不影响该许可合同的效力，但不得对抗善意第三人。

任务2 利用担保增强信誉

素不相识的人之间从事交易和经济活动，担保有助于增强交易双方的信誉。为促进资金融通和商品流通，在借贷、买卖、货物运输、加工承揽等经济活动中，债权人需要以担保方式保障其债权实现的，可以设定担保。《民法典》规定的担保方式有保证、抵押、质押、留置和定金5种。

一、人的担保：保证

保证是指保证人和债权人约定，当债务人不履行债务时，保证人按照约定履行债务或者承担责任的行为。保证必须签订保证合同，保证合同必须采用书面形式。保证人承担保证责任后，有权向债务人追偿。

保证属于人的担保形式，保证人并不以具体的财产提供担保，而是以本人的信誉和不特定的财产提供担保。保证人是主合同以外的第三人。《民法典》规定，保证人必须是具备代为清偿债务能力的法人、其他经济组织或者个人。当然，不具备完全代偿能力的保证人订立保证合同后，并不能以自己没有代偿能力为由要求免除保证责任。但一般情况下，国家机关，学校、幼儿园、医院等以公益为目的的事业单位、社会团体，企业法人的分支机构、职能部门等不能成为保证人，除非这些单位得到某种授权或符合特定条件。

资料阅读

2003年5月，某油田与某市天信城市物业管理公司（以下简称天信公司）签订了一份《天然气供用协议》。由于天信公司没有取得城市燃气经营许可证，某油田感到与之签订协议风险较大。当地政府为尽快实现向城镇居民供气，要求某油田与天信公司签订供气协议。同时，为打消某油田的顾虑，主动提出由当地东风镇政府出面，为本协议的履行提供担保。在供用双方签订的合同中约定：东风镇政府作为本协议担保人，保证天信公司完全履行本协议项下的义务，并以担保人身份在《天然气供用协议》上签字盖章。于是某油田“放心”地与天信公司签订了协议。

上例中，协议中的担保条款能否起到某油田所期望的担保作用呢？《民法典》第683条规定："机关法人不得为保证人，但经国务院批准使用外国政府或者国际经济组织贷款进行转贷的除外。以公益为目的的非营利法人、非法人组织不得为保证人。"在本协议中，镇政府是机关法人，其作为担保人的约定依据上述规定是无效的。无效的合同（包括部分无效）从订立时起即没有法律效力。一旦主合同发生纠纷，主合同的债务人即天信公司不履行或不完全履行主合同项下的义务时，某油田不能以担保条款为依据要求东风镇政府承担保证责任。可见，上述协议中的担保条款无效，起不到某油田所期望的担保作用。当然，保证合同无效，并不意味着作为保证人的镇政府完全没有责任，镇政府应当根据其过错，承担相应的过失责任。不过，这一责任比某油田所期望的担保责任要小得多。

（一）保证方式

《民法典》规定的保证方式有一般保证和连带责任保证两种。

1. 一般保证

当事人在保证合同中约定，债务人不能履行债务时，由保证人承担保证责任的，为一般保证。一般保证的保证人在主合同纠纷未经审判或者仲裁，并就债务人财产依法强制执行仍不能履行债务前，对债权人可以拒绝承担保证责任，这就是先诉抗辩权。但是，如果债务人住所变更，致使债权人要求其履行债务发生重大困难的，或者人民法院受理债务人破产案件，中止执行程序的，或者保证人以书面形式放弃先诉抗辩权的，保证人不得以主张先诉抗辩权为由，拒绝承担保证责任。

2. 连带责任保证

当事人在保证合同中约定保证人与债务人对债务承担连带责任的，为连带责任保证。另外，当事人对保证方式没有约定或者约定不明确的，按照连带责任保证承担保证责任。

资料阅读

王先生手持借条，将张先生和庄律师告到法院，要求张先生偿还借款12万元，庄律师对此承担连带责任。法院立案后发现，借条未注明借款期限和利率。借条上，庄律师在借款人张先生署名的下方——自己的名字处按上了手印，但未明确是见证人还是保证人，借条也未注明保证期间或保证方式。庄律师辩称借条上的签名不是他本人所签，他只是按了手印。

人民法院审理后认为，庄律师主张他只是见证人，但借条上并未特别注明，故庄律师在借条上他本人名字处按手印的行为应理解为保证人的保证行为，而非见证行为。经过审理，人民法院一审判决张先生应返还王先生借款12万元并支付利息，庄律师对该借款本息的偿还承担一般保证责任。

约定不明视为一般保证。庄律师在借条上按手印，即使没有签名，担保关系也成立。庄律师作为完全民事行为责任人，应当明白在他人的借条上，特别是在自己的名字处按手印意味着什么。庄律师说自己按手印是作为一种见证人的见证行为，但因为未在借条上标明。根据《民法典》第686条规定："当事人在保证合同中对保证方式没有约定或者约定不明确的，按照一般保证承担保证责任。"所以庄律师承担一般保证责任。

所以，在不了解借款人的具体情况及相关法律规定的情况下，不要轻易为他人作担保，也不要轻易在他人的借条上签名或者盖章。

在连带责任保证中，债务人债务履行期限届满不履行债务的，债权人可以自主选择由债务人来履行债务或者由保证人在其保证担保的范围内承担保证责任，被选择的债务人或者保证人都无权拒绝。

案例分析

施某向银行借款，由钱某与陆某两人为其提供保证，但没有约定保证形式。借款到期后，施某无力偿还，银行遂将施某、钱某、陆某一并作为被告向人民法院提起诉讼。在诉讼中，因陆某下落不明，银行撤回了对陆某的起诉。钱某认为自己有先诉抗辩权，拒绝承担担保责任，但没有得到人民法院的支持。后人民法院判决由施某偿还借款本息60万元，由保证人钱某对该借款本息的偿还承担连带清偿责任。判决生效后，银行申请执行，人民法院依法扣划了保证人钱某在银行的存款60万元。

保证人钱某代偿借款本息后获悉，保证人陆某家厂房正遇政府拆迁，有30多万元的拆迁补偿款在政府财政所尚未被领取，于是他立即将保证人陆某作为被告向人民法院起诉，要求偿还其已代偿的借款本息（60万元）的一半。

分析：保证人钱某的要求能否得到支持？

连带责任保证的特点有：

（1）连带责任保证是由保证人与主债权人在保证合同中约定和法律推定的保证方式。作为保证方式的一种，当事人应当在保证合同中明确约定连带责任保证方式。但我国《民法典》规定，如果保证人与保证权人对连带责任保证和一般保证没有作出约定或者约定不明确，推定为一般保证责任。

（2）由保证人与主债务人对主合同债务承担连带责任。这意味着保证人与主债务人对主合同债务均负有全部清偿的责任。

（3）主债务人在债务履行期届满没有履行债务时由保证人承担保证责任。在连带责任保证的情况下，一旦主债务人到期不履行主合同债务，债权人既可以要求主债务人清偿债务，也可以要求保证人承担保证责任。

两个或者两个以上的保证人为同一债务作保证的，称为共同保证。在共同保证情形下，保证人之间按照约定承担保证责任；没有约定的，承担连带保证责任。案中，钱某与陆某作为保证人，与银行约定施某到期不能履行债务时，由保证人承担保证责任，由于合同未约定保证方式，应按照连带责任保证承担保证责任，故钱某不享有先诉抗辩权。连带共同保证的债务人在主合同规定的债务履行期届满没有履行债务的，债权人可以要求债务人履行债务，也可以要求任何一个保证人承担全部保证责任。债权人选择了其中一个具有现实履行能力的保证人履行了保证责任后，该保证人有权向具有本位责任的债务人行使追偿权，还有权对超出自己应当承担的份额部分，向其他连带共同保证人行使求偿权。

（二）保证担保的范围和保证期间

保证担保的范围包括主债权及利息、违约金、损害赔偿金和实现债权的费用。保证合同另有约定的遵循约定。

保证期间为保证人承担保证责任的期间。保证期间可以由当事人在保证合同中自由约定；当事人没有约定或者约定不明确的，则为主债务履行期届满之日起 6 个月。在一般保证关系中，在合同约定或法定的保证期间，债权人未对债务人提起诉讼或者申请仲裁的，保证人免除保证责任；债权人已提起诉讼或者申请仲裁的，保证期间适用诉讼时效中断的规定。在连带责任保证中，在合同约定的保证期间和法定的保证期间内，债权人未要求保证人承担保证责任的，保证人免除保证责任。

同一债权既有人的保证又有物的担保的，保证人对物的担保以外的债权承担保证责任。债权人放弃物的担保的，保证人在债权人放弃权利的范围内免除保证责任。主合同当事人双方串通、骗取保证人提供保证，或者主合同债权人采取欺诈、胁迫等手段，使保证人在违背真实意思的情况下提供保证的，保证人不承担保证责任。

二、不转移占有的物的担保：抵押

抵押是指债务人或者第三人不转移对某一特定财产的占有，将该财产作为债权的担保，债务人不履行债务时，债权人有权依照法律规定以该财产折价或者以拍卖、变卖该财产的价款优先受偿。抵押物必须为特定的、可处分的财产，包括不动产和动产。抵押权的效力及于抵押物的全部，当抵押物发生性质或者形态变化时，抵押权的效力追及至该变形物或代替物上。

（一）抵押物

法律许可抵押的财产包括：抵押人所有或依法有权处分的国有土地使用权、房屋和其他地上定着物，抵押人所有或依法有权处分的机器、交通运输工具和其他财产，抵押人依法承包并经发包方同意抵押的荒山、荒沟、荒丘、荒滩等荒地的土地使用权，依法可以抵押的其他财产。

以依法取得的国有土地上的房屋抵押的，该房屋占用范围内的国有土地使用权应同时抵押。以国有土地使用权抵押的，应当将抵押时该国有土地上的房屋同时抵押。乡（镇）、村企业的土地使用权不得单独抵押。以乡（镇）、村企业的厂房等建筑物抵押的，其占有范围内的土地使用权同时抵押。已设立过抵押权的抵押物，其价值超过抵押债权的，可以再次抵押。

法律禁止抵押的财产包括：土地所有权；耕地、宅基地、自留地、自留山等集体所有的土地使用权，但依法承包并经发包方同意抵押的荒山、荒沟、荒丘、荒滩等荒地的土地使用权，以及以乡（镇）、村企业的厂房等建筑物及其占用范围内的土地使用权同时抵押的除外；学校、幼儿园、医院等以公益为目的的事业单位、社会团体的教育设施、医疗卫生设施和其他社会公益设施；所有权、使用权不明或者有争议的财产；依法被查封、扣押、监管的财产；依法不得抵押的其他财产。

抵押必须签订书面形式的抵押合同，且在抵押合同中，抵押权人和抵押人不得约定在债务履行期届满抵押权人未受清偿时，抵押物的所有权转移为债权人所有。这样的合同在法律上叫作绝押合同，是违法的。

（二）抵押物登记

一般的抵押合同自成立之日起生效。对于某些特定财产的抵押，必须登记，这些抵押合同自登记之日起生效。特定财产抵押包括：

（1）以无地上定着物的土地使用权抵押。办理抵押物登记的部门为核发土地使用权证书的土地管理部门。

（2）以城市房地产或者乡（镇）、村企业的厂房等建筑物抵押。办理抵押物登记的部门为县级以上地方人民政府规定的部门。

（3）以林木抵押。办理抵押物登记的部门为县级以上林木主管部门。

（4）以航空器、船舶、车辆抵押。办理抵押物登记的部门为运输工具的登记部门。

（5）以企业的设备和其他动产抵押。办理抵押物登记的部门为财产所在地的工商行政管理部门。

抵押期间，抵押人可以转让抵押财产。当事人另有约定的，按照其约定。抵押财产转让的，抵押权不受影响。抵押人转让抵押财产的，应当及时通知抵押权人。抵押权人能够证明抵押财产转让可能损害抵押权的，可以请求抵押人将转让所得的价款向抵押权人提前清偿债务或者提存。转让的价款超过债权数额的部分归抵押人所有，不足部分由债务人清偿。

当事人以法定应办理登记的抵押物之外的财产抵押的，可以自愿办理抵押物登记，登记部门为抵押人所在地的公证部门。

（三）抵押的效力

抵押担保的范围包括主债权及利息、违约金、损害赔偿金和实现抵押权的费用。抵押合同另有约定的，从其约定。

抵押物折价或者拍卖、变卖所得的款项，当事人没有约定的，按照实现抵押权的费用、主债权的利息、主债权的顺序清偿。

（四）抵押权的实现

债务履行期届满抵押权人未受清偿的，可以与抵押人协议以抵押物折价或者以拍卖、变卖该抵押物所得的价款受偿；协议不成的，抵押权人可以向人民法院提起诉讼。抵押物折价或者拍卖、变卖后，其价款超过债权数额的部分归抵押人所有，不足部分由债务人清偿。

案例分析

6月，甲某因急需资金与乙银行协商贷款，甲某用其商品房作抵押（房产证中显示户主为甲某和甲某之妻），在乙银行贷款40万元，贷款期限为1年，并办理了抵押登记。次年6月，贷款期限届满，甲某在未按时归还银行贷款的情况下，将已设定抵押的商品房以45万元的价格卖予丙某。丙某支付了全部房款，双方办理了商品房过户手续。乙银行得悉后，认为自己对该商品房享有抵押权，甲某无权转让，遂向甲某、丙某提出异议。因协商未果，第三年7月，乙银行以甲某不履行到期债务损害其合法权益为由，将甲某和丙某作为共同被告向人民法院提起诉讼，要求实现其债权。

分析：

（1）甲某答辩称：讼争商品房是其和妻子的共有财产，抵押行为未经妻子同意无效。此辩称能否成立？为什么？

（2）甲某在抵押关系存续期间转让抵押物的效力如何？

（3）乙银行将如何实现自己的债权？本案将如何处理？

本案抵押物（商品房一套）属于夫妻共同共有财产。根据规定，共有财产进行抵押时，其抵押担保效力的认定可按下列原则进行：一是当共有财产在设定抵押时，经全部共有人同意，若无其他导致无效的因素，应认定抵押有效；二是按份共有人以其共有财产中享有的份额设定抵押的，抵押有效；三是共同共有人以其共有财产设定抵押，未经其他共有人的同意，抵押无效，但是，其他共有人知道或者应当知道而未提出异议的视为同意，抵押有效。本案中，基于甲某与其妻之间的特殊身份关系——夫妻关系，甲某之妻知道或者应当知道其夫将共有的房产设置抵押的情形而未提出异议，则应视为同意。因此甲某的辩称不能成立，其与乙银行的贷款抵押担保合同有效。

抵押权设定后，抵押人对抵押物的所有权并没有丧失，只要不影响抵押权人的优先受偿权，抵押人可以对抵押物进行法律上或事实上的处分，并不因此构成对抵押权的侵害。抵押人将已出租的财产抵押的，原租赁合同继续有效，但应当书面告知承租人，抵押权实现后，租赁合同在有效期内对受让人继续有效。抵押人未通知抵押权人或者未告知受让人的，转让行为无效，抵押人要赔偿因此对承租人造成的损失。

案中，因甲某与乙银行之间办理了抵押物登记，所以抵押权人——乙银行可以向法院请求行使抵押权，也可以要求甲某以其受领的房款清偿所担保的债权。同时，本案中房屋登记管理部门也存在过错，为设定抵押的房屋办理了产权变更手续，乙银行可以同时追究房屋登记管理部门的责任。

三、转移占有的物的担保：质押

质押是指合同义务人或者第三人在转移占有的前提下向合同权利人提供一定的财产以担保合同义务将按期履行的一种担保方式。质押分为动产质押和权利质押两种。

（一）动产质押

动产质押是指债务人或者第三人将其动产移交债权人占有，将该动产作为债权的担保，债务人不履行债务时，债权人有权依照法律规定以该动产折价或者以拍卖、变卖该动产的价款优先受偿。质押合同自质物移交于质权人占有时生效。

质押合同的当事人不得在合同中约定在债务履行期届满质权人未受清偿时，质物的所有权归质权人所有，即不得作“流质约定”。

动产质押担保的范围包括主债权及利息、违约金、损害赔偿金、质物保管费用和实现质权的费用。质押期间，除合同另有约定外，质权人有权收取质物所生的孳息。质权人依法收取质物的孳息，应当先充抵收取孳息的费用。质物有可能损坏或者价值明显减少、足以危害质权人权利的，质权人可以要求出质人提供相应的担保。出质人不提供的，质权人可以拍卖或者变卖质物，并与出质人协议将拍卖或者变卖所得的价款用于提前清偿所担保的债权或者向与出质人约定的第三人提存。

动产出质后，除法律另有规定外，不得转让。

债务履行期届满质权人未受清偿的，可以与出质人协议以质物折价，也可以依法拍卖、变卖质物。质物折价或者拍卖、变卖后，其价款超过债权数额的部分归出质人所有，不足部分由债务人清偿。

（二）权利质押

汇票、支票、本票、债券、存款单、仓单、提单，依法可以转让的股份、股票，依法可以转让的商标专用权、专利权、著作权中的财产权，依法可以质押的其他权利可以作为标的物进行质押，即权利质押。权利质押合同应当采用书面形式，自权利凭证交付之日起生效。但是以股票、股份、商标专用权、专利权、著作权中的财产权出质的，应当向有关部门办理出质登记，质押合同自登记之日起生效。

权利质押与动产质押尽管有许多不同之处，但它们毕竟同属质押，因此权利质押除适用于法律关于权利质押的特别规定外，也适用于法律关于动产质押的规定。

案例分析

甲欲向乙借款100万元，乙要求甲提供质押担保。甲现有价值50万元的房产一处、价值20万元的生产资料、价值5万元的黄金饰品、10万元的存款单和价值20万元的股票。

分析：假如你是乙，你会选择哪些作为质押物？

质押分为动产质押和权利质押，上述选项中房产作为不动产，显然不能作为质押物，而价值20万元的生产资料和价值5万元的黄金饰品作为动产均可质押；依据权利质押的法律规定，存款单和股票均属于可以质押的物品。

四、法定担保方式：留置

留置是指债权人按照合同约定占有债务人的动产，债务人不按照合同约定的期限履行债务的，债权人有权依照法律规定留置该财产，以留置财产折价或者拍卖、变卖该留置物，从所得价款中优先得到清偿。留置权是一种法定担保方式，它依法律规定而发生，而非依当事人之间的约定成立，这一点与其他担保物权有所不同。

（一）留置权适用范围与留置担保范围

依照《民法典》的规定，承揽合同的承揽人，运输合同的承运人，保管合同、仓储合同的保管人，行纪合同的行纪人依法可以拥有留置权。当事人可以在合同中约定不得留置的物。

留置担保范围包括主债权及利息、违约金、损害赔偿金、留置物保管费用和实现留置权的费用。

（二）留置权的成立与实现

留置的财产必须为动产，是债权人以合法方式占有债务人的动产，与债权人的债权有牵连关系，且债务已届清偿期，只有这样留置权才能够成立。

债权人与债务人应当在合同中约定，债权人留置财产后，债务人应当在不少于两个月的期限内履行债务。债权人与债务人在合同中未约定的，债权人留置债务人财产后，应当确定两个月以上的期限，通知债务人在该期限内履行债务。

债务人逾期仍不履行债务的，债权人可以与债务人协议以留置物折价，也可以依法拍卖、变卖留置物。留置物折价或者拍卖、变卖后，其价款超过债权数额的部分归债务人所有，不足部分由债务人清偿。债权人行使留置权，留置的财产为可分物的，留置物的价值应当相当于债务的金额。留置权人负有妥善保管留置物的义务。因保管不善致使留置物灭失或者毁损的，留置权人应当承担民事责任。

五、金钱担保方式：定金

定金，又称保证金，是指在合同订立或履行之前支付一定数额的金钱作为担保的担保方式。定金数额由当事人约定，但不得超过主合同标的额的20%。定金应当以书面形式约定，当事人在定金合同中应当约定交付定金的期限。定金合同从实际交付定金之日起生效。实际交付的定金数额多于或者少于约定数额的，视为变更定金合同；收受定金一方提出异议并拒绝接受定金的，定金合同不生效，即定金合同是实践合同。只有另一方当事人接受定金交付后，定金合同才成立。债务人履行债务后，定金应当抵做价款或者收回。给付定金的一方不履行约定债务的，无权要求返还定金；收受定金的一方不履行约定债务的，应当双倍返还定金。

任务3 支付结算

支付结算是指单位、个人在社会经济活动中使用票据、银行卡、汇兑、托收承付、委托收款、信用证等结算方式进行货币给付及资金清算的行为，是经济活动中资金清算的中介。随着电子商务的发展，电子结算越来越成为支付和结算的重要工具。创业学生需要掌握结算的要求和结算种类等，避免误入非法结算渠道而使自己受损。

一、开立银行账户

根据规定，银行账户一般分为基本存款账户、一般存款账户、临时存款账户和专用存款账户4类。除《人民币银行结算账户管理办法》另有规定外，存款人一般只能在一家银行的一个营业机构开立一个基本存款账户，存款人在银行开立基本存款账户，实行由中国人民银行当地分支机构核发的开户许可制度。银行应依法为存款人保密，维护存款人的资金自主支配权，除国家法律、行政法规另有规定外，不得代任何单位和个人查询、冻结、扣划存款人账户内存款。

存款人因组织结构的变化需要变更银行账户名称的，应撤销原账户，再按账户管理的规定开立新账户。

二、使用各种票据

（一）汇票、本票、支票

我国用于结算的票据有汇票、本票和支票 3 种。灵活使用票据进行结算，有助于资金安全和成本节约。汇票是指由出票人签发的，委托付款人在见票时或者在指定日期无条件支付确定的金额给收款人或者持票人的票据。本票是指由出票人签发的，承诺自己在见票时无条件支付确定的金额给收款人或者持票人的票据。支票是指由出票人签发的，委托办理支票存款业务的银行或者其他金融机构在见票时无条件支付确定的金额给收款人或者持票人的票据。

汇票、本票和支票三者的区别主要表现在：

(1) 在付款方式方面：汇票和支票都是委托银行付款，本票由银行签发、自己承诺付款。

(2) 在使用区域方面：汇票可以在同城和异地结算中使用，支票必须在同城或同一票据交换地区使用，本票只能在同一票据交换地区使用。

(3) 在付款期限方面：汇票有其承兑期，到期承兑付款；支票是即时付款；本票的最长付款期限是 2 个月。另外，支票的出票人与付款人之间必须先有资金关系，才能签发支票；汇票的出票人与付款人之间不必先有资金关系；本票的出票人与付款人为同一个人，不存在所谓的资金关系。支票和本票的主债务人是出票人；汇票的主债务人，在承兑前是出票人，在承兑后是承兑人。远期汇票需要承兑，支票一般为即期，无须承兑，本票也无须承兑。汇票的出票人担保承兑付款，若另有承兑人，由承兑人担保付款；支票出票人担保支票付款；本票的出票人自负付款责任。支票、本票持有人只对出票人有追索权，而汇票持有人在票据有效期内，对出票人、背书人、承兑人都有追索权。汇票有复本，本票、支票则没有。

（二）票据行为

票据行为包括出票、背书、承兑、保证、付款等行为，前 4 种是产生票据权利的行为，付款行为则是消灭票据权利和义务关系的行为。

1. 出票

出票是指出票人依法定格式制作票据，并交付收款人的行为，是汇票、本票、支票都有的票据行为。票据没有签章，则票据无效，但是为保护善意第三人的利益，票据有时又有效，只是不能向出票人请求付款。

2. 背书

背书是指在票据背面或者粘单上记载有关事项并签章的票据行为，票据依靠背书转让。

3. 承兑

出票人发出票据后，持票人往往不放心票据能否兑付，这时，《中华人民共和国票据法》允许作为付款人的票据债务人对到期一定兑现进行承诺，这就是承兑。承兑不适用于见票即付的票据，也不适用于本票和支票，即承兑是汇票的专有票据行为。

4. 保证

保证行为只在汇票和本票中才有，是指票据保证人以担保票据债务的履行为目的进行的票据行为。

（三）票据权利

票据权利，又称票据上权利，是指持票人向票据债务人请求支付票据金额的权利，包括付款请求权和追索权。付款请求权是指持票人对主债务人享有的依票据请求支付票上所载金额的权利。追索权是指在付款请求权未能实现时发生的，持票人对从债务人所享有的、请求偿还票上所载金额及其他有关金额的权利。追索权包括持票人向前手行使的追索权，也包括由已履行追索义务的背书人向自己的前手背书人行使的追索权，即再追索权，前者是向在票据上签名的任意前手背书人行使的，后者只能向自己以前的任意前手背书人行使。

另外，在付款请求权或者追索权未能实现时发生的、持票人对票据保证人亦享有请求支付票上记载金额及其他有关金额的权利。当保证人系为主债务人提供保证时，则相当于付款请求权；当保证人系从债务人时，则相当于追索权。

案例分析

偶在创公司欠B公司款项5万元。为偿付欠款，偶在创公司于3月9日向B公司开出一张金额为5万元的转账支票。3月12日，该支票因偶在创公司存款不足而遭银行退票，B公司遂将该支票退给偶在创公司。3月14日，偶在创公司又开出一张金额为4万元的转账支票交给B公司，言明偿付欠款。B公司要求银行付款时，再次因偶在创公司的存款不足而遭退票。于是偶在创公司遭到B公司的起诉，被要求按照第一次遭退票的票据（金额5万元）承担票据责任。偶在创公司觉得很委屈，因为经过核对，发现偶在创公司欠B公司的款项实际只有3.8万元，尚不足4万元。所以，偶在创公司认为，

B公司无权要求偶在创公司承担5万元的票据责任，也不应要求按第二次开出的转账支票（金额4万元）承担票据责任。

分析：

（1）偶在创公司是否有义务按照第一次遭退票的票据（金额5万元）承担票据责任？

（2）如果经过核对，发现偶在创公司欠B公司的款项确实为3.8万元，偶在创公司是否有义务按第二次开出的转账支票（金额4万元）承担票据责任？

（3）如果经过核对，确定偶在创公司欠B公司的款项为5万元，偶在创公司按第二次开出的转账支票（金额4万元）承担了票据责任之后，是否还有义务偿还剩余款项？

（4）如果偶在创公司第二次开给B公司的转账支票（金额4万元）是一张已经停止使用的旧式支票，此时偶在创公司是否有义务承担该转账支票（金额4万元）的票据责任？

三、第三方支付和支付宝

资料阅读

2017年4月18日，全球首个无现金联盟在杭州成立。联合国环境规划署、蚂蚁金服作为理事，和首批15家联盟成员一起，加速从现金到无现金支付的转化。

如今在北京，带着手机几乎就能搞定一切支付：家门口的便利店、早餐店、菜店，正式一些的使用扫码器进行无现金结算，随意一些的贴一张二维码，顾客自己扫描就能自助结算。

有报道称，中国由此正在变成一个无现金的社会，并在这个进程中跳过信用卡。但是，并非所有场景都实现了无现金支付。记者调查发现，地铁、公交、医院这些市民们天天打交道的地方，离实现无现金支付还较远；而北京作为旅游目的地，游客集中的景点与火车站，在无现金方面的尝试刚刚起步。

资料来源：白歌．无现金支付还卡在哪儿[N]．北京晚报，2017-04-27.

随着数字经济和电子商务的发展，第三方支付行业快速壮大。据咨询机构艾瑞发布的《2021年中国第三方支付行业研究报告》，2020年，第三方移动支付与第三方互联网支付总规模达271万亿元，第三方支付业务交易数量在2021年突破1万亿笔，同比增长24.3%。不同支付机构在企业端细分领域深耕细作，壹钱包、支付宝等为代表的头部支付机构，依托场景、技术、资源等优势，提升服务体验，为行业赋能等。如今，我国的支付市场已成为国际领先的支付市场之一。

（一）第三方支付的概念和发展现状

第三方支付是指具备一定实力和信誉保障的独立机构，采用与各大银行签约的方式，通过与银行支付结算系统接口对接而促成交易双方进行交易的网络支付模式。

在第三方支付模式下，买方选购商品后，使用第三方平台提供的账户进行货款支付（支付给第三方），并由第三方通知卖家货款到账、要求发货；买方收到货物，检验货物，并且进行确认后，再通知第三方付款；第三方再将款项转至卖家账户。

2017年1月13日，中国人民银行发布《中国人民银行办公厅关于实施支付机构客户备付金集中存管有关事项的通知》，明确了第三方支付机构在交易过程中，产生的客户备付金，今后将统一交存至指定账户，由央行监管，支付机构不得挪用、占用客户备付金。

第三方电子支付平台是属于第三方的服务中介机构，完成第三方担保支付的功能，是买卖双方在交易过程中的资金“中间平台”，是在银行监管下保障交易双方利益的独立机构。它主要是面向开展电子商务业务的企业提供电子商务基础支撑与应用支撑服务，不直接从事具体的电子商务活动。第三方支付平台独立于银行、网站以及商家来进行职能清晰的支付。

2020年，第三方移动支付与第三方互联网支付的总规模达到271万亿元支付交易规模。其中，第三方移动支付交易规模为249.2万亿元，第三方互联网支付交易规模为21.8万亿元。

从第三方支付交易规模来看，我国第三方支付交易规模主要为个人应用、移动金融、移动消费，分别占比53.1%、21.9%、23.65%。

从企业方面来看，2020年我国第三方企业支付交易规模为139.9万亿元，同比增长14.6%。通过与银行、电信运营商以及其他服务商接口等合作聚合多种支付通道进行综合支付服务，我国又发展出聚合支付，相对第三方支付而言也称为第四方支付。聚合支付不参与资金的结算，但却能依据商家的具体需求实现个性化服务，具备快捷性、简便性、中立性等特点。2020年我国聚合支付交易规模为9.8万亿元。

从2020年第二季度的市场份额来看，支付宝占据半壁江山，市场占有率高达55.6%。财付通排名第二，市场占有率达到38.8%。大部分的第三方支付平台争抢小部分的市场份额，行业内竞争激烈且严峻。此外，第三方支付平台与银行也存在竞争关系，存在一定的行业外竞争。

从2011年4月底签发首批第三方支付牌照算起，至2021年底，央行累计发放271张支付业务许可证，行业迎来高速发展，随之而来的还有盗码、切机、二清泛滥等行业乱象。但2015年央行开始收紧对第三方支付机构的监管，通过央行吊销、自主注销、合并的方式，支付牌照数量停止增长并出现下降，至2021年底，共注销和不予续展47张。现存第三方支付牌照变得稀缺，牌照价值凸显、价格水涨船高，尤其是全国性牌照。

（二）第三方支付的原理和国内主要的第三方支付产品

在许多情况下，由于交易标的的流转验收（如商品货物的流动、服务劳务的转化）需要过程，货物流和资金流异步和分离的矛盾不可避免，先收受对价的一方容易违背道德和协议，破坏等价交换原则，故先支付对价的一方往往受制于人，自陷被动、弱势的境地，需承担风险。在现实的有形市场中，异步交换权且可以附加信用保障或法律支持来进行。而在虚拟的无形市场中，交易双方互不认识，不知根底，因此，支付问题曾经成为电子商务发展的瓶颈之一：卖家不愿先发货，怕货发出后不能收回货款；买家不愿先支付，担心支付后拿不到商品或商品质量得不到保证。博弈的结果是双方都不愿意先冒险，网上购物无法进行。第三方支付应需而生。所谓第三方支付，是指一些和产品所在国及国外各大银行签约并具备一定实力和信誉保障的第三方独立机构提供的交易支持平台。

第三方机构与各个主要银行之间签订了有关协议，使得第三方机构与银行可以进行某种形式的数据交换和相关信息确认。这样第三方机构就能实现在持卡人或消费者与各个银行，以及最终的收款人或者是商家之间建立一个支付的流程。

目前，国内的第三方支付产品主要有支付宝、微信支付、百度钱包、贝宝（PayPal）、中汇支付、拉卡拉、财付通、融宝、盛付通、腾付通、通联支付、易宝支付（YeePay）、中汇宝、快钱（99bill）、国付宝（GoPay）、物流宝、网易宝、网银在线（Chinabank Payment）、汇付天下、汇聚支付（JoinPay）、宝易互通、宝付等。

（三）支付流程

以支付宝为例，简单来说，支付宝的功能就是为淘宝交易者及其他网络交易双方乃至线下交易者提供代收代付的中介服务和第三方担保。

基于交易的进程，支付宝在处理用户支付时有两种方式。一种方式是早期模式中买卖双方达成付款意向后，由买方将款项划至其支付宝账户，支付宝发电子邮件通知卖家发货，卖家发货给买家，买家收货后通知支付宝，支付宝将买方先前划来的款项从买家的虚拟账户中划至卖家的支付宝账户，至此完成一笔网络交易。支付宝工作流程如图 4－1 所示。在整个交易过程中，如果出现欺诈行为，支付宝将进行赔付。

另一种方式是支付宝的即时支付功能——即时到账交易（直接付款），交易双方可以不经过发货和确认收货的流程，买家通过支付宝立即付款给卖家。支付宝发电子邮件（由买家提供）给卖家，在邮件中告知卖家买家通过支付宝付给其一定数额的款项。如果卖家这时不是支付宝用户，那么卖家要通过注册流程成为支付宝的用户后才能取得货

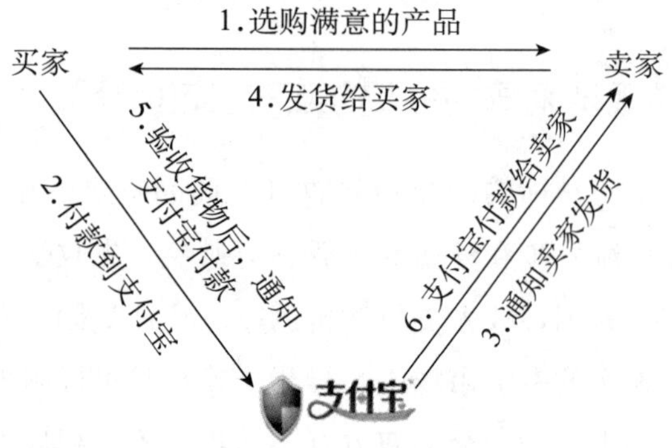

图4-1 支付宝工作流程

款。这种即时支付服务不仅适用于淘宝和其他网上交易平台，而且适用于买卖双方达成的其他线下交易。从某种意义上说，如果实际上没有交易发生（即双方不是交易的买卖方），也可以通过支付宝向任何一个人付款。

2011年4月18日，支付宝公司宣布，联手中国银行、中国工商银行、中国建设银行、中国农业银行等10家银行推出快捷支付，通过这个快捷支付平台，用户无须开通网银，只需提供银行卡卡号、户名、手机号码等信息，银行验证手机号码正确性后，第三方支付发送手机动态口令到用户手机号上，用户输入正确的手机动态口令，即可完成支付。如果用户选择保存卡信息，则用户下次支付时，只需输入第三方支付的支付密码或者支付密码+手机动态口令即可完成支付。由于快捷支付付款快捷，从而更容易遭遇网络欺诈攻击，所以要加强安全性功能设置和保护。

微信支付自2013年8月5日正式上线以来迅速增长；2015年2月18日，开创春晚红包，10.1亿次收发创新了春节全民红包互动的新高潮，当年5月，零钱用户突破3亿；2016年1月，微信支付接入线下门店超30万家；2018年10月1日起，微信香港钱包正式为香港用户提供内地移动支付服务；2021年11月16日，微信支付小程序支持银联云闪付功能上线，2021年12月14日，微信支付正式上线“防骗客服提醒”功能。

（四）第三方支付网上交易诈骗

足不出户的网购时下已成为网民青睐的购物方式，可网上交易诈骗却成为网民担忧的问题之一。在付款过程中，买方先将钱支付给第三方支付平台，在确认收到货物之后，再由第三方支付平台将钱打到卖家账户。骗子正是利用人们对这些支付平台的高度信任，伪造支付平台进行诈骗。

在移动支付井喷式发展的同时，风险形势更为严峻。中国银联2017年1月发布的《2016移动互联网支付安全调查报告》显示：社交账号盗用、短信木马链接、骗取验证码成为最常见的诈骗手段。欺诈手段针对性进一步增强，根据不同人群特点实施差异化的诈骗：85后受访者遭遇盗用社交账号欺诈超九成；40～50岁消费者遭遇木马链接短信风险逾八成；30～40岁的消费者约六成有被骗取动态验证码和遭遇钓鱼网页等欺诈的经历。广东、福建、山东等沿海地区的受访者遭遇到欺诈比例相对较高，均超过40%。约有1/4的被调查者表示遭遇过电信网络诈骗并发生过损失，较2015年上升11个百分点。

2017年初支付宝的一个安全漏洞火了，利用"忘记密码"，通过熟人验证的方式可以"黑"进好友支付宝。一些用户赶紧重新设置了支付宝，删了一些不明好友。如果有人真想骗钱，根本无须利用好友的漏洞。所以要了解常见网络骗术，以增强防欺诈能力。以下是支付宝几种常见骗术：

骗术1：假借名人背书，微博+支付宝行骗

2016年4月，《福建日报》报道，有人冒用某明星身份进行捐款诈骗。一些演员轻信了骗子的话，公开发了微博，粉丝纷纷慷慨解囊，但事后证明是一场诈骗。

骗术2："校园日记"假照片骗赞赏

2016年支付宝推出了一项活动——"校园日记"。一时间，很多人利用假照片行骗，事后证明在支付宝圈子里许多"美女"发的照片其实是网络图片，大部分都是假的。

骗术3：伪造网购付款单骗快件

网上有一种软件，只需要输入一些信息就可以自动"生成"支付宝转账截图。有的网店往往看到转账截图就发货了，被骗后叫苦不迭。

骗术4：旧手机或二手手机盗用支付宝

换了手机也要记得删除设备。删除方法：点开支付宝—我的—设置—安全中心—安全设置—设备管理删除。

骗术5：跨平台套取身份证、支付密码诈骗

通过提供身份证号、银行卡号、与银行卡绑定的手机号以及实时发送到手机上的校验码，就能将支付宝账户与银行账户进行绑定，而支付时，也只需输入支付宝的支付密码即可。据专业人士介绍，在众多类似利用支付宝盗取银行存款的诈骗案件中，骗子会先通过各种途径获得当事人资料，然后利用当事人个人信息开一个支付宝账户，在办理、绑定银行卡时，留的是骗子的手机号码。于是，骗子可以顺利拿到手机收到的校验码，在通过校验码验证后盗走当事人钱财。所以，不仅仅是支付宝、银行卡密码需要保密，有关自身的各种信息都应注意不要轻易泄露。

骗术6：通过发送压缩文件内置木马病毒盗号

犯罪嫌疑人先以"实物图""库存表"等名义通过QQ、淘宝旺旺等工具将包含木马病毒的压缩文件发送给网购买家或卖家，并诱导受害人打开压缩包，激活木马，导致支付途径被转移，将本来应该转入第三方支付平台的钱款“劫持”转入嫌疑人账户，或直接操控事主手机实施支付宝诈骗。

骗术7：利用第三方软件，通过“免密支付”盗刷

许多第三方支付平台都有“小额支付免密码（验证码）”功能，为了方便用户，不需要每次支付都输入密码。有骗子在“闲鱼”等软件中利用木马盗来的支付宝账户盗刷小额商品。

警方深入调查发现，这些受害人的登录IP和“卖家”IP地址一致。也就是说，这是同一个人自己卖自己买。

这种诈骗方式的套路为：第一步：通过黑客手段，在安全级别较低的网站（如视频网站）批量窃取账号和密码（业内称“扫库”）。第二步：利用“扫库”得来的数据，批量登录有支付功能的账号（业内称“撞库”），如果网友在两个平台的账号和密码相同，“撞库”即可成功。第三步：筛选用户。这个案件嫌疑人只对开启“小额支付免验证码”功能的用户下手，批量盗刷现金。

骗术8：冒充支付宝邮件，要求卖家修改单价转账诈骗

《南方日报》报道，广州市民张颖（化名）在专卖二手物品的“闲鱼”软件上转让一张健身卡，标价5 000元。一名网友（骗子）要求改价到19 600元，原因是“需要较高的金额向公司报销”。他告诉张颖，自己会先通过支付宝向张颖转账19 600元，扣除20元手续费，张颖再将14 580元差价补给他即可。张颖接受了请求。十分钟后，张颖收到了一封发件人为“支付宝”的邮件，邮件显示：“支付宝提示买家已确认收货，因您未开通大额支付，您有笔交易19 600元将在2016年11月13日晚上8点到账您的支付宝。”信以为真的张颖在对方的催促下于十几分钟后将差额打到了对方提供的银行卡账户中。

十几分钟后，该网友通过微信告诉张颖，“要开通大额支付需要26 000元的转账凭证，但可以先少转一点，看能否开通”，以此再次要求张颖转账。这一次，张颖转了18 300元。但是交易并没有停止，随后该网友多次以“开通大额支付需一定数额转账凭证”为由让张颖转账。为了获取张颖信任，该网友先后向张颖转账46 459元。最终，张颖共向对方转账10次，扣除对方转入的4万余元，她净转出74 451元。

此时，张颖怀疑可能被骗，而在搜索到相似的被骗经历后，她才确认了自己的怀疑。她随即报警，但此时已联系不上向她买卡的网友。事实上，骗子给张颖发邮件的“支付宝邮箱”（地址为zhifubaoxianyuee@yeah.net）并不是支付宝的官方邮箱账号。

此外，支付宝客服也表示，支付宝官方一般不会给买卖双方发送邮件，买卖信息一般是通过短信通知。

资料阅读

大学生小赵刚开始创业就遭遇了一个陷阱，一分钱没赚到不说，反倒被骗了几千元钱。

小赵想开一家网店，正愁怎么推广店面，一个QQ名叫“赵×雪”的陌生人主动跟他聊起来。对方提供了一个QQ号码，加为好友后，对方发来了工商营业执照等图片，显示的注册公司为“郑州弘之博电子科技有限公司”。

得知小赵想开网店后，对方发来服务项目和套餐费用，并表示“交1 880元加盟费，可以享受认证店铺、店铺装修、推广、刷钻、提供货源和售后等服务”。

10月11日，小赵交了1 880元，对方只是给他申请了一个淘宝卖家的账户，店面装修、刷钻等业务未履行。随后，小赵又根据对方要求汇过去680元，但店铺仍然毫无动静。小赵要求退钱时，却被对方骂“你这样的傻子活该被骗”。

全国与小赵有同样经历的至少还有上百人。一个名为“弘之博受骗联盟”的QQ群中有109名成员，他们称自己都是被“托儿”引诱受骗的。

资料来源：王苗苗，程亚龙．大学生开网店被骗几千元 对方称傻子活该被骗［N］．河南商报，2015-10-30。

随着网络技术的普及，越来越多的人开始利用网上银行处理个人资产、查询、转账、支付或交易，但是网络安全也让不少人担忧。有人调查后发现，几乎所有与网上银行相关的诈骗案都是用户使用不当造成的，而银行的电子系统是安全的。有以下几点可以防止交易诈骗：

（1）在网上购物或进行网上银行交易时，要留意核对好所登录的网址与网上银行的网址是否相符。这样做可以避免假网站索要账号、密码、支付密码等信息，而银行是不会这样做的。

（2）在电脑上安装正版的杀毒软件和避免在公用计算机上使用网上银行。不要下载一些来历不明的软件，因为不明软件很可能植入了病毒。安装正版的杀毒软件可以经常检查电脑有没有中毒。不要在网吧、公共图书馆的电脑上使用网上银行业务。

（3）妥善选择和保管密码。建议选用字母、数字混合的密码，这样可以提高破解密码的难度。千万别用身份证号、生日、电话号码作密码。

（4）管好数字证书。现在不管是支付宝还是网上银行都推出了安全性能极高的数字证书。网上银行的数字证书一般要购买，而支付宝则是免费的。

（5）定期查看交易记录。要定期查看自己在网上银行或支付宝的历史交易记录。一旦发现问题可以及时解决，以免造成重大损失都不知晓。

（6）学会识别上当受骗的伎俩。对可疑的电话或短信不要回应，不要轻信有关费用或交易的陌生来电，不要泄露自己的个人资料，不要给陌生人转账。

孙博士提醒：淘宝网及支付宝不会通过邮箱关照或提醒商家的交易状况，网店商家要了解买家是否付款，需进入自己的支付宝账户，根据提醒操作，以免上当受骗。

（五）涉及第三人履行的合同

在网络购物环境下，由于双方距离较远，且难以见面，无法知悉对方底细。陈碗提醒学弟，一定要通过淘宝网的支付宝平台支付货款和收款，这样可以起到降低收付款风险的作用。支付宝是第三人收款和付款的平台，创业活动中经常需要利用第三方结算、物流等，这就涉及第三人的合同履行。

涉及第三人的合同履行，是指由不是合同当事人的第三人来履行债务和接受债务履行，包括向第三人履行和由第三人履行两种情形。

1. 向第三人履行的合同

向第三人履行的合同是指债务人向第三人履行债务，第三人直接请求行使请求权的合同。

人寿保险合同是典型的向第三人履行的合同，投保人、保险公司（保险人）是买卖合同双方，当保险事故发生后，保险公司直接向受益人支付保险赔款，受益人如果不是投保人本人的话，就是一种债务人向第三人履行债务的方式。

当事人约定由债务人向第三人履行债务的，债务人未向第三人履行债务或者履行债务不符合约定的，应当向债权人承担违约责任。

2. 由第三人履行的合同

由第三人履行的合同，又称第三人负担的合同，是指双方当事人约定债务由第三人履行的合同。该合同以债权人、债务人为合同双方当事人，第三人不是合同的当事人。第三人只负责向债权人履行债务，不承担合同责任。当事人约定由第三人向债权人履行债务的，第三人不履行债务或者履行债务不符合约定的，债务人应当向债权人承担违约责任。第三人同意履行后又反悔的；或者债务人事后征询第三人意见，第三人不同意债权人履行的；或者第三人向债权人瑕疵履行的，违约责任均由债务人承担。第三人不履行的，债务人可代第三人履行；债务人不代为履行，应当赔偿损失。

四、其他支付结算方式

作为创业者，除了需要熟悉上文提到的票据结算方式之外，还需要熟悉以下几种常见的支付结算方式：

（一）银行卡

银行卡是指商业银行向社会发行的具有消费信用、转账结算、存取现金等全部或部分功能的信用支付工具。银行卡包括信用卡和借记卡两类，信用卡可以透支，借记卡不能透支。

（二）汇兑

汇兑是指汇款人委托银行将其款项支付给收款人的结算方式。汇兑便于汇款人向收款人主动付款，分为信汇和电汇两种方式。信汇是指以邮寄方式将汇款凭证转给外地收款人指定的汇入行，而电汇是指以电报方式将汇款凭证转发给收款人指定的汇入行。后者的速度比前者快，汇款人可以根据实际情况选择使用。

（三）委托收款

委托收款是指收款人委托银行收取款项的结算方式。

（四）国内信用证

国内信用证是指开证银行依照申请人（购货方）的申请向受益人（销货方）开出的一定金额、在一定期限内凭信用证规定的单据支付款项的书面承诺。我国的信用证为不可撤销、不可转让的跟单信用证。信用证开具后在有效期内，非经信用证各有关当事人（即开证银行、开证申请人和受益人）同意，开证银行不得修改或者撤销，受益人不能将信用证的权利转让给他人。

（五）电子支付

电子支付，又称网上支付，是指以电子计算机及网络为手段，将负载有特定信息的电子数据取代传统的支付工具用于资金流程，并具有实时支付效力的一种支付方式。

任务4 利用保险分担风险

创业风险无处不在，为了避免风险对创业活动的持续性产生严重影响，有了对保险的需要。从经济学的角度来说，保险是一种经济补偿制度，主要是对在自然或意外灾害事故中发生的人身伤亡及财产损失进行补偿。

案例分析

偶在创公司于4月3日向北京某设备公司订购了5套设备，合同规定3个月后到货。7月1日，偶在创公司提前为这批设备投保了财产保险，为期1年。7月2日，制造商在北京的仓库发生火灾，库中产品全部烧毁，偶在创公司订购的设备也未能幸免。

接到北京的电话后，偶在创公司向当地保险公司索赔。保险公司经过调查，认为制造商并没有交货，偶在创公司对保险标的不具有保险利益，拒绝赔付。

分析：

（1）偶在创公司对保险标的是否具有保险利益？

（2）保险公司是否应该赔偿偶在创公司的损失？

一、商业保险

“无危险即无保险。”保险的发展是每时每刻都伴随着危险而存在的。所谓危险，是指损害事故可能发生的各种不确定性，如交通事故、地震、意外伤害等。危险本身的这种不确定性和经济损害性，使我们认识到了如何尽量减少和规避危险的问题。保险的功能即在于通过保险制度的创立来填补人们因为各种危险造成的损失。

《中华人民共和国保险法》（以下简称《保险法》）中的保险，是指投保人根据合同约定，向保险人支付保险费，保险人对于合同约定的可能发生的事故，因其发生造成的财产损失承担赔偿保险责任，或者当被保险人死亡、伤残、疾病或者达到合同约定的年龄、期限等条件时承担给付保险金责任的商业保险行为。商业保险包括人身保险和财产保险两类。人身保险是以人的寿命和身体为保险标的的保险，财产保险是以财产及其有关利益为保险标的的保险。

（一）保险合同

保险合同是指投保人与保险人约定保险权利义务关系的协议。保险合同是非要式合同，双方当事人意思表示一致，保险合同即成立。而使用的保险单、保险凭证等书面形式不过是对保险合同的一种确认，用以避免保险实践中发生的各种混乱。保险合同多采用格式合同。由于保险合同的专业性，保险合同中的很多条款都是事先拟定出来提供给投保人，对于这些条款，投保人一般不能更改。但是，由于保险合同是双方合意的结果，因此，投保人、保险人可以在保险合同中通过特别条款变更保险合同的内容。

1. 保险合同的主体

保险合同的主体包括保险合同的当事人和关系人。保险合同的当事人包括保险人（又称承保人，是承担赔偿或者给付保险金责任的保险公司）、投保人。除此之外，保险合同的主体还包括与保险合同密切相关的关系人，即被保险人和受益人。

投保人是对保险标的具有保险利益，向保险人申请订立保险合同，并负有交付保险费义务的人。在我国，投保人可以是自然人、法人和其他组织。投保人的主体资格相对宽松。对于自然人投保，只有《民法典》上完全民事行为人才能作为投保人。投保人对保险标的必须具有保险利益，否则投保人不能与保险人订立保险合同。

被保险人是指保险事故遭受损失的人，同时也是在保险事故发生后享有保险金赔偿请求权的人。在财产保险合同中，被保险人是指当财产遭受损失的时候，享有保险金赔偿请求权的人。在人身保险合同中，被保险人是指以自己的身体和生命为保险标的的人，当因为死亡、伤残、疾病或者保险合同约定的事项发生时，享有保险金给付的人。

受益人，又称保险金受领人，是指由投保人或被投保人在保险合同中指定的，在保险事故发生时，享有保险金赔偿请求权的人。一般在人身保险合同中才有受益人。由于受益人是保险合同的关系人，因此，受益人几乎只享有权益，而不需要承担保险义务。

2. 保险合同的成立与生效

只要投保人提出保险要求，经保险人同意承保，保险合同即成立。而对于保险合同的生效，当事人可以对保险合同约定特别的生效条件或期限，如果保险合同中明确约定将保费的交付作为合同生效或部分生效的前提条件，该约定亦有效。

案例分析

青年王某和张某在上海打工时相恋，虽多次商议回家办理结婚登记，但因种种原因终未成行。某日，王某为自己和张某各办理了一份保险金额为10万元的人寿保险合同，受益人互为对方，但王某并未将投保事宜告知张某。后来，张某在一次车祸中身亡。王某向保险公司索赔，遭拒赔，王某遂向人民法院提起诉讼。

分析：王某是否能获得保险公司的赔款？

在保险合同中，一些特别的有效要件体现了保险合同的特点，如关于保险利益的规定。财产保险合同要求被保险人在发生保险事故的时候，对保险标的应当具有保险利益。而人身保险合同要求投保人在保险合同订立时，对被保险人应当具有保险利益。投保人不得为无民事行为能力人投保以死亡为给付保险金的人身保险，但父母为其未成年子女投保人身保险，不在此限。

案例分析

王某为其妻吴某向保险公司投保了一份人寿保险，保险金额为12万元，吴某指定王某为受益人。两年后，王、吴二人因感情不和离婚，离婚后不久吴某发生意外事故死亡，吴某的父母料理完吴某的后事后，到保险公司领取12万元保险金。王某得知此事后也向保险公司提出领取保险金的申请。吴某父母提出，王、吴二人已经离婚，因此王某不再享有保险金赔偿请求权，这笔保险金应当作为遗产由吴某的继承人继承。各方因此发生纠纷，王某诉至人民法院，请求获得该笔保险金。

分析：人民法院会支持王某的诉讼请求吗？

3. 保险合同的履行

保险合同在订立之后，投保人和保险人应该按照保险合同的条款来履行各自的义务。

对于投保人，主要需要履行保险费缴纳义务、如实告知义务、危险增加和危险事故发生时的通知义务，以及防灾防损和施救义务。缴纳保险费是投保人的基本义务，也是在保险事故发生后，保险公司据以理赔、承担保险责任的依据。投保人、保险人在订立保险合同时应当将自己对保险合同的订立有关的事实如实地进行陈述，不得隐瞒或者故意不回答，也不得编造虚假情况来欺骗保险人。为防止道德风险的发生，在合同有效期内，保险标的的危险程度显著增加时，被保险人应当按照合同约定及时通知保险人，保险人可以按照合同约定增加保险费或者解除合同。投保人、被保险人或者受益人知道保险事故发生后，应当及时通知保险人。故意或者因重大过失未及时通知，致使保险事故的性质、原因、损失程度等难以确定的，保险人对无法确定的部分，不承担赔偿或者给付保险金的责任。保险事故发生时，投保人有义务采取措施，防止或减少被保险财产的损失。

对于保险人，主要需要履行赔偿和给付保险金的义务、说明义务、保密义务。保险人的首要义务是依照保险合同的规定对被保险人的损失予以或者给付保险金。保险人的赔偿和给付保险金的义务要求必须有确实的保险事故发生，而保险事故的发生造成了相应的损失，保险事故的发生和损失之间要存在因果关系。只有满足上述条件，保险人才承担赔偿和给付保险金的责任。保险合同的专业性非常强，基本条款及内容相对复杂并含有大量保险术语，作为投保人，往往仅能通过保险人所陈述的内容对合同进行理解。因此，保险合同在订立之初，保险人有义务向投保人说明保险合同的条款，特别对保险合同中约定的有关保险人责任免除条款的内容向投保人作出解释。保险人在和投保人订立保险合同的过程中，可能会知晓投保人、被保险人一些个人隐私和商业秘密，保险人应该尽到保守秘密的义务，不能随意泄露。

案例分析

职工夏某因病做手术。办理住院时，他曾向保险公司投保住院期间重大疾病险。保险公司在保险合同的免责条款中记载有“如果患者在保险期间离开医院，由此发生的重大疾病不属于保险责任范围”的字样。夏某在签署合同时没有认真阅读保险的免责条款，保险公司的工作人员也没有向夏某解释该免责条款的含义。夏某在术前一天离开医院回家取衣物，不慎跌倒，造成大腿骨折，花费医疗费5 000元。夏某请求保险公司赔偿医疗费损失，保险公司拒绝，称夏某是擅自离开医院造成的骨折，根据保险合同免责条款的规定，不属于保险责任范围。夏某称自己不知道保险合同中有此条款，签署合同时陪同在旁的医院医生证明，保险公司的工作人员没有向夏某说明合同含有免责条款的内容。

分析：保险公司的免责条款的效力如何？保险公司该不该赔偿？

《保险法》规定，对保险合同中免除保险人责任的条款，保险人应当在投保单、保险单或者其他保险凭证上作出足以引起投保人注意的提示，并对该条款的内容以书面或者口头形式向投保人作出明确说明；未作提示或明确说明的，该条款不产生效力。因此，案例中保险公司的免责条款无效，保险公司应该赔偿夏某的损失。

4. 保险合同的变更

在保险合同订立以后、有效期满之前，由于保险合同当事人的主客观情况的变化，有时也需要对已经订立的保险合同作必要的变更。保险合同的变更通常包括合同内容的变更和合同主体的变更。保险合同变更往往是指保险合同内容的变更，如果是保险合同主体的变更，则构成保险合同的转让。同时，保险合同内容的变更仅仅是对原合同关系的部分修改，而并非新保险合同的创设。

保险合同内容的变更一般表现为保险合同中保险标的质的变化、量的增减、保险险别、风险程度、保险期限、保险费、保险金额等内容变更。《保险法》规定，投保人和保险人可以协商变更合同内容。双方协商同意变更后，由保险人批注或者附贴批单或者双方订立变更的书面协议。保险合同的变更必须采用书面形式进行。

保险合同的转让，是指投保人或被保险人将保险合同中的权利和义务转让给他人的法律行为。在人身保险合同，特别是人寿保险合同中，主体变更主要涉及投保人与受益人的变更，其中受益人的变更比较常见。对于受益人的变更，《保险法》规定，被保险人或者投保人可以变更受益人并书面通知保险人。保险人收到变更受益人的书面通知后，应当在保险单上作批注或者附贴批单。投保人变更受益人时须经被保险人同意。

在财产保险合同中，往往由于保险财产的买卖、转让、继承等法律行为而引起保险标的所有权转移，从而引起保险合同主体投保人或被保险人的变更。《保险法》规定，保险标的转让的，保险标的的受让人承继被保险人的权利和义务。保险标的的转让，被保险人或者受让人应当及时通知保险人，但货物运输保险合同和另有约定的合同除外。

5. 保险合同的解除

保险合同的解除可以分为以下几种：

（1）任意解除。《保险法》规定，一般情况下，保险合同成立后，投保人可以解除合同，但保险人不得解除合同。

（2）协议解除。由于保险是双方当事人合意的结果，因此，双方可经过协商一致解除保险合同双方当事人的利益。协议解除应该采用书面形式进行。

（3）法定解除。根据《保险法》相关规定，保险人单方法定解除合同的情形主要有：投保人未履行如实告知义务，被保险人未履行危险增加通知的义务，保险欺诈行为，投保人、被保险人未履行维护保险标的的义务，投保人、被保险人或者受益人的故意行为。

在人身保险合同中，如果投保人申报的被保险人的年龄不真实，并且其真实年龄不符合合同约定的年龄，在此情况下，保险人可以解除合同，并在扣除手续费后，向投保人退还保险费，但是自合同成立之日起逾期两年的除外。

案例分析

2007年11月，陈某已年满61岁，按有关规定不符合保险合同约定的年龄限制。同年12月9日，其子为陈某投保了人寿保险，保险期限为5年，将被保险人的年龄申报为50岁，以符合保险合同约定的年龄限制，同时还在健康询问栏中填写了“健康”字样。2009年12月15日，陈某因胃病恶化，经医治无效死亡。陈某之子要求保险公司支付保险金，在理赔过程中，保险公司发现陈某之子在保险合同订立的时候年龄申报不真实，于是拒绝支付保险金。陈某之子认为保险合同成立已超过两年，应适用不可争辩条款，于是向法院起诉，请求法院判决保险公司支付保险金。

分析：保险公司是否应该予以赔偿？

《保险法》同时规定了对保险合同解除的例外：货物运输保险合同和运输工具航程保险合同，保险责任开始后，合同不得解除。当事人通过保险合同约定，对投保人的合同解除权作出限制的，投保人不得解除保险合同。

（二）人身保险合同

人身保险合同，又称意外保险合同，是指以人的寿命和身体为保险标的的保险合同，是当被保险人发生死亡、伤残、疾病或生存到约定的年龄、期限时，保险人根据约定承担给付保险金责任的协议。人身保险包括人寿保险、疾病保险和伤害保险，其赔偿取决于合同约定的金额，而非投保人是否真正受到财产损失的价值或数额。由于人身保险合同保险标的的不可估价性，决定了在人身保险中不存在重复保险、超额保险及代位求偿的问题。

根据人身保险合同的特点，《保险法》将人身保险合同严格界定为以下3类。

1. 人寿保险合同

人寿保险合同是指以被保险人的死亡或生存为保险标的的人身保险合同。投保人向保险人缴纳保险费，当被保险人在保险期限内死亡或生存到一定的年龄时，保险人向被保险人或其受益人给付保险金。人寿保险合同满足了人们从生存到死亡生活开销的维持，并且对人自身起着保障作用。

2. 健康保险合同

健康保险以被保险人因遭受意外伤害造成死亡或残疾为基本保险责任，主要是对人的身体所造成的损失进行承保。健康保险合同一般分为疾病保险合同、医疗保险合同、工作能力丧失保险合同和生活能力障碍保险合同4类。

3. 意外伤害保险合同

意外伤害保险主要承保意外事故造成的被保险人死亡、伤残、伤害等，被保险人造成的上述损害必须来自非本人的外来或突发性的原因。

案例分析

50岁的赵先生于2007年购买了一份终身生死两全保险，选择10年分期缴纳保险费的方式，保险金额为15万元。2007年5月8日，他首期缴纳保险费6 500元，保险合同生效。该合同规定，被保险人如在60周岁前身故，其受益人将获得两倍于保险金额的保险金，即30万元。2009年5月3日，赵先生因出差去西安没按时缴纳保险费。5月11日，赵先生在返回途中因车祸罹难。

分析：赵先生的保单还有效吗？他能获得保险金给付吗？

在人身保险合同中，投保人往往分期支付保险费，在支付了首期保险费后，投保人可能会因为一定的缘由无力支付此后各项保险费，这时保险合同的效力不受影响。因为法律规定了缴纳保险费的宽限期。根据《保险法》规定，保险公司将给予投保人60天的宽限期，投保人只要在宽限期内缴纳了保险费，保险合同继续有效。如果被保险人在宽限期内没来得及缴费就发生了保险事故，保险公司仍要为此负保险责任，但在给付保险金时可以扣减欠交的保险费。案中，赵先生的死亡发生在宽限期内，所以保险公司应对其负保险责任。

（三）财产保险合同

财产保险合同是指投保人和保险人以财产或利益为保险标的，投保人向保险人缴纳保险费，在保险事故发生造成所保财产或利益损失时，保险人在保险责任范围内承担赔偿责任的合同。财产保险在于补偿财产灭失或损坏造成的损失，赔偿数额取决于真正所受的损失，因此性质上属于损失保险。

财产保险包括海上、火灾、偷盗等财产保险，以及民事责任保险、信用保险、保证保险、农业保险、投资保险、债务人破产保险等。

被保险人在保险标的遭受损失后，根据保险合同的约定，向保险人要求履行赔偿，这就是财产保险合同索赔。而保险人在承保的保险标的发生保险事故，被保险人提出索赔后，根据合同的约定对保险事故造成的损失进行的一系列调查，是指财产保险合同理赔。

索赔是财产保险的被保险人主张其权利的行为，理赔则是保险人履行其义务的全过程。

索赔是有时效限制的。《保险法》规定，人寿保险以外的其他保险的被保险人或者受益人，对保险人请求赔偿或者给付保险金的权利，自知道保险事故发生之日起两年内不行使即消灭。

案例分析

某贸易公司购买了一辆桑塔纳小轿车，并与保险公司订立了机动车辆分项保险合同。在保险期间内，该公司与张某签订了一份清理债权债务的书面协议，约定将车转让给张某，车的过户手续由贸易公司负责办理，并将车当场先交付张某。张某驾该车回家途经某国道一拐弯处发生事故，致使车毁人亡。贸易公司当日向公安局报了案，并要求被告保险公司查验了事故现场。公安局交警支队就该车交通事故作出最终责任认定书，确认该车已彻底报废，此事故由贸易公司负全部责任。随后，贸易公司多次要求赔付，均遭拒绝。保险公司的理由是：贸易公司在保险合同有效期内将此车转让给了张某，且未向我公司申请批改，本公司有权拒绝赔偿。

分析：

（1）本案中财产保险标的能够转让吗？

（2）保险公司应该赔偿该贸易公司损失吗？

现行《保险法》第49条规定："保险标的的转让，被保险人或者受让人应当及时通知保险人，但货物运输保险合同和另有约定的合同除外。"

由此可见，投保人或保险标的受让人必须通知保险人，经过保险人同意继续承保并附单批注后，保险合同的效力才能得以延续。学界认为，保险合同是最大诚信合同，具有明显的属人性。保险标的所有人的变更将极大地改变保险标的的安全系数，带来承保时不可预测的风险，因而保险标的转让未办理保险过户批改手续的，保险公司有权拒绝赔付。从保险利益的角度而言，保险标的转让未办理标的过户手续者，受让人不具有保险利益，既然不具有保险利益，依照《保险法》原理，保险公司当然不能赔付。从《民法典》的规定来看，保险合同是附条件的给付合同，投保人（即债权人）转让合同的权利义务必须通知债务人并经其同意，只有这样才能对债务人产生法律上的效果。

二、社会保险

社会保险既是国家要求企业承担的法定义务，也是企业防范风险的有力举措。国家建立基本养老保险、基本医疗保险、工伤保险、失业保险、生育保险等社会保险制度，保障公民在年老、疾病、工伤、失业、生育等情况下依法从国家和社会获得物质帮助的权利。

（一）基本养老保险

基本养老保险是指劳动者在年老退出劳动岗位以后，由政府提供物质帮助，保障其基本生活需要的一项社会福利制度。政府建立养老保险基金，并以税收优惠的形式负担部分费用，职工和用人单位按工资收入的不同比例按月向社会保险经办机构缴费。劳动者在到达法定退休年龄和缴费年限时，可按月领取政府的养老金和享受其他的养老待遇。

参加基本养老保险的个人，达到法定退休年龄时累计缴费满 15 年的，按月领取基本养老金。参加基本养老保险的个人，达到法定退休年龄时累计缴费不足 15 年的，可以缴纳至满 15 年，按月领取基本养老金；也可以转入新型农村社会养老保险或者城镇居民社会养老保险，按照国务院规定享受相应的养老保险待遇。参加基本养老保险的个人，因病或者非因工死亡的，其遗属可以领取丧葬补助金和抚恤金；在未达到法定退休年龄时因病或者非因工致残完全丧失劳动能力的，可以领取病残补贴。

（二）基本医疗保险

基本医疗保险是指由国家立法，通过强制性社会保险原则和方法筹集建立医疗保险基金。当参加医疗保险的人员因疾病需要获得必需的医疗服务时，由经办医疗保险的社会保险机构按规定提供医疗费用补偿的一种社会保险制度。

基本医疗保险覆盖城镇所有用人单位，用人单位以上年度职工工资总额为基数，按 6%缴纳；职工个人以上年度工资收入为基数，按 2%缴纳。退休人员正式办理退休手续的次月起，个人不再缴纳基本医疗保险费。

基本医疗保险的待遇具体包括两个内容：一是医疗费用，具体包括职工门诊、住院所需诊疗费、手术费、住院费、普通药费等，而门诊挂号费、出诊费、住院的膳食费、就医路费及服用营养、滋补药品的费用等由个人负担；二是医疗期生活待遇，但下列医疗费用不纳入基本医疗保险基金支付范围：应当从工伤保险基金中支付的，应当由第三人负担的，应当由公共卫生负担的，在境外就医的。

医疗费用依法应当由第三人负担，第三人不支付或者无法确定第三人的，由基本医疗保险基金先行支付。基本医疗保险基金先行支付后，有权向第三人追偿。

（三）工伤保险

工伤保险是指国家通过社会统筹建立工伤保险基金，对保险范围内的劳动者因在生产经营活动中发生的或在规定的某些情况下，遭受意外伤害、职业病以及因这两种情况造成的死亡，在劳动者暂时或永久丧失劳动能力时，劳动者或其遗属能够从国家、社会得到的必要物质补偿，以保证劳动者或其遗属的基本生活，以及为受伤劳动者提供必要的医疗救治和康复服务。

工伤保险适用于行政区域内的所有企业、企业化管理的事业单位及其职工，工伤保险费全部由用人单位来缴纳，劳动者个人不用缴纳工伤保险费。

资料阅读

每到暑期，学生打工族就会涌入各行各业。在他们忙碌的身影背后，劳动安全成为一个被忽略的问题，暑期工的身份使得劳动关系认定成为难题。2013年8月，16岁的女孩李玲（化名）在亲戚介绍下进入无锡市惠山区某镇某公司从事暑期临时工，双方口头约定期限自8月6日至8月30日。然而才干了十来天，李玲就在工作中手部受伤，被送至医院治疗。其间，该公司支付了医疗费、护理费和伙食补助费。在先行申请劳动仲裁，仲裁委不予支持其请求确认与该公司存在劳动关系后，李玲向惠山区法院提起诉讼。

根据相关法律规定，在校生利用业余时间勤工助学不视为就业，未建立劳动关系，可以不签订劳动合同。在双方并无劳动合同的情形下，劳动关系认定应结合是否受用人单位管理、经济上是否依赖用人单位、提供劳务是否长期或固定等因素并根据具体情况综合判定。法院认为，双方提供劳务的事实不符合劳动关系的基本特征。

资料来源：唐婷婷，张玮．暑期打工遇“工伤”劳动关系难认定［N］．人民法院报，2014-08-12.

1995年劳动部颁发的《关于贯彻执行〈中华人民共和国劳动法〉若干问题的意见》第12条规定：在校生利用业余时间勤工助学，不视为就业，未建立劳动关系，可以不签订劳动合同。这明确否认了学生的劳动者地位，因此李玲的情况应与通常的工伤有所区别。所以提醒广大勤工俭学的在校学生，学生实习、兼职，与用人单位不构成劳动关系，只构成劳务关系，或者说是受民法调整的雇佣关系。劳动关系与劳务关系虽只有一字之差，却有天壤之别。劳动关系中的劳动者除享有劳动报酬外，还享有社会保险和福利、休息、休假，获得劳动安全卫生保护，接受职业技能培训，提请劳动争议处理等法定权利。而劳务关系中的自然人，一般只有获得劳动报酬的权利。

享受工伤保险待遇的情形有：（1）工作时间在本单位从事日常生产、工作；（2）从事单位临时指派的工作；（3）经单位同意，从事与本单位工作有关的科学研究及试验、发明创造或技术改造；（4）在紧急情况下，未经单位领导指定而从事有益于本单位的工作，或进行抢险救灾、救人等维护国家、社会和人民群众利益的行为；（5）在本单位从事专业性工作而引起职业病（符合卫健委公布的有关职业病规定）达到评残等级；（6）在上下班时间及必经路线上，发生非本人主要责任的交通事故，或遭受不可抗拒的意外伤害；(7) 因工外出期间，发生非本人主要责任的事故或其他意外伤害，以及因意外事故失踪；(8) 驾驶员工作期间发生交通意外事故；(9) 在执行本单位安排的生产工作任务中因突发疾病造成死亡或完全丧失劳动能力；(10) 经劳动能力鉴定机构鉴定确认为因工致残旧伤复发，经市（地级市）以上社会保险部门确认，符合国家有关规定的，可比照因工伤或因工死亡享受工伤保险待遇。

当然，因犯罪或者违反治安管理伤亡的，醉酒导致伤亡的，自残或者自杀的，不能享受工伤保险待遇。

职工因工死亡，其直系亲属可以领取丧葬补助金、供养亲属抚恤金和一次性工亡补助金。工伤职工治疗工伤或职业病所需的挂号费、住院费、医疗费、就医路费报销。工伤职工治疗非工伤范围内的疾病，其医疗费用按照基本医疗保险的规定执行。

案例分析

吴某是某医院职工，在一次工作期间与本医院职工郑某发生口角，双方互殴，致使吴某受伤，住院治疗。住院期间医院减发了其工资。吴某出院后，要求医院支付其住院期间的工资及津贴，并报销医疗费用。医院不同意，认为吴某在工作期间斗殴是违反劳动纪律的行为，致伤住院的一切经济损失应由个人承担。吴某认为是在工作地点和工作期间受到的伤害，应认定为工伤，遂向劳动争议仲裁委员会申请仲裁。

分析：

(1) 劳动争议仲裁委员会是否应支持吴某的请求？

(2) 吴某在医疗期间应享受什么待遇？

(四) 失业保险

失业保险是指国家通过立法强制实行的，由社会集中建立基金，对因失业而暂时中断生活来源的劳动者提供物质帮助的制度。

城镇各类企业及其职工、事业单位及其职工、社会团体及其职工、民办非企业单位及其职工、国家机关和与之建立劳动合同关系的职工，都必须参加失业保险并按规定缴纳失业保险费。其中，单位按照本单位工资总额的 2%缴纳失业保险费，职工按照本人工资的 1%缴纳失业保险费。无固定工资额的缴费单位，以统筹地区上年度平均工资为基数缴纳失业保险费。单位招用的农民合同制工人本人不缴纳失业保险费。当失业前用人单位和本人已经缴纳失业保险满 1 年，或非因本人意愿中断就业，或已经进行失业登记，并有求职要求的，失业人员可以从失业保险基金中领取失业保险金。失业人员在领取失业保险金期间如果重新就业，或应征服兵役，或移居境外，或开始享受基本养老保险待遇，或无正当理由拒不接受当地人民政府指定部门或者机构介绍的适当工作或者提供的培训的，将停止领取失业保险金，并同时停止享受其他失业保险待遇。

（五）生育保险

生育保险是指女性劳动者因怀孕、分娩导致不能工作，收入暂时中断，国家和社会给予必要物质帮助的社会保险制度。建立生育保险的目的是保证处于生育状态的女性劳动者的身体健康，减轻其因繁衍后代而产生的经济困难，同时也是保证劳动力再生产的延续。生育保险不单单指对女职工生育子女所花费的生育手术费、住院费等费用的补偿，还包括对女职工在规定的生育假期内因未从事劳动而不能获得工资收入的补偿。生育保险费由用人单位按照国家规定缴纳，职工无须缴纳，缴费比例一般为工资总额的1%。

享受生育津贴的情形包括：女职工生育享受产假，享受计划生育手术休假，法律、法规规定的其他情形。《女职工劳动保护特别规定》第7条规定：女职工生育享受98天产假，其中产前可以休假15天；难产的，应增加产假15天；生育多胞胎的，每多生育一个婴儿，可增加产假15天。女职工怀孕未满4个月流产的，享受15天产假；怀孕满4个月流产的，享受42天产假。第8条规定：女职工产假期间的生育津贴，对已经参加生育保险的，按照用人单位上年度职工月平均工资的标准由生育保险基金支付；对未参加生育保险的，按照女职工产假前工资的标准由用人单位支付。

任务5 经营范围和广告

核定的企业经营范围是区分企业合法经营与非法经营的法律界线。为推销自己的商品或服务，宣传这些商品或服务而让人们喜爱和购买、消费，经营者往往需要通过一定的媒介和形式直接或间接地介绍所推销的商品或提供的服务，这就需要借助广告。制作和发布广告需要遵循一定的规则。

一、亮照经营并在营业执照许可范围内经营

大学生创业必须在工商营业执照的许可范围经营，不能超出许可经营范围。

偶在创公司的“经营范围”一栏，内容是“针织服装销售，护肤、洗发护发、香水类化妆品销售”，表明偶在创公司有权经营针织服装销售，护肤、洗发护发、香水类化妆品销售，这也界定了偶在创公司经营活动的范围。偶在创公司建立了自己的网络销售经营网站。一段时间后，陈碗发现奶粉、辅食类产品的销售行情相当好，就开始销售推广奶粉、辅食类产品。为了扩大影响，陈碗利用各种机会在各大论坛作宣传、作广告，邀请大家到自己的网站去看看。陈碗将相关奶粉、辅食类产品放在网站上，并聘请从事网站建设服务的校友对网站进行了精心设计，在投放产品的第一个月内就销售了总金额

为 2 万多元的各类乳制品。店面的生意很好，陈碗庆幸自己的创业之路走得正当时。就在生意非常火爆的某一天，突然迎来了工商局的“客人”。工商局的工作人员在公司办公室环视了一圈，没有看到营业执照，就要求陈碗提供营业执照。见工商局工作人员要求，陈碗小心翼翼地把营业执照取出来交给他们。工作人员检查了公司的营业执照后说，陈碗的公司涉嫌违法经营，且公司没有将营业执照按规定悬挂在公司经营场所的醒目位置，也要进行处罚。①

从事网络经营，一样要求在网站上亮明身份。创业者需要改正将营业执照“隐身”的不好习惯。工作人员还提醒陈碗，企业在扩大经营时，一定要核对是否超出核准登记的经营范围，如超出核准登记的经营范围，一定要及时办理变更登记手续。2017 年 10 月 1 日起施行的《无证无照经营查处办法》对“从事无证经营”或“从事无照经营”，或“明知属于无照经营而为经营者提供经营场所，或者提供运输、保管、仓储等条件的”行为，都明确予以制止，并由相关部门予以处罚。

由于陈碗作为负责人，态度很好，公司又是几名大学生创办的，对从事电子商务的相关法律不熟悉，从而导致违法，工商局工作人员便对其依法从轻处罚，罚款 500 元并责令改正。

工商局工作人员继续顺藤摸瓜，又查到了帮陈碗从事网站建设服务的校友的违法行为。几名从事网站建设服务的大学生直到工商局工作人员找到他们，他们才知道从事网站建设服务需要办理电信相关增值服务许可。

二、遵守广告规则，避免虚假宣传

工商局工作人员另外对陈碗变相作广告的行为进行了批评教育。在论坛发广告会被删除，偶在创公司网站发的信息是让大家去这家网站看看，并提出意见，表面上看似乎不是广告，但其实是一种变相广告。

2015 年 4 月 24 日修订的《广告法》第 63 条规定，利用互联网发布广告，未显著标明关闭标志，确保一键关闭的，由工商行政管理部门责令改正，对广告主处五千元以上三万元以下的罚款。

新《广告法》明确，任何单位或者个人未经当事人同意或者请求，不得向其住宅、交通工具等发送广告，也不得以电子信息方式向其发送广告。在互联网页面以弹出等形式发布的广告，应显著标明关闭标志，确保一键关闭。违者将被处五千元以上三万元以下罚款。广告不得含有虚假或者引人误解的内容，不得欺骗、误导消费者。禁止在大众传播媒介或公共场所等发布烟草广告；禁止利用其他商品或服务的广告、公益广告，宣

---

① 改编自王祎．营业执照家中“睡觉”商户被罚款 500 元［N］．三峡晚报，2012-02-29；杜海．大学生创业网上做买卖 擅自超经营范围被查处［N］．重庆晨报，2009-02-08.

传烟草制品名称、商标等内容。

（一）商业广告的性质

《广告法》所称的广告，是指商业广告，由商品经营者或服务提供者承担费用，通过一定的媒介和形式直接或间接地介绍自己所推销的商品或者提供的服务。

偶在创公司是为推销商品或者提供服务，自行或者委托他人设计、制作、发布广告人（包括法人、其他经济组织或者个人），即广告主。广告主既是广告的所有人，也是广告的受益人和广告责任的主要承担者，因此，广告主在广告活动中完全处于决定地位，有权根据自身的需要和自己的意志依法自主决定采取何种形式进行何种广告活动，而不受任何单位和个人的干涉。

由于商业广告是为广告主推销其商品、介绍其服务，故对广告主来讲，承担广告费用是天经地义的事情。广告主承担广告费用，这是认定广告商业性质的基本依据。偶在创公司通过论坛发布广告性质的信息，本意想回避费用的承担，却存在变相做广告的嫌疑。

（二）广告活动的基本规则

发布广告需要遵循广告活动的基本规则，包括一般准则（一切广告都应遵守的共同性标准和要求）和特殊准则（特殊商品和服务需遵守的标准和要求）两方面，而一般准则又分为广告内容的一般准则和广告形式的一般准则两部分。

1. 广告内容的一般准则

广告应当真实、准确、合法，不得含有虚假的内容，不得欺骗和误导消费者。

资料阅读

2015年9月28日，央视财经频道播出了由国家工商总局相关人士参与录制的《中国政策论坛》节目。在节目中，国家工商总局公布了2015年涉嫌违反《广告法》的十大典型案例，其中著名相声演员侯耀华、李金斗代言的两条广告榜上有名。

十大违法广告中的三条涉及名人代言。“虎符兵印大阅兵纪念宝玺”广告被列为十大违法广告之首。广告宣称，有九尊由中国知名玉种制作的虎头宝玺，有巨大的升值空间，适逢大阅兵，“现在我们白送10套”。该广告有很多涉嫌违法的语言，而且一旦观众打电话过去，就会被不断骚扰问何时要，并被要求缴纳5 600元的工本费。

侯耀华代言的“十大传世名画”广告被列为十大违法广告的第二条。侯耀华在广告片中推荐称：“这么多的国宝级名画，只要收藏一幅就是了不得的事了。”广告还宣称，“十大传世名画”价值 388 800 元，而今免费白送，只需缴纳工本费 3 888 元。工商部门按照线索买了一套广告所说的名画，发现这些画不过是浙江某挂历厂生产的印刷品，成本价 800 元。该公司借这条广告共敛财 600 多万元。

李金斗鼎力推荐的某“顶级手串”也榜上有名。在这条“金斗寻宝”广告中，绝对性用语比比皆是：“最好的”“最贵的”，还称其有巨大升值空间，并宣传手串所谓的“治疗疾病”作用。

“郑多燕减肥晚餐”用着食品级别的生产许可证号，却宣传“用郑多燕减肥晚餐，保证让你瘦下来，不节食，不运动，躺着就能让你瘦，不腹泻，不反胃，没有一例副作用，郑多燕减肥晚餐 1 周减掉 10 斤油 30 天狂甩一身肉，只要一个月，保证让你瘦下来。3 大瘦身新突破：一是 7 天断肥根；二是 15 天排肥油；三是终身不反弹”等内容，使用数据无法证明真实、准确，且未表明出处。宣称是“中国十二位书画大师传人或再传弟子的作品真迹大全套”“五套人民币收藏”“陈老师泄油瘦身汤”“一碗泄油瘦身汤”“冬虫夏草胶囊”“舒尼迩滴耳油”6 例广告也被列为十大违法广告内。

资料来源：唐珩．十大违反广告法案例 三条名人代言广告上榜［N］．羊城晚报，2015-09-29.

（1）真实。广告应当真实、客观地介绍所推销的商品或提供的服务，不得作虚假的宣传，不得欺骗和误导消费者。广告的真实包含产品品质的真实（广告应以事实为依据，客观地介绍产品或服务）和广告情节的真实（广告不得不当利用人类的扶弱、济贫等高尚情感）。

资料阅读

巩俐的“盖中盖口服液”电视广告，以希望小学作为卖点，讲述一个小学生感谢巩俐寄来的口服液。起因是巩俐得知孩子们由于生活困难，营养不良，严重缺钙，于是从制药厂购得“盖中盖口服液”捐给他们，并细心嘱咐说每天要按时服食。这则广告的感性诉求很有感染力，拍摄水准也很高，是一则品质优良的广告。广告发布后，中国青基会却表示从未收到过巩俐捐赠的口服液，并指该广告利用希望工程搞噱头，要求对该制药厂和广告公司所做的违法广告进行查处。最终，药厂被迫主动撤下该广告。

资料来源：杜晓英．巩俐广告创意好 真实性不敢说［N］．三秦都市报，2000-07-13.

荐证广告是指任何以广告主以外的他人，在广告中以言词或其他方式反映其对商品或服务的意见、信赖、发现或亲身经验结果制播而成的广告。在广告中反映其对商品或服务的意见、信赖、发现或亲身体验结果的人为荐证者，可为知名公众人士、专业人士（机构）或一般消费者，也可以是从事上述荐证行为的外国人。在各类广告营销手法中，名人代言最能获得消费者的青睐。名人以其形象、专业、经历等作保证，易诱使消费者对其代言的商品产生认同，进而花钱购买使用。但若这类宣传是夸大或虚伪不实的，广告代言的名人应如何负责？有争议的荐证广告案例很多，包括侯耀华的医药代理广告、郭德纲“藏秘排油”事件等。社会对这些广告中代言名人应负的责任有很多争论。有人建议，可将商品夸大或虚伪不实的代言名人视为“故意装作不知情”，或与广告业主同为“共犯”，而按照违反《中华人民共和国行政处罚法》上义务的行为进行处罚。如某广告夸大不实，若广告主因违法被处罚 5～20 万元罚款，代言的名人也应依此论处。若卫生主管机关认定广告违反法律规定，即可对广告业主处以 20 万到 100 万元罚款，代言的艺人也可在同样的罚款范围内一并处罚。①

资料阅读

2008 年 12 月 31 日，随着内蒙古自治区包头市中级人民法院的一审宣判，曾轰动一时的“万里大造林，利国又利民”的财富神话走向终结——原万里大造林公司董事长陈相贵等 10 名被告人因非法经营罪获刑。内蒙古自治区包头市人民检察院的调查显示，原万里大造林公司董事长陈相贵等 10 名被告人，通过编织暴富梦想，在不足 4 年的时间里诱骗 3 万余名群众将近 13 亿元资金投入“万里大造林”的“绿色陷阱”中。而万里大造林公司的 3 万余名客户中，有 2.4 万名是东北三省的。

其中被认为起到重要作用的，正是曾经创作出《昨天、今天、明天》《卖拐》等小品，担任过电视剧《刘老根》编剧的何庆魁。何庆魁作为企业形象代言人进行广告宣传。不少东北客户正是被何庆魁的“名人”“家乡人”“副董事长”等多重光环迷惑，不惜拿出养老钱、保命钱来追逐财富梦的。

资料来源：王冬梅．内蒙古警方将追究何庆魁代言万里大造林非法所得［N］．检察日报，2009－02－04.

（2）准确。广告应清楚地介绍商品或服务，不能含混不清和模棱两可，如“本商业楼盘距火车站仅 200 米”等表述。赠品广告中应准确说明赠品的情况，如“买房子送家具”，不得明赠实搭（售）。广告中表明推销商品、提供服务附带赠送礼品的，应当标明赠送的品种和数量，如“买一送一”就很含糊。

《广告法》第 11 条规定：“广告内容涉及的事项需要取得行政许可的，应当与许可

① 张琳娜．论名人代言虚假广告的法律责任［J］．齐齐哈尔大学学报（哲学社会科学版），2010（1）；郭仕伟，郭学逵．论名人代言虚假广告的法律责任［EB/OL］．（2012－02－14）http://texfy.chinacourt.org/public/detail.php?id=327；黄伟峰．试论名人虚假代言广告的法律责任承担［J］．企业导报，2011（13）.

的内容相符合。广告使用数据、统计资料、调查结果、文摘、引用语等引证内容的，应当真实、准确，并表明出处。引证内容有适用范围和有效期限的，应当明确表示。”前文资料阅读中的“郑多燕减肥晚餐”，就是一则名人代言的违法广告。

我国禁止攀附性比较广告，如“宁城老窖、塞外茅台”“宝龙摩托、宝马品质”“黄山第一、中华第二、红塔山第三”等。攀附性比较广告旨在趋奉或攀附某个著名的竞争对手的信誉或其经营的名牌商品或服务的声誉，属于寄生虫式不劳而获的行为，是对他人劳动成果的不当利用。

（3）合法。一是指广告内容应遵守法律、法规的规定，如广告不得使用中华人民共和国国旗、国徽、国歌，不得妨碍环境和自然资源保护，不得贬低其他经营者等；二是指广告主必须合法，即广告主必须依法取得经营广告业务的主体资格。广告主自行或者委托他人设计、制作、发布广告，所推销的商品或者提供的服务应当符合广告主的经营范围。

资料阅读

凡客诚品官方网站推出系列T恤，并用国家领导人图片大幅做广告，遭到网民批评。北京市工商局表示，凡客诚品在其网站商品促销宣传中使用国家领导人形象，已构成违反《广告法》中不得使用国家机关和国家机关工作人员的名义发布广告的规定。工商管理部门将对该公司的违法行为依法进行处理。

资料来源：南婷．凡客采用国家领导人形象作广告遭查处［EB/OL］．（2012－04－26），http://www.news.cn.

2．广告形式的一般准则

（1）广告应具有可识别性和广告标记，应中立地提供消费信息，不得有直接劝说功能，即不得发布变相广告。

变相广告行为人未将其发布的广告注上广告标记，而是对广告进行伪装，使相对人无法识别其广告本质，以违反善良风俗的方式“诱惑”顾客，属于引人误解的行为；且该行为对消费者的独立判断能力造成干扰，有违正当地以价格、品质和售后服务进行正当竞争的原则，从而是不合法的。

（2）不得以新闻报道的形式发布广告，即不得发布行为广告。行为广告是指以行为艺术为基点，在行为中添加商业元素，把商业元素合理地杂糅在行为艺术中，把商品或者企业理念与行为艺术联姻，惊心策划拍摄而成的广告片或者平面广告，让作品有情理之中、意料之外的震惊效果。

3．特殊商品和服务的特殊准则

利用广播、电影、电视、报纸、期刊和其他媒介发布药品、医疗器械、农药、兽药等商品的广告，以及法律、行政法规规定应当进行审查的其他广告，必须在发布前依照有关法律、行政法规由有关行政主管部门对广告内容进行审查；未经审查，不得发布。

（1）药品、医疗器械不得含有“不科学的功效断言或保证，说明治愈率或者有效率，与其他药品和器械的功能和安全性作比较，利用医药科研单位、学术机构、医疗机构或者专家、医生、患者的名义和形象作证明”等内容。

（2）农药不得含有无毒、无害等表明安全性的绝对化的断言。

（3）香烟和烟草制品不得在各类候车室、影剧院、会议厅堂、体育比赛场馆、码头等公共场所作广告，禁止使用电视、电影、广播、报纸、期刊发布烟草广告，需标明“吸烟有害健康”。

（4）食品、化妆品和酒类不得使用医疗用语或者与药品混淆的用语。

另外，根据《广告法》，保健食品禁止代言，禁止涉及疾病预防和治疗功能；大众传播媒介发布广告须显著标明“广告”字样，不得以介绍养生知识等形式变相发布药品、医疗、保健品广告。

（三）植入式广告（隐性广告）

植入式广告，又称嵌入式广告或软性广告，是指将产品或品牌及其代表性的视觉符号甚至服务内容策略性融入电影、电视剧或电视节目内容中，通过场景的再现，让观众留下对产品及品牌的印象，继而达到营销目的的广告方式。植入式广告与传媒载体相互融合，共同建构受众现实生活或理想情境的一部分，将商品或服务信息以非广告的表现方法，在受众无意识的情态下，悄无声息地灌输给受众。

由于受众对广告有天生的抵触心理，因此在影视剧情、游戏中刻意插入商家的产品或标识，把商品融入这些娱乐方式的做法往往比硬性推销效果好得多，能达到潜移默化的宣传效果。由于诸如电视植入式广告会侵犯数亿观众的权益，社会对规范广告植入行为的呼声越来越大。

学思之窗

优化社会保障制度 推进共同富裕

在中央财经委员会第十次会议上，习近平总书记强调指出：共同富裕是社会主义的本质要求，是中国式现代化的重要特征，要坚持以人民为中心的发展思想，在高质量发展中促进共同富裕。把握新发展阶段，贯彻新发展理念，构建新发展格局，优化社会保障制度，是扎实推进共同富裕发展的重要举措。

社会保障制度是共同富裕的稳定器。在高质量发展中促进共同富裕，既要发挥市场在资源配置中的决定性作用，鼓励勤劳创新致富，允许一部分人、一部分地区先富起来，先富带后富、帮后富，又要发挥中国特色社会主义的制度优势，建立科学的公共政策体系，处理好效率与公平的关系，形成人人享有的合理分配格局，缩小收入分配差距，实现覆盖的全民性、内容的全面性、建设主体的共建性、过程的渐进性、目标的共享性的共同富裕。而要达到这一目的，发展完善社会保障制度是重要行动途径和制度保障。作为现代国家文明制度安排的社会保障制度，其价值导向和目标追求，就是通过保障与改善民生、调节收入分配、促进社会公正、实现人民共享经济发展成果，实现共同富裕。可以说，社会保障制度是公平正义的保障网、共同富裕的稳定器。

优化制度设计，健全制度体系。要推进基本养老保险和医疗保险改革，健全保险转移接续制度，提升统筹层次，建立适合老龄化社会需求的长期护理保险制度和医养融合型养老服务体系，逐步消除制度碎片，提高制度统一性、公平性和便携性。推进医疗保险体制和支付体制改革，充分发挥公立医院在人民健康和全生命周期卫生健康服务保障中的作用，加快推进健康中国建设。推动城乡居民基本医疗保险一体化建设；增强失业保险制度的适应性与灵活性，扩展失业保险制度预防失业和稳定就业的保障功能；加大生育保险、工伤保险与医疗保险的整合以及科学优化设计。要健全分层分类的社会救助体系。要统筹社会保障四大基本项目：社会保险、社会救助、社会福利、社会优抚等与慈善事业、商业保险补充保障规划，实现功能衔接和互补，建立初次分配、再分配以及第三次分配互动协调机制，兼顾公平与效率，实现社会保障的均衡充分发展。

扩大保障覆盖面，推进全民共享。让经济社会的发展成果公平惠及到所有公民是实现共同富裕的重要目标。要充分发挥大数据优势，推进全民参保。建立灵活就业人员、流动人口等新业态从业人员的参保制度；针对未参保群体，实施分类精准管理，综合利用公安、民政、卫生健康、教育、司法等多部门数据资源进行分析和追踪研判，引导各类人群纳入社会保障体系。要加强社会保障管理，加强社会保障政策执行检查，落实劳动者、用人单位、政府等不同主体的社会保险缴费责任和义务，提高社会保险关系的可转移性和便携性，畅通劳动力流动，提高公众参保意愿，筑牢全民共享的社会保障安全网。要加快弥补社会保障制度短板。坚持目标导向和需求导向，发展养老服务、儿童及妇女福利事业，增强社会保障制度供给有效性和精准性。

激发管理效能、提升共享份额。随着我国社会保障事业从“快速度扩张”转向“系统集成、协同高效的高质量发展”，下一步工作重点是在坚持共建共享的原则下，坚持以人民为中心思想，加大财政转移支付力度，提高统筹层次、打破户籍壁垒、均衡筹资责任、提升运行效率。一是健全筹资机制。根据经济发展水平，合理确定基本社会保险险种的筹资结构和比例，完善社会统筹与个人账户相结合的制度，均衡政府、用人单位和劳动者的缴费比例。二是提升统筹层次。明确各级政府事权和责任，推动各项社会保险由县市统筹向省级统筹乃至全国统筹迈进。三是完善社会保障待遇调节机制。在统筹考虑各方利益主体的经济承受能力基础上，建立与工资增长、物价增长指数相关联的待遇调整机制，增强制度科学性和合理性及可持续性。四是依托“互联网+”“区块链+民生”等信息化技术，完善全国统一的社会保障公共服务平台，通过科技手段提升社会保障公共服务的效率，让更多公众享受到便捷、高效的社会保障服务，不断满足人民群众日益增长的美好生活需要。

另外，要实施标准化建设，实现服务均等。

总之，要把社会保障制度运行的一般性和中国特色社会保障道路的经验相结合，切实贯彻共享发展理念，激发社会保障制度潜能和优势，向实现人的全面发展和全体人民共同富裕目标迈进。

资料来源：金红磊．优化社会保障制度推进共同富裕［N］．北京日报，2021-09-27.

技能训练

试用所学知识分析以下案例：

【案例1】 王某因经营需要，向胡某借款4万元并订有借款合同。合同约定还款期为两年，丁某为王某还款的保证人。1年后，王某还给胡某2万元。2个月后，王某因急需资金，又向胡某借款4万元，并约定与前次未还借款到期一并还清，双方均未通知丁某。两年期满，王某无力偿还6万元欠款。因此，胡某请求丁某偿还借款。

分析：

（1）丁某是否负有偿还借款的责任？

（2）丁某应偿还多少借款？

（3）丁某偿还借款后能否向王某追偿？

【案例2】 某市甲厂与某县乙厂签订了一份吊车买卖合同，价款15万元，约定违约金为1万元。其间，甲厂要求乙厂提供担保，丙公司与甲厂签订了一般保证的担保合同。后来，甲厂按时发货，但乙厂以吊车质量不合格为由拒绝付款并退货。于是甲厂起诉到人民法院，被告为乙厂和丙公司。法院经过调查发现吊车质量合格。

分析：

（1）乙厂如何承担违约责任？

（2）将丙公司作为被告是否正确？

（3）丙公司是否应承担保证责任？

【案例3】 甲有一辆汽车价值12万元。6月1日，甲与乙签订抵押合同将该汽车抵押，向乙借款5万元，7月5日办理了抵押登记。6月5日，甲又与丙签订抵押合同，以该车作为抵押，向丙借款6万元，并约定，“如甲到期不能还款，则汽车归丙所有”，

7月4日办理了抵押登记。

分析：

（1）乙、丙的抵押权是否都成立？若都成立，何者优先？为什么？

（2）若丙的抵押权成立，在甲到期不能还款时，可否直接依合同的约定，取得抵押车辆的所有权？

【案例4】 某厂职工杨某停薪留职，要开办一家饮食店，因资金不足，向本厂职工徐某借款4 000元。双方书面约定：1年还本付息，杨某将其一架高档进口电子琴交给徐某作担保。10天后，徐某要杨某带电子琴到徐某家取款，杨某称电子琴几天前被其弟借走，过几天才能还回来，现急需现款，请徐某先把钱借给他，如果到时不还，电子琴任徐某处理。于是徐某当场交给杨某4 000元现金。不久，杨某因经营不善，亏损严重，又将电子琴交给其邻居孙某作质押，借得现款2 000元。徐某得知此事后，认为杨某在戏弄自己，要求杨某马上将电子琴交给自己，否则就解除合同。杨某请求宽限几日，徐某不允，表示要将电子琴折价抵偿。杨某说电子琴在孙某处，如孙某同意，随便徐某处理。于是徐某找到孙某索要电子琴，但遭到孙某拒绝，徐某认为自己设质在先，便强行搬走电子琴。孙某遂告到人民法院，要求徐某返还电子琴。

分析：

（1）徐某的质押合同是否生效？徐某是否拥有合法的质权？

（2）孙某的质押合同是否生效？孙某是否拥有合法的质权？

（3）徐某从孙某家强行搬走电子琴是什么性质的行为？

【案例5】 张某带一台黑白电视机到某修理部维修，修理部留下电视机，要张某10天后交费取货。10天后，张某如约来修理部取电视机，修理人告知张某修理费共计140元，并向张某出示了价目表。张某认为费用太高，拒绝支付。于是修理部留下电视机，并告知张某尽快付清修理费，否则修理部将变卖电视机抵偿。此后过了半年，张某既未索要电视机，也未支付修理费。一天，张某又带一台彩电到这家修理部维修，双方约定1个月内交费取货。待张某来取货交费时，修理人称彩电的修理费是200元，加上黑白电视机的修理费，共计340元。张某只付了200元彩电修理费，并说140元黑白电视机的修理费，可以用黑白电视机作抵偿。修理部说："彩电才好卖，黑白电视机没人要，还是你自己拿回去处理好了。"最后，修理部退还了黑白电视机，扣留了彩电，告知张某2个月内付清140元修理费，否则变卖彩电抵偿。张某不同意，双方发生纠纷，张某诉至人民法院，要求修理部返还彩电。

分析： 修理部是否有权留置彩电？本案应如何处理？

【案例6】 A水泥厂与B建筑公司签订1 000吨水泥销售合同，双方约定合同经过公证后方有效。合同中同时规定由B公司交付给A厂5%的货款作为定金，但后来该合同未经公证，B公司即交付了定金，A厂也收受了定金。A厂在合同规定的期限内无法交付1 000吨水泥，B公司要求A厂双倍返还定金，A厂不同意，它认为合同未经公证尚未生效，自然定金条款也尚未生效，不适用双倍返还规则。

分析：A厂的主张有法律依据吗？

【案例7】 金某于2018年4月1日在某保险公司投保终身重大疾病保险6份，保险金额共计6万元，同时投保意外医疗和住院收入险数份，并一直持续缴纳保险费。在订立保险合同时，保险业务员询问金某是否有重大疾病史，金某予以否认。2019年11月，金某因身体不适住院治疗，被确诊为急性心肌梗死，花去医疗费数万元，金某随即向某保险公司申请理赔。保险公司经过调查发现，金某在2018年3月22日至2018年4月22日曾因2型糖尿病在当地医院住院治疗，金某属于在住院期间带病投保，有严重的故意不如实告知行为。因此，保险公司作出单方解除保险合同，拒绝给付保险金并不退还保险费的决定。金某不服，认为自己曾经患过2型糖尿病，但由于身体已经没有问题了，就没有再提。因此，保险公司应当承担赔付责任。

分析：本案应该如何处理？

【案例8】 甲欲向乙借款100万元，乙要求甲提供质押担保。甲现有价值50万元的房产一处、价值20万元的生产资料、价值5万元的黄金饰品、价值10万元的存款单、市价20万元的股票。

分析：假如你是乙，你会选择哪些作为质押物？

【案例9】 甲公司因转产致使一台价值1 000万元的精密机床闲置。该公司董事长与乙公司签订了一份机床转让合同。合同规定，精密机床作价950万元，甲公司于10月31日前交货，乙公司在交货后10天内付清款项。在交货日前，甲公司发现乙公司经营状况恶化，遂通知乙公司将中止交货并要求乙公司提供担保，乙公司予以拒绝。又过了一个月，乙公司的经营状况进一步恶化，甲公司于是提出解除合同。乙公司遂向人民法院起诉。人民法院查明：第一，甲公司股东会决议规定，对精密机床的处置应经股东会特别决议；第二，甲公司的机床原由丙公司保管，保管期限至10月31日，保管费50万元。11月5日，甲公司将机床提走，并约定10天内付保管费，如果10天内不付保管费，丙公司可对该机床行使留置权。现丙公司要求对该机床行使留置权。

分析：

（1）甲公司与乙公司之间转让机床的合同是否有效？为什么？

（2）甲公司中止履行的理由能否成立？为什么？

（3）甲公司能否解除合同？为什么？

（4）丙公司能否行使留置权？为什么？

【案例10】 “我去取钱，发现余额只剩30块。”2016年1月6日，贵州六盘水市张某拿着工资卡去取钱，却发现存款几乎全部“蒸发”，半个月前，卡里还有 4 万多元。张某后来发现，他的工资卡莫名地与多个第三方支付平台签约了快捷支付业务，并发生多笔支取操作。5 天内，4 万余元存款经百度钱包、苏宁易付宝、美团网等多个第三方支付平台转走。向银行索赔未果，张某以银行存在安全漏洞及技术风险为由提起诉讼。

法院经审理查明，2015 年 12 月 8 日至 12 月 12 日，张某的银行卡先后与多个第三方支付平台签约借记卡快捷支付服务，并多次通过这些快捷支付平台先后支取人民币共 43 822.05 元。签约平台包括苏宁易付宝、翼支付、微信、美团、手机 QQ、顺丰恒通等。庭审中，六盘水分行提供了 9 份内部短信管理系统截图，证明张某被转走款项是通过第三方平台进行消费支出，而不是非法转走，银行已经及时以短信的形式告知持卡人消费情况。而张某则称，案发期间，他的手机短信功能全部瘫痪，只有 2G 通话功能可用，他当时发现手机不能收发短信，还特意去电信营业厅问过，对方检查后说手机没问题，可能是信号原因。案发后，张某打印了短信详单，发现他的手机在短信功能故障期间，曾向某 150 开头的陌生号码发送了 232 条短信。案发期间，张某的银行卡异常操作 57 笔，其中取款 15 笔。仅 12 月 8 日当天，苏宁易付宝就向张某的手机发送了 4 次签约确认通知，先后 3 次从该卡支取共计 3 万元。

分析：

（1）张某银行卡被快捷支付盗刷 4 万多元，银行应否承担责任？

（2）银行能否仅凭发短信提示就可免责？

【案例 11】 2016 年 2 月 13 日，车主赵某就其所拥有的浙江省籍牌照大货车向浙江省 A 财产保险公司投保机动车辆保险，车损险足额投保，第三者责任险赔偿限额 50 万元，并附加车上人员责任险，保险期限从 2016 年 2 月 15 日零时起至 2017 年 2 月 14 日 24 时止。4 月 28 日，该车由赵某转户变更为安徽省 B 汽车运输有限责任公司，但未及时向 A 财产保险公司申请办理批改手续。

4 月 29 日，在办理完行驶证转户手续后，B 汽车运输有限责任公司雇佣的驾驶员许某驾驶该大货车从安徽开往浙江途中，在安徽地段出险，造成本车损失、驾驶员许某受伤及第三者车辆损失。B 汽车运输有限责任公司及时向 A 财产保险公司和当地交警部门报案，经当地交警部门责任认定，驾驶员许某负本次交通事故的主要责任。在驾驶员许某伤愈并经当地交警部门调解结案后，B 汽车运输有限责任公司通过赵某向 A 财产保险公司提出索赔申请。

A 财产保险公司接到索赔申请后认为，出险的前一天，该大货车由赵某转户变更为 B 汽车运输有限责任公司，但未及时到保险公司办理批改手续，根据《保险法》有关规定及保险合同中的约定，赵某已将保险标的转让，其对保险标的不再具有保险利益，且未书面通知保险人并办理批改手续，原保险合同由于保险标的的转让而失效，B 汽车运输有限责任公司并未成为本保险合同的被保险人，保险公司不应承担保险赔偿责任。

赵某和B汽车运输有限责任公司则认为，出险时，保险合同的被保险人与行驶证载明的车辆所有者不相符合这是事实，但由于保险公司在办理转户批改手续时要求提供行驶证或其复印件，安徽与浙江相隔甚远，保险合同条款并没有给B汽车运输有限责任公司提供足够合理的时间来办理批改手续，按照公平合理的原则，该格式条款在一定程度上剥夺了赵某和B汽车运输有限责任公司的合法权益，对其不具有法律约束效力，即A财产保险公司不得以该条款为由拒绝赔偿。

分析：

（1）财产保险合同的保险利益原则是什么？

（2）保险标的转让时是否保险利益也因之而转移？

（3）本案应如何处理？

在线测试

项目五
处理企业内外关系法律实务

视频资源

如果仅靠一个人，干来干去还是个体户；通过组建公司，创业者寻找到志同道合的伙伴，可以做大事业。人员多了，创业者有成就感，但也多了很多烦恼，如不能够什么事情都自己说了算，股东间需要一定的机构组织，并按照一定的议事规则商讨公司发展事宜及其他事项，股份有限公司还会更加复杂。

同时，企业在市场竞争的环境中搏击，需要理性地面对消费者的诉求、处理好与竞争者的关系。

本项目有 4 项任务，分别是：

任务 1　企业治理结构

任务 2　劳动合同法律实务

任务 3　产品质量法律实务

任务 4　消费者权益保护

能力目标

- 掌握合伙企业治理和公司治理规则
- 熟悉生产者和经营者的质量义务，熟悉 11 种不正当竞争行为
- 熟悉劳动合同的内容，熟悉劳动者和用人单位的权利和义务

◆ 熟悉消费者权益和经营者义务

知识目标

◆ 入伙和退伙，合伙事务管理，公司治理结构中股东会、董事会、监事会、经理及各自职责，董事、监事、经理的任职资格限制及其义务和责任

◆ 生产者保证产品的内在质量义务和保证产品的外在质量义务，企业质量体系认证和产品质量认证，经营者进货检查验收制度和保持销售产品的质量义务，11 种不正当竞争行为

◆ 劳动合同的形式和内容，解除劳动合同的条件和补偿，劳动者和用人单位的权利和义务

◆ 消费者的 9 项权利，经营者的 10 项义务，侵犯消费者权益的法律责任

职业目标

◆ 通过本项目学习，懂得应用公司治理结构来处理股东和合伙人之间的关系

◆ 通过本项目学习，懂得作为生产者对产品内外质量的保证义务，懂得作为经营者的产品质量义务

◆ 通过本项目学习，懂得消费者维权

素养目标

◆ 通过本项目学习，培养企业治理能力，增强产品质量意识，弘扬社会主义核心价值观

◆ 通过本项目学习，增强消费者权益保护意识，领会中国特色社会主义市场经济下对弱者的法律保护，理解法律对促进社会主义市场经济健康发展的路径及作用

任务1 企业治理结构

一、合伙企业治理

一天，陈碗翻阅报刊，《中国青年报》上一则《水果配送网站倒闭“遗言”对创业者很有用》的报道深深吸引了他的注意，因为这则报道写的大学生创业失败的故事。陈碗深受启发，约来孙博士，和他一起探讨了“小超之家”创业过程（见“导论”中“任务1”部分）中企业治理的经验教训。

（一）账目清楚是合伙存续的重要条件

对于创业者来说，盈利是活下去的首要任务。合伙人之间的彼此信任是合伙得以存续的极其重要的原因，但记好账不仅是共同创业者和睦相处、减少矛盾的内在要求，也是国家对经营者的法定要求，更是企业进一步扩大规模、对外合作、资金融通等的要求。

（二）入伙和退伙

合伙企业比较灵活，现有合伙人的退出与新合伙人的加入会导致合伙企业合伙人的变更，合伙人可以共同参与企业管理和经营。

在合伙企业存续期间，第三人加入合伙企业并取得合伙人资格，称为入伙。入伙须经全体合伙人同意并与原合伙人订立书面合伙协议。新入伙人取得合伙人的资格，与原合伙人享有同等权利，承担同等责任，对入伙前合伙企业的债务承担无限连带责任。

在合伙企业存续期间，合伙人资格的消灭，称为退伙，包括声明退伙和法定退伙两种情形。

声明退伙，又称自愿退伙，是指合伙人基于自愿的意思表示而退伙。声明退伙又可分为协议退伙和通知退伙。当合伙协议约定了合伙的经营期限的，出现下列情形之一时，合伙人可以退伙：（1）合伙协议约定的退伙事由出现；（2）经全体合伙人一致同意；（3）发生合伙人难以继续参加合伙的事由；（4）其他合伙人严重违反合伙协议约定的义务。当合伙协议约定了合伙期限时，合伙人欲退伙须经其他合伙人同意，不得单方通知退伙。合伙协议未约定合伙期限的，在不给合伙事务执行造成不利影响的前提下，合伙人可以不经其他合伙人同意而退伙，但应当提前30天通知其他合伙人。

法定退伙是指直接根据法律的规定退伙。法定退伙又可分为当然退伙和除名退伙。

当然退伙是指发生了某种客观情况而导致的退伙。这些客观情况包括：（1）作为合伙人的自然人死亡或者被依法宣告死亡；（2）个人丧失偿债能力；（3）作为合伙人的法人或者其他组织依法被吊销营业执照、责令关闭、撤销，或者被宣告破产；（4）法律规定或者合伙协议约定合伙人必须具有相关资格而丧失该资格；（5）合伙人在合伙企业中的全部财产份额被人民法院强制执行。

合伙人被依法认定为无民事行为能力人或者限制民事行为能力人的，经其他合伙人一致同意，可以依法转为有限合伙人，普通合伙企业依法转为有限合伙企业。其他合伙人未能一致同意的，该无民事行为能力或者限制民事行为能力的合伙人退伙。

除名退伙是指在合伙人出现法定事由的情形下，由其他合伙人决议将该合伙人除名。除名退伙的事由有：（1）未履行出资义务；（2）因故意或者重大过失给合伙企业造成损失；（3）执行合伙事务时有不正当行为；（4）发生合伙协议约定的事由。

对合伙人的除名决议应当书面通知被除名人。被除名人接到除名通知之日，除名生效，被除名人退伙。被除名人对除名决议有异议的，可以自接到除名通知之日起 30 日内，向人民法院起诉。

退伙事由实际发生之日为退伙生效日。退伙人对基于其退伙前的原因发生的合伙企业债务，承担无限连带责任。

（三）合伙事务管理模式

合伙机制灵活，但需要约定好合伙事务管理模式。

合伙事务可以由全体合伙人共同执行，可以由各合伙人分别单独执行，也可以由一名合伙人执行，或由数名合伙人共同执行。但如果每个合伙人都能够对外代表合伙企业，会容易出现一些意想不到的问题，如效率低下、对事务的处理久议不决等。全体合伙人也可以共同委托一个人管理合伙事务，形成一个大家能够自觉遵守的议事规则，这样的话，可以形成一个内部管理制度，有助于合伙事务的处理。

关于合伙事务执行，经全体合伙人同意，还可以聘请合伙人以外的人参与经营管理，但被聘人员不是合伙人，不具有合伙人资格，无须承担连带责任，合伙企业对其权利限制不能对抗第三人。当然，被聘人员超越授权范围给合伙人带来损失的，应承担赔偿责任。

（四）处理对外合作关系

“小超之家”与化妆品店的合作，对内是一种协作关系，双方的权利责任是清晰的，但对外，有一种表见代理的效力。如果出现纠纷，“小超之家”需要承担连带责任。但由于对内是一种合同关系，“小超之家”单方面解除合同或中止合同履行，则又是一种违约行为，需要承担违约责任。因此，“小超之家”在与化妆品店合作时，需要明确各自权利义务关系，如规定一旦出现化妆品侵权事故，一方有权中止合同履行甚至解除合同，并可以追究对方责任。如果这样，“小超之家”就可以避免走这一弯路。

“小超之家”的另外一次多元化尝试，就是承接了三元牛奶在北大校园内的送奶业务。承接这项业务的初衷主要是为了进入北大校园方便，因为身着三元公司提供的统一制服进学校不会被门口保安阻拦，方便送水果。但自从接下这项业务，他们就开始了疲于奔波的生活——送牛奶占据了主要的时间和精力，以至于没有时间来考虑更长久的打算。

与三元公司的合作，冲淡了“小超之家”的主营业务，从而给创业事业的发展带来一定的影响。那么，“小超之家”和三元公司之间是一种什么关系呢？从表面上来看，“小超之家”员工穿着三元公司的制服，人们有理由相信“小超之家”员工就是三元公司的员工。但从内部关系上来讲，两者是一种委托代理关系，对于受奶人而言，“小超之家”仅仅是第三方履行合同。但是，如果“小超之家”的员工在送奶期间遭遇工伤，应如何处理？如果“小超之家”员工在送奶过程中，出现损害受奶人的事件，是由三元公司承担责任，还是由“小超之家”承担责任？“小超之家”和三元公司之间是否形成了劳动关系？

二、公司治理结构

公司治理结构是一种联系并规范股东（财产所有者）、董事会、高级管理人员权利和义务分配，以及与此有关的聘选、监督等问题的制度框架，简单地说，就是如何在公司内部划分权力。良好的公司治理结构可解决公司各方利益分配问题，对公司能否高效运转、是否具有竞争力起到决定性作用。我国公司治理结构采用“三权分立”制度，即决策权、经营管理权、监督权分别属于股东会、董事会、监事会。通过权力的制衡，三大机关各司其职，又相互制约，保证公司顺利运行。

（一）股东会

1. 股东会的职权

股东会由全体股东组成，是公司的权力机构，决定公司的重大事项。《公司法》第37条规定，股东会行使以下职权：（1）决定公司的经营方针和投资计划；（2）选举和更换非由职工代表担任的董事、监事，决定有关董事、监事的报酬事项；（3）审议批准董事会的报告；（4）审议批准监事会或者监事的报告；（5）审议批准公司的年度财务预算方案、决算方案；（6）审议批准公司的利润分配方案和弥补亏损方案；（7）对公司增加或者减少注册资本作出决议；（8）对发行公司债券作出决议；（9）对公司合并、分立、解散、清算或者变更公司形式作出决议；（10）修改公司章程；（11）公司章程规定的其他职权。

对所列事项股东以书面形式一致表示同意的，可以不召开股东会会议，直接作出决定，并由全体股东在决定文件上签名、盖章。

2. 股东会的召集、议事规则和表决程序

股东会会议分为定期会议和临时会议。定期会议应当依照公司章程的规定按时召开。代表1/10以上表决权的股东，1/3以上的董事，监事会或者不设监事会的公司的监事提议召开临时会议的，应当召开临时会议。

首次股东会议由出资最多的股东召集和主持。公司设立董事会的，股东会会议由董事会召集，董事长主持；董事长不能履行职务或者不履行职务的，由副董事长主持；副董事长不能履行职务或者不履行职务的，由半数以上董事共同推举一名董事主持。

公司不设董事会的，股东会会议由执行董事召集和主持。

董事会或者执行董事不能履行或者不履行召集股东会会议职责的，由监事会或者不设监事会的公司的监事召集和主持；监事会或者监事不召集和主持的，代表1/10以上表决权的股东可以自行召集和主持。

股东会会议由股东按照出资比例行使表决权。但是，公司章程可以作出不同规定。股东会会议作出修改公司章程、增加或者减少注册资本的决议，以及公司合并、分立、解散或者变更公司形式的决议，必须经代表2/3以上表决权的股东通过。股东会的议事方式和表决程序，除公司法有规定的外，由公司章程规定。

召开股东会会议，应当于会议召开15日前通知全体股东。但是，公司章程另有规定或者全体股东另有约定的除外。股东会应将所议事项的决定做成会议记录，出席会议的股东应当在会议记录上签名。

（二）董事会

1. 董事会的概念和职权

董事会是公司的执行机构，是对内管理公司事务，对外以公司的名义进行活动的常设机构。

董事会对股东会负责，行使下列职权：（1）召集股东会会议，并向股东会报告工作；（2）执行股东会的决议；（3）决定公司的经营计划和投资方案；（4）制定公司的年度财务预算方案、决算方案；（5）制定公司的利润分配方案和弥补亏损方案；（6）制定公司增加或者减少注册资本以及发行公司债券的方案；（7）制定公司合并、分立、解散或者变更公司形式的方案；（8）决定公司内部管理机构的设置；（9）决定聘任或者解聘公司经理及其报酬事项，并根据经理的提名决定聘任或者解聘公司副经理、财务负责人及其报酬事项；（10）制定公司的基本管理制度；（11）公司章程规定的其他职权。

2. 董事会的组成和任期

董事会的成员为3～13人，设董事长1人，可以设副董事长，董事长和副董事长的产生办法由公司章程决定。董事会成员中可以有公司职工代表。董事会中的职工代表由公司职工通过职工代表大会、职工大会或者其他形式民主选举产生。股东人数较少或者规模较小的有限责任公司，可以设一名执行董事，不设董事会。执行董事可以兼任公司经理。执行董事的职权由公司章程规定。董事长为公司的法定代表人，不设董事会的，执行董事为公司的法定代表人。

董事的任期由公司章程决定，但每届任期不得超过3年。董事任期届满，连选可以连任。董事任期届满未及时改选，或者董事在任期内辞职导致董事会成员低于法定人数的，在改选出的董事就任前，原董事仍应当依照法律、行政法规和公司章程的规定，履行董事职务。

3. 董事会的议事规则

董事会会议由董事长召集和主持；董事长不能履行职务或者不履行职务的，由副董事长召集和主持；副董事长不能履行职务或者不履行职务的，由半数以上董事共同推举一名董事召集和主持。

董事会会议由董事长召集和主持；董事长不能履行职务或者不履行职务的，由副董事长召集和主持；副董事长不能履行职务或者不履行职务的，由半数以上董事共同推举一名董事召集和主持。董事会的议事方式和表决程序，除《公司法》有规定的外，由公司章程规定。董事会应将所议事项的决定做成会议记录，出席会议的董事应当在会议记录上签名。董事会决议的表决，实行一人一票。

（三）监事会

1. 监事会的概念和职权

监事会作为公司的监察机构，主要的职责是对公司的管理进行监督。监事对外无权代表公司，不直接参与公司的经营管理活动，但是可以与董事会成员一起处理公司的有关事务。监事会、不设监事会的公司的监事行使下列职权：（1）检查公司财务；（2）对董事、高级管理人员执行公司职务的行为进行监督，对违反法律、行政法规、公司章程或者股东会决议的董事、高级管理人员提出罢免的建议；（3）当董事、高级管理人员的行为损害公司的利益时，要求董事、高级管理人员予以纠正；（4）提议召开临时股东会会议，在董事会不履行本法规定的召集和主持股东会会议职责时召集和主持股东会会议；（5）向股东会会议提出提案；（6）董事、高级管理人员违反法律、行政法规或者公司章程的规定，损害股东利益的，对董事、高级管理人员提起诉讼；（7）公司章程规定的其他职权。

监事可以列席董事会会议，并对董事会决议事项提出质询或者建议。

监事会、不设监事会的公司的监事发现公司经营情况异常，可以进行调查；必要时，可以聘请会计师事务所等协助其工作，费用由公司承担。

2. 监事会的组成和任期

公司设监事会，其成员不得少于3人。股东人数较少或者规模较小的公司，可以设1～2名监事，不设监事会。监事会应当包括股东代表和适当比例的公司职工代表，其中职工代表的比例不得低于1/3，具体比例由公司章程规定。监事会中的职工代表由公司职工通过职工代表大会、职工大会或者其他形式民主选举产生。监事会设主席1人，由全体监事过半数选举产生。监事会主席召集和主持监事会会议；监事会主席不能履行职务或者不履行职务的，由半数以上监事共同推举一名监事召集和主持监事会会议。董事、高级管理人员不得兼任监事。监事的每届任期为3年；任期届满，连选可以连任。

监事会每年度至少召开一次会议，监事可以提议召开临时监事会会议。监事会的议事方式和表决程序，除《公司法》有规定的外，由公司章程规定。监事会决议应当经半数以上监事通过。

监事会应将所议事项的决定做成会议记录，出席会议的监事应当在会议记录上签名。

监事会、不设监事会的公司的监事行使职权所必需的费用，由公司承担。

监事任期届满未及时改选，或者监事在任期内辞职导致监事会成员低于法定人数的，在改选出的监事就任前，原监事仍应当依照法律、行政法规和公司章程的规定，履行监事职务。

（四）经理

公司可以设经理，辅助董事会执行公司的决策。经理对内处理公司的事务，对外在董事会的授权范围内代理或代表公司进行业务活动。经理由董事会决定聘任或者解聘。经理对董事会负责，行使下列职权：（1）主持公司的生产经营管理工作，组织实施董事会决议；（2）组织实施公司年度经营计划和投资方案；（3）拟订公司内部管理机构设置方案；（4）拟订公司的基本管理制度；（5）制定公司的具体规章；（6）提请聘任或者解聘公司副经理、财务负责人；（7）决定聘任或者解聘除应由董事会决定聘任或者解聘以外的负责管理人员；（8）董事会授予的其他职权。公司章程对经理职权另有规定的，从其规定。

经理列席董事会会议。

（五）董事、监事、高级管理人员的任职资格限制及其义务和责任

1. 董事、监事、高级管理人员的任职资格限制

公司的董事、监事和高级管理人员统称为公司的主要负责人。《公司法》第 146 条规定，有下列情形之一的，不得担任公司的董事、监事、高级管理人员：（1）无民事行为能力或者限制民事行为能力；（2）因贪污、贿赂、侵占财产、挪用财产或者破坏社会主义市场经济秩序，被判处刑罚，执行期满未逾五年，或者因犯罪被剥夺政治权利，执行期满未逾五年；（3）担任破产清算的公司、企业的董事或者厂长、经理，对该公司、企业的破产负有个人责任的，自该公司、企业破产清算完结之日起未逾三年；（4）担任因违法被吊销营业执照、责令关闭的公司、企业的法定代表人，并负有个人责任的，自该公司、企业被吊销营业执照之日起未逾三年；（5）个人所负数额较大的债务到期未清偿。

公司违反以上规定选举、委派董事、监事或者聘任高级管理人员的，该选举、委派或者聘任无效。

董事、监事、高级管理人员在任职期间出现该条第一款所列情形的，公司应当解除其职务。

2. 董事、监事、高级管理人员的义务和责任

董事、监事、高级管理人员应当遵守法律、行政法规和公司章程，对公司负有忠实义务和勤勉义务。

董事、监事、高级管理人员不得利用职权收受贿赂或者其他非法收入，不得侵占公司的财产。

董事、高级管理人员不得有下列行为：（1）挪用公司资金；（2）将公司资金以其个人名义或者以其他个人名义开立账户存储；（3）违反公司章程的规定，未经股东会、股东大会或者董事会同意，将公司资金借贷给他人或者以公司财产为他人提供担保；（4）违反公司章程的规定或者未经股东会、股东大会同意，与本公司订立合同或者进行交易；（5）未经股东会或者股东大会同意，利用职务便利为自己或者他人谋取属于公司的商业机会，自营或者为他人经营与所任职公司同类的业务；（6）接受他人与公司交易的佣金归为己有；（7）擅自披露公司秘密；（8）违反对公司忠实义务的其他行为。

董事、高级管理人员违反前款规定所得的收入应当归公司所有。

董事、监事、高级管理人员执行公司职务时违反法律、行政法规或者公司章程的规定，给公司造成损失的，应当承担赔偿责任。

任务2 劳动合同法律实务

作为企业老板或股东的创业者，特别要树立起“雇主责任”意识。公司员工的职务行为，公司都要承担责任。最典型的是超市“保安搜身”案例，搜顾客身体的是保安，但是被告的将是超市。员工在工作过程中发生意外，雇主也要负责任。企业主不能要求职员像自己一样没日没夜地干活，他们有劳动的权利。

一、订立劳动合同，建立劳动关系

劳动者和用人单位通过签订劳动合同建立劳动关系。劳动合同是指劳动者与用人单位确立劳动关系、明确双方权利和义务的协议。

资料阅读

大学生孙某创业成立了某公司。2010年11月，陈女士应聘到该公司担任业务员，双方未签订劳动合同。2011年8月底，公司单方面终止劳动关系，陈女士申请劳动仲裁，并提出追索双倍工资、经济补偿等，合计26 000多元。庭审中，企业辩称，陈女士是自行离岗，而不是公司通知其离岗的，未签订劳动合同也是陈女士本人的原因，但企业无法提供考勤表、职工花名册以及工资支付明细等作为证据。最终此案以用工企业支付陈女士8 000元结案，实现庭上和解。

资料来源：杨璐．大学生创业法律知识欠缺企业蒙受损失［N］．中国青年报，2011-12-19.

劳动合同应当以书面形式订立。书面形式订立的劳动合同严肃慎重、准确可靠、有据可查，一旦发生争议时，便于查清事实，分清是非，也有利于主管部门和劳动行政部门进行监督检查。另外，书面劳动合同能够加强合同当事人的责任感，促使合同规定的各项义务能够全面履行。与书面形式相对应的口头形式由于没有可以保存的文字依据，随意性大，容易发生纠纷，且难以举证，不利于保护当事人的合法权益。对于已经建立劳动关系，但没有同时订立书面劳动合同的情况，要求用人单位与劳动者应当自用工之日起一个月内订立书面劳动合同。根据《劳动合同法》规定，用人单位自用工之日起满1年不与劳动者订立书面劳动合同的，视为用人单位与劳动者已订立无固定期限劳动合同。用人单位未在用工的同时订立书面劳动合同，与劳动者约定的劳动报酬不明确的，新招用的劳动者的劳动报酬应当按照企业的或者行业的集体合同规定的标准执行；没有集体合同或者集体合同未作规定的，用人单位应当对劳动者实行同工同酬。用人单位自用工之日起超过 1 个月但不满 1 年未与劳动者订立书面劳动合同的，应当向劳动者支付 2 倍的月工资。

案例分析

2012 年底，查某进入某公司担任宾馆负责人，每月工资 3 500 元。2014 年底，查某离开该公司，双方因劳动争议申请仲裁，经仲裁委裁决查某不服，故起诉。查某诉称，自己入职后公司未与其签订劳动合同，仲裁裁决未予支持其要求双倍工资的决定是错误的，且公司是单方违法解除劳动关系，应当依法支付解除劳动合同赔偿金共计 5 万余元。该公司则辩称，与查某未签订劳动合同的主要原因在于查某本身，且查某系擅自离职。

法院经审理后查明，查某劳动期间未休年假，离职后出具说明证明与公司工资、保险补助结清。劳动期间，查某与该公司发生两份固定格式劳动合同书，其中一份封面内容系查某填写，但合同主要内容及落款姓名、落款时间及另一份劳动合同书并非查某填写，该公司依据合同依法缴纳了社保。

资料来源：陈孟凯．单位对是否签订劳动合同有举证责任 [N]．合肥晚报，2017－07－31.

分析： 查某的诉求能否得到法院支持？

用人单位不与劳动者签订劳动合同，依据《劳动合同法》，劳动者可以申请劳动仲裁，要求支付未签订劳动合同的双倍工资。

该案中，查某作为宾馆负责人，在某公司提供的劳动合同书封面上签了字，对于劳动期间按时发放工资和办理社保具有明确知道情形，且从未提出异议，视为查某知晓双方存在劳动合同事实，故法院对其主张申请未签订劳动合同的双倍工资不予支持。查某主张某公司非法解除与其之间劳动关系，因其未能提供有效证据证明，法院同样未予支持。查某离职后，与某公司结清工资且庭审中主张解除双方之间劳动关系，视为双方协商解除劳动关系，且双方对于查某未休年假应支付工资金额均无异议，故依法判令某公司支付查某解除劳动关系经济补偿金及年休假工资共计 9 000 余元，没有支持查某双倍工资的请求。

现实中，部分用人单位为最大限度地减少成本支出，为逃避为劳动者缴纳社会保险的责任，选择不与劳动者签订书面的劳动合同，或无故拖欠、克扣劳动者薪酬、不购买社会保险和随意解除劳动关系等情形时常发生。对此，法官提醒广大劳动者应强化主动提出签订书面劳动合同以维护自身权益的意识，因为劳动合同是劳动者与用人单位确立劳动关系、明确双方权利和义务的协议。我国法律规定，用人单位最迟应于实际用工之日起一个月内与劳动者签订劳动合同，否则将于满一个月的次日起承担向劳动者支付至满一年的前一日双倍工资的法律责任。需要注意的是，依据规定申请仲裁时效期间为一年，对劳动者超过法定仲裁时效期间双倍工资的请求，法院将不予支持。

如果未签订劳动合同需要维权，劳动者需要及时收集能够证明事实劳动关系的证据，如工资支付凭证或记录（职工工资发放花名册）、缴纳各项社会保险费的记录和相关证件文件等。当劳动者因用人单位未及时足额支付劳动报酬、未依法缴纳社会保险费等要求解除劳动合同，或者用人单位与劳动者协商一致，向其提出解除劳动合同等，双方应商讨经济补偿。但对于劳动者申请用人单位补缴社保的请求，法院不予受理，劳动者需要向相应部门进行维权。

二、劳动合同的内容

劳动合同的内容包括劳动合同的必备条款和约定条款。

（一）劳动合同的必备条款

劳动合同应当具备以下条款：

1. 劳动合同期限

劳动合同期限分为有固定期限、无固定期限和以完成一定的工作为期限。以完成一定的工作为期限的劳动合同是指用人单位与劳动者约定以某项工作的完成为合同期限的劳动合同。

2. 工作内容和工作地点

工作内容是劳动合同的核心条款之一，用人单位和劳动者可在协商一致的基础上，将工作内容明确规定在劳动合同中。工作地点是劳动合同的履行地，是劳动者从事劳动合同中所规定的工作内容的地点，它关系到劳动者的工作环境、生活环境和劳动者的就业选择，劳动者有权在与用人单位建立劳动关系时知悉自己的工作地点，所以这也是劳动合同中必不可少的内容。

3. 劳动保护和劳动条件

劳动保护是指用人单位为了防止劳动过程中发生安全事故，采取各种措施来保障劳动者的生命安全和健康。在劳动生产过程中，存在各种不安全、不卫生因素，如不采取措施加以保护，将发生工伤事故。例如：矿井作业可能发生瓦斯爆炸、冒顶、片帮、水火灾害等事故，建筑施工可能发生高空坠落、物体打击和碰撞等，所有这些都会危害劳动者的安全、健康，妨碍工作的正常进行。国家为了保障劳动者的身体安全和生命健康，通过制定相应的法律和行政法规、规章，规定劳动保护，用人单位也应根据自身的具体情况，规定相应的劳动保护规则，以保证劳动者的健康和安全。

劳动条件主要是指用人单位为使劳动者顺利完成劳动合同约定的工作任务，为劳动者提供必要的物质和技术条件，如必要的劳动工具、机械设备、工作场地、劳动经费、辅助人员、技术资料、工具书，以及其他一些必不可少的物质、技术条件和其他工作条件。

职业危害是指用人单位的劳动者在职业活动中，因接触职业性有害因素，如粉尘、放射性物质和其他有毒、有害物质等对生命健康所引起的危害。根据《中华人民共和国职业病防治法》的规定，用人单位与劳动者订立劳动合同时，应当将工作过程中可能产生的职业病危害及其后果、职业病防护措施和待遇等如实告知劳动者，并在劳动合同中写明，不得隐瞒或者欺骗。

4. 劳动报酬

用人单位和劳动者协商约定劳动者的工资额（含试用期工资）、工资调整的权限、发放时间、报酬的构成和变更，对于生产型企业，还可以有最低工资条款。

5. 工作时间和休息休假

一般而言，由法律规定劳动者在一定时间内（工作日、工作周）应该完成的工作任务，以保证最有效地利用工作时间，不断提高工作效率。这里的工作时间包括工作时间的长短、工作时间方式的确定，如是 8 小时工作制还是 6 小时工作制，是日班还是夜班，是实行正常工时制还是不定时工作制，或者是综合计算工时制。工作时间的不同，对劳动者的就业选择、劳动报酬等均有影响，因此成为劳动合同不可缺少的内容。

休息休假的权利是每个国家的公民都应享受的权利。《劳动法》规定，用人单位应当保证劳动者每周至少休息一日。休息休假的具体时间根据劳动者的工作地点、工作种类、工作性质、工龄长短等各有不同。

6. 社会保险

社会保险是指政府通过立法强制实施，由劳动者、劳动者所在的工作单位或社区及国家三方面共同筹资，帮助劳动者及其亲属在遭遇年老、疾病、工伤、生育、失业等风险时，防止收入的中断、减少和丧失，以保障劳动者基本生活需求的社会保障制度。由于社会保险由国家强制实施，因此成为劳动合同不可缺少的内容。

（二）劳动合同的约定条款

在劳动合同中，当事人可以协商约定试用期、服务期及保守商业秘密和竞业限制等内容。

1. 试用期

为了防止有些用人单位滥用试用期，《劳动合同法》对试用期期限和试用期工资都进行了强制性规定：劳动合同期限 3 个月以上不满 1 年的，试用期不得超过 1 个月；劳动合同期限 1 年以上不满 3 年的，试用期不得超过 2 个月；3 年以上固定期限和无固定期限的劳动合同，试用期不得超过 6 个月；以完成一定的工作为期限的劳动合同或者劳动合同期限不满 3 个月的，不得约定试用期。试用期包含在劳动合同期限内。试用期工资不得低于本单位相同岗位最低档工资或者劳动合同约定的80%，并不得低于用人单位所在地的最低工资标准。劳动合同约定工资是指试用期满后的工资。

“试用”是使某人受到一段时期的检验或试工以便能确定这人是否适合于做某事。《劳动合同法》规定，因不胜任而辞退试用期内的员工，需要先给员工培训或者调岗，经过培训或者调岗仍然无法胜任工作的，才能辞退，同时需要提前一个月通知或者额外支付一个月的工资、支付经济补偿金。

在试用期内，用人单位同样要给劳动者缴纳社保。《劳动合同法》规定，未依法为劳动者缴纳社会保险费的，劳动者可以解除劳动合同并由公司承担经济补偿金。

需要说明的是，同一用人单位与同一劳动者只能约定一次试用期；试用期结束后，不管是在劳动合同期限内，还是劳动合同续订，用人单位不得再约定试用期；劳动合同续订或者劳动合同终止后一段时间又招用的，不得再约定试用期。劳动合同仅约定试用期的，试用期不成立，该期限为劳动合同期限；违反规定的，责令改正；违法约定的试用期已经履行的，由用人单位以劳动者试用期满月工资为标准，按已经履行的超过法定试用期的期间向劳动者支付赔偿金。

案例分析

21岁的林枫是某高校大四学生，明年将参加工作。目前，林枫在一家单位试用，但是4个月过去了，现在的单位仍然没有给她转正。

分析：林枫该怎么办？

2. 服务期

用人单位为劳动者提供专项培训费用，对其进行专业技术培训的，可以与该劳动者订立协议，约定服务期。培训费包括有凭证的专业技术培训费用、培训期的差旅费及因培训产生的其他直接费用。服务期一般长于劳动合同期限。合同期满但约定的服务期尚未到期的，劳动合同应当延续至服务期满。另有约定的，从其约定。

劳动者违反服务期约定的，应当按照约定向用人单位支付违约金。违约金的数额不得超过用人单位提供的培训费用。对已经履行部分期限的，违约金不得超过服务期尚未履行部分所应分摊的培训费用。

案例分析

公司派王某到美国接受为期6个月的专业技术培训，培训费用为3.6万元，公司和王某签订了一个服务期协议，王某接受培训后必须为公司服务3年，否则要向公司支付违约金。

分析：如果王某接受培训后，在公司工作满2年后想解除合同，那么王某应该支付多少违约金？

用人单位为劳动者提供专项培训费用，对其进行专业技术培训的，可以与该劳动者订立协议，约定服务期。劳动者违反服务期约定的，应当按照约定向用人单位支付违约金，违约金的数额不得超过用人单位提供的培训费用。案例中，王某违反服务期协议，应当赔偿公司 1.2 万元（即 3.6 万元违约金分摊到 3 年服务期，每年为 1.2 万元），而无须全部赔偿。

3. 保守商业秘密和竞业限制

劳动合同当事人可以在劳动合同中约定保守用人单位商业秘密的有关事项。保守商业秘密包括合同期内的保密问题和合同终止后的竞业禁止。保密条款一般包括需要保守商业秘密的对象、保密的范围和期限及相应的补偿。

案例分析

销售是利润的来源，但采购永远是大难题。偶在创公司供货平台的商品采购极为复杂，不仅品种繁多、价格常变，而且多为个体供货。如何买到质量好、价格适中的商品是所有供货平台最头痛的问题。很多供货平台做不大的原因之一，就是老板不敢把采购权交给外人，因为这种采购太难控制。采购人员往往可能仅仅为了一包好烟而采购质次价高的商品，从而影响利润率。但作为总经理的陈碗即使精力再充沛，也不可能件件商品都自己采购，也不可能所有商品都要求送货上门，还是需要授权员工采购。当然，采购岗位是一个特殊的岗位。陈碗在优秀员工晋升为采购人员时，一方面提高了他们的工资待遇，同时与他们签订合同。合同规定，押金若干，公司会用各种各样的方法经常调查采购人员是否吃回扣；一旦发现吃回扣，哪怕是一分钱，都会被立即辞退，且没有任何补偿。但吃回扣的事情还是被调查出来。辞退不可避免，但员工张三称，押金不能扣，补偿必须有，且诉至劳动仲裁委员会。

分析：偶在创公司能否扣押金并不给任何补偿金？

竞业限制的人员限于用人单位的高级管理人员、高级技术人员和其他负有保密义务的人员。竞业限制的范围、地域、期限由用人单位与劳动者约定，竞业限制的约定不得违反法律、法规的规定。约定在解除或者终止劳动合同后，在竞业限制期限内按月给予劳动者经济补偿，否则竞业限制条款无效。劳动者违反竞业限制约定的，应当按照约定向用人单位支付违约金。在解除或者终止劳动合同后，竞业限制期限不得超过 2 年。

案例分析

赵某是 2019 年计算机专业大学毕业生，毕业后被一家软件公司录用，从事软件开发工作。在签订劳动合同的同时，公司提出要签订“竞业限制协议”，约定赵某在无论因何种原因离开公司第二年不得到其他软件公司工作，否则要支付公司违约金

10万元。另外，为补偿其“竞业限制”，公司每月在劳动合同约定的工资之外再支付其200元作为“竞业限制”的补偿金。赵某认为这是限制了自己的劳动权，拒绝签订这份协议。

分析：公司有权对赵某“竞业限制”吗？如果限制，该如何限制？

（三）无效劳动合同

符合下列情况的，属于无效劳动合同：

（1）以欺诈、胁迫的手段或者乘人之危，使对方在违背真实意思的情况下订立或者变更劳动合同的。

（2）用人单位免除自己的法定责任、排除劳动者权利的。

（3）违反法律、行政法规强制性规定的。

劳动合同被确认无效后，劳动者已履行劳动合同的，用人单位应当支付相应的劳动报酬，提供相应的待遇，一般可参照本单位同期、同工种、同岗位的工资标准支付劳动报酬。根据《劳动法》有关规定，由于用人单位的原因订立的无效合同，给劳动者造成损害的，应当比照违反和解除劳动合同经济补偿金的支付标准，赔偿劳动者因合同无效造成的经济损失。

三、劳动合同的解除

劳动合同的解除，是指劳动合同在期限届满之前，双方或单方提前终止劳动合同效力的法律行为，分为法定解除和协商解除。法定解除是指法律、法规或劳动合同规定可以提前终止劳动合同的情况。协商解除是指双方经协商一致提前终止劳动合同的法律效力。

（一）用人单位单方解除

1. 过失性解除

劳动者有下列情形之一的，用人单位可以解除劳动合同：（1）在试用期间被证明不符合录用条件的；（2）严重违反用人单位的规章制度的；（3）严重失职，营私舞弊，给用人单位造成重大损害的；（4）同时与其他用人单位建立劳动关系，对完成本单位的工作任务造成严重影响，或者经用人单位提出，拒不改正的；（5）劳动合同是在欺诈、胁迫或者乘人之危，违背当事人真实意思的情况下订立而无效的；（6）被依法追究刑事责任的。

这6种情况是由于劳动者本身的原因造成的，劳动者主观上有严重过失，因而用人单位有权随时解除合同。过失性解除不受提前通知的限制，不受用人单位不得解除劳动合同的法律限制，且不给予经济补偿。

2. 非过失性解除

劳动者有下列情形之一的，用人单位应当提前30日以书面形式通知劳动者本人或者额外支付劳动者1个月工资后可以解除劳动合同：（1）劳动者患病或者非因工负伤，在规定的医疗期满后不能从事原工作，也不能从事由用人单位另行安排的工作的；（2）劳动者不能胜任工作，经过培训或者调整工作岗位，仍不能胜任工作的；（3）劳动合同订立时依据的客观情况发生重大变化，致使劳动合同无法履行，经用人单位与劳动者协商，未能就变更劳动合同内容达成协议的。

3. 经济性裁员

有下列情形之一，需要裁减人员20人以上或者裁减不足20人但占企业职工总数10%以上的，用人单位提前30日向工会或者全体职工说明情况，听取工会或者职工的意见后，裁减人员方案经向劳动行政部门报告，可以裁减人员：（1）依照《中华人民共和国企业破产法》规定进行重整的；（2）生产经营发生严重困难的；（3）企业转产、重大技术革新或者经营方式调整，经变更劳动合同后，仍需裁减人员的；（4）其他因劳动合同订立时依据的客观经济情况发生重大变化，致使劳动合同无法履行的。

裁减人员时，应当优先留用下列人员：（1）与本单位订立较长期限的固定期限劳动合同的；（2）与本单位订立无固定期限劳动合同的；（3）家庭无其他就业人员，有需要扶养的老人或者未成年人的。用人单位在裁减人员后，6个月内重新招用人员的，应当通知被裁减人员，并在同等条件下优先录用。

为了保护劳动者的合法权益，防止不公正解雇，劳动者有下列情形之一的，用人单位不得解除劳动合同：（1）从事接触职业病危害作业的劳动者未进行离岗前职业健康检查，或者疑似职业病病人在诊断或者医学观察期间的；（2）在本单位患职业病或者因工负伤并被确认丧失或者部分丧失劳动能力的；（3）患病或者非因工负伤，在规定的医疗期内的；（4）女职工在孕期、产期、哺乳期的；（5）在本单位连续工作满15年，且距法定退休年龄不足5年的；（6）法律、行政法规规定的其他情形。

案例分析

【案例1】 某公司与刘小姐签订了5年期的劳动合同，合同至2018年5月到期。2018年4月，因刘小姐怀有身孕，休假待产，公司决定按照法律规定将刘小姐的劳动合同顺延至2019年7月哺乳期结束自动终止。2019年6月中旬，合同即将到期，公司却突然收到劳动争议仲裁委员会的仲裁通知。原来，刘小姐向劳动争议仲裁委员会提出要求公司向其支付2018年6月至2019年6月期间未签订劳动合同的双倍工资请求。公司自然满腹苦水，自认为对刘小姐所做完全依法，且仁至义尽，何以招致诉讼？

分析：公司到底应不应该与刘小姐续签书面的劳动合同，又是否应该承担支付双倍工资的责任？

【案例2】 林某在某物业公司从事行政工作，怀孕后以身体不适为由经常不上班。第一次请假履行了病假手续，第二次口头请假一个月，公司同意了。第二次一个月的病假期满后，林某没有前来上班，当部门主管联系她时，她说身体依然不适，需要延长15天假期，部门主管没有同意，让她按照正常流程向人力资源部门请假。其间公司人力资源管理人员发现林某在微信朋友圈发布了她在异地旅游的照片，非常气愤，认为这是旷工。后来，公司根据《员工手册》中"连续旷工三天或年内累计旷工七天，属于严重违纪，单位可以解除劳动合同"的规定，解除了与林某的劳动合同。林某向市劳动人事争议仲裁委员会提出仲裁申请，以自己是怀孕女职工，在孕期、产期、哺乳期内公司不能与其解除劳动合同为由要求继续履行劳动合同，并补发工资。

分析：林某的主张能否得到劳动人事争议仲裁委员会的支持？

《劳动合同法》《女职工劳动保护特别规定》等法律法规均明确对女职工予以保护。但在实践中，很多女职工误认为怀孕就等于获得了"免死金牌"，有的甚至仗着自己是孕妇有恃无恐，违反劳动纪律。女职工怀孕了，真的就等于拿到了"免死金牌"，企业就必须对其百依百顺，吃下这个哑巴亏吗？其实并不是。

在上述案件中，林某认为自己怀孕是事实，企业应该本着人性化的态度来包容她。但法律对女职工在"三期"（即孕期、产期、哺乳期）内用人单位不得随意解除劳动合同的保护并不具有绝对性、排他性，用人单位的规章制度仍适用于"三期"女职工。林某未按照企业规定履行请假手续且无故旷工已达15天，严重违反了企业的规章制度，公司可以依据《员工手册》对林某作出违纪解除劳动合同的处理决定。

（二）劳动者单方解除

劳动者单方解除合同的情况有以下两种：

（1）劳动者即时解除劳动合同。用人单位有下列情形之一的，劳动者可以解除劳动合同：1）未按照劳动合同约定提供劳动保护或者劳动条件的；2）未及时足额支付劳动报酬的；3）未依法为劳动者缴纳社会保险费的；4）用人单位的规章制度违反法律、法规的规定，损害劳动者权益的；5）劳动合同是在欺诈、胁迫或者乘人之危，违背当事人真实意思的情况下订立而无效的；6）法律、行政法规规定劳动者可以解除劳动合同的其他情形。

（2）劳动者应当提前通知对方解除劳动合同。无以上情形的，劳动者要解除劳动合同应当提前30日以书面形式通知用人单位。劳动者在试用期内提前3日通知用人单位，可以解除劳动合同。

（三）用人单位解除劳动合同给予劳动者的经济补偿

用人单位依法解除劳动合同的，应给予劳动者经济补偿金；用人单位违法解除劳动合同或者终止劳动合同，劳动者要求继续履行劳动合同的，用人单位应当继续履行，劳动者不要求继续履行劳动合同或者劳动合同已经不能继续履行的，应给予劳动者经济补偿金。

用人单位支付的经济补偿金，按劳动者在本单位工作的年限，每满 1 年支付 1 个月工资的标准向劳动者支付。6 个月以上不满 1 年的，按 1 年计算；不满 6 个月的，向劳动者支付半个月工资的经济补偿金。

用人单位违反法律规定解除或者终止劳动合同的，应当以经济补偿金标准的 2 倍向劳动者支付赔偿金。

用人单位招用尚未解除劳动合同的劳动者，给原用人单位造成经济损失的，该用人单位应当与劳动者承担连带赔偿责任。

四、工作时间与待遇

（一）工作时间与休息休假

国家实行劳动者每日工作时间不超过 8 小时、平均每周工作时间不超过 44 小时的工时制度。用人单位应当保证劳动者每周至少休息一日。用人单位在下列节日期间应当依法安排劳动者休假：（1）元旦；（2）春节；（3）国际劳动节；（4）国庆节；（5）法律、法规规定的其他休假节日。

因特殊原因需要延长工作时间的，在保障劳动者身体健康的条件下延长工作时间每日不得超过 3 小时，每月不得超过 36 小时。

有下列情形之一的，延长工作时间不受上述限制：（1）发生自然灾害、事故或者因其他原因，威胁劳动者生命健康和财产安全，需要紧急处理的；（2）生产设备、交通运输线路、公共设施发生故障，影响生产和公众利益，必须及时抢修的；（3）法律、行政法规规定的其他情形。

有下列情形之一的，用人单位应当按照下列标准支付高于劳动者正常工作时间工资的工资报酬：（1）安排劳动者延长工作时间的，支付不低于工资 150％的工资报酬；（2）休息日安排劳动者工作又不能安排补休的，支付不低于工资 200％的工资报酬；（3）法定休假日安排劳动者工作的，支付不低于工资 300％的工资报酬。

（二）工资

工资分配应当遵循按劳分配原则，实行同工同酬。

资料阅读

王某于2009年11月2日至2010年12月31日在某大学生经营的商贸有限公司从事促销主管工作，后来职位变更为业务主管，期限为2011年1月1日至2011年5月21日，双方未签订过劳动合同。王某提成工资的30%作为预留押金，由公司截留，待劳动合同解除或终止时一次性发放。5月21日，因工作中出现小失误，销售总监口头告知王某第二天不用来公司上班了。王某于7月1日申请仲裁，提出追索经济补偿金等5万多元。

庭审中，企业辩称解除王某的劳动关系，是因为其存在过错给公司造成经济损失，依据相关法律规定，其不应享受经济补偿金，并未扣发王某的提成工资，只是预留了回款奖金的30%，由于其过错，公司将其扣除。

劳动仲裁部门认为，企业解除劳动关系的理由系员工严重失职，营私舞弊，给公司造成重大损害，但在企业内部，关于重大损害的标准应属和劳动者切身利益相关的管理制度，在制定过程中应当经职工代表大会或者全体职工讨论，提出方案和意见，与工会或者职工代表平等协商确定，并在企业规章制度中有所明确，而该企业管理规定对损害程度、标准等并未具体界定。

企业根据其管理规定中有关惩罚办法的条款扣除了申请人的奖金，依照相关法律规定，用人单位不得随意扣除劳动者工资，除法律、法规规定可以代扣劳动者工资的事项外，用人单位扣除劳动者工资应当符合集体合同、劳动合同的约定或者依法制定的规章制度的规定。所谓依法制定，应当具备3个法定要件，即制定程序要民主、内容要合法、要向职工告知，缺一不可。而该企业无法提供相关证据证明其管理规定符合上述3个法定要件。最后，该商贸有限公司被裁定支付王某经济补偿金及50%的额外经济补偿金等共计2万余元。

资料来源：杨璐．大学生创业法律知识欠缺企业蒙受损失［N］．中国青年报，2011-12-19.

（三）职业培训

从事技术工种的劳动者，上岗前必须经过培训。国家确定职业分类，对规定的职业制定职业技能标准，实行职业资格证书制度，由经过政府批准的考核鉴定机构负责对劳动者实施职业技能考核鉴定。

（四）社会保险和福利

劳动者在下列情形下，依法享受社会保险待遇：（1）退休；（2）患病、负伤；（3）因工伤残或者患职业病；（4）失业；（5）生育。相关知识详见项目四。

任务3 产品质量法律实务

从“名牌”到被“砸牌”，三鹿奶粉事件时刻警醒我们：产品质量是企业发展的生命线，没有产品质量作保障，谈品牌、谈竞争都是空话。随着人们生活水平的提高，物质不断丰富，注重品牌的内在价值将成为消费者的主导。

中国消费者协会《2021年全国消协组织受理投诉情况分析》统计显示，2021年全国消协组织共受理消费者投诉1 044 861件，同比增长6.37%，解决836 072件，投诉解决率80.02%，为消费者挽回经济损失151 592万元。其中，因经营者有欺诈行为得到加倍赔偿的投诉10 675件，加倍赔偿金额1 181万元。全年接待消费者来访和咨询131万人次。

根据投诉性质，售后服务问题占31.54%，合同问题占27.22%，质量问题占20.00%，价格问题占4.42%，虚假宣传问题占4.41%，安全问题占2.93%，假冒问题占1.51%，人格尊严问题占0.72%，计量问题占0.71%，其他问题占6.54%。与2020年相比，售后服务与合同问题投诉比重上升明显，价格与质量问题投诉比重下降较多，其余类投诉变化幅度较小。①

一、保证产品质量是生产者的首要义务

为了提高经济效益，偶在创公司设立了偶在创化妆品制造公司，海滨市创业园区鼓励大学生创业，以极其优惠的价格租给偶在创化妆品制造公司一栋厂房从事生产。

生产者作为市场经济活动的主体，通过从事产品的生产活动以获取利润，谋求发展。生产者生产的产品最终都要进入消费领域，为消费者使用。生产者只有努力使自己生产的产品在适用性、安全性、可靠性、维修性、经济性等质量指标上，都符合相应的标准和要求，才能满足消费者的需要，实现产品的价值，生产者也才能取得相应的经济效益，在激烈的市场竞争中求得生存和发展。鉴于生产者是产品的直接创造者，其产品的开发、设计和制造决定了产品质量的全部特征和特性，产品的生产环节对产品质量的好坏具有根本作用。因此，法律规定，生产者必须对其生产的产品质量负责。生产者应当将保证产品质量作为首要义务，通过强化质量管理，增加技术投入，增加产品的花色、品种、性能，改进产品售后服务等措施，不断提高产品质量水平。

偶在创公司从产品的内在质量和外在质量两个方面来保证产品的质量。

---

① 中消协.2021年全国消协组织 受理消费者投诉超104万件［EB/OL］.（2022-01-28）http://news.youth.cn/jsxw/202201/t20220128_13410860.htm.

（一）保证产品的内在质量

1. 产品不得存在危及人身、财产安全的不合理危险

产品不得存在危及人身、财产安全的不合理危险，这是法律对产品质量最基本的要求，直接关系到产品使用者的身体健康和人身、财产安全，也是法律对生产者保证产品质量义务的强制性规定，生产者不得以合同约定或者其他方式免除或减轻自己的此项法定义务。

首先，生产者应当在产品设计上保证产品安全、可靠，产品设计是保证产品不存在危及人身、财产安全的不合理危险的基本环节。其次，在产品制造方面，生产者应保证产品符合规定。最后，生产者必须使其产品符合保障身体健康和人身、财产安全的国家标准和行业标准。有国家标准、行业标准的，应当符合这些标准。对尚未制定有关的国家标准、行业标准的新产品，生产者必须按照保证其产品不存在危及人身、财产安全的不合理危险的法定要求，通过制定企业标准等措施，保证其产品具备应有的安全性能。

2. 产品具有应当具有的使用性能

产品具有应当具有的使用性能，是指某一特定产品应当具有其基本的使用功能，如电冰箱应当具备制冷性能，保温瓶应当具有保温性能等，并在正常使用条件下应有合理的使用寿命。产品具有应当具有的使用性能主要体现在两个方面：一方面是产品标准、合同、规范、图样和技术要求及其他文件中明确规定的使用性能；另一方面是隐含需要的使用性能，即消费者对产品使用性能的合理期望，通常是被人们公认的、不言而喻的、不必作出规定的使用性能方面的要求。对产品使用性能的瑕疵，生产者应当予以说明后方可出厂销售，并可免除生产者对已经明示的产品使用性能的瑕疵承担责任。如果生产者不对产品的瑕疵作出说明而予以销售，生产者应当承担相应的产品质量责任。当然，如果除说明的产品的瑕疵之外，产品还存在未明示的瑕疵，生产者仍应对未明示部分的产品瑕疵承担相应的担保责任。

3. 产品质量应当符合明示的质量状况

产品质量应当“符合在产品或者其包装上注明采用的产品标准，符合以产品说明、实物样品等方式表明的质量状况”。这是法律对生产者保证产品质量所规定的明示担保义务，也是生产者向社会明确表示的保证和承诺。产品说明是生产者向消费者提供的文字说明性资料，告知消费者关于产品的有关性能指标、使用方法、安装、保养方法、注意事项及“三包”事项等。实物样品实际上是一种实物标准，实物样品清楚地表明了产品的质量状况。消费者根据实物样品购买的产品应当同样品的质量保证相符。

（二）保证产品的外在质量

产品包装是指为在产品运输、储存、销售等流通过程中保护产品，促进销售，按照

一定技术方法采用的容器、材料和附着物并在包装物上附加有关标识而进行的操作活动。产品标识是指用于识别产品或其特征、特性所做的各种表示。产品标识可以用文字、符号、标记、数字、图案等表示。产品标识由生产者提供，主要作用是表明产品的有关信息，帮助消费者了解产品的质量状况，说明产品的正确使用、保养方法，指导消费。随着市场经济的发展和扩大产品出口的需要，产品标识日益为人们所看重，认为其是产品的组成部分。如果产品标识指示不当或者存有欺骗性，则易引起消费者的误解，产生产品质量纠纷。

根据不同产品的特点和使用要求，产品标识可以标注在产品上，也可以标注在产品包装上。产品或者其包装上的标识应当符合以下要求：

1. 有产品质量检验合格证明

产品质量检验合格证明，是指生产者出具的用于证明产品质量符合相应要求的证件。合格证明包括合格证、合格印章等各种形式。合格证的项目内容，由企业自行决定。合格证一般注明检验人员或者其代号、检验日期、出厂日期等事项。一些不便于戴佩合格证的产品，可用合格章。产品质量检验合格证明只能用于经过检验合格的产品上，未经检验的产品或者检验不合格的产品，不得使用产品质量检验合格证明。

2. 有中文标明的产品名称、生产厂名和厂址

用中文标明，是指用汉字标明，根据需要，也可以附以少数民族文字。

3. 根据产品的特点和使用要求标注产品标识

产品的规格、等级、成分、含量等标识的标注，应当按照不同产品的不同特点和使用要求进行标注。法律、法规、规章或者其他规范性文件要求标明上述内容的，生产者应当予以标明。需要事先让消费者知晓的，应当在外包装上标明，或者预先向消费者提供有关资料。例如：对于食品，国家制定了食品标签强制性标准，生产者应当履行法律规定的产品标识义务；彩电、空调机、电冰箱等耐用消费品的价格较高，使用、操作复杂，这些产品应标明产品的维修保养方法，并附有中文使用说明书。

4. 限时使用产品的标识要求

限时使用的产品，应当在显著位置清晰地标明生产日期和安全使用期或者失效日期。在现实生活中，有的生产者故意将上述日期标注在不容易被人发现的位置上，或者故意标注得十分模糊，意在使过了使用期的产品继续销售，这很容易被视为违反《中华人民共和国产品质量法》、侵犯消费者权益的行为。

5. 特殊产品包装的标识要求

危险物品、储运中不能倒置和其他有特殊要求的产品属于特殊产品，包括：易碎品，如玻璃及玻璃制品、陶瓷等；易燃、易爆品，如酒精、汽油、炸药、雷管、鞭炮等；剧毒品，如农药等；储运中不能倒置的产品，如电冰箱、装有液体的包装容器等；

有其他特殊要求的产品，如古董、古玩、艺术品、工艺品等。

这些产品如果使用不当，容易造成产品本身损坏或者可能危及人身、财产安全。这些产品的包装必须符合国家法律、法规、规章、合同、标准及规范性文件规定的包装要求，保证人身、财产安全，防止产品损坏并且应当在产品包装上标注相应的产品标识。特殊产品的包装质量必须符合相应要求，依照国家有关规定作出警示标志或者中文警示说明，标明储运注意事项。

当然，也有例外。裸装的食品和其他根据产品的特点难以附加标识的裸装产品，如商店销售的面条、馒头，散装的饼干等没有包装的食品及日用杂品，很难标注产品标识的，可以不附加产品标识。

二、企业质量体系认证和产品质量认证

（一）企业质量体系认证

企业质量体系认证制度是指国务院产品质量监督管理部门或者由它授权的部门认可的认证机构，依据国际通用的《质量管理和质量保证》系列标准，对企业的质量体系和质量保证能力进行审核合格，颁发企业质量体系认证证书，以兹证明的制度。对于企业来讲，通过企业质量体系认证机构的认证，即意味着企业的质量保证能力获得了有关权威机构的认可，证明了企业保证产品质量的可靠程度，从而可以提高企业的质量信誉，增加消费者对该企业产品的信任度，扩大企业的知名度，增强企业在市场上的竞争能力。我国企业质量体系认证的依据是国际通用的质量管理标准，即国际标准化组织（ISO）推荐采用的ISO9000《质量管理和质量保证》系列标准。

在我国，企业质量体系认证遵循自愿原则，任何单位或者个人都不得强制要求企业申请质量体系认证。

（二）产品质量认证

产品质量认证是指依据产品标准和相应技术要求，经认证机构确认并通过颁发证书和认证标志，以证明企业某一产品符合相应标准和相应技术要求的活动。我国目前批准发布的产品质量认证标志主要有方圆标志（分为合格认证标志和安全认证标志）、长城标志（电工产品专用认证标志）和PRC标志（电子元器件专用认证标志）。

企业质量体系认证与产品质量认证是两个不同的概念，仅获得企业质量体系认证的企业不得在其产品上使用产品质量认证标志。

三、经营者须建立健全验货制度并保持产品质量

偶在创公司在没有设立化妆品制造工厂前，是化妆品销售商，或称化妆品经营者。

现在，它既是化妆品制造工厂又是化妆品经营者。经营者通过验货制度，并在经营过程中采取一系列保持产品质量的措施来维持质量生命线。

（一）建立并执行进货检查验收制度，验明产品合格证明和其他标识

进货检查验收制度，是指销售者根据国家有关规定和同生产者或其他供货者之间订立合同的约定，对购进的产品质量进行检查，符合合同约定的予以验收的制度。其目的是对销售者销售的货源进行把关，保证销售者所销售产品的质量，也是区分销售者与生产者责任的重要手段。销售者对所进货物经过检查验收，发现存在产品质量问题时，可以提出异议，经进一步证实所进产品不符合质量要求的，可以拒绝验收进货。如果销售者不认真执行进货检查验收制度，对不符合质量要求的产品，予以验收进货，则产品质量责任随即转移到销售者这一方。

如果在验收中发现产品的质量、品种、规格、产品标识不符合规定，需方必须向生产者或供货方提出书面异议，要求供货方予以解决；如果需方没有及时提出异议，将自己承担责任，包括承担修理、更换、退货的责任，即承担产品的瑕疵责任，以及因产品质量问题造成消费者人身、财产损失的，销售者应当赔偿损失。产品售出以后，消费者在使用过程中发现其性能达不到说明书的要求或者出现性能故障不能正常使用，这时销售者应对产品进行修理或者更换，经修理、更换仍不能达到正常使用标准的，应予以退货。这也是《消费者权益保护法》对经营者“三包”义务的要求。

（二）采取措施，保持销售产品的质量

销售者通过采取一系列保管措施，使销售产品的质量基本保持进货时的质量状况。销售者应当根据产品的不同特点，采取不同的措施，如采取必要的防雨、通风、防晒、防霉变、分类等方式；对某些特殊产品的保管，应采取控制温度等措施，尤其是药品和食品等。采取措施，还应包括配置必要的设备和设施，确保所销售产品不失效、不变质。

法律对销售者的销售行为作出了严格的规定，销售者如有违反，要承担相应的法律责任；造成人身、财产损害的，要承担赔偿责任；构成犯罪的，要依法追究刑事责任。这些销售行为包括：

（1）不得销售国家明令淘汰并停止销售的产品和失效、变质的产品。

（2）销售的产品的标识应当符合法律对生产产品或其包装上的标识的规定。

（3）不得伪造产地或者伪造、冒用他人的厂名、厂址。

（4）不得伪造或冒用认证标志等质量标志。

（5）销售产品不得掺杂、掺假，不得以假充真、以次充好，不得以不合格产品冒充合格产品。

生产者同时也是销售者，对于销售者的质量义务，生产者同样需要很好地履行。

四、遭遇不正当竞争及维权

陈碗在创业活动中经历过商业秘密被侵犯、商业信誉被诋毁的境况。自从申请3D眼镜几项专利后，陈碗的公司产品外销数量逐年增加，且在国外有了一批稳定的代销商。为了能够保持这种良好势头，陈碗接受孙博士建议，对本公司的国外代销商采取了严格的保密措施并与知晓该情况的员工签订了保密合同。这时，有一家也生产和销售眼镜的同达公司为扩大海外市场，找到偶在创公司的副经理张某，希望张某能将偶在创公司的国外代销商的联系方法、偶在创公司的报价等情况告诉同达公司，且表示愿高薪聘请张某到同达公司工作。随后张某辞职，来到同达公司工作。同达公司利用张某提供的代销商名单、偶在创公司的报价等情况，同偶在创公司的原代销商取得了联系，销售了许多产品，获得了约100万元的利润。此间，偶在创公司的海外销售额下降了许多。祸不单行，时间不长，公司另一副总陈某带走了偶在创公司的3D眼镜生产技术，自己创办了陈氏眼镜工厂，生产出与偶在创公司几乎相同的3D眼镜，并投放市场，致使偶在创公司的内销销售量继续下降。为了能够与陈碗竞争，偶在创公司原副总陈某还在网站上宣扬，说陈碗制作眼镜的塑料含有有毒成分，他们的产品才是最环保的眼镜。陈碗为此很是苦恼，遂请孙博士指点。

孙博士提示，经营信息属于商业秘密，不得侵犯；商业信誉不得被诋毁。他建议陈碗利用《中华人民共和国反不正当竞争法》（以下简称《反不正当竞争法》）捍卫自己的权益。

（一）11种不正当竞争行为

经营者在市场经济活动中，应当遵循自愿、平等、公平、诚实信用的原则，遵守公认的商业道德。为了保护公平竞争，维护经营者的合法权益，维持正常的社会经济秩序，必须坚决制止不正当竞争行为。《反不正当竞争法》明确规定了明令禁止的11种不正当竞争行为。

1. 假冒、仿冒行为

（1）假冒他人的注册商标。

案例分析

A市光明食品厂生产的“金猴”牌果味奶糖以其奶味浓、果味纯正，受到消费者的喜爱，在市场上比较畅销。该省B市一食品厂见“金猴”牌果味奶糖销路好，就将擅自印刷“金猴”注册商标标识的包装纸用在本厂生产的糖果上，与A市光明食品厂争夺市场。消费者买到假冒商品后，抱怨“金猴”牌果味奶糖质量下降，使A市光明食品厂销路骤减，造成很大的经济损失。A市光明食品厂向工商行政管理部门反映市场上有假冒商品，经调查，获知B市食品厂是生产假冒“金猴”牌果味奶糖的企业，工商管理部门依法予以查处，并追究其法律责任。

分析：

（1）为什么说B市食品厂的行为是一种不正当竞争行为？

（2）在处理本案时执法机关应如何适用法律？

（3）执法机关应对B市食品厂如何处罚？

B市食品厂未经注册商标所有人的许可，在同一种商品上使用与A市光明食品厂相同的注册商标，属于典型的假冒商标行为。商标是企业的宝贵财富，是企业的标志，商品信誉就是企业的生命。一家拥有知名商标的企业，由于自身在质量、价格及服务方面的优势，在竞争中可以取得非常有利的交易条件。A市光明食品厂的“金猴”注册商标是企业在竞争中取得优势地位的一种工具，因为它是企业信誉的标记，所以诚实经营者必定发挥商标的积极作用，争取竞争优势；与此同时，不正当竞争的行为人也会利用商标进行欺骗性交易，获得非法利益。B市食品厂假冒他人的注册商标行为是典型的违背诚实信用商业道德、危害社会经济秩序的不正当竞争行为。

《反不正当竞争法》是一部规范竞争行为的基本法，仅仅对侵犯商标权的行为作了普通规定和原则规定。如果一项违法行为既构成假冒商标的不正当竞争行为，又违反了《商标法》对注册商标专用权的保护规定，根据特别法优于普通法的原则，应优先适用《商标法》。

根据《商标法》和《反不正当竞争法》的有关规定，工商行政管理部门对B市食品厂作出处理：责令停止侵权行为、收缴未使用的有“金猴”标识的包装糖纸、赔偿商标专用权人的经济损失、罚款。

（2）仿冒知名商品标识。

案例分析

“郎酒”为国优名酒，其瓶贴上的“郎”字是最显著的标记，又是这种国优名酒特有的名称。某些酒厂将自己生产的非名牌酒起名为“雪郎”“液郎”“玉郎”，酒瓶外观标贴与国优名酒“郎酒”的外观几乎一样。

分析：

（1）所列非名牌酒起名及外观标贴与名酒相似的行为属于哪类不正当竞争行为？

（2）所列非名牌酒起名与名酒不完全相同，为什么也构成不正当竞争？

仿冒知名商品标识的行为主要是指擅自使用知名商品特有的名称、包装、装潢，或者使用与知名商品近似的名称、包装、装潢，造成与他人的知名商品混淆，使购买者误认为是该知名商品。商品的名称、包装、装潢是经营者用于创造商品形象、促销商品、开辟市场的一种竞争手段，是经营者的财富。尤其是知名商品的名称、包装、装潢已成为知名商品享有盛誉的标识。擅自使用或者仿冒他人知名商品特有的标识，在市场上产生混淆，产生误认、误购，都构成了对知名商品财产权利的侵犯，属于破坏竞争秩序的不正当竞争行为。

本案行为的经营者所使用的商品名称虽然与知名商品所使用名称不完全相同，但大体相似，对此有独特性的标识仅仅作无碍大体的改变，标识最引人注意、最突出、最醒目的部分——“郎”字依然保留，造成了普通购买者在一般情况的注意下发生误认、误购的可能，依然构成不正当竞争。

（3）擅自使用他人的企业名称或者姓名，引人误认为是他人的商品。

（4）在商品上伪造或者冒用认证标志、名优标志等质量标志，伪造产地，对商品质量做引人误解的虚假表示。

2. 商业贿赂行为

经营者在账外暗中给予对方单位或者个人回扣的，以行贿论处；对方单位或者个人在账外暗中收受回扣的，以受贿论处。但是，经营者销售或者购买商品，可以以明示方式给对方折扣，或给中间人佣金。经营者给对方折扣、给中间人佣金的，必须如实入账。接受折扣、佣金的经营者也必须如实入账。

案例分析

某医院药房采购员朱某在季度采购中结识了某地药厂的销售员赵某。赵某称：“我厂生产的抗生素及消炎药等药品积压严重，有的已经过了有效期，厂里已做了标签处理，现在急于出手，可以给进货者好处。”朱某利欲熏心，与赵某签订了合同，购买了价值70万元的抗生素及消炎药等药品。赵某私下给朱某5万元好处费。医院进药后发现抗生素和消炎药等药品质次价高，药效差。经查，药品质量有问题。

分析：赵某、朱某的行为属于何种不正当竞争行为？

《反不正当竞争法》规定，我国商业贿赂的主要表现形式是回扣。回扣是指在商品购销中，卖方从明确标价应支付价款外，暗中向买方退还钱财及其他报偿以争取交易机会和交易条件的行为，是典型的商业贿赂行为。

3. 虚假宣传行为

案例分析

上海某化妆品制造有限公司在其生产的化妆品产品外包装上标注“运用现代生物科

技，独有促透导入剂，加倍吸收，安全有效”等字样。工商管理部门调查后发现，在外包装作此标注的个别产品，实际上并未添加导入剂。

分析：上述宣传是否违反了《反不正当竞争法》等法律的有关规定？

《反不正当竞争法》规定，经营者不得利用广告或者其他方法，对商品的质量、制作成分、性能、用途、生产者、有效期限、产地等作引人误解的虚假宣传。商品质量虚假表示，包括制作成分、制作方法及有效期的虚假表示行为。案例中，该公司虚假表示导入剂明显属于商品质量虚假表示，是应该明令禁止的。

4. 侵犯商业秘密行为

经营者不得采用下列手段侵犯商业秘密，获取非法利益：

（1）以盗窃、利诱、胁迫或者其他不正当手段获取权利人的商业秘密。

（2）披露、使用或者允许他人使用以前项手段获取的权利人的商业秘密。

（3）违反约定或者违反权利人有关保守商业秘密的要求，披露、使用或者允许他人使用其所掌握的商业秘密。

第三人明知或者应知前款所列违法行为，获取、使用或者披露他人的商业秘密，视为侵犯商业秘密。这里所说的商业秘密，是指不为公众所知悉、能为权利人带来经济利益、具有实用性并经权利人采取保密措施的技术信息和经营信息。

针对陈碗的烦恼，孙博士要求陈碗分析：偶在创公司的国外代销商名单是否属于商业秘密？如果同达公司侵犯了偶在创公司的商业秘密，偶在创公司可以怎么办？如何主张损失数额？

经过对照法条和认真分析，陈碗得出结论：同达公司侵犯了偶在创公司的商业秘密。因为偶在创公司的海外代销商名单并不为公众所知悉，能为偶在创公司带来经济利益，具有实用性并经偶在创公司采取保密措施的经营信息，属于商业秘密。同达公司通过给偶在创公司副经理张某高薪的办法，取得了偶在创公司的商业秘密，侵犯了偶在创公司的合法权益。偶在创公司可以以同达公司侵犯商业秘密期间本公司所受的损失为赔偿请求额，若损失额难以计算，则以同达公司在侵权期间因侵权获得的利润作为赔偿请求额。

对于陈某的行为，陈碗将陈某诉至人民法院，人民法院通过专家调查鉴定，认为偶在创公司掌握的技术在全国范围内属于独一无二的先进技术。通过鉴定，陈氏眼镜工厂使用的技术与偶在创公司的技术大体相同，遂认定陈某侵犯了偶在创公司的商业秘密。

5. 低价倾销行为

案例分析

A公司成立于2015年，主要生产电视机、电冰箱等家用电器。由于生产技术先进，经营管理科学，销路很好，A公司效益连年递增，企业实力不断提升。B公司也是生产经营电视机、电冰箱等家用电器的企业，虽成立较晚，但其技术先进，产品质量好且外观设计新颖，深受消费者青睐。B公司销售量迅速增长，对A公司的优势地位构成威胁。为夺回失去的市场，保持优势地位，A公司于2019年8月采取大幅度降价销售的经营策略，将批发价降至成本价的90%。在这一措施的刺激下，A公司很快夺回了被B公司占有的市场份额，致使B公司销量骤降，产品严重滞销。为此，B公司向工商行政管理部门投诉，要求依法查处A公司的违法行为。

分析：A公司是否违反了《反不正当竞争法》的有关规定？

案例中，A公司的行为符合《反不正当竞争法》关于不正当竞争行为的规定。A公司以排挤竞争对手为目的，采取压价销售的手段，以低于成本的价格销售商品，属于低价倾销行为，构成了不正当竞争行为，应明令禁止。

但是，经营者为销售鲜活商品，处理有效期限即将到来的商品或者其他积压的商品，季节性降价，因清偿债务、转产、歇业而降价销售商品的行为，不属于不正当竞争行为。

6. 搭售或附加不合理条件的行为

经营者销售商品，不得违背购买者的意愿搭售商品或者附加其他不合理的条件。

7. 不正当有奖销售行为

不正当有奖销售行为包括：采取谎称有奖或故意让内定人员中奖的欺骗方式进行有奖销售；利用有奖销售的手段推销质次价高的商品；抽奖式的有奖销售，最高奖的金额超过5 000元。

案例分析

2022年5月9日，某省工商局接到群众举报，称A公司的有奖活动的最高奖的金额超过5 000元。经调查，这次有奖活动的主体是深圳市B公司。该公司于2021年4月15日至5月15日，通过A公司的信息平台发布广告、销售产品，最高奖的奖品为某品牌摄像机一台。经过权威部门鉴定，该摄像机的市场价为7 100元。

分析：B公司的行为是否属于不正当有奖销售行为？

案例中，奖品价值7 100元，已经超过了最高奖金额5 000元的限制，从而应认定为不正当有奖销售。

8. 诋毁商誉行为

经营者的商业信誉不得被诋毁。其他经营者不得捏造、散布虚假事实，损害竞争对手的商业信誉、商品声誉。陈碗可以依据《反不正当竞争法》的相关条款来维权。

9. 独占排挤行为

公用企业或者依法具有独占地位的经营者，限定他人购买其指定的经营者的商品，以排挤其他经营者公平竞争的，应明令禁止。

10. 滥用行政权力行为

政府及其所属部门滥用行政权力，限定他人购买其指定的经营者的商品，限制其他经营者正当的经营活动，限制外地商品进入本地市场，或者本地商品流向外地市场的，属于不正当竞争行为。

11. 串通投标行为

投标者和招标者不得相互勾结，以排挤竞争对手的公平竞争。

案例分析

某大学在基础建设中，要翻新、扩建从主校门至高速公路的道路。该校基建处处长高某建议采用招标方式，于是在报纸上刊登招标广告，本地几家集体建筑队和工程承包公司闻讯前来参加投标。某乡村建筑队的包工头与高某相识，对高某又是请客又是送礼，希望能中标，并对高某许诺，如果中标必有重谢。高某见钱眼开，与包工头相互通报了标底和标价。由于该乡村建筑队在开标和决标前就已知道了标底和标价，并从高某处打探到了其他投标者的投标状况，于是在投标书中投其所好，以较大的优势中标。该乡村建筑队中标后，包工头暗中送给高某 2 万元作为酬谢。该乡村建筑队在施工中偷工减料，粗制滥造，导致道路质量低劣。经查处，高某和包工头都受到了应有的法律制裁。

分析：为什么说案例中的投标行为是不正当竞争行为？

在招标活动中，招标者应自己进行研究论证，根据客观情况制作标底，然后向投标者发出投标邀请；投标者应根据招标者的要求，根据自身情况，独立制作自己的投标文件，确定标价。招标在开标和决标之前，除对招标文件作适当的解释外，绝不能与投标者发生实质性的沟通和联系，更不能互相通报标底和标价。只有这样，招标者才能通过投标者之间的竞争，选择最优秀、合适的投标者，从而实现招标活动的竞争意义。

案例中，高某与包工头在开标和决标之前就已互相勾结，暗中安排了特定的投标者中标，实质上是剥夺了其他投标者中标的权利。投标者与招标者之间互相勾结，实际上使其他投标者处于十分不利的境地，其他投标者事先已失去了中标的可能，因此，这种不正当竞争行为破坏了竞争的公平性，限制了竞争，又违反了经营者必须遵守的商业道德。

投标者与招标者相互勾结，以排挤竞争对手公平竞争的，其中标无效。监督检查部门可以根据情节，处以 1 万元以上、20 万元以下的罚款。

（二）网络不正当竞争

良好的市场秩序与公平竞争秩序，对于电子商务领域同样至关重要。“刷单”已成为危害电商行业诚信的毒瘤。2016 年央视“3·15 晚会”曝光电商刷单，而新三板电商

“爱尚鲜花”竟因自曝“刷单”出名。“刷单”已成行业潜规则，形成一条产业链，除商家外，各类刷单软件、QQ群、快递都参与其中，背后暴露的是电商平台诚信体系不完善。其中，阿里状告“傻推网”涉嫌严重危害市场竞争秩序一案，被称为“全国首例电商平台状告刷单团伙案”。

企业在进行网络推广时应当尽量避免触犯法律，特别是通过竞价排名或者推广链接进行推广时，应该遵守法律规定，不能存在搭便车的行为，否则可能构成商标侵权或者不正当竞争。近年来，互联网科技公司在竞争中频繁上演人才挖墙脚大战，导致商业秘密被侵犯案件偶有发生。

案例分析

一名淘宝店主为了打击竞争对手，雇人疯狂购买对方产品，恶意“刷单”1 500多次，最终触发淘宝自动处罚机制，造成对手蒙受损失19余万元。南京市雨花台区人民法院开庭审理此案，涉案淘宝店主等人被以涉嫌破坏生产经营罪起诉。该案也是南京市网络恶意“刷单”第一案。

分析：

（1）网络恶意“刷单”是一种什么样的违法行为？

（2）网络恶意“刷单”构成刑事犯罪吗？

（三）面对不正当竞争的维权

县级以上各级人民政府工商行政管理部门是监督检查不正当竞争行为的机构，对不正当竞争行为进行监督检查；法律、法规规定由其他部门监督检查的，依照规定办理。当遭受不正当竞争行为侵犯时，可以第一时间反映给工商管理部门，请求查处。工商管理部门有权对不正当竞争行为实施检查监督，并对违反规定的经营者进行行政处罚。

经营者违反《反不正当竞争法》的规定，对被侵害的经营者造成损害的，应当承担损害赔偿责任，被侵害的经营者的损失难以计算的，赔偿额为侵权人在侵权期间因侵权所获得的利润，并应当承担被侵害的经营者因调查该不正当竞争行为所支付的合理费用。被侵害的经营者的合法权益受到不正当行为损害的，可以向人民法院提起诉讼。

任务4 消费者权益保护

1993年颁布的《中华人民共和国消费者权益保护法》，2013年10月进行了第二次修正，对消费者为生活消费需要而购买、使用商品或接受服务的权益，以及农民购买、使用直接用于农业生产的各种生产资料的生产性消费活动的权益进行保护；对经营者为消费者提供其生产、销售的商品或服务的行为进行规范。

一、消费者的权利

消费者的权利，是指在消费活动中，消费者依法享有的各项权利的总和。《消费者权益保护法》为消费者设立了相互独立又相互关联的 9 项权利。

（一）安全保障权

消费者在购买、使用商品和接受服务时享有人身、财产安全不受损害的权利。消费者有权要求经营者提供的商品和服务符合保障人身、财产安全的要求。

（二）知悉真情权

消费者享有知悉其购买、使用的商品或者接受的服务的真实情况的权利。消费者有权根据商品或者服务的不同情况，要求经营者提供商品的价格、产地、生产者、用途、性能、规格、等级、主要成分、生产日期、有效期限、检验合格证明、使用方法说明书、售后服务，或者服务的内容、规格、费用等有关情况。

（三）自主选择权

消费者享有自主选择商品和服务的权利，包括有权自主选择提供商品或者服务的经营者，有权自主选择商品品种或者服务方式，有权自主决定是否购买任何一种商品或接受任何一项服务，有权对商品或者服务进行比较鉴别和选择。经营者不得以任何方式干涉消费者行使自主选择权。

（四）公平交易权

公平交易是指经营者与消费者之间的交易应在平等的基础上达到公正的结果。公平交易权体现在两个方面：（1）交易条件公平，即消费者在购买商品或接受服务时，有权获得质量保证、价格合理、计量正确等公平交易条件；（2）不得强制交易，即消费者有权按照真实意愿从事交易活动，对经营者的强制交易行为有权拒绝。

（五）获取赔偿权

获取赔偿权，又称消费者的求偿权，依照《消费者权益保护法》的规定，消费者因购买、使用商品或者接受服务受到人身、财产损害的，享有依法获得赔偿的权利。享有求偿权的主体包括商品的购买者、使用者，服务的接受者，以及消费者之外的因某种原因在事故发生现场而受到损害的第三人。

求偿的内容包括：（1）人身损害的赔偿，无论是生命健康还是精神方面的损害均可要求赔偿；（2）财产损害的赔偿，依照《消费者权益保护法》及《民法典》等相关法律的规定，包括直接损失及可得利益损失的赔偿。

案例分析

大学生李某在某发廊剪头发，因理发师的失误，致使其左耳被剪伤，流血不止，后送至医院缝了6针。李某深感气愤，遂到发廊找老板理论，要求发廊赔偿医药费及精神损失费共计1 000元。发廊老板拒绝其请求。理由为，剪伤李某的理发师系该店临时工，事发后已被辞退。李某的损失应该由该理发师负责，与发廊没有关系，所以不应予以赔偿。李某不服，遂将该发廊诉至人民法院。

分析：该案件应如何处理？

根据《消费者权益保护法》的规定，消费者在购买、使用商品或者接受服务时，享有人身、财产安全不受损害的权利。经营者应当保证其提供的商品或者服务符合保障人身、财产安全的要求，在经营场所内保障消费者的人身安全。经营者提供的商品或者服务，造成消费者人身伤害的，应当支付医疗费、护理费、误工费等。本案中发廊老板没有尽到自己的义务，提供的理发服务给消费者造成了人身伤害，因此应当承担赔偿责任。理发师虽然是该店的临时工，但是仍然属于该店的工作人员，与发廊之间形成了雇佣关系，因此雇主应当对雇员的职业行为负责。

求偿的对象包括以下两个层次：

（1）向销售者或生产者、服务者求偿。消费者在购买、使用商品时，其合法权益受到损害的，可以向销售者要求赔偿。销售者赔偿后，属于生产者的责任或者属于向销售者提供商品的其他销售者的责任的，销售者有权向生产者或者其他销售者追偿。

消费者或者其他受害人因商品缺陷造成人身、财产损害的，可以向销售者要求赔偿，也可以向生产者要求赔偿。属于生产者责任的，销售者赔偿后，有权向生产者追偿。属于销售者责任的，生产者赔偿后，有权向销售者追偿。

消费者在接受服务时，其合法权益受到损害的，可以向服务者要求赔偿。

（2）向其他利益关系主体求偿。消费者在购买、使用商品或者接受服务时，其合法权益受到损害，因原企业分立、合并的，可以向变更后承受其权利义务的企业要求赔偿。

使用他人营业执照的违法经营者提供商品或者服务，损害消费者合法权益的，消费者可以向其要求赔偿，也可以向营业执照的持有人要求赔偿。

消费者在展销会、租赁柜台购买商品或者接受服务，其合法权益受到损害的，可以向销售者或者服务者要求赔偿。展销会结束或者柜台租赁期满后，也可以向展销会的举办者、柜台的出租者要求赔偿。展销会的举办者、柜台的出租者赔偿后，有权向销售者或者服务者追偿。

案例分析

A县商业局和供销社联手举办商品展销会，甲在展销会上以2 150元的价格购买了B厂展销的电冰箱一台。将冰箱拉回家后，甲按照说明书的要求摆放电冰箱并接通电源，但是过了很长时间仍然没有动静，打开冰箱发现里面很热。第二天，甲赶到展销会，请B厂的技术人员到家里维修，经过两个多小时检修，冰箱恢复正常。但是，用了一周之后，冰箱再也不制冷了，此时展销会已经结束。甲写信到B厂要求修理更换，被告知B厂已被合并到C厂，B厂已被撤销。

分析： 甲应向谁提出修理、更换、退货等要求？甲可以通过何种途径解决纠纷？

（六）结社权

消费者享有依法成立维护自身合法权益的社会团体的权利。目前，中国消费者协会及地方各级消费者协会已经成立。实践证明，消费者组织的工作对推动我国消费者运动的健康发展、沟通政府与消费者的联系、解决经营者与消费者的矛盾、更加充分地保护消费者权益起到了积极的作用。

（七）获得相关知识权

消费者享有获得有关消费和消费者权益保护方面的知识的权利。消费知识主要是指有关商品和服务的知识；消费者权益保护知识主要是指有关消费者权益保护方面，以及权益受到损害时如何有效解决方面的法律知识。

消费者应当努力掌握所需商品或者服务的知识和使用技能，正确使用商品，提高自我保护意识。

资料阅读

在网络购物中，“秒杀”行为迅猛发展，成为一种新的消费方式。作为网上竞拍的一种新方式，“秒杀”是指网络卖家发布一些超低价格的商品，所有买家在同一时间上网抢购的一种销售方式。由于商品价格相对低廉，往往一上架只需几秒钟就被抢购一空。

据了解，网络购物因其产品选择面广、价格优惠及独具的便利性成为消费时尚。有数据显示，目前上网买东西的网民很高，然而，消费纠纷也随之而来。为此，12315平台不断培训顾客，要求他们做好维权的各项准备工作，要求消费者在低价诱惑面前保持一颗平常心，尊重市场经济的一般规律。具体操作时，首先，要仔细甄别商品信息，选择信誉好的商家，避免所购商品存在质量风险。其次，消费者应增强证据意识。保留好介绍“秒杀”活动的网页资料以及交易过程中的网上聊天记录、快递单等，并在纠纷出现后第一时间对上述资料进行必要的证据保全，如对网页进行公证等。最后，对“秒杀”获得的商品应索要发票或其他购物证明，一旦出现问题及时维权。同时，告诫秒杀活动的主办商家，应预先进行风险评估并核算投入成本，以保证经营活动顺利进行；建立“秒杀”活动规范，并限定每人“秒杀”的次数，以保证消费者公平“秒杀”的权利。

资料来源：马哲，卢灼华．工商：“秒杀”购物证据更重要［EB/OL］．（2011－07－12）www. nxnews. net.

（八）受尊重权和个人信息受保护权

消费者在购买、使用商品或者接受服务时，享有人格尊严、民族风俗习惯得到尊重的权利，享有个人信息依法得到保护的权利。人格权是消费者人身权的主要组成部分。尊重他人的人格尊严和不同民族的风俗习惯，是一个国家和社会文明进步的重要标志，也是法律对人权保障的基本要求。我国是一个多民族国家，尊重各个民族尤其是少数民族的风俗习惯，这关系到全国的安定团结，关系到各民族的长久和睦。《消费者权益保护法》将人格尊严和民族风俗习惯专条加以规定，是对消费者精神权利的有力保障，也是党和国家民族政策在法律上的体现。消费者个人信息受保护权通过规范经营者收集、使用、保密消费者个人信息的行为等来体现。

（九）监督批评权

消费者享有对商品、服务及保护消费者权益工作进行监督的权利，包括有权对经营者的商品和服务进行监督，在权利受到侵害时有权提出检举或控告；有权对国家机关及工作人员进行监督，对其在保护消费者权益工作中的违法失职行为进行检举、控告，以及对消费者权益工作的批评、建议权。监督权是上述各项权利的必然延伸，对消费者权利的切实实现至关重要。

二、经营者的义务

在消费法律关系中，消费者的权利就是经营者的义务。为了有效地保护消费者的权益，约束经营者的经营行为，《消费者权益保护法》不仅专章规定了消费者的权利，还专章规定了经营者的义务。

（一）履行法定义务及约定义务

经营者向消费者提供商品或服务，应依照法律、法规的规定履行义务。双方有约定的，应按照约定履行义务，但双方的约定不得违法。

（二）接受监督的义务

经营者应当听取消费者对其提供的商品或服务的意见，接受消费者的监督。经营者向消费者提供商品或者服务，应当恪守社会公德，诚信经营，保障消费者的合法权益；不得设定不公平、不合理的交易条件，不得强制交易。

（三）保证商品和服务安全的义务

经营者应当保证其提供的商品或服务符合保障人身、财产安全的要求。经营者应当做到：（1）对可能危及人身、财产安全的商品和服务，应作出真实说明和明确的告示，标明正确使用及防止危害发生的方法。（2）宾馆、商场、餐馆、银行、机场、车站、港口、影剧院等经营场所的经营者，应当对消费者尽到安全保障义务。（3）经营者发现其提供的商品或服务存在严重缺陷，即使正确使用或接受服务仍然可能对人身、财产造成危害的，应立即向政府有关部门报告和告知消费者，并采取停止销售、警示、召回、无害化处理、销毁、停止生产或者服务等措施。采取召回措施的，经营者应当承担消费者因商品被召回支出的必要费用。

（四）提供真实信息的义务

经营者向消费者提供有关商品或者服务的质量、性能、用途、有效期限等信息，应当真实、全面，不得作虚假或者引人误解的宣传。真实的信息是消费者自主选择商品或服务的前提和基础，经营者不得以虚假宣传误导甚至欺骗消费者。经营者对消费者就其提供的商品或者服务的质量和使用方法等问题提出的询问，应当作出真实、明确的答复。此外，商店提供商品应明码标价，即明确单位数量的价格，以便消费者选择，同时防止经营者在单位数量或重量价格上随意更改。

采用网络、电视、电话、邮购等方式提供商品或者服务的经营者，以及提供证券、保险、银行等金融服务的经营者，应当向消费者提供经营地址、联系方式、商品或者服务的数量和质量、价款或者费用、履行期限和方式、安全注意事项和风险警示、售后服务、民事责任等信息。

案例分析

某房地产开发公司在报纸上刊登广告称："本公司自成立以来，注重商品房开发质量，至今没有消费者因质量问题进行投诉，实现了零投诉。"在商品房质量问题日益受到人们关注的形势下，此广告的刊出使消费者对该企业产生了好感。但事实却是，该企业成立只有一年多时间，目前正在开发一个几万平方米的综合大市场，在此之前，从未开发和出售哪怕是一平方米的商品房，自然也就不会有投诉。

分析：该企业的行为是什么性质？应如何处理？

案中，该企业的行为属于《消费者权益保护法》和《广告法》定义的虚假广告行为，对消费者存在欺诈。企业应当立即停止虚假宣传，给消费者造成损失的，应承担赔偿责任，并接受有关部门给予的行政处罚。

（五）标明真实名称和标记的义务

经营者应当标明其真实名称和标记。经营者的名称和标记，主要功能是区别商品、服务的来源。如果名称和标记不实，就会使消费者误认，无法正确选择喜欢或信任的经营者。在发生纠纷时，则无法准确地确定求偿主体。对租赁柜台或场地的行为，强调承租方有义务标明自己的真实名称和标记，目的在于区分承租方和出租方，一旦发生责任问题，便于确定责任承担者。

（六）出具凭证或单据的义务

经营者提供商品或服务时，应按照国家规定或商业惯例向消费者出具购货凭证或者服务单据；消费者索要购货凭证或者单据的，经营者必须出具。

（七）保证质量的义务

经营者有义务保证商品和服务的质量：(1) 经营者应当保证在正常使用商品或者接受服务的情况下其提供的商品或者服务应当具有的质量、性能、用途和有效期限，但消费者在购买商品或者接受服务前已经知道其存在瑕疵的除外；(2) 经营者以广告、产品说明、实物样品或者其他方式表明商品或者服务的质量状况的，应当保证提供的商品或者服务的实际质量与表明的质量状况相符。

对于质量问题，消费者在特定情形下不用承担举证责任。经营者提供的机动车、计算机、电视机、电冰箱、空调器、洗衣机等耐用商品或者装饰装修等服务，消费者自接受商品或者服务之日起六个月内发现瑕疵，发生争议的，由经营者承担有关瑕疵的举证责任。

（八）履行“三包”或其他责任的义务

经营者提供的商品或者服务不符合质量要求的，消费者可以依照国家规定、当事人约定退货，或者要求经营者履行更换、修理等义务。没有国家规定和当事人约定的，消费者可以自收到商品之日起七日内退货；七日后符合法定解除合同条件的，消费者可以及时退货，不符合法定解除合同条件的，可以要求经营者履行更换、修理等义务。

依照上述规定进行退货、更换、修理的，经营者应当承担运输等必要费用。

经营者提供商品或者服务，按照国家规定或者与消费者的约定，承担包修、包换、包退或者其他责任的，应当按照规定或者约定履行，不得故意拖延或者无理拒绝。这里的包修、包换、包退，就是人们常说的“三包”。国家对少数商品（主要是涉及大多数消费者利益及关系人身、财产安全的商品）实行“三包”，目的在于促使企业重视提高产品质量，切实保护用户和消费者的人身、财产安全。

为了做大规模，做响名气，偶在创公司经常举办一些“秒杀”活动。由于“秒杀”的价格已经很低，因此，有人建议陈碗拿来参与“秒杀”的商品质量可以差一点，不给购买者享受“三包”的权利。但是，消费者刘女士很较真，一次，她向陈碗反映，在网站上以 99 元的“秒杀”价格抢到的一件市场价格为 299 元的连衣裙，在拆开包裹检查验货时，发现连衣裙上的腰带扣有点问题，不能使用，提出调换。陈碗网店的工作人员拒绝了她的请求，并告诉她不能换货，因为“秒杀”商品本来就是以超低价亏本销售的，不能享受“三包”，不退不换，而且在销售时已经明确告知了不实行“三包”的。刘女士向工商局投诉，请工商管理部门帮助协调解决。工商局工作人员与陈碗（网店业主）进行了沟通交流，指出：即使通过“秒杀”获取的商品也应当享受国家规定的“三包”服务，以“秒杀”商品价格低廉为理由拒绝退货、换货是违法行为。最终，陈碗答应替刘女士重新发货，刘女士也表示接受。①

商家以“秒杀”商品价格低廉为理由拒绝退货或换货的做法是违法的。“秒杀”在本质上属于限时限量促销，只不过是通过网络进行。对于买卖双方来说，商品的成交价格可以双方协商，但商家对于商品质量和性能的保证却是强制性的，商家必须保证所售商品能够达到同类商品的基本性能和质量标准。因此，即使通过“秒杀”所获取的商品也应当享受国家规定的“三包”服务。

有一次，一个消费者在某购物网站的“限时秒杀”活动中，将一款原价为 1 888 元的数码照相机以 1 200 多元的价格“秒杀”成功，并在规定的时间内付款。但事后却接到网站客服电话称，交易无效，因为参加这次“限时秒杀”的照相机数量有限，已经卖完了。类似这样的投诉，实际上就是部分商家出于自身利益的考虑，对自己发起的“秒杀”活动结果不予认可。

秒杀商品必须实行“三包”。从法律层面来看，商家提供“秒杀”服务本身就是一种要约，即希望和他人订立合同的意思表示。一旦买家通过“秒杀”活动获得购买资格，双方之间的协议便达成。商家在“秒杀”活动前列出的规则及相关说明，便自然成为买卖协议的具体条款。只要没有出现商家提前约定的除外条件，商家不认可“秒杀”结果，拒绝按照“秒杀”规则来兑现交易，就构成违约，需承担相应的违约责任。②

针对近年来迅速发展的网络购物及在网购过程中出现的消费者投诉热点，《消费者

---

① 许后鹏，徐贤礼．“秒杀”商品也能“三包”拒不退货是违法行为［N］．京江晚报，2011-10-10.

② 马哲，卢灼华．工商：“秒杀”购物证据更重要［EB/OL］．（2011-07-12）www.nxnews.net.

权益保护法》赋予网购消费者享有七日反悔期：经营者采用网络、电视、电话、邮购等方式销售商品，消费者有权自收到商品之日起七日内退货，且无须说明理由，但根据商品性质不宜退货的除外。这些不宜退货的情形包括：（1）消费者定作的；（2）鲜活易腐的；（3）在线下载或者消费者拆封的音像制品、计算机软件等数字化商品；（4）交付的报纸、期刊。

消费者退货的商品应当完好。经营者应当自收到退回商品之日起七日内返还消费者支付的商品价款。退回商品的运费由消费者承担；经营者和消费者另有约定的，按照约定。

当网络交易平台上的销售者、服务者不再利用该平台时，消费者可以向网络交易平台提供者要求赔偿。

（九）不得单方作出对消费者不利规定的义务

经营者在经营活动中使用格式条款的，应当以显著方式提请消费者注意商品或者服务的数量和质量、价款或者费用、履行期限和方式、安全注意事项和风险警示、售后服务、民事责任等与消费者有重大利害关系的内容，并按照消费者的要求予以说明。

经营者不得以格式合同、通知、声明、店堂告示等方式作出对消费者不公平、不合理的规定，或者减轻、免除其损害消费者合法权益应当承担的民事责任。格式合同是经营者单方拟定的，消费者或者只能接受，无改变其内容的机会；或者只能拒绝，但却无法实现或难以实现消费需求。当经营者处于独家垄断时更是如此。经营者作出的通知、声明、店堂告示等亦属于单方意思表示，侧重于保护经营者的利益。因此，在上述情况下，经营者的格式合同、通知、声明、店堂告示等含有对消费者不公平、不合理规定的，或者减轻、免除其损害消费者合法权益应当承担的民事责任的，内容无效。

案例分析

张女士在某百货店购买了一件纯羊毛大衣，售价为 1 280 元。商店标明“换季商品，概不退换”，穿了 3 天后，衣服起满毛球，于是张女士将羊毛大衣拿去检验，鉴定结果表明，羊毛大衣所用原料为100％腈纶。张女士到购买衣服的百货店要求退货并赔偿因此造成的损失，商店营业员回答：“当时标明‘换季商品，概不退换’，再说店内该柜是出租给个体户的，现在他已破产，租柜台的费用尚未付清，人也找不到，你只好自认倒霉。”

分析：

（1）百货店（经营者）的行为违反了《消费者权益保护法》的哪些内容？

（2）百货店对张女士应承担哪些责任？

案例中，商店标明“换季商品，概不退换”，违反了《消费者权益保护法》中规定的“三包”义务。《消费者权益保护法》规定：消费者在展销会、租赁柜台购买商品或者接受服务，合法权益受到损害的，可以向销售者或服务者要求赔偿。展销会结束或柜台租赁期满后，可以向展销会的举办者、柜台的出租者要求赔偿。展销会的举办者、柜台的出租者赔偿后，有权向销售者或服务者追偿。可见，柜台出租者应当对其出租的柜台商品质量承担责任，这是法律的强制规定，是对弱势地位的消费者的特殊保护。案例中，商店抗辩认为“店内该柜是出租给个体户的，现在他已破产，租柜台的费用尚未付清，人也找不到，你只好自认倒霉”显然不能成立，应当赔偿消费者张女士购买假羊毛大衣的损失。

案例分析

某市一对青年夫妇将一套高档全毛服装送该市某洗染店干洗。数日后去取衣时发现，白色服装染上了两大块污渍，污渍正处于衣服前襟，影响了整套衣服的美观，而且全毛的面料经洗后竟毫无全毛质感，板结发硬。这对夫妇要求洗染店赔偿。洗染店经理承认由于操作人员有过失而造成污渍和面料板结，但赔偿的数额只能是洗染费（40 元）的两倍。顾客不满意，未接受此赔偿金额。经理出示洗染凭证上的字样说：“我们有约在先，凭证上早就规定造成损失最高赔偿费就是干洗费的两倍，洗染业均如此规定。”

分析：

（1）洗染店凭证上的约定是否有效？

（2）该行为是否违反了《消费者权益保护法》？

（十）不得侵犯消费者人格权的义务

消费者的人格尊严和人身自由理应依法获得保护。经营者不得对消费者进行侮辱、诽谤，不得搜查消费者的身体及其携带的物品，不得侵犯消费者的人身自由。

（十一）保护消费者个人信息的义务

经营者收集、使用消费者个人信息，应当遵循合法、正当、必要的原则，明示收集、使用信息的目的、方式和范围，并经消费者同意。经营者收集、使用消费者个人信息，应当公开其收集、使用规则，不得违反法律、法规的规定和双方的约定收集、使用信息。

经营者及其工作人员对收集的消费者个人信息必须严格保密，不得泄露、出售或者非法向他人提供。经营者应当采取技术措施和其他必要措施，确保信息安全，防止消费者个人信息泄露、丢失。在发生或者可能发生信息泄露、丢失的情况时，应当立即采取补救措施。

经营者未经消费者同意或者请求，或者消费者明确表示拒绝的，不得向其发送商业性信息。

案例分析

鄱阳县工商局接到群众举报，称当事人余某在鄱阳县城从事橱柜生意。为了获得客源，自2013年起，余某未经消费者同意，通过赠予物业公司人员香烟、礼品等方式，收集了桃花源记、绿野花园、湖城国际、湖城豪庭、中盛世纪城、东辰文苑、中盛现代城及芝山美林等小区购房户的个人信息，且未经消费者同意，通过电话、短信等方式推销商品。2014年4月，余某和美心门业、新中源陶瓷、好莱客衣柜、大自然地板、奥普吊顶、红磨坊窗帘、太阳雨太阳能、华泰照明及中宇卫浴等经营户成立了一个临时联盟（该联盟未经任何机构登记注册备案），准备于2014年4月19日在鄱阳宾馆开展一次建材团购活动。未经消费者同意，余某把所收集的个人信息提供给该临时联盟，由临时联盟以电话、信息等方式邀请消费者参加该次活动。

分析：

（1）余某违反了经营者的什么义务？

（2）应该如何处罚？

案例中，当事人的行为违反了2014年新实施的《消费者权益保护法》第29条第3款的全部规定：一是未经消费者同意通过香烟、礼品的方式收集消费者个人信息；二是未经消费者同意非法向临时联盟提供消费者个人信息；三是未经消费者同意或请求发送商业性信息。鉴于当事人的违法行为，鄱阳县工商局依据《消费者权益保护法》第56条第1款之规定，对当事人处以人民币12万元的罚款。

三、网络第三方平台的消费者责任

消费者通过互联网交易平台搜寻能够满足自己相应需求的卖家，通过下单和支付完成交易，第三方平台扮演的其实是一种提供交易信息并促成双方交易顺利达成的居间角色。因此，第三方平台只是网络服务的提供者，网购合同的双方是网络上具体的经营者和消费者。根据合同的相对性原理，网购合同纠纷一般情况下并非合同当事方，这既是第三方平台最有效的应诉理由，也是法院普遍认同和采纳的主张。但是，网购纠纷和侵权复杂性远不止于此，还体现在即使消费者认识到第三方平台并非合同的一方，仍然主张第三方平台对其被误导或侵权时有不可推卸的责任，应与卖家一同赔偿损失。

（一）网络第三方平台的四类责任

《消费者权益保护法》对网络第三方平台主要规定了四类责任。

第一类是协助消费者维权义务。消费者在电子商务第三方平台购买商品或者接受服务，与平台内经营者发生争议时，电子商务第三方平台应当积极协助消费者维护自身合法权益。

第二类是先行赔付义务。一旦消费者权益受到侵害，电子商务第三方平台不能提供平台内经营者真实信息的，消费者可以要求第三方平台先行赔偿。这一规定是《合同法》在电商法中的反映，为解决该类纠纷提供了更加明确的法律依据，有利于网购纠纷的解决。但网络交易平台能够提供销售者的真实名称、地址和有效联系方式，并不应承担连带责任。

第三类是建立第三方质量担保机制。鼓励电子商务第三方平台建立有利于电子商务发展和消费者权益保护的商品或者服务质量担保机制。电子商务第三方平台与经营者协议设立消费者权益保证金的，双方应当就消费者权益保证金的提取数额、管理、使用和退还办法等作出明确约定。

第四类是检查监控义务。根据《电子商务法（草案）》，电子商务第三方平台应对平台内的商品或者服务信息进行检查，发现未取得相关行政许可、销售禁止交易的商品服务等，应当及时向有关部门报告，并采取必要措施。

案例分析

2012 年 2 月 25 日，消费者王某在当当网订购了 6 盒苦瓜清脂减肥胶囊，共计 336 元，并于当月 27 日确认收到上述货物。王某食用其中 2 盒后发现无任何减肥效果，且生产厂家及批准文号均为伪造，遂向工商部门进行举报。工商部门经调查核实，作出没收当当网 152.86 元违法所得、罚款 3 万元的处罚决定。王某诉至一审法院称，当当网公司作为当当网的经营主体，违反了《食品安全法》和原《合同法》的相关规定，应承担相应的法律责任，要求该公司退还全部货款并给付 10 倍赔偿金。一审法院经审理判决后，当当网公司不服，上诉至北京市二中院。2013 年 10 月，北京市二中院经审理认为，当当网怠于履行审查义务，销售明知不符合食品安全标准的食品，依法应承担 10 倍货款的赔偿责任。一审法院判决认定事实清楚，适用法律正确，应予维持。

资料来源：中国电子商务研究中心 .《2013—2014 年度中国电子商务法律报告》.

分析：

（1）本案中为什么当当网作为网络第三方平台也需要承担责任？

（2）本案是否适用 10 倍赔偿金？

（二）网络食品第三方交易平台责任的特殊规定

虽然对“先行赔付”“消费者权益保证金”等调控还存在较大争议，新修正的《食品安全法》对网络第三方平台的责任做了明确规定：

第一类是明确网络食品第三方交易平台的一般性义务，即要对入网经营者实名登记，要明确其食品安全管理责任。

第二类是明确网络食品第三方交易平台的管理义务，即要对依法取得许可证才能经营的食品经营者许可证进行审查，特别是发现入网食品经营者有违法行为的，应当及时制止，并立即报告食品药品监管部门。对发现严重违法行为的，应当立即停止提供网络交易平台的服务。

第三类是规定消费者权益保护的义务，包括消费者通过网络食品第三方交易平台，购买食品其合法权益受到损害的，可以向入网的食品经营者或者食品生产者要求赔偿。如果网络食品第三方交易平台的提供者对入网的食品经营者真实姓名、名称、地址和有效方式不能提供的，要由网络食品第三方交易平台提供赔偿。网络食品第三方交易平台提供赔偿后，有权向入网食品经营者或者生产者追偿，网络食品第三方交易平台提供者如果作出了更有利于消费者承诺的，应当履行承诺。

（三）网规

2021年5月1日起，《网络交易监督管理办法》开始施行，对网络交易经营者进行了明确规定。其中第二十四条规定，网络交易平台经营者应当要求申请进入平台销售商品或者提供服务的经营者提交其身份、地址、联系方式、行政许可等真实信息，进行核验、登记，建立登记档案，并至少每六个月核验更新一次。网络交易平台经营者应当对未办理市场主体登记的平台内经营者进行动态监测，对超过规定额度的，及时提醒其依法办理市场主体登记。第二十五条规定，网络交易平台经营者应当依照法律、行政法规的规定，向市场监督管理部门报送有关信息。鼓励网络交易平台经营者与市场监督管理部门建立开放数据接口等形式的自动化信息报送机制。第三十条规定，网络交易平台经营者依据法律、法规、规章的规定或者平台服务协议和交易规则对平台内经营者违法行为采取警示、暂停或者终止服务等处理措施的，应当自决定作出处理措施之日起一个工作日内予以公示，载明平台内经营者的网店名称、违法行为、处理措施等信息。警示、暂停服务等短期处理措施的相关信息应当持续公示至处理措施实施期满之日止。这赋予网络交易平台经营者针对商家一定的制裁权力。

案例分析

2018年，周女士购买了湖州喜来登酒店的两张自助晚餐餐券，单张面值398元。由于一些私人原因，这两张券未能在有效期内使用。

2019年春节后，原本高高兴兴地出游，却因为两张自助餐券扫了兴。她带朋友在湖州喜来登盛宴标帜自助西餐厅用自助晚餐时，被告知出示的自助餐券因过期而无法使用，不得不改地方，她觉得酒店的做法令自己十分没面子。

“之前也没仔细留意，餐券的背面标注了有效期，但是才过期一周，就不给用了吗？”周女士当场和酒店工作人员进行了沟通，但始终被告知“酒店财务政策规定，在规定时间内客人没有来消费，礼券视为作废”。

在周女士看来，湖州喜来登酒店就此事的做法无理。“对于我们普通消费者而言是不公平的。关键这是花真金白银买的，付了钱却没吃到呀，为什么不给延期再吃?”

无独有偶，市民徐先生看到自己喜欢的自助餐厅推出优惠价，一口气买了四张，由于忙着出差忘记了，想到用的时候却被告知已经过了有效期，该券既无法使用也不能退款。“既没享受到服务，也不给赔偿，支付的钱就这样白白浪费了?”徐先生表示不理解。

同样，网友萌萌称有三张希尔顿酒店的自助餐券，券上有效期过后使用时遭拒且无退款。被告知四个字“过期作废”，网友萌萌表示很失望。

资料来源：柴丹．买的自助餐券过期不予延期或退款？[N]．市场导报，2019－03－15．

分析：过期自助餐券能不能延期用或退款?

(四) 预付式消费的责任

一方面，酒店在对自身发行的餐券上设定有效日期，其目的就是希望消费者能尽快用完餐券，以免在酒店经营发生变化时，消费者利益得不到保障而引起纠纷。而另一方面，它也是预付式消费的一种。餐券有效期多在 6 个月或 12 个月左右，但国务院办公厅《关于规范商业预付卡管理的意见》(国办发 25 号) 第四条规定，人民银行、商务部要继续健全商业预付卡收费、投诉、保密、赎回、清退等业务管理制度，全面维护持卡人合法权益。为防止发卡人无偿占有卡内残值，方便持卡人使用，记名商业预付卡不设有效期，不记名商业预付卡有效期不得少于 3 年。对于超过有效期尚有资金余额的，发卡人应提供激活、换卡等配套服务。工商部门要进一步加强监督检查，加大消费维权工作力度，严厉打击侵犯消费者权益的不法行为，及时开展相关消费提示，营造良好的消费环境。

根据《中华人民共和国消费者权益保护法》第二十六条的规定，经营者不得以格式条款、通知、声明、店堂告示等方式，作出排除或限制消费者权利、减轻或免除经营者责任、加重消费者责任等对消费者不公平、不合理的规定，不得利用格式条款并借助技术手段强制交易。

案涉的自助餐券本质上系消费的预付凭证，对于此类预付凭证，如《浙江省实施〈中华人民共和国消费者权益保护法〉办法》(2017 年 5 月 1 日) 第十一条规定，消费者实际购买的商品或者接受的服务扣付费用并设定使用期限的预付凭证，在设定的使用期限届满后，经营者应当退还预付款余额或者延长期限，且不得收取额外费用。

自助餐券反映的是消费者和商家的合同关系，消费者支付了相应的对价，获得餐券，不能因商家的单方约定而过期，商家的单方约定属于格式条款，此类不利于消费者的格式条款，理应是无效的。

案例分析

2011年7月底8月初，当当网连续出现3起价格乌龙事件。从“一元阿迪鞋”“110元三星手机”到“儿童图书促销”事件，10天内，当当网3次违约，给出的原因都是“操作失误”。事件发生后，对于当当网提出的赔偿方案，下单订货的消费者并不买账，部分消费者把当当网告上法庭。2011年12月5日，一审东城法院确认前两笔合同未成立。而第三笔成交订单，当当网在特价促销的情景下“重大误解”的主张不成立，应按照双方成交的合同，向消费者发货并赔偿其公证费用。

资料来源：《2011—2012年度电子商务典型案例》.

分析：

（1）你认同当当网给出的“操作失误”解释吗？

（2）当当网违约成立的话，应当承担什么责任？

四、违反《消费者权益保护法》的法律责任

根据《消费者权益保护法》的规定，消费者和经营者发生消费者权益争议的，可以通过与经营者协商和解，或请求消费者协会或者依法成立的其他调解组织调解，或向有关行政部门投诉，或根据与经营者达成的仲裁协议提请仲裁机构仲裁，以及向人民法院提起诉讼等途径解决。

学思之窗

2020年全国市场监管部门共受理商品投诉402.81万件

2020年，全国市场监管部门通过全国12315平台、电话、传真、窗口等渠道共受理消费者投诉举报咨询2 130.32万件，为消费者挽回经济损失44.03亿元。主要呈现了以下特点：

一是五线合一，统一平台高效运转

按照中央《关于深化市场监管综合行政执法改革的指导意见》要求，全国市场监管部门已经将原工商12315、质检12365、食品药品12331、物价12358、知识产权12330统一整合到全国12315平台，实现了全业务、全系统诉求集中汇集。通过统一平台入口，消费者可以7×24小时提交投诉举报；统一接听程序，286个地方话务机构的5 225名热线接听人员可以规范地录入和分送；统一办理程序，9.2万名市场监管干部可以按照统一程序在线互动、协同处理；2.55万家ODR企业（指在市场监管部门指导监督下，通过全国12315平台直接接收消费争议，并主动与消费者协商解决的企业）按照统一规则主动与消费者先行和解，在第一时间化解纠纷；统一情况反馈，投诉举报人

可以随时查看投诉举报处理进展情况，保障知情权和监督权。

随着热线平台的整合优化，2020年，全国市场监管部门通过12315热线及平台接收的公众诉求大幅增加，全国12315平台访问量达7 247万人次，累计注册公众用户682万人，全国市场监管部门依托12315平台共处理投诉举报咨询1 726.29万件（受统计范围扩大、业务板块增加的影响，数量明显高于往年），投诉举报处理时长缩短5.35天。整合后新增的产品质量、食品安全、价格、药品等业务，占投诉举报总量的33.51%。通过整合建设12315热线及平台，有力促进了市场监管部门各项业务融合，重构了投诉举报处理模式，推进了市场监管投诉举报业务的整体运转、程序统一、衔接顺畅和高效处置，为消费者维护自身合法权益提供了更多便利。

二是快速响应，全力助力疫情防控

随着新冠肺炎疫情发展，部分医疗防护用品需求量激增、民生商品供应不畅，有关物资价格异常波动、质量问题频现，相关投诉举报咨询量一度呈井喷式增长。全国市场监管部门共接收疫情相关投诉举报咨询154.79万件，与疫情前相比，日接收量增长10.52倍，峰值日增长17.19倍。全国市场监管部门紧急抽调力量，全力保障诉求渠道畅通，全线提速办理程序，平均办结时长8.71天，较疫情前缩短10.46天。

疫情发生以来，相关投诉举报主要集中在口罩、蔬菜等方面，全国市场监管部门迅速开展专项行动，共查核71.81万件疫情相关投诉举报，为消费者挽回经济损失9 159.20万元；立案14.16万件，罚没金额1.23亿元。下半年以来，随着打击价格违法、假冒伪劣、野生动物非法交易各项措施力度加大，公众投诉举报数量逐步减少，与峰值日相比，相关投诉举报日接收量下降94%、口罩问题下降99%、蔬菜问题下降97%，相关物资假冒伪劣、价格等问题下降86%、99%，违法行为得到遏制，市场秩序逐步趋于稳定。

三是占比提高，新兴行业诉求增长

2020年，投诉举报共涉及企业287.86万家。电商平台、游戏娱乐、在线教育培训、智能设备制造等新兴行业占比较高，餐饮、服装鞋帽等传统行业占比较小。受疫情因素影响，医疗健康、游戏娱乐、房屋租赁涉及企业数量均有所上升。

四是增速较快，食品餐饮诉求集中

2020年，全国市场监管部门共受理商品投诉402.81万件，占受理投诉总量的58.13%；服务类投诉290.19万件，占比41.87%。

商品投诉排名靠前的是：一般食品78.12万件，服装鞋帽40.82万件，交通工具33.20万件，家居用品32.26万件，家用电器26.55万件。

服务投诉排名靠前的是：餐饮和住宿服务43.95万件，销售服务25.16万件，文化娱乐体育服务23.14万件，互联网服务23.02万件，美容美发洗浴服务21.23万件。

五是亟须规范，质量投诉排名居首

2020年，全国市场监管部门共受理投诉693.00万件，同比增长91.12%。从投诉问题来看，质量问题139.22万件、售后服务问题120.87万件、合同问题104.23万件、价格问题36.82万件、食品安全问题35.69万件，分别占比20.09%、17.44%、15.04%、5.31%、5.15%；计量问题、售后服务问题、安全问题增长较快，分别同比增长202.70%、175.49%、146.45%。

六是成倍增长，广告举报占比过半

2020年，全国市场监管部门共受理举报452.05万件，同比增长429.76%；立案54.95万件。从举报问题来看，广告违法行为248.57万件、侵害消费者权益行为39.00万件、价格违法行为33.26万件和食品违法行为25.68万件。

2020年，全国12315平台中有虚假交易、重复投诉等行为特征的异常投诉较2019年大幅下降，以往异常投诉集中的广告问题，占比下降48.53个百分点。异常举报占比同比上升10个百分点。

七是热点频出，网购诉求有所上升

2020年，在中国经济运行稳步复苏、网上零售持续较快增长的背景下，网购诉求快速增长、热点频出。全国12315平台共受理网购投诉举报203.32万件，占平台投诉举报受理总量的28.04%，立案18.41万件，全国市场监管部门为消费者挽回经济损失3.04亿元。诉求热点主要集中在三方面：

直播带货诉求速增。直播带货已成为众多电商升级的新突破口，关于“直播”的投诉举报也相应迅速增长，产品质量疏于把关、使用“极限词”等引导消费者冲动消费、售后退换货难以保障等问题层出不穷。2020年，全国12315平台共受理“直播”投诉举报2.55万件（“直播带货”诉求占比近八成，同比增长357.74%），为消费者挽回经济损失835.53万元。

生鲜食品诉求增加。疫情倒逼传统零售不断向线上转型。生鲜电商的备货能力、骑手配送、价格控制以及售后服务等均受到了严峻考验。2020年，全国12315平台共接收网购生鲜类食品投诉举报6.58万件，投诉举报主要问题为：品质不过关、售后服务差、下单容易取消难、久未发货、虚假促销。

网上订餐问题突出。疫情推动了外卖行业不断创新，加速了餐饮零售化的发展。2020年，网上订餐投诉举报25 818件，主要问题为：平台准入审核不严，线下餐厅无证经营、餐食外包装破损、送餐延误等。

八是成效显著，ODR赋能纠纷解决

2020年，市场监管部门大力推进在线纠纷和解机制建设，努力把消费纠纷化解在源头、解决在基层、和解在企业。全国12315平台共发展ODR企业2.55万家，主动与消费者协商解决纠纷19.22万件，与传统调解方式相比，和解率高出6.21个百分点，平均处理时长缩短7.76天，消费者满意度4.07分（满分5分），ODR城市覆盖率由25.60%增加到91.11%。与2019年相比，2020年ODR机制运行质量有了明显提高，投诉处理量、办理效率、和解成功率、消费者满意度等各方面均有明显提升，维权效能日益凸显。

资料来源：申珅．市场监管总局：2020年为消费者挽回经济损失超44亿元［EB/OL］．（2021-03-15）https://baijiahao.baidu.com/s?id=1694287557680512692&wfr=spider&for=pc.

技能训练

一、思考题

1.《反不正当竞争法》规定的不正当竞争行为有哪些？

2. 不正当竞争行为作为侵权行为，与一般的民事侵权行为有何不同？

3. 结合所学知识，尝试拟定一份书面劳动合同。

4. 结合所学知识，总结、归纳就业中可能面临的法律风险。

5. 分组讨论电子商务第三方平台有哪些措施可以保护消费者权利？

6. 分组讨论在哪些情况下电子商务第三方平台需要承担责任？

7. 结合生活案例，分组讨论电子商务中消费者的权利。

8. 结合所学知识对以下劳动争议给出处理建议：现年23岁的小魏，于2020年5月经人介绍进入市内某酒店从事办公室主任工作。公司收取了小魏的工作服押金500元整。工作期间，酒店未为小魏办理社会保险，因小魏个人拖延的原因，双方未签订书面劳动合同。2021年4月10日，小魏以身体不适为由，向单位领导请假，但签字手续未履行完毕，小魏便离开酒店回家休息，最终也未将请假条交给单位，之后便再也未回单位上班。2021年4月30日，酒店以小魏“未递交请假条，未提交医院出具的病情诊断书和病假条，擅自离岗，连续旷工20天，严重违反劳动纪律”为由，对她予以除名。2021年9月，小魏向市劳动争议仲裁委员会提出申诉，要求酒店支付经济补偿金、退还工作服押金、付双倍工资及补办工作期间的社会保险。

二、案例分析题

试用所学知识分析以下案例：

【案例1】 某国家一级旅行社A在开展国际旅游业务上具有一定实力。另一家影响大、实力强的B旅行社用高薪将A旅行社国际部的所有雇员全部挖到B旅行社任职。A旅行社国际部的雇员“跳槽”时将A旅行社的业务资料等商业秘密全部拱手转让给B旅行社，使A旅行社蒙受巨大损失，业务量骤然下降，国际旅游业务一时陷入瘫痪。

分析：

（1）雇员“跳槽”到B旅行社的行为是否属于侵犯商业秘密行为？为什么？

（2）B旅行社的行为是否属于不正当竞争行为？

【案例2】 某家具店在向消费者分发的传单上宣传道："本店经销意大利木制家具，豪华典雅，贵族风范。"一些消费者认为外国造的家具更好些，遂纷纷购买。但家具使用不到一年便开始变形、开裂。经工商管理部门调查得知，原来家具所用木材只有一小部分是国外进口的，制造则完全是在国内，由国内厂家制造。

分析：家具店的行为是一种什么性质的行为？为什么？

【案例3】 甲超市为吸引消费者，趁周年庆打出"周年庆祝期间，当日消费满500元者，可抽奖：一等奖法国5日游（价值15 000元，1名；若放弃游览可领取12 000元人民币），二等奖新、马、泰、港、澳7日游（价值8 000元，5名），三等奖九寨沟4日游（价值1 000元，15名）"的广告。此广告登出后引来众多顾客，但顾客所获奖项大多为鼓励奖和纪念奖。后经人举报，一、二、三等奖为甲超市内部工作人员所得。正当该超市有奖销售活动进行得如火如荼时，乙超市提出甲超市的行为侵犯了包括乙超市在内的所有商业企业的利益，要求有关部门加以制止，并赔偿损失。

分析：甲超市的做法是否违反了《反不正当竞争法》的规定？甲超市的行为是否对乙超市构成侵权？为什么？

【案例4】 某市体育馆2020年春节期间利用场馆淡季开展经营招商，出租场地举办家具展销会。承租者踊跃，20余家国有、集体和民营的家具加工厂进馆，承租展销家具。体育馆未要求承租厂家明显表明租赁关系。展销会举办期间购销两旺，展期一个月满后，于2020年3月5日结束。4月初，数位消费者找到体育馆，要求对所购家具进行修理并赔偿损失。当时展销会已经结束，体育馆负责人称："我们只管出租场地，商品质量与我们无关。"消费者要求体育馆提供生产厂家的地址，体育馆却无法提供。双方发生纠纷，消费者遂向消费者协会投诉，请求解决。

分析：

（1）体育馆是否应承担责任？为什么？

（2）《消费者权益保护法》对出租场地举办展销会销售有缺陷产品产生纠纷而承担责任是怎样规定的？

【案例5】 2020年6月，福建某市场监管局对厦门市A艺术展览有限公司进行立案调查。经查，该公司于2020年5月1日起销售展览门票时，在账外暗中给予导游回扣。门票票面金额为15元/人，导游带游客买票后，公司直接给导游每张门票5元的现金回扣。该回扣没有入账，也没有形成书面协议。工商局查获了当事人上述行为的一系列证据。

分析：A艺术展览有限公司的行为属于什么性质？为什么？

【案例6】 某市甲、乙两厂均生产一种"记忆增强器"。甲厂产品的质量比乙厂产品的质量好得多，因而其市场占有率远远高于乙厂。王某是甲厂的技术人员。乙厂为提高本厂产品的市场占有率，付给王某一大笔“技术咨询费”，获取其提供的甲厂的技术秘密。乙厂运用这些技术对自己的产品进行改进。同时，乙厂在本市电视台发布广告，声称生产的“记忆增强器”功效迅速、质量可靠，其他厂家生产的同类产品质量无保证，呼吁消费者当心。另外，乙厂还以高额回扣诱使本市几家大型商场的购货人员不再采购甲厂产品。本市消费者李某等人在使用乙厂产品一段时间后，不仅记忆力没有增强，反而出现了神经衰弱等症状。李某等人在电视台的协助下，向乙厂反映了情况。乙厂随后发现，王某提供的甲厂的技术资料缺少几项关键技术，致使乙厂产品存在质量缺陷。

分析：乙厂的哪些行为构成不正当竞争？

【案例 7】 2020 年 8 月 28 日，李华到当地一家商场购买了一台新款冰箱。运回家后，李华发现只有产品质量检验合格报告，且受检单位、委托单位、生产单位均为同一厂家，并没有产品合格证，遂找到商场要求退货，商场拒绝退货。

分析：李华可否要求商场退货？

【案例 8】 朱某是某公司的项目经理，在与公司签订的劳动合同中约定，如严重违反劳动纪律或公司规章制度，公司可以立即解除劳动合同。某日，朱某接到公司的辞退通知书，理由是朱某违反了公司的规章制度，至少 3 次对客户不礼貌，严重影响公司声誉；因醉酒擅离职守，致使在客户发生事故时不能及时到位，给公司造成重大的名誉损失；至少 1 次散布谣言损害同事名誉，以至于该同事要求辞职，给公司项目运营造成极大的负面影响。朱某向当地劳动争议仲裁委员会提出申请，要求公司支付他解除合同经济补偿金、因没有提前 30 日通知解除劳动合同而造成的损失等。

分析：

（1）劳动者严重违反用人单位的规章制度，用人单位是否可以解除劳动合同？为什么？

（2）本案中，用人单位解除劳动合同是否需要向劳动者支付经济补偿金？为什么？

（3）用人单位是否可以解除劳动合同？

【案例 9】 刘先生在某年元旦购买了一台洗衣机，第一次出现不脱水的故障是在第三年 6 月，厂家售后人员很快就上门免费给修好了。刘先生回忆说，当时维修人员索要保修卡进行了验证，并填写了故障原因和维修情况。修好后用了 4 个多月，在第三年 11 月又出现了同样的故障。此次维修人员上门后没有索要保修卡就进行了维修，修理后也没有填写保修卡，他也没有放在心上。可是没想到前不久洗衣机又出现同样的故障，刘先生开始觉得洗衣机可能存在质量缺陷，要求更换，因为他听说在“三包”期内连续两次维修都修不好的，可以要求厂家换货。没想到厂家售后人员却说只修了一次，不能换货。刘先生据理力争，却拿不出维修证据，厂家一点都不让步。

分析：在这种情况下，刘先生应该怎样维护自己的权益？

【案例 10】 2016 年 10 月 3 日，杨先生在某网上预订丽江市古城区某酒店两间房间，并且成功付款 540 元。杨先生到实地后发现酒店并非品牌酒店而是一家招待所，且住宿条件也与网上宣传不符。杨先生认为该酒店存在虚假宣传、欺诈行为，随即投诉到云南省丽江市古城区消费者协会。接到杨先生投诉当天，云南省丽江市古城区消费者协会工作人员即直接到该涉案酒店实地调查核实。经查，杨先生投诉情况属实。

分析：

（1）杨先生如果通过实地或者通过旅行社等其他途径，与通过网络预订酒店的行为有何不同？

（2）杨先生发现网络信息有误，该如何保护自己的合法权益？

（3）你认为本案应如何处理？

【案例11】 8月19日，刚被南京某大学录取的山东临沂女孩徐玉玉接到一个171开头的陌生电话，称有笔2 600元的助学金要发给她。按照该电话指示，她把业已准备好的9 900元学费汇给对方，之后方知受骗。随后到派出所报案后，她在回家路上突然昏厥，继而身亡。日前，此事在网上引发广泛关注。令人唏嘘的是，8月23日凌晨来自山东临沭县的大二学生宋振宁也在遭遇电信诈骗后，心脏骤停，不幸离世。大学生遇诈骗身亡事件接连发声，有记者调查发现，当前个人信息数据泄露现象颇为严重，在互联网上个人信息被非法交易也呈空前火爆的态势。与此同时，涉世不深的大学生是该问题的主要受害者之一。在“徐玉玉事件”发生之前的一个月，被视为“90后创意大咖秀”的“淘宝造物节”也遭到了用户曝料称在购买造物节门票后，入场时由于技术问题使用了淘宝官方提供的设备，并登录淘宝账号，之后便很“巧合”地遇到了电信诈骗。据悉，淘宝首届造物节的门票早前于7月2日便开始发售，用户可通过大麦网、手机淘宝等渠道购买门票。爆料人在造物节结束后就遇到了电信诈骗，内容关系到其近期的一个淘宝退货订单，退货金额在1万元左右。诈骗方自称淘宝的工作人员，由于用户订单有问题，需要核实身份，加QQ或者微信核验后，需要3～5个小时才能完成退款。由于爆料人的机警，其最终并未上当受骗，但这个诈骗电话仍然引起了爆料人的高度警惕，因为诈骗方对于这个订单的详情及其个人的信息全部都知悉，相当于爆料人的完整信息都被泄露出去了。

分析：

（1）电子商务经营者如何对待取得消费者数据？

（2）泄露信息者要承担什么样的责任？

项目六 纠纷处理机制

视频资源

在创业活动中，处理民事争议通常可以采取向人民法院起诉和申请仲裁机构审理两种方法，另外还会接触到听证、行政诉讼和行政复议及人民调解等机制。劳动争议处理，必须先接受劳动仲裁。中国的很多法律制度都是借鉴发达国家的制度制定的，但是人民调解制度是一项具有中国特色、具有深厚中华民族传统的法律制度，它也是中国独创的一种化解社会矛盾、消除纷争的非诉讼解决人民内部矛盾的主要解决形式，被国际社会誉为化解矛盾的“东方经验”。在纷繁复杂的各种关系中，法律关系几乎无处不在。在处理这些法律关系时，人们都会想到一种人，那就是律师。让专业的人办专业的事情，聘请律师有利于创业者防范创业风险，减轻创业压力。

本项目有5项任务，分别是：

任务1　通过诉讼维护权益

任务2　经济仲裁

任务3　劳动争议解决机制

任务4　其他纠纷处理机制

任务5　利用律师的工作

能力目标

◆ 掌握法院诉讼的程序和起诉的要求，熟悉相关诉讼文书的编写，了解互联网法院和电子商务法庭

◆ 熟悉经济仲裁的特点和基本程序，掌握仲裁协议的内容和编写，熟悉仲裁裁决的执行与撤销

◆ 掌握解决劳动争议的途径，熟悉劳动仲裁的范围和要求

◆ 熟悉利用律师的工作所带来的便利，掌握聘请律师的技巧

◆ 熟悉听证程序的内容和要求，熟悉行政复议和行政诉讼的范围和程序，熟悉人民调解制度

知识目标

◆ 起诉条件，法院诉讼管辖，起诉状，诉讼程序，判决和裁决的执行，互联网法院，电子商务法庭

◆ 一裁终局制，仲裁协议的类型、主要内容，仲裁基本程序，仲裁裁决的执行与撤销

◆ 解决劳动争议的途径，劳动争议的调解，劳动仲裁，劳动诉讼

◆ 律师服务范围，聘请律师，律师函

◆ 听证，行政复议，行政诉讼，人民调解

职业目标

◆ 通过本项目学习，懂得应用法律纠纷处理机制来处理法律事务和维护自身权益

◆ 通过本项目学习，学会利用律师工作分担创业事务的执行，提高管理效率

素养目标

◆ 通过本项目学习，培养法律程序意识，树立正义、公平、公正、平等理念

◆ 通过本项目学习，提高对我国传统文化中处理纠纷机制的认识

任务1 通过诉讼维护权益

当公民、法人和其他组织在权益受到伤害或与他人发生争议时，将纠纷案件提交司法机关进行审理并作出裁决，这就是诉讼活动。

一、起诉与受理

当公民、法人和其他组织在权益受到伤害或与他人发生争议时，可以向人民法院提起诉讼，请求人民法院通过审判予以司法保护。起诉是当事人获得司法保护的手段，也是人民法院对案件行使审判权的前提。

（一）准备起诉条件

当事人的起诉要得到人民法院的受理，必须具备法律规定的起诉条件。民事诉讼起诉必须同时具备4个条件：（1）原告必须是与本案有直接利害关系的公民、法人或其他组织；（2）有明确的被告；（3）有具体的诉讼请求、事实和理由——这是起诉中的核心内容；（4）属于人民法院的受案范围和受诉人民法院管辖。

原告和被告是诉讼中最基本的当事人。双方当事人对立，是诉讼得以存在和继续的前提。如果在诉讼中，因为继承或法人合并而使原告和被告同属一人，或者因为一方当事人死亡而无继承人，只有原告或被告一方，诉讼便因此终结。

案例分析

退休工人刘某去电影院看电影，散场时因出口拥挤被人挤倒摔伤，住院治疗共花去医疗费3 000元。刘某向人民法院起诉，要求人民法院为他寻找被告赔偿损失，但刘某说不出是谁挤倒他的。

分析：人民法院是否受理刘某的起诉？

根据《中华人民共和国民事诉讼法》（以下简称《民事诉讼法》）规定，起诉的条件之一是必须有明确的被告。案中原告刘某不知是谁给他造成伤害的，无法确定被告是谁，所以人民法院不予受理。

中国境内的公民、法人和其他组织都可以成为诉讼中的原告和被告，外国人和外国企业、组织在一定情况下也可以成为诉讼当事人。

案例分析

甄某、乔某、雷某商量合伙开餐馆，由甄某负责领取营业执照并担任负责人，乔某负责租赁房屋。乔某找到王某，协议租赁王某私有住房两间，每月租金1 000元，约定按月支付。餐馆经营6个月后，因经营管理不善，亏损较大，不能按合同约定支付租金。王某找乔某交涉，要求乔某按合同约定支付租金，乔某以自己不是餐馆负责人为由拒绝了王某的要求。王某又找甄某交涉，甄某表示没有履行合同的能力。于是王某起诉到人民法院。受诉人民法院在确定当事人的问题上产生意见分歧：一种意见认为，甄某等3人合伙仍然是个人，都对原告争议的诉讼有着共同的权利和义务，应属于共同诉讼，合伙人应为共同被告；另一种意见认为，个人合伙组织是一个经济实体，是民事主体，合伙组织即餐馆可以作为本案的诉讼当事人，由它的负责人甄某作为代表人进行诉讼。

分析：王某应如何确定本案的被告？

根据最高人民法院的规定，个人合伙组织的全体合伙人在诉讼中作为共同诉讼人。个人合伙组织有依法核准登记的字号的，应在法律文书中说明登记的字号。全体合伙人可以出具推选书推选代表人。本案中，甄某、乔某、雷某合伙经营餐馆，乔某代表餐馆签订的租赁合同对全体合伙人发生法律效力，其诉讼标的是共同的，甄某、乔某、雷某应为共同被告。

（二）确定受诉法院

各级法院之间和同级法院之间受理第一审案件具有明确的分工和权限，这称为审判管辖。当事人需要确定有权受理诉讼的法院。

1. 级别管辖

上下级法院之间受理第一审案件之间有分工和权限。一般情况下，第一审案件都是由基层人民法院管辖，但重大涉外案件、在本辖区有重大影响的案件、最高人民法院确定由中级人民法院管辖的案件由中级人民法院管辖。在全国有重大影响的案件，以及最高人民法院认为应当由自己审理的案件由最高人民法院管辖。

2. 地域管辖

通常情况下，以当事人所在地与人民法院的隶属关系来确定诉讼管辖，即一般地域管辖。通常按照“原告就被告”的原则来确定地域管辖法院，即由被告住所地人民法院管辖，但法律另有规定的，从其规定。

法律规定某些特殊类型的案件专门由特定的人民法院管辖，即专属管辖。我国《民事诉讼法》规定的属于专属诉讼的有以下3类：（1）因不动产纠纷提起的诉讼由不动产所在地人民法院管辖；（2）因港口作业发生纠纷提起的诉讼由港口作业发生地人民法院管辖；（3）因继承遗产的纠纷提起的诉讼由遗产或主要遗产所在地人民法院管辖。

案例分析

甲、乙二人系兄弟，早先兄弟俩曾共同出资在原籍A市修建住宅一处，共同居住。之后，兄弟二人先后来到B市工作。甲的家属亦调到B市工作。乙的家属仍在A市工作，并住在原房中。几年后，甲想退休回A市养老，要求其弟腾出一部分房屋，乙不同意腾房，只愿意补偿房屋价款。兄弟二人遂发生争议，甲准备诉请人民法院解决。

分析： 甲应向哪个地区的人民法院起诉？

根据《民事诉讼法》的规定，因不动产提起的诉讼应向不动产所在地人民法院起诉。案中争议的房屋属不动产在A市，故应由A市人民法院管辖。

双方当事人在纠纷发生之前或之后，可以以书面形式约定特定案件的管辖法院，称为协议管辖。合同双方当事人可以在书面合同中协议选择被告住所地、合同履行地、合同签订地、原告住所地、标的物所在地人民法院管辖。协议管辖只能针对第一审法院的管辖，第二审法院的管辖不能由当事人以协议方式约定。

3. 裁定管辖

有些情况下，人民法院以裁定的方式确定诉讼的管辖。在受理案件后，人民法院发现自己对案件并无管辖权，案件将移送到有管辖权的人民法院审理。

案例分析

某市南区人民法院民事审判庭庭长于某搬家至南区某街15号居住，正位于南区市民戴某的房屋后面。于某靠近戴某房后屋檐搭建了一间9平方米的厨房，严重影响了戴某家的通风采光。戴某多次找到于某，要求他拆除小厨房，但于某置之不理，双方发生纠纷。戴某决定起诉，由于戴某认为于某在南区人民法院工作，担心南区人民法院判决对其不利，就向该市北区人民法院起诉，要求于某排除妨害。北区人民法院收到戴某的民事诉状后，经审查认为该案为因不动产引起的纠纷，应由不动产所在地人民法院管辖，裁定不予受理，并告知戴某应向南区人民法院起诉。戴某无奈，只好将民事诉状交到南区人民法院。

分析： 南区人民法院对此案应如何处理？

《民事诉讼法》规定，有管辖权的人民法院由于特殊原因，不行使管辖权的，由上级人民法院指定管辖。案中，按地域管辖的规定应由南区人民法院管辖，但由于南区人民法院有特殊原因——被告是该人民法院民事审判庭庭长，可能影响对案件的公正处理，因此依照法律规定，该案不能由南区人民法院管辖，应由南区人民法院的上级法院即市中级人民法院指定管辖。

（三）书写起诉状

当事人起诉的，应向人民法院提交起诉状。依照《民事诉讼法》规定，起诉的内容应当写明：（1）当事人的有关情况。当事人是个人的，写明姓名、年龄、民族、职业、工作单位和住所；当事人是法人或其他组织的，写明名称，单位所在地址，法定代表人或主要负责人的姓名、职务等。（2）原告的诉讼请求，以及诉讼请求所依据的事实和理由。（3）证据和证据来源，证人的姓名、住所等。（4）受诉法院的名称、起诉的时间、起诉人签名或盖章。

（四）人民法院受理

人民法院对起诉审查以后，针对不同情况作出不同的处理：认为起诉符合法定条件的，应当在7日内立案并通知当事人；认为起诉不符合法定条件的，应当在7日内裁定不予受理；原告对不予受理裁定不服的，可以提起上诉。如果人民法院在立案后，发现起诉不符合法定条件，裁定驳回起诉，当事人对驳回起诉的裁定不服，可以提起上诉。

二、审理前的准备

《民事诉讼法》规定的审理前的准备，是指人民法院接受原告起诉并决定立案受理后，在开庭审理之前，由承办案件的审判员依法所做的各项准备工作。

（一）送达起诉状副本和答辩状副本

人民法院应当在立案之日起5日内将起诉状副本送达被告，原告口头起诉的案件，也应当在立案后5日内以书面形式将口头起诉的内容告知被告。被告应当在收到起诉状副本之日起15日内提出答辩状。人民法院在收到答辩状之日起5日内将答辩状副本送达原告。

（二）告知当事人诉讼权利义务及合议庭组成人员

对于已决定受理的案件，人民法院应当在受理案件通知书和应诉通知书中告知原告和被告所享有的诉讼权利和所承担的诉讼义务，或者以口头形式告知当事人诉讼权利和义务。

普通程序的审判组织必须采用合议制，为保障当事人申请回避权的充分行使，审理案件的合议庭组成后，人民法院应当在3日内将合议庭的组成人员告知当事人。

（三）审阅诉讼材料，调查收集必要的证据

审阅诉讼材料是在审判前的准备阶段承办案件的审判员必须进行的工作，主要是通过审阅原告提交的起诉状、被告提交的答辩状，以及各自的证据和其他诉讼材料，初步了解案情，掌握双方当事人争执的问题和矛盾的焦点，并确定当事人提供的证据是否充分，是否需要人民法院调查、收集必要的证据，案件应当适用的有关法律，涉及的有关专业知识，以及案件是否能及时进入开庭审理阶段。

（四）追加当事人

在审理前的准备工作中，如果人民法院发现应当参加诉讼的当事人没有参加诉讼，应当通知其参加诉讼，或者由当事人向人民法院申请追加，此谓当事人的追加。追加当事人只有在诉讼属于共同诉讼的情况下才会发生。

三、开庭审理

开庭审理是指在人民法院的主持下，在当事人和其他诉讼参与人的参加下，在人民法院的法庭上或法律允许设置的法庭上，依照法定的程序和顺序，对案件进行实体审理，从而查明案件事实，分清是非，并在此基础上对案件作出裁决的全过程。

依照普通程序开庭审理案件必须严格按照法定的阶段和顺序进行。

（一）准备开庭

开庭审理前，书记员应当查明当事人及其他诉讼参与人是否到庭，然后宣布法庭纪律。正式开庭时，由审判长核对当事人，宣布案由及审判人员、书记员名单，并口头告知当事人有关诉讼权利和义务，询问当事人是否提出回避申请，从而使当事人、其他的诉讼参与人及旁听的群众了解案情、各自的诉讼权利义务和应遵守的法庭纪律。

（二）法庭调查

法庭调查是指法庭上通过展示与案件有关的所有证据，对案件事实进行全面的调查，从而为进一步开庭审理的下一个阶段做好准备。法庭调查是开庭审理的重要阶段，其任务是审查核实各种诉讼证据，对案件进行直接、全面的调查。

（三）法庭辩论

法庭辩论的参加者只能是原告、被告和诉讼中的第三人，以及他们的诉讼代理人。法庭辩论按下列顺序进行：原告及其代理人发言，被告及其代理人答辩，诉讼中的第三人及其诉讼代理人发言和答辩，按原告、被告、第三人的顺序互相展开辩论。

（四）评议和宣判

法庭辩论终结后，由审判长宣布休庭，合议庭组成人员进入评议室对案件进行评议。合议庭评议实行少数服从多数的原则，评议的情况应如实记入笔录。评议完毕，由审判长宣布继续开庭，宣告判决结果。不论案件是否公开审理，宣告判决一律公开进行。

宣告判决有两种方式：一种是当庭宣判，一种是定期宣判。定期宣判的，应在10日内告知当事人上诉权利、上诉期限及上诉法院。

案件从人民法院立案受理到作出裁决的期限有法定要求，即审理期限。适用普通程序审理的案件，人民法院应当在立案之日起6个月内审结。有特殊情况需要延长的，报请院长批准，批准延长的期限，最长不得超过6个月。在上述期限内还未审结，需要延长的，则由受诉法院报请上级人民法院批准，延长的期限由上级人民法院决定。

案例分析

原告甲公司向人民法院起诉被告乙及丙公司。起诉状中称，被告乙原是其营销部经理，被丙公司高薪挖去，在丙公司负责市场推销工作。乙利用在甲公司所掌握的商业秘密，将甲公司的销售与进货渠道几乎全部提供给了丙公司，甲公司因而损失严重，故请求乙和丙公司承担连带赔偿责任。甲公司同时申请不公开审理，保护商业秘密。

分析：原告对于不公开审理的要求能否得到人民法院的支持？

案中，甲公司的销售及进货渠道，与甲公司的经营有着重大关系，一旦公开，很可能使其损失进一步扩大。因此，甲公司认为案件涉及商业秘密，申请不公开审理是合情合理的，也符合《民事诉讼法》的规定和最高人民法院的司法解释，受诉人民法院应当同意原告不公开审理的要求。

四、上诉

当事人不服第一审判决或裁决的，可以自收到判决之日起15日内或收到裁决之日起10日内向上一级人民法院提起上诉。原审法院的判决暂不生效。第二审法院对第一审法院的判决所认定的事实和适用的法律进行全面审查，并作出决定。第二审法院审理上诉案件可以进行调解。调解达成协议的，应当制作调解书。调解书送达当事人后，原审法院判决即视为撤销。调解不成的，依法判决。第二审法院的判决、裁定是终审的判决、裁定，当事人无权再上诉，即应按照终审判决、裁定执行。

和起诉一样，上诉也要递交上诉状。上诉状的书写和起诉状相似，应写明以下内容：（1）当事人和姓名。当事人是法人或者其他组织的，还应写明法人或者其他组织的全称，法定代表人或者主要负责人的姓名、职务。（2）原审法院的名称、案件的编号和案由。（3）上诉的请求和理由。这一部分是上诉状的核心部分。上诉的请求是上诉人提起上诉所要达到的目的；上诉的理由是上诉人提出上诉的根据，是上诉人向上诉法院对第一审法院在认定事实的适用法律方面持有异议的全面陈述。上诉的请求和理由决定着第二审法院对案件的审理范围。

五、执行程序

执行程序是指保证具有执行效力的法律文书得以实施的程序。执行程序是保证审判程序的任务得以实现的有力手段，但执行程序具有相对独立性：首先，经审判程序处理的民事案件并不必然要经过执行程序；其次，执行程序所适用的案件不只限于审判程序处理的案件范围。例如：公证机关制作的赋予强制执行效力的债权文书，仲裁机构作出的生效裁决书，需要执行的，也由人民法院适用执行程序进行执行。因此，执行程序既不绝对依赖于审判程序而存在，也不必然是审判程序的继续。

执行程序的开始，发生于两种情况：一是权利人申请执行，二是审判人员移送执行。

（一）申请执行

申请执行是指享有权利的当事人根据生效的法律文书，在对方拒不履行义务的情况下，可以向有管辖权的人民法院申请执行。申请执行是当事人依法享有的重要权利。

1. 对生效裁决和调解书的申请执行

《民事诉讼法》规定，发生法律效力的民事判决、裁定、调解书和其他应由人民法院执行的法律文书，当事人必须履行。一方当事人拒绝履行的，对方当事人可以向人民法院申请执行。

2. 对仲裁裁决的申请执行

对依法设立仲裁机构的裁决，一方当事人不履行的，对方当事人可以向有管辖权的人民法院申请执行，受申请的人民法院应当执行。

3. 对公证机关依法赋予执行效力的债权文书的申请执行

对公证机关依法赋予强制执行效力的债权文书，一方当事人不履行的，对方当事人可以向有管辖权的人民法院，即被执行人住所地或被执行财产所在地的人民法院申请执行，受申请的人民法院应当执行。公证债权文书确有错误的，人民法院裁定不予执行，并将裁定书送达双方当事人和公证机关。

申请执行的期间为两年，从法律文书规定履行期间的最后一日起计算；法律文书规定分期履行的，从规定的每次履行期间的最后一日起计算；法律文书未规定履行期间的，从法律文书生效之日起计算。申请执行时效的中止、中断，适用法律有关诉讼时交往中止、中断的规定。

申请执行应当提交书面申请书，并说明申请执行的事实和理由，提供作为执行根据的法律文书，同时要说明被执行人的经济情况。

（二）移送执行

移送执行是指人民法院的裁判发生法律效力后，由审理该案的审判人员将案件直接交付执行人员执行，从而开始执行程序的行为。移送执行是对申请执行的补充。

根据《民事诉讼法》的有关规定，移送执行的案件主要有判决、裁定具有交付赡养费、抚育费、扶养费、医药费等内容的案件，具有财产执行内容的刑事判决书、裁定书，审判人员认为涉及国家、集体或者公民重大利益的案件。

移送执行应当由审判员填写移送执行书，说明执行的事项和应注意的问题，连同生成的法律文书一并移送执行员。对于移送执行的期限，法律未作具体规定。

人民法院的执行员接到申请执行书或移送执行书后，应当向被执行人发出执行通知，责令其在指定的期间履行义务；逾期不履行的，强制执行。执行通知应当在收到申请执行书10日内发出，除责令被执行人履行义务外，还应当通知其承担迟延履行利息或迟延履行金。

六、互联网法院和电子商务法庭

随着互联网的快速发展，中国社会正在发生翻天覆地的变化，网络化生存已经成为常态，一个与传统社会完全不同的互联网社会正在逐渐形成。网络经济行为的增多，导致涉网的纠纷快速增长。数据显示，自2012年12月上线至今，主动加入阿里巴巴大众评审队伍的志愿者近636万人，有超过1.7亿人次参与纠纷评审，调处成功率达95%以上。截至2018年12月，共有292万余人次参与纠纷判定，成功处理纠纷1 587万余起。如果这些纠纷交易纠纷没有在阿里巴巴平台调处解决的话，就会进入诉讼渠道，这将造成巨大的诉讼压力。2015年8月13日，“浙江法院电子商务网上法庭”正式上线。2017年8月18日，杭州互联网法院挂牌成立，截至2022年8月15日的5年间，共结案81 443件。

为探寻符合互联网运行规律的诉讼方式和诉讼规则，进一步完善审理机制、提升审判效率、维护网络安全，中央批准设立杭州互联网法院，将涉互联网的案件统一管辖、统一审理，体现了司法紧跟社会发展步伐，用发展的方法解决发展中的问题的远见卓识，有助于开启网络维权新时代。

（一）电子商务网上法庭

电子商务网上法庭由浙江省高级人民法院在杭州首创。2015年8月，杭州中院及三家基层法院试点电子商务网上法庭，分别审理网上交易、网上支付及网上著作权纠纷和相关上诉案件。网上法庭突破目前已具有的网上立案、网上信息查询、网上庭审等初级功能，依托网络构建了一套化解纠纷的整体解决方案，充分运用电子商务的在线证据，实行起诉、调解、立案（管辖异议）、举证、质证、开庭、判决、执行全流程在线，当事人足不出户就可通过诉讼化解纠纷。同时，整合多方力量，前置了两重纠纷化解过滤层，实现了纠纷的多元化解：

第一层是电商平台“内部消化”。目前已对接淘宝、天猫、聚划算、蚂蚁金服小额贷款、阿里巴巴中文站等平台，凡是起诉至网上法庭的涉电商平台案件，系统首先自动导向电商平台在线纠纷处理模块，有近三成纠纷在电商平台上自行化解。

第二层是调解员在线调解。网上法庭组建了以互联网协会调解中心的专职调解员和律师为成员的调解团队。目前共有专职调解员 11 人，兼职调解员 30 人，对超过 9 000 件案件进行了调解，调解成功率近 1/3。经两重过滤，进入诉讼程序的纠纷数量几近减半，大大缓解了法院的诉讼压力。

（二）互联网法院

互联网法院让维权像网购一样方便。何为互联网法院？简言之就是“互联网＋法院”或“互联网＋审判”。它有两个基本特点：一是通过网络审理案件；二是审理的案件大多与网络纠纷有关，如电子商务交易纠纷、网络支付纠纷、网络金融借款纠纷、网络著作权纠纷等。

互联网法院是在电子商务法庭的基础上组建的。2017 年 1 月，杭州方面开始筹办互联网法院。4 月，最高法院批复同意由杭州铁路法院集中管辖杭州地区 5 类涉网案件，截至 6 月 20 日，该法院共收到涉网案件申请 1 896 件，正式立案 1 446 件。导诉、立案、收发材料、证据扫描一站式完成；点击辅助诉讼“小程序”，当事人足不出户就能完成诉讼；智能诉状生成系统，有力地帮助当事人完成起诉状书写。

网上纠纷就在网上解决，互联网法院开庭时，原告、被告以及法官都通过视频连线的方式出席，通过在线交易记录提取证据，调解、宣判等也直接在网上进行，诉讼全程网络化，只要有网络、有电脑，足不出户就能打完官司。

互联网法院的特点不仅在于审理互联网纠纷，还在于以互联网的方式进行审理。在这方面，杭州已进行了很多探索和尝试，积累了宝贵的经验。2015 年 5 月 28 日，杭州余杭区人民法院 23 号法庭在审理浙江法院电子商务网上法庭第一案时，杭州的买家和深圳的商家都在各自电脑前举证、陈述理由，而证据（包括购物时的旺旺聊天记录、产品单号等信息）则在开庭前由双方通过网络同步传到法院，法官在电脑前审阅。从起诉、提交证据，到相互辩论、庭审，再到宣判，都以互联网为平台，充分利用互联网的资源优势，解决了远距离诉讼等难题，为当事人及法院提供了极大便利。可以预见，设立互联网法院，专门审理和研判涉网案件，能够降低诉讼门槛，节约诉讼成本，使审判更便利、更有针对性，从而提升审判的质量和效率。

案例分析

“现在开庭!”日前，余杭区人民法院23号法庭，法官庄严敲响法槌。四个地点五路视频同时开启，余杭法院电子商务网上法庭第一案开庭。

“杭州市余杭区人民法院民事审判第四庭依法通过在线视频方式公开开庭审理原告王甲诉被告深圳乙公司、天猫公司产品责任纠纷一案。”

与以往不同的开场宣布，预示着这是一场与众不同的庭审。

环顾法庭四周，法官与书记员依然端坐法庭，只是面前多了一台电脑和一副耳麦。原告与二被告始终不见踪影——原来，他们分别坐在杭州市西湖区、深圳市南山区和杭州市余杭区各自的办公室桌前，而他们参与庭审的方式则是电子商务网上法庭上的五路视频，以此实现不同地域间参与主体画面和声音的实时在线传输。

“双方已经通过电子方式确认对本审判员及书记员不申请回避，同时本庭就诉讼过程中各方当事人享有的权利和义务以及庭审过程应注意的各项事项已经通过网上法庭告知双方，双方也通过电子方式确认知悉，对上述内容，双方是否确认?”法庭调查前法官需要告知当事人的一系列诉讼权利和义务，在网上法庭中当事人均可在开庭前通过线上确认阅读的方式进行，大大简便了程序，也节省了庭审时间。

在举证阶段，因原告已在庭前通过邮寄方式向法庭提交了从被告处购买的产品实物，法官在与原告核实快件单号后，由书记员当场拆封展示。

被告之一的卖家提出异议，认为需通过防伪验证时，书记员又当即通过在线登录防伪网站和微信扫码方式识别真伪。而上述一系列操作的实时影像均通过证据展示这一路视频清晰传送至原、被告电脑上。在验证结果面前，卖家最终认可了该产品为其公司所生产。

“今天开庭到此，请各方继续保持网络视频通畅，本次开庭的笔录稍后由书记员通过电子方式提交双方当事人阅读，认为有误的可以当场申请修改、补正，认为无误的请通过电子方式点击确认，休庭。”笔录不但能线上确认，而且在庭审过程中能实时显示至各方当事人电脑，当事人在庭审中就可以确认是否有误，这也大大节省了庭后核对笔录的时间。

资料来源：卢雨思，李雪红．坐在办公室里也能打官司 余杭法院电子商务网上法庭试水第一案[N]．余杭晨报，2015-06-03.

分析：

（1）电子商务法庭呈现出哪些与传统法庭不同的场景?

（2）“互联网+”审判模式对审判制度改革将会带来哪些冲击?

任务2 经济仲裁

民事争议通常可以采取向人民法院起诉和申请仲裁机构审理两种方法。仲裁是指争议双方在争议发生前或争议发生后达成协议，自愿将争议提交由非官方身份的仲裁员组成的仲裁庭进行裁判，并受该裁判约束的一种制度。仲裁活动和法院的审判活动一样，关乎当事人的实体权益，是解决民事争议的方式之一。

一、一裁终局制和仲裁的特点

（一）一裁终局制

仲裁实行一裁终局制，仲裁裁决一经仲裁庭作出即发生法律效力，这使得当事人之间的纠纷能够迅速得以解决。仲裁裁决一经作出就依法具有法律效力，即使当事人对仲裁裁决不服，也不可以就同一纠纷再向仲裁委员会申请复议或向人民法院起诉。这是因为仲裁实行一裁终局制，仲裁的一裁终局制是经济纠纷经仲裁庭裁决后即行终结的制度。因为仲裁充分尊重当事人的共同意愿，当事人选择了仲裁作为解决纠纷的途径，理所当然最终以仲裁途径解决争议。

如果在合同中既约定仲裁，又约定诉讼，如有的合同中约定，“发生争议可向合同履行地（签订地）仲裁机关申请仲裁，也可以直接向人民法院起诉；争议由合同履行地仲裁机关仲裁，对仲裁不服的，可向人民法院起诉”等，由于违反了仲裁的唯一性和终局性，会被仲裁机构认定为无效约定，其仲裁申请不被受理。

案例分析

2020 年 1 月 12 日，厦门市某机电公司与福州市某机械加工公司签订了一份机电设备加工合同。合同约定：机械加工公司于 2 月底之前为机电公司完成一项机电设备加工任务，部分原材料及加工费总计 66 万元，于设备交付后 7 日内一次性付清，如果一方违约，应向对方支付合同总额 10%的违约金。合同签订后，双方又单独签订了一份仲裁协议，约定在合同履行过程中，如果就标的物的质量问题发生争议，协商解决不成时，应提交厦门仲裁委员会仲裁。合同履行后，双方就机电设备质量问题发生争执。机电公司于 5 月 10 日向人民法院起诉，人民法院受理案件后，向被告机械加工公司送达了起诉状副本，并在被告进行实体答辩的情况下对争议案件进行了审理，作出责令机械加工公司重新加工设备并支付违约金的判决。判决作出后，机械加工公司以存在仲裁协议，人民法院无权受理为由上诉。

分析：

（1）机械加工公司的上诉理由是否成立？人民法院的判决是否有效？

（2）如果机械加工公司在接到起诉状副本后，以存在仲裁协议人民法院无权受理为由对法院管辖权提出抗辩，人民法院应当如何处理？

（3）对于上述争议，如果机电公司申请厦门仲裁委员会仲裁解决，仲裁委员会受理案件后，经过审理作出责令机械加工公司重新加工设备并支付违约金的仲裁裁决，那么，该仲裁裁决是否有效？

案中，双方当事人之间订立了独立的仲裁协议书。争议发生后，本不应当向人民法院起诉。但是，机电公司起诉时并未表明有仲裁协议，人民法院受理时也不知。此时，作为被告的机械加工公司如果就法院管辖权提出异议，则人民法院无权受理此案，而机械加工公司却应诉答辩，意味着双方愿意接受人民法院的司法管辖权。如果机械加工公司在接到起诉状副本后，以存在仲裁协议为由对人民法院的管辖权提出抗辩，人民法院应当裁定驳回起诉。因为当事人之间仲裁协议的存在排除了人民法院的司法管辖权，也就是说，当事人的起诉不符合法定的起诉条件。当事人之间订立的仲裁协议不仅对仲裁机构产生授权的法律效力，而且限定了仲裁权的行使范围。本案中，仲裁协议是就标的物质量问题的约定，并不涉及违约金问题。因此，该仲裁裁决为部分有效，另外部分无效。

（二）仲裁的特点

1. 自愿性和灵活性

当事人的自愿性是仲裁最突出的特点。仲裁以双方当事人的自愿为前提，即当事人之间的纠纷是否提交仲裁，交予谁仲裁，仲裁庭如何组成，由谁组成，以及仲裁的审理方式、开庭形式等都是在当事人自愿的基础上，由双方当事人协商确定的。因此，仲裁是最能充分体现当事人意思自治原则的争议解决方式。由于仲裁充分体现当事人的意思自治，仲裁中的诸多具体程序都是由当事人协商确定与选择的，因此，与诉讼相比，仲裁程序更加灵活，更具有弹性。

2. 专业性和保密性

民商事纠纷往往涉及特殊的知识领域，会遇到许多复杂的法律、经济贸易和有关的技术性问题，故专家裁判更能体现专业权威性。仲裁以不公开审理为原则。有关的仲裁法律和仲裁规则也同时规定了仲裁员及仲裁秘书人员的保密义务。因此，当事人的商业秘密和贸易活动不会因仲裁活动而泄露。

3. 快捷性和经济性

一裁终局制使得当事人之间的纠纷能够迅速得以解决，同时，仲裁的成本比较小，时间上比较快捷，且对当事人之间今后的商业机会影响较小。

4. 独立性和国际性

仲裁机构独立于行政机构，仲裁机构之间也无隶属关系。随着现代经济的国际化，仲裁的国际性因素越来越多。

对仲裁这些特点的了解，可以帮助我们思考是否选择仲裁这种形式来解决纠纷诉争。陈碗对于一些不愿意让人知道的争议，往往选择仲裁方式处理。

二、仲裁协议

仲裁协议是指双方当事人在自愿、协商、平等互利的基础之上将他们之间已经发生或者可能发生的争议提交仲裁解决的书面文件，是申请仲裁的必备材料。

（一）仲裁协议的类型

从书面仲裁协议的存在形式看，仲裁协议有 3 种类型：（1）当事人在合同中订立的，将今后可能因该合同发生的争议提交仲裁的条款；（2）当事人为了专门约定仲裁内容而单独订立的仲裁协议书；（3）其他文件中包含的仲裁协议，如一方当事人通过信函、电报、电传、传真、电子数据交换、电子邮件或其他书面材料的往来等形式将他希望订立仲裁协议的事宜向另一方当事人发出建议，如果另一方当事人愿意接受该项建议，必须将他接受该仲裁协议的意向传达给对方当事人，通过这种往来，仲裁协议才能成立。随着通信方式的快速发展，这种形式的仲裁协议也较为常见。仲裁协议可以在争议发生前达成，也可以在争议发生后达成。

（二）仲裁协议的主要内容

一份完整、有效的仲裁协议应当包括下列内容：

1. 请求仲裁的意思表示

请求仲裁的意思表示是仲裁协议的首要内容。仲裁协议中当事人请求仲裁的意思表示要明确，如果因意思表示不明确而无法判断当事人的真实意思，仲裁机构就无法受理当事人的仲裁申请。请求仲裁的意思表示必须是双方当事人共同的意思表示，而不是一方当事人的意思表示。不能证明是双方当事人的意思表示的仲裁协议是无效的。请求仲裁的意思表示必须是双方当事人的真实意思表示，即不存在当事人被胁迫、欺诈等订立仲裁协议的情况，否则仲裁协议无效。

2. 仲裁事项

仲裁事项是指当事人提交仲裁的具体争议事项，它解决的是“仲裁什么”的问题。在仲裁实践中，当事人只有把订立于仲裁协议中的争议事项提交仲裁，仲裁机构才能受理。同时，仲裁事项也是仲裁庭审理和裁决纠纷的范围，即仲裁庭只能在仲裁协议确定的仲裁事项的范围内进行仲裁，超出这一范围进行仲裁，所作出的仲裁裁决，经一方当事人申请，人民法院可以不予执行或者撤销。因此仲裁协议应约定仲裁事项。

仲裁协议中约定的仲裁事项，应当符合以下两个条件：

（1）争议事项具有可仲裁性。平等主体的公民、法人和其他组织之间发生的合同纠纷和其他财产权益纠纷，可以仲裁。但有两类纠纷不能仲裁：一是婚姻、收养、监护、扶养、继承纠纷不能仲裁，这类纠纷虽然属于民事纠纷，但往往涉及当事人本人不能自由处分的身份关系，也不同程度涉及财产权益争议，需要人民法院作出判决或由政府机关作出决定，因此不属于仲裁机构的管辖范围。二是行政争议不能裁决。行政争议，亦称行政纠纷，是指国家行政机关之间，或者国家行政机关与企事业单位、社会团体及公民之间，由于行政管理而引起的争议。另外，劳动争议和农业集体经济组织内部的农业承包合同纠纷的仲裁，不适用《中华人民共和国仲裁法》（以下简称《仲裁法》）。劳动争议适用《中华人民共和国劳动争议调解仲裁法》。

案例分析

某房屋所有人王甲与前妻生有一女王乙。前妻去世后，王甲又与张丙结婚，生有王丁、王戊两个子女。后来王甲购买了他现居住的位于某市某路250号的房屋，并进行翻建。王乙婚后与丈夫自购房另住。王甲去世后，张丙、王丁、王戊仍住在原房，后因王戊拟将该处房屋中的一间作为婚房，受到王丁的阻挠，双方发生争执，王戊向某市仲裁委员会申请仲裁。仲裁委员会经审理认定，对该案不予受理。

分析：仲裁委员会不予受理是否正确？

（2）仲裁事项具有明确性。即将什么争议提交仲裁解决应该明确，如在供货合同中，是将因产品质量问题引起的争议，还是因产品数量问题引起的争议，或是因整个供货合同引起的争议提交仲裁解决，应在仲裁协议中明确。仲裁机构只解决仲裁事项范围内的争议。如当事人约定“就产品质量问题引起的争议提交仲裁”，这一约定就排除了对因货物数量问题引起的争议进行仲裁的可能性。在具体约定时，对于已经发生的争议事项，其具体范围比较明确，因而较容易约定；对于未来可能性争议事项要提交仲裁，应尽量避免在仲裁协议中作限制性规定，包括争议性质上的限制、金额上的限制及其他具体事项的限制，采用宽泛的约定，如可以笼统地约定“因本合同引起的争议”，这样有利于仲裁机构全面、迅速地审理纠纷，充分保护当事人的合法权益。

3. 选定仲裁委员会

由于仲裁委员会没有级别管辖和地域管辖，只要当事人同意，可以选定任何一个仲裁委员会仲裁。因此，双方当事人在订立仲裁协议时，必须明确约定由哪一个仲裁委员会仲裁，否则，任何一个仲裁委员会均无权仲裁。如果仲裁协议对仲裁委员会没有约定或约定不明确，当事人可以达成补充协议；达不成补充协议的，仲裁协议无效。

（三）仲裁协议的示范格式

1. 合同争议解决方法条款中仲裁协议示范格式

合同争议解决方法条款中仲裁协议示范格式为："因履行本合同发生的一切争议，由当事人协商解决，协商不成，提交______仲裁委员会仲裁。"

2. 单独签订的仲裁协议示范格式

单独签订的仲裁协议书包括首部（注明文书名称和协议仲裁的当事人双方的基本情况）、正文（进行请求仲裁的意思表示、选定的仲裁委员会及提请仲裁的事项）和尾部（当事人双方签名、盖章，订立仲裁协议日期）等内容。

案例分析

甲工厂与乙公司签订了一份加工承揽合同，合同约定，6个月后，甲工厂将成品交给乙公司，乙公司收货后1个月内付清款项。6个月后，甲工厂按期将成品交付乙公司，但乙公司迟迟不付货款，拖欠近4个月。甲工厂多次找乙公司请求支付货款，并赔偿损失。乙公司认为甲工厂加工的成品质量不合格，坚持不予支付。后双方协商达成书面仲裁协议。1周后，甲工厂向协议书约定的仲裁委员会申请仲裁，乙公司却向合同履行地人民法院提起诉讼，人民法院未予受理。

分析：

（1）此案应由仲裁委员会受理还是人民法院受理？

（2）双方在纠纷发生后达成的书面协议是否成立？为什么？

（3）如果乙公司提出仲裁协议无效，应由谁来裁定，如何审查？

下列仲裁协议书格式供学习时参考。

【范例一】

仲裁协议书

甲方：××公司。

住所：×××市西路××号。

法定代表人：王××，男，××岁，系该公司总经理。

乙方：北京××局××公司。

住所：×××市北路××号。

法定代表人：李××，男，××岁，系该公司经理。

双方于××年3月1日签订并经××市公证处公证了松散型联营汽车运输煤炭业务的《联营协议书》，联营的1年期限已经届满，双方未获得利润；又实际联营半年多，仍未见利润。有鉴于此，双方一致同意选择×××仲裁委员会确认联营业务终止，解除联营协议，分割联营投资购置的固定资产，分担债务，分享债权，彻底清算双方的联营业务。双方一致接受×××仲裁委员会依据《中华人民共和国仲裁法》和国家的示范仲裁规则以及该会自己的仲裁规则，对上述纠纷所作的一次性终局裁决结果。

当事人名称（姓名）： 当事人名称（姓名）：

法定代表人： 法定代表人：

地址： 地址：

签字（盖章）： 签字（盖章）：

年 月 日 年 月 日

【范例二】

仲裁协议书

根据《中华人民共和国仲裁法》，我们经过协商，愿就____年__月__日签订的合同第__条约定的仲裁事项，达成如下补充协议：

凡因执行本合同或与本合同有关的一切争议，申请____仲裁委员会仲裁，并适用《仲裁委员会仲裁规则》。仲裁委员会的裁决是终局的，对双方都有约束力。

当事人名称（姓名）： 当事人名称（姓名）：

法定代表人： 法定代表人：

签字（盖章）： 签字（盖章）：

年 月 日 年 月 日

三、仲裁基本程序

仲裁的基本程序包括受理阶段、组庭阶段、开庭审理阶段和裁决阶段。

（一）受理阶段

仲裁程序以当事人向仲裁机构申请仲裁为起始。仲裁委员会收到当事人提交的仲裁申请书后，认为符合受理条件的，在收到仲裁申请书之日起5日内向申请人发出受理通知书，同时向被申请人发出仲裁通知书及附件。双方当事人在收到受理通知书或仲裁通知书后，应当做好以下几项工作：申请人须在规定的期限内预交仲裁费用，否则将视为申请人撤回仲裁申请；被申请人可在仲裁通知书规定的期限内向仲裁委员会提交书面答辩书；分别做好证据材料的核对及整理工作，必要时可提交补充证据；及时提交仲裁员选定书、法定代表人证明书、详细写明委托权限的授权委托书等有关材料；在被申请人下落不明的情况下，申请人应主动查找其下落，并向仲裁委员会提交被申请人的确切住所，否则将影响仲裁程序进行；被申请人若要提出仲裁反请求，则必须在仲裁规则规定的期限内提出。此外，双方当事人均有权向仲裁委员会申请财产保全和证据保全，有权委托律师和其他代理人进行仲裁活动。

（二）组庭阶段

双方当事人应当在规定的期限内约定仲裁庭的组成方式和选定仲裁员。若当事人在规定的期限内未能约定仲裁庭的组成方式或者选定仲裁员，由仲裁委员会主任指定。仲裁庭组成后，仲裁委员会向双方当事人发出组庭通知书。当事人在收到组庭通知书后，对仲裁员的公正性有怀疑时，可以在首次开庭前提出回避申请，同时应当说明理由。若回避事由是在首次开庭后知道的，可以在最后一次开庭终结前提出。因回避而重新选定或指定仲裁员后，当事人可以请求已进行的仲裁程序重新进行，是否准许，由仲裁庭决定。

（三）开庭审理阶段

仲裁委员会应当在仲裁规则规定的期限内将开庭日期通知双方当事人。

当事人申请仲裁后，有自行和解的权利。达成和解协议的，可以请求仲裁庭根据和解协议作出裁决书，也可撤回仲裁申请。在庭审过程中，若双方当事人自愿调解，可在仲裁庭主持下先行调解。调解成功的，仲裁庭依据已达成的调解协议书制作调解书，当事人可以要求仲裁庭根据调解协议制作裁决书。调解不成的，由仲裁庭及时作出裁决。仲裁庭对专门性问题认为需要鉴定的，可以交由当事人共同约定的鉴定部门鉴定，也可以由仲裁庭指定的鉴定部门鉴定，鉴定费用由当事人预交。

（四）裁决阶段

仲裁庭在将争议事实调查清楚、宣布闭庭后，应进行仲裁庭评议，并按照评议中的多数仲裁员的意见作出裁决。若仲裁庭不能形成多数意见，则按照首席仲裁员的意见作出裁决。在裁决阶段，双方当事人有权根据实际情况，要求仲裁庭就事实已经清楚的部分先行裁决。在收到裁决书后的 30 日内，当事人有权对裁决书中的文字、计算错误或者遗漏的事项申请仲裁庭补正。

双方当事人在收到裁决书后，应当自觉履行仲裁裁决。

四、仲裁裁决的执行与撤销

仲裁裁决书自作出之日起发生法律效力，当事人应当履行仲裁裁决；仲裁调解书与仲裁裁决书具有同等法律效力，调解书经双方当事人签收，即应自觉予以履行。通常情况下，当事人协商一致将纠纷提交仲裁，都会自觉履行仲裁裁决。但实际上，由于种种原因，当事人不自动履行仲裁裁决的情况并不少见，在这种情况下，另一方当事人即可请求人民法院强制执行仲裁裁决。

（一）执行仲裁裁决的条件

仲裁裁决的执行，必须符合下列条件：

1. 必须有当事人的申请

一方当事人不履行仲裁裁决时，另一方当事人（权利人）须向人民法院提出执行申请，人民法院才可能启动执行程序。是否向人民法院申请执行，是当事人的权利，人民法院没有主动采取执行措施对仲裁裁决予以执行的职权。

2. 当事人必须在法定期限内提出申请

仲裁当事人在提出执行申请时，应遵守法定期限，及时行使自己的权利，超过了法定期限再提出申请执行时人民法院不予受理。申请执行的期限为：双方或一方当事人是公民的为1年，双方是法人或者其他组织的为6个月。此期限从法律文书规定履行期间的最后一日起计算；法律文书规定分期履行的，从规定的每次履行期间的最后一日起计算。

3. 当事人必须向有管辖权的人民法院提出申请

当事人申请执行仲裁裁决，必须向有管辖权的人民法院提出。管辖人民法院的确定，适用《民事诉讼法》的有关规定。

《民事诉讼法》规定由人民法院执行的其他法律文书，由被执行人住所地或者被执行人财产所在地人民法院执行，即当事人应向被执行人住所地或者被执行人财产所在地的人民法院申请执行仲裁裁决。

（二）撤销仲裁裁决的条件

《仲裁法》规定，仲裁实行一裁终局制，仲裁裁决一经作出，即发生法律效力。然而，由于受到各种因素的影响，有些仲裁裁决也不可避免地可能出现不同程度的偏差或错误。仲裁庭作出仲裁裁决后，任何一方当事人均可以依据特定的事由，向人民法院提出撤销仲裁裁决的申请。

按照《仲裁法》的规定，申请撤销仲裁裁决必须符合下列条件：

1. 提出撤销仲裁裁决申请的主体必须是仲裁当事人

由于仲裁当事人与仲裁裁决的结果有直接的利害关系，仲裁裁决也决定着当事人的合法权益是否得到了保护或者受到了侵害。因此，法律规定提出申请撤销仲裁裁决的主体必须是仲裁当事人，包括仲裁申请人和被申请人。

2. 必须向有管辖权的人民法院提出撤销仲裁裁决的申请

当事人申请撤销仲裁裁决，必须向仲裁委员会所在地的中级人民法院提出。向其他人民法院提出的，人民法院不予受理。

3. 必须在法定的期限内提出撤销仲裁裁决的申请

《仲裁法》规定，当事人申请撤销仲裁裁决的，应当自收到裁决书之日起6个月内提出。如果当事人在规定的期限内没有提出撤销仲裁裁决的申请，则表明他放弃了此项权利，双方当事人都应自觉履行裁决书中规定的各自的义务，否则，权利方当事人可以申请执行。

4. 必须有证据证明仲裁裁决有法律规定的应予撤销的情形

仲裁当事人提出申请撤销仲裁裁决时必须有证据对该仲裁裁决具有法律规定的应予撤销的情形加以证明。没有证据，人民法院不予受理；当事人所提供的证据能否证明，则需要人民法院审查认定。

《仲裁法》中设置申请撤销仲裁裁决这种程序的监督机制，对确保仲裁裁决的合法性和正确性，具有非常重要的意义。

任务3 劳动争议解决机制

劳动争议处理，必须先接受劳动仲裁。劳动争议是指劳动关系双方当事人因实现劳动权利和履行劳动义务而发生的纠纷。用人单位与劳动者发生劳动争议，当事人可以协商解决，也可以向本单位劳动争议调解委员会申请调解；调解不成，当事人一方要求仲裁的，可以向劳动争议仲裁委员会申请仲裁。当事人一方也可以直接向劳动争议仲裁委员会申请仲裁，对仲裁裁决不服的，可以向人民法院提起诉讼。

一、劳动争议的范围

2007年12月29日通过的《中华人民共和国劳动争议调解仲裁法》规定，中华人民共和国境内的用人单位与劳动者发生的下列劳动争议，适用本法：因确认劳动关系发生的争议，因订立、履行、变更、解除和终止劳动合同发生的争议，因除名、辞退和辞职、离职发生的争议，因工作时间、休息休假、社会保险、福利、培训及劳动保护发生的争议，因劳动报酬、工伤医疗费、经济补偿或者赔偿金等发生的争议，法律、法规规定的其他劳动争议。

二、劳动争议的调解

劳动争议调解是指在调解组织（包括劳动争议调解委员会、人民调解组织及乡镇、街道设立的具有劳动调解职能的组织）主持下，对本单位与劳动者之间发生的劳动争议，在查明事实、分清是非、明确责任的基础上，依照国家劳动法律、法规，以及依法制定的单位规章制度和劳动合同，通过民主协商的方式，推动双方互谅互让，达成协议，消除纷争的一种活动。

根据《企业劳动争议调解委员会组织及工作规则》第3章关于调解程序的规定，企业劳动争议调解委员会调解劳动争议，要经过申请、受理、调解等步骤。

经调解达成协议的，应当制作调解协议书。调解协议书由双方当事人签名或者盖章，经调解员签名并加盖组织印章后生效。

自劳动争议调解组织收到调解申请之日起15日内未达成调解协议的，当事人可以依法申请仲裁。即法律规定的调解的法定期间为15天，调解委员会调解劳动争议，应当自当事人申请调解之日起15日内结束；到期未结束的，视为调解不成。

当事人向有关部门主张权利救济，这将导致时效的中断。因此，调解不成的，当事人可以在调解委员会结案之日起的时效内提起仲裁。

三、劳动争议仲裁

劳动争议仲裁是指劳动争议仲裁委员会根据当事人的申请，依法对劳动争议在事实上作出判断，在权利义务上作出裁决的一种法律制度。

（一）申诉

用人单位、劳动者及与劳动争议案件的处理结果有密切关系的第三人，为劳动争议案件的当事人。申请劳动仲裁的一方为申诉人，另一方为被诉人。劳动争议当事人可以自知道或者应当知道其权利被侵害之日起1年内向劳动争议仲裁委员会申请仲裁。因当事人一方向对方当事人主张权利，或者向有关部门请求权利救济，或者对方当事人同意履行义务而中断，从中断时起，仲裁时效期间重新计算。因不可抗力或者其他正当理由，当事人不能在1年内申请仲裁的，仲裁时效中止。从中止时效的原因消除之日起，仲裁时效期间继续计算。劳动关系存续期间因拖欠劳动报酬发生争议的劳动者申请仲裁不受1年时效期间的限制；但是，劳动关系终止的，应当自劳动关系终止之日起1年内提出。

国家机关与其公务员之间、事业组织和社会团体与其正式在编员工之间发生争议属于人事争议，不属于劳动争议，因而不属于劳动仲裁诉讼的受案范围。

国家机关、事业组织、社会团体与其工勤人员及其他建立劳动关系的人员之间的争议符合上述所列情况的，属于劳动争议。实行企业化经营管理的事业组织与其员工之间的争议符合上述所列情况的，也属于劳动争议。

当事人申请劳动争议仲裁，根据级别管辖和地域管辖的规定向相应的仲裁委员会申请仲裁。级别管辖是指不同级别的劳动争议仲裁委员会受理案件的分工。目前县、市、直辖市普遍设立了劳动争议仲裁委员会。部分省、自治区也相应地设立了劳动争议仲裁委员会。

在现阶段，劳动争议案件大部分都由当地县级劳动争议仲裁委员会受理，法律、法规、规章另有规定的除外。

地域管辖是指不同地区同级劳动争议仲裁委员会在受理案件方面的分工。如果发生争议的用人单位与劳动者不在同一个仲裁委员会管辖地区，由职工当事人工资关系所在地（即向职工发放工资的单位所在地）的仲裁委员会受理。

（二）受理和立案

劳动争议仲裁委员会收到仲裁申请之日起 5 日内，认为符合受理条件的，应当受理，并通知申请人；认为不符合受理条件的，应当书面通知申请人不予受理，并说明理由。对劳动争议仲裁委员会不予受理或者逾期未作出决定的，申请人可以就该劳动争议事项向人民法院提起诉讼。

（三）举证

经劳动争议仲裁委员会批准决定受理的案件，当事人应在规定的举证期限内举证，超过举证期的，视为放弃举证权利。

（四）开庭审理和裁决

1. 开庭审理

劳动争议仲裁委员会应当在受理仲裁申请之日起 5 日内将仲裁庭的组成情况书面通知当事人。仲裁庭应当在开庭 5 日前，将开庭日期、地点书面通知双方当事人。当事人有正当理由的，可以在开庭 3 日前请求延期开庭。是否延期开庭，由劳动争议仲裁委员会决定。

申请人收到书面通知，无正当理由拒不到庭或者未经仲裁同意中途退庭的，可以视为撤回仲裁申请。被申请人收到书面通知，无正当理由拒不到庭或者未经仲裁庭同意中途退庭的，可以缺席裁决。

当事人在仲裁过程中有权进行质证和辩论。质证和辩论终结时，首席仲裁员或者独任仲裁员应当征询当事人的最后意见。

2. 裁决

仲裁庭裁决劳动争议案件，应当自劳动争议仲裁委员会受理仲裁申请之日起 45 日内结束。案情复杂需要延期的，经劳动争议仲裁委员会主任批准，可以延期并书面通知当事人，但是延长期限不得超过 15 日。逾期未作出仲裁裁决的，当事人可以就该劳动争议事项向人民法院提起诉讼。劳动者对仲裁裁决不服的，可以自收到仲裁裁决书之日起 15 内向人民法院提起诉讼。期满不起诉的，裁决发生法律效力。

劳动争议仲裁不收费。劳动争议仲裁委员会的经费由财政予以保障。

案例分析

王某与某有限公司签订了 2 年期的劳动合同，合同有效期为 2013 年 2 月 1 日至 2015 年 2 月 2 日。自 2014 年 5 月起，王某没有说明任何理由也未告知该公司即不来上班。因旷工次数较多，2014 年 10 月 8 日，公司对其作出除名决定。但由于王某没有给公司留下任何联系方式，公司无法将书面通知送达王某，于是该公司就在当地一家报纸上发出公告，公告 3 月后，即 2015 年 1 月 31 日，该公司即将王某的档案关系转至人才交流中心。王某于 2016 年 3 月方从原先的一同事口中得知自己已被除名，即于 2016 年 7 月 4 日以对除名处分不服为由向人民法院起诉。人民法院不予受理后，王某向劳动争议仲裁委员会申请仲裁。

分析：

（1）王某在要求解决争议的程序上是否有不符合法律规定的地方？为什么？

（2）劳动争议仲裁委员会应否受理王某的仲裁申请？

仲裁程序是处理劳动争议的必经前置程序，劳动纠纷必须先经仲裁，一方或双方对仲裁不服的，才可向人民法院起诉。《劳动法》规定，提出仲裁要求的一方应当自劳动争议发生之日起 1 年内向劳动争议仲裁委员会提出书面申请。因单位无法将书面通知送达王某，采用公告送达方式是法律允许的，因此王某应在公告期满后即 2005 年 1 月 31 日起 1 年之内提出仲裁申请。案中，王某的申诉已过仲裁申请时效，故劳动争议仲裁委员会不应受理。

四、劳动诉讼

劳动诉讼或称劳动争议诉讼，是指人民法院对当事人不服劳动争议仲裁机构的裁决或决定而起诉的劳动争议案件，依照法定程序进行审理和判决，并对当事人具有强制执行行为的一种劳动争议处理方式。

劳动争议当事人必须在收到劳动仲裁裁决书之日起 15 日内向人民法院起诉。需要注意的是，当事人对仲裁裁决不服，不能将劳动争议仲裁委员会作为被告，因劳动争议仲裁委员会不是民事主体，而是法定前置程序受理和处理机构。劳动争议案件诉至人民法院后，诉讼当事人仍是劳动争议原来的当事人。

人民法院审理劳动争议案件和审理一般纠纷一样，适用《民事诉讼法》的规定，其主要程序有一审程序、二审程序、审判监督程序等。

任务4 其他纠纷处理机制

一、通过听证维护自己的权益

听证是指行政机关依据《中华人民共和国行政处罚法》（以下简称《行政处罚法》）实施行政处罚过程中，在作出决定前，由非本案调查人员主持，听取调查人员提出当事人违法的事实、证据和行政处罚建议与法律依据，并听取当事人的陈述、举证、质证和申辩及意见的程序活动。

听证是一项安排或处置须经相关者对其必要性、合理性和合法性进行质证才能设定和实施的制度。《行政处罚法》规定，行政机关作出责令停产停业、吊销许可证或者执照、较大数额罚款等行政处罚时，当事人有要求举行听证的权利。如税务行政机关对处罚相对人的罚款金额，个人（包括个体户）达到 2 000 元以上，组织达到 1 万元以上，处罚相对人都可以依法要求税务机关举行听证。

听证后，当事人将接到最后处罚决定，若还是不服，则可申请行政复议，也可直接向人民法院提出行政诉讼。

二、行政复议和行政诉讼

行政复议是指公民、法人或者其他组织不服行政主体作出的具体行政行为，认为行政主体的具体行政行为侵犯了其合法权益，依法向法定的行政复议机关提出复议申请，行政复议机关依法对该具体行政行为进行合法性、适当性审查，并作出行政复议决定的行政行为。《中华人民共和国行政复议法实施条例》于 2007 年 5 月 23 日由国务院常务会议通过，自 2007 年 8 月 1 日起施行。

申请人对侵犯其合法权益的具体行政行为不服，都可申请行政复议。但对于内部行政行为和对民事纠纷处理的行为，当事人不能提起行政复议。

公民、法人或者其他组织对行政机关的具体行政行为不服，依法申请行政复议的，作出该具体行政行为的行政机关为被申请人。行政机关与法律、法规授权的组织以共同名义作出具体行政行为的，行政机关和法律、法规授权的组织为共同被申请人。行政机关与其他组织以共同名义作出具体行政行为的，行政机关为被申请人。下级行政机关依照法律、法规、规章规定，经上级行政机关批准作出具体行政行为的，批准机关为被申请人。行政机关设立的派出机构、内设机构或者其他组织，未经法律、法规授权，对外以自己名义作出具体行政行为的，该行政机关为被申请人。

行政复议申请人应自知道行政机关的具体行政行为侵犯其合法权益之日起60日内申请行政复议。因不可抗力或其他正当理由耽误法定申请期限的，申请期限自障碍消除之日起继续计算。

案例分析

某县公安局和文化局根据市公安局和市文化局联合下发的通知，整顿网吧。在联合执法大检查中，吊销了方某的文化经营许可证和消防许可证。方某不服，分别向市公安局和市文化局提出复议申请，市公安局和市文化局都未予受理，告知方某向县政府提起行政复议。县政府受理复议后，发现原具体行政行为没有法律依据，中止了行政复议，将该依据转送市政府处理，市政府撤销了该通知。据此，县政府认定原具体行政行为无法律依据，作出了撤销行政复议的决定。

分析：

（1）该行为由哪个机关复议？为什么？

（2）县政府的做法是否合法？为什么？

《中华人民共和国行政复议法》明确规定，多个行政机关共同作出的行政行为，其共同上一级机关为复议机关，所以案中只有县政府是复议机关。在复议案件中，复议机关对于认为法律依据不合法的可以在其职权范围内撤销，如无撤销、变更权限则应当移交有权机关处理，所以，案中县政府的做法是正确的。

复议申请人如对行政复议机关作出的复议决定不服，可以自收到行政复议决定书之日起15日内向人民法院提起诉讼。

三、人民调解

有时候，法院解决不了的事情，人民调解会更有效。

资料阅读

在义乌市经商的衢州女商人陈某和在温岭办厂的女企业主党某近日倍觉欣慰：一场纠缠她们一年多，几近反目成仇，经过二级法院审判、执行却仍未解决的合同纠纷经过义乌市衢州商会人民调解委员会的调解，终于得到了圆满的化解。

事情要追溯到一年前，陈某与党某原系生意伙伴，由于一份定做合同发生纠纷，双方走上法庭。陈某不服义乌市人民法院2011年5月的一审判决，向金华市中级人民法院提起上诉。2011年9月，金华中院二审判决：陈某应支付党某货款36.8万元。陈某对此判决仍然不服，认为是由于党某定做的货物存在质量问题，致使国外客商拒付货款，故应由双方共同承担责任。陈某因此拒不履行人民法院生效的判决。

党某遂申请强制执行，但由于没有可执行的财产，陈某只是被人民法院拘留了几天，党某便将希望转寄于讨债公司。面对讨债公司的不断骚扰，陈某不堪忍受几欲出走和走向极端。走投无路的陈某在最后关头想到了自己是义乌市衢州商会的会员，抱着一线希望，向义乌市衢州商会人民调解委员会求救和申请调解。

受理申请后，义乌市衢州商会人民调解委员会十分重视，会长、调委会主任张某亲自参与调解，多次到人民法院和公安部门了解情况，并将陈某、党某及讨债公司召集到商会调委会进行三方协商，经过多次努力，最终于 2012 年 2 月 16 日达成调解协议：陈某于当日一次性归还党某货款 20 万元，今后双方互不追究。调解圆满成功。

资料来源：石薇，余斌．合同纠纷一年多未解决 人民调解矛盾终获化解［N］．义乌商报，2012-03-13.

人民调解，又称诉讼外调解，是指在人民调解委员会主持下，以国家法律、法规、规章和社会公德规范为依据，对民间纠纷双方当事人进行调解、劝说，促使他们互相谅解、平等协商，自愿达成协议，消除纷争的活动。

中国的很多法律制度都是借鉴国家制度制定的，但是人民调解制度是一项有中国特色的、具有深厚中华民族传统的一项法律制度，它也是中国独创的一种化解社会矛盾、消除纷争的非诉讼解决人民内部矛盾的主要解决形式，被国际社会誉为化解矛盾的“东方经验”。我国自 2011 年 1 月 1 日起施行《中华人民共和国人民调解法》，规范人民调解活动，及时解决民间纠纷，维护社会和谐稳定。

资料阅读

人民调解是土生土长的中国特色法律制度，被誉为象征“和为贵”的“东方之花”。据了解，截至目前，全国共有人民调解委员会 77 万个，人民调解员 367 万名。2017 年，全国共调解矛盾纠纷 876 万件，调解成功率达 98%。

步入新时代，对人民调解工作提出了哪些新要求呢？

司法部部长张军明确表示，在“七五”普法基础上，人民群众法治观念、权利意识不断增强。一方面，“老娘舅”式传统人民调解在基层邻里家庭纠纷中仍然不可或缺，但亟待创新升级，以实现更好更优。另一方面，行业、专业领域人民群众化解矛盾纠纷的需求日益增多，新类型调解面临的压力巨大，管理者、组织者、调解员理念和知识亟待充实、更新。

日前，中央政法工作会议要求，总结推广新时代“枫桥经验”，引导社会成员养成在法治轨道上主张权利、解决纷争的习惯，发挥好执法司法、法律服务、法治宣传教育在崇法尚德、移风易俗中的积极作用。这无疑给司法行政工作提出了新要求。

对此，张军积极回应。他说："历久弥新的'枫桥经验'，核心要义是为了群众、依靠群众，精髓是坚持自治、法治、德治相结合，重心就是预防，是以新理念、新方式、新办法化解层出不穷的新型矛盾纠纷。我们要主动向交通、医疗等职能部门推荐胜任行业性、专业性人民调解的律师，会同人民法院加强人民调解员的培训，完善诉调、公调、访调等衔接联动机制，总结典型案例、成功做法，从中寻求规律，促进新时代、中国式调解工作规范化、科学化，把'枫桥经验'本地化落实好，这是人民调解创新、升级的必由之路。"

资料来源：王芳，莫亚奇．张军：落实好"枫桥经验"促进人民调解创新升级［EB/OL］.（2018－10－25）www. legaldaily. com. cn.

作为一种柔性的调解，人民调解属于人民法院在立案之前的诉前调解，具有调解时间短、无须任何费用的特点。经过人民调解委员会调解达成的协议是具有法律约束力的，当事人应该按照达成的约定来履行，而人民法院也会确定调解的协议是否有效。如果一方当事人拒绝履行或者没有完全履行调解协议，对方当事人可以向人民法院申请强制执行。①

任务5 利用律师的工作

随着社会经济等各方面的日益发展，人与人之间的各种形式的关系也日益密切、复杂。伴随着民主与法制建设的不断完善，人们的法律意识也在不断提高和加强。在纷繁复杂的各种关系中，法律关系几乎无处不在。在处理这些法律关系时，人们都会想到一种人，那就是律师。一些简单的法律事务，人们也许自己就可以处理了，但当一些专业性比较强的法律事务出现时，非律师人员就会感到不知所措，不聘请律师几乎无法处理。律师是处理法律事务的专业人员，如同医生是治病的专业人员一样。律师除了具有法律专业知识以外，还具有一般当事人所不具备的执业经验和诉讼技巧。②

让专业的人办专业的事情，请来律师，减轻了陈碗很多压力，也为陈碗挽回了很多损失，防范了很多风险。

① 马喆．北京消费纠纷人民调解委员会挂牌 调解协议具法律约束力［EB/OL］.（2012－03－15）http://www. cnr. cn.

② 肖莎，朱雨晨．青年创业频频遭遇法律风险 专业人士亮出避险绝招［N］．法治周末，2010－04－14.

一、律师的服务范围

对于普通创业者来说，律师究竟能帮我们做哪些事呢？《中华人民共和国律师法》规定，律师主要从事以下业务：接受公民、法人和其他组织的聘请，担任法律顾问；接受民事案件、行政案件当事人的委托，担任代理人，参加诉讼；接受刑事案件犯罪嫌疑人的聘请，为其提供法律咨询，代理申诉、控告，申请取保候审；接受犯罪嫌疑人、被告人的委托或者人民法院的指定，担任辩护人；接受自诉案件自诉人、公诉案件被害人或者其近亲属的委托，担任代理人，参加诉讼；代理各类诉讼案件的申诉；接受当事人的委托，参加调解、仲裁活动；接受非诉讼法律事务当事人的委托，提供法律服务、解答法律咨询、代写诉讼文书和有关法律事务的其他文书。除此以外，律师的业务范围已从单纯的诉讼代理转向服务社会生活的各个层面，如可以受托代理分家析产、草拟审查法律文书、代办法人登记、代理订立及变更经济合同、参与项目谈判等。

二、聘请合适的律师

一次，陈碗的同学张志向陈碗谈起一件伤心事：张志做服装生意，2009 年借了 25 万元给朋友傅成周转，约定 1 个月归还，但傅成到期不还，于是张志决定到人民法院起诉傅成，听从相关人员建议准备聘请律师。张志来到人民法院附近的太平律师事务所，请李旦做自己的代理律师，并和李旦签订了委托代理合同，全权代理自己的官司。张志把 3 万元办案费和 10 万元借据交给了李旦个人，李旦收了钱和借据后向人民法院提交了起诉状，但不久就撤诉该案，于半个月后离开律师事务所。张志找事务所理论，得知李旦是没有执业律师资格的见习律师，事务所以李旦盗用了单位的合同和律师函为由，拒绝承认出了事与律师事务所有关。张志深受其害，为之苦恼。

保护健康离不开医生，维护权利则离不开律师。但能够请到物有所值的律师却并非易事。有的人慕名找到大律师花了高价钱，办案质量却得不到保证；有的人图便宜，律师服务较承诺相比大打折扣。这固然与律师的素质有关，但与当事人选择失误也有极大关系。律师服务虽不像其他商品那样看得见、摸得着，但如果掌握其中的技巧和方法，相信人们会减少很多风险。创业者既不要把律师当成救世主，也不要把律师看得一文不值。认识律师，懂一点聘请律师的窍门是至关重要的。

陈碗这两天闲了下来，把自己聘请律师的基本方法做了个小结。他认为，初次聘请律师的创业者，在聘请律师时需要做得以下 4 点：

（1）查证件。目前，社会上有不少人以律师的身份对外，但其实可能只是对法律有一定了解但根本没有执业资格的人，这种人有时社会上称为“黑律师”，其实应该直接叫假律师。既然存在假律师，在聘请律师的时候，首先要做的就是查看律师的证件。证件也有可能是假的，怎么办？登录当地律师协会或司法局的网站，根据该律师的名字等信息对其证件的真实性进行查询。

（2）看专业。只是请到真的律师，还不能保证律师的服务能满足要求。现在法律越来越细化，没有一个律师可以熟悉全部的法律领域，通常每个律师都有其专长，如刑辩、海商、婚姻、人身损害、知识产权等。一般每个律师都只在一两项上比较精通，其他领域接触的只是皮毛。当然，不排除学习能力强的律师，在接到你的案件后，加强学习，短时间内成为这方面的专家。但有些案件必须经过实践才会知道其中的窍门，经验的积累对律师而言非常重要。所以，一定要聘请专业的律师。如果有熟悉的律师，可以要求其推荐，因为他处在这个行业中，知道谁是最专业的；如果没有熟悉的律师可以推荐，各地的律师协会都根据不同的专业设置了专业委员会，可以在律师协会的网站上找到各专业委员会的人员名单，该名单上的人员一般就是该领域的专业律师。

（3）品人品。简单地说，律师是我们托付财产权益甚至生命的人，所以，律师的人品非常重要。有些律师为了接案，会做一些夸大的宣传，或对诉讼结果打包票。有些当事人喜欢律师给他一个胜诉的承诺，不喜欢律师给他指出问题所在，而实际上往往那些可以指出问题的律师才是好律师。

（4）谈价格。找到专业律师，最后一步就是非常重要的价格问题。现在律师收费一般都有两种方式，一种是政府指导价，就是双方根据政府指导的价格，在诉讼前商定的，不与诉讼结果挂钩的一种收费方式；一种是双方协商风险收费，一般是当事人前期支付一定的办案费用，律师主要收费与诉讼结果挂钩的一种收费方式。政府指导价一般比风险收费低一些。

三、防范聘请律师时的风险

张志自己到律师事务所聘请律师，惹出一些烦恼。更多的人是通过熟人、朋友介绍，但如果手续不全，也会遭遇很多不必要的麻烦。因此，创业者在聘请律师时应注意可能存在的风险。

（一）经正常渠道办理聘用手续

根据法律规定，律师提供法律服务，必须以所在律师事务所的名义进行工作，因此，在聘请律师时，应与其所在的律师事务所办理正式的相关委托手续，并明确授权范围，律师在提供服务时不得超越委托权限。

（二）签署规范、完善的委托协议

当事人要与律师签订委托代理协议（或合同）和授权委托书。委托代理协议应包括委托事项、委托期限、费用、工作要求、赔偿责任、解约条件、违约责任等内容。通常情况下，代理人的代理权有一般代理和特别授权代理两种。一般代理是指仅代理一般的诉讼权利，如起诉/应诉权、申请回避权、提供证据权、辩论权等；特别授权代理是指与实体权紧密联系的诉讼权利代理，如承认、放弃、变更被代理人的诉讼请求，进行和解，提起反诉或者代理被代理人上诉等。因此，当事人在填写委托授权书时，要结合案件的实际情况，注意写清代理权限。在授予代理人上述特别授权的事项时，应当写明每项特别授权的具体内容，以防止代理人违背当事人的真实意愿，造成不必要的损失。

（三）及时交纳律师费并索取正式发票

律师接受委托的费用一般包括代理费、办案费和活动经费。对于代理费应争取分期支付，最后一期尽量放在委托事项办理结束时支付，以促使律师积极工作。对于办案费和活动经费可以采取实报实销，预计金额不大时，可以承包方式支付。应向律师事务所的财务人员交付委托代理费用，并要求其开具正式发票。

（四）警惕“三包”律师

目前有的律师为揽案而违反职业道德，不负责任地向当事人承诺“三包”（包胜诉、包放人、包无罪）。打官司本身是一种风险较大的活动，没有绝对的胜负。当事人应当警惕这样的“拍胸脯”律师，因为“打官司就是打证据”，打官司的工夫应放在调查取证上。如有需要，当事人可与代理律师签订风险代理合同。律师和当事人都希望对对方有所约束，因此要求对方作出某些承诺。可以承诺的范围应当限制在：当事人方面，主要承诺对律师履行职务的外部条件的保障；律师方面，主要承诺工作态度、服务质量、职业道德等。这里需要提醒注意的是，律师是通过自身的工作促进社会公正实现的从业者，而不是执掌正义权杖的执法者，凡是需要别的机关作出决定的，如诉讼案件结果、公司上市的批准等，律师只能尽职尽责把自己分内的工作做好，去争取最理想的结果。而国家机关的决定受很多因素影响，除法律之外，经办人员的知识水平、职责权利、人际关系的影响等有时也会左右案件的结果。要求律师对职责外的事做过多的承诺是不现实的，也是不可能办到的。试想，如果纠纷双方的律师都拍胸脯“包赢”，那必然有一方说谎，至少是不负责任的，应当注意分析过分承诺的虚假性。

（五）避免完全凭人际关系请律师

律师可以由熟人、朋友介绍，但更重要的是律师的资历、能力、经验、敬业精神和职业道德，对此一定要自己考察、判断，只有这样才能请到最适合办理具体法律事务的律师。如果只看人际关系，不看律师知识水平、工作能力、职业道德等，有时就达不到请律师的目的。最好在争议发生前就找律师。一些企业对于聘用律师的认识还基本停留在有麻烦、打官司时才找律师，即诉讼律师的层面上。聘请律师很重要的一个作用是防患于未然，企业有许多经营活动，如果事先有律师参与，提供相关的法律意见和建议，则完全可以避免事后出现不必要的诉讼和纷争。从经济效益角度讲，前期花一些律师费，要比出现问题后再请律师效益更高。

（六）要求出具书面法律意见书

对于律师提供的代理意见或工作情况，当事人可要求出具书面的法律意见或有关代理工作报告，而不仅限于口头说明。对于律师服务质量不满意、律师不按委托协议办事或因工作失误造成损失的，当事人可向当地司法局或律师协会投诉，要求其承担赔偿等法律责任。

四、有效利用律师函处理纷争

律师函，又称律师信，是指律师接受客户的委托就有关事实或法律问题进行披露、评价，进而提出要求以达到一定效果而制作、发送的专业法律文书。律师函是律师对某一事实进行法律评价和风险估计，目的在于以法律尺度和律师的判断，对送达对象晓之以法律事实，动之以利弊得失，让送达对象得出自己的“法律评价”，即“传法达意”。因此，律师函的本质是一种委托代理进行意思表示的法律行为。

律师函具有信息传递和心理强制功能。律师函无疑具备传达委托人的意思、意志和律师的法律评价等信息的作用，也是为获得送达对象的预期信息反应而制作的。通过法律把一封律师函润色加工后，能够使对方迫于法律名义的说服而产生恐慌，这包括两层含义：一是将委托人的意思表示通过法律分析后以合法的姿态予以定格（当然整体事态是定格的）；二是借律师事务所的招牌和律师的职业形象以法律的名义进行放大式的传达，成为一种强势的意思表示。

由于要解决的问题不同，致函的目的也不相同：有预防和制止某种行为的发生和继续发生的，如对侵权行为的制止；有敦促某项义务履行的，如债务催讨；有公示某件事实或权利的，如上市公司向股民披露某项事实；在商务谈判中，为澄清事实也可以使用律师函。因此，律师函包括银行催贷律师函、货物销售款项催收律师函、物业费催收律师函、停止名誉侵权律师函、停止商标侵权律师函等。从诉讼与仲裁的角度讲，巧用律师函还可以起到顺延诉讼时效的效用。

学思之窗

最高法出台《人民法院在线调解规则》

2021年12月31日，最高人民法院发布《人民法院在线调解规则》（以下简称《规则》），自2022年1月1日起施行。

《规则》作为继《人民法院在线诉讼规则》后，最高人民法院出台的又一个具有标志意义的司法解释，对于完善具有鲜明中国特色、实践特色、时代特色的纠纷解决制度体系，构建中国特色、世界领先互联网司法新模式，实现更高水平的数字正义，具有里程碑意义。

近年来，人民法院全面建设一站式多元解纷和诉讼服务体系，陆续与中央台办、全国总工会、中国侨联、全国工商联、国家发改委、人社部、人民银行、银保监会、证监会、国家知识产权局及中小企业协会建立"总对总"在线诉调对接机制，全面推广应用人民法院调解平台。截至2021年12月31日，人民法院累计在线调解案件2 437万件，调解量年均增长率达85.6%。2021年全年在线调解案件量突破1 000万件，诉前调解成功案件604.55万件，在线音视频调解量占比从2018年的0.17%提高到现在的27.45%。现在，6.1万家调解组织和25.4万名调解员通过人民法院调解平台开展工作，平均每个工作日有4.3万件纠纷在平台进行调解，每分钟就有50件成功化解在诉前。人民法院调解平台已经成为联动力量最多、覆盖范围最广、调解资源最丰富、诉调对接最顺畅、深受群众欢迎的强大平台，成为中国法院向世界展示的一张"金名片"。

为全面总结人民法院在线多元解纷实践和智慧法院建设成果，提炼出根植中国土壤、符合我国实际、体现国际视野、有效融合调解优良传统与现代信息技术的在线调解规则，最高人民法院在充分调研、广征意见、多方论证基础上，制定出台《规则》。

《规则》坚持以习近平新时代中国特色社会主义思想为指导，深入贯彻习近平法治思想，认真落实党中央重大部署要求，坚持以人民为中心，顺应时代潮流，回应实践需要，对依托人民法院调解平台开展的在线调解活动作出规定，明确了在线调解框架体系，填补了在线调解程序空白，创新完善了互联网时代人民群众参与司法的制度机制，拓展了调解资源共享的广度深度，是首部指导全国法院开展在线调解工作的司法解释。

《规则》共30条，围绕便民利民、依法规范、提质增效、体系构建四个着力点，对在线调解适用范围、在线调解活动内涵、在线调解组织和人员、在线调解程序等作出规定。主要有以下几个亮点：

一是界定了人民法院在线调解，明确具体采用条件。明确调解案件范围包括法律规定可以调解或者和解的民事纠纷、行政纠纷、执行案件、刑事自诉以及被告人、罪犯未被羁押的刑事附带民事诉讼案件，实现主要案件类型全覆盖。规定在线调解活动可以全部在线进行，也可以部分在线进行，充分尊重当事人意愿。人民法院采用在线调解方式必须征得当事人同意，并综合考虑案件具体情况、技术条件等因素。二是明确在线调解组织和人员范围，规定了调解组织和人员披露义务和当事人选择更换的权利。当事人可以共同选定调解组织或者调解员，并在调解过程中申请更换调解组织或者调解员。同时，要求调解组织和调解员对可能产生利益冲突的情形应当进行披露。三是明确在线调解程序。对在线调解的引导、调解组织和人员的接受及例外情形、音视频调解方式的采用、调解协议的制作、调解不成的处理、在线调解期限、在线调解程序终结等作出规定，填补了在线调解程序的空白。四是明确在线调解组织和人员的行为规范。对人民法院分级管理作出规定，同时要求，对在线调解组织或者调解员在调解过程中存在强迫调解等情形的，当事人可以投诉，由人民法院核查处理。五是明确在线调解资源共享。对建立全国性特邀调解名册、区域性特邀调解名册作出规定，方便下级人民法院共享上级人民法院调解资源库，提高解纷质效。

资料来源：最高人民法院司法案例研究院．https://m. thepaper. cn/baijiahao _ 16137318.

技能训练

一、思考题

1. 简述仲裁协议无效的情形。

2. 简述诉讼中起诉的条件。

3. 比较处理纠纷方式的特点，结合自己的创业历程或生活经历，谈谈自己对各种纠纷处理机制的理解。

4. 搜集有关电子商务网上法庭受理案件和审理情况，结合当前电子商务发展现状，讨论分析电子商务网上法庭和互联网法院面临哪些问题，就如何推进电子商务网上法庭和互联网法院方面进行探讨，提出自己的观点。

二、案例分析题

试用所学知识分析以下案例：

【案例1】 2009年4月，河北省某机电公司向天津某贸易公司购买了一批彩电，合同在北京某区签订。合同规定，贸易公司为机电公司代运，货到付款；如发生争议，双方协商解决，协商不成则任何一方可向北京市某区人民法院起诉。机电公司收到货后，发现彩电不符合质量要求，要求退货。贸易公司不同意，因此发生争议。为此，贸易公司向北京市某区人民法院起诉，要求机电公司交付货款，人民法院受理了本案。

分析： 北京市某区人民法院对此案有无管辖权？协议管辖应如何适用？

【案例2】 孙某被某私营快餐店招聘为厨房勤杂工，双方未签订劳动合同。一日，孙某正在厨房埋头洗碗，被正在与顾客争吵的本店一服务员韩某用菜刀误伤，经公安机关认定为轻伤。孙某住院治疗 20 天，花费医疗费 7 000 余元。孙某要求快餐店支付医药费，快餐店拒绝支付。理由是与孙某没有签订劳动合同，又是韩某所伤，应要求韩某支付医疗费。孙某遂向劳动争议仲裁委员会申请仲裁，要求认定为工伤，由快餐店支付医疗费用。

分析：

（1）劳动争议仲裁委员会是否应受理此案？为什么？

（2）劳动争议仲裁委员会能否支持孙某的请求？为什么？

【案例 3】 某工业公司与某机械厂签订合同，约定由机械厂为工业公司生产 10 台符合一定标准的机床；并约定工业公司预付货款 3 万元，机床安装使用后，如无质量问题，再支付其余款项；同时双方签订仲裁协议，约定合同履行过程中如发生纠纷，则向某仲裁委员会申请仲裁。工业公司将机床安装投入生产后，加工的产品废品率大大超过合同规定标准。经检查，产品废品的原因是机床的一个重要参数不合格。机械厂多次派人对机床进行修理，仍不能达到合格标准，为此给工业公司造成 5 万元的经济损失。

工业公司遂通知机械厂解除合同，要求退回机床并返还预付款，同时要求赔偿其经济损失 5 万元。机械厂拒绝了工业公司的要求。工业公司认为合同已经解除，仲裁协议也随之失效，于是向人民法院提起诉讼。人民法院受理后，将起诉状副本发送给被告。开庭前，机械厂向人民法院提交了工业公司的仲裁协议，人民法院裁定驳回起诉。

分析：

（1）工业公司解除与机械厂合同的做法是否合法？为什么？

（2）工业公司要求退回机床、返还预付款并赔偿 5 万元经济损失的做法是否合法？为什么？

（3）工业公司认为合同解除，仲裁协议也随之失效的观点是否正确？为什么？

（4）人民法院裁定驳回起诉是否合法？为什么？

【案例 4】 上海某衬衫厂与某市贸易中心在上海签订了一份服装购销合同，总金额为 2 万元。合同规定了交货日期，货款结算为凭货运单托收承付，单方违约按合同总金额的 5%偿付违约金。合同签订后，贸易中心在 1 个月后通知上海某衬衫厂要求变更合同，衬衫厂不同意，按合同发货后，贸易中心以质量、颜色不符为由拒付货款，双方发生争执。衬衫厂遂向人民法院起诉。人民法院立案后，向被告发出通知。被告贸易中心在答辩期内提交了答辩状。人民法院在调查中发现，原告和被告在纠纷发生后曾经签订了一份仲裁协议，但直至人民法院开庭审理时，双方均未声明有仲裁协议存在。

分析：

（1）人民法院对本案是否有管辖权？

（2）人民法院应如何处理此案？请说明理由。

【案例5】 B市的京发公司与T市的蓟门公司签订了一份海鲜买卖合同，约定交货地在T市，并同时约定“涉及本合同的争议，提交S仲裁委员会仲裁”。京发公司收货后，认为海鲜等级未达到合同约定，遂向S仲裁委员会提起解除合同的仲裁申请，仲裁委员会受理了该案。在仲裁规则确定的期限内，京发公司选定仲裁员李某作为本案仲裁庭的仲裁员，蓟门公司未选定仲裁员，双方当事人也未共同选定第三名仲裁员，S仲裁委主任指定张某为本案仲裁庭仲裁员、刘某为本案首席仲裁员，李某、张某、刘某共同组成本案的仲裁庭，仲裁委向双方当事人送达了开庭通知。

开庭当日，蓟门公司未到庭，也未向仲裁庭说明未到庭的理由。仲裁庭对案件进行了审理并作出缺席裁决。在评议裁决结果时，李某和张某均认为蓟门公司存在严重违约行为，合同应解除，而刘某认为合同不应解除，拒绝在裁决书上签名。最终，裁决书上只有李某和张某的签名。

S仲裁委员会将裁决书向双方当事人进行送达时，蓟门公司拒绝签收，后蓟门公司向法院提出撤销仲裁裁决的申请。

分析：

（1）关于本案中仲裁庭组成，下列说法正确的是（　　）。

A. 京发公司有权选定李某为本案仲裁员

B. 仲裁委主任有权指定张某为本案仲裁员

C. 仲裁委主任有权指定刘某为首席仲裁员

D. 本案仲裁庭的组成合法

（2）关于本案的裁决书，下列表述正确的是（　　）。

A. 裁决书应根据仲裁庭中的多数意见，支持京发公司的请求

B. 裁决书应根据首席仲裁员的意见，驳回京发公司的请求

C. 裁决书可支持京发公司的请求，但必须有首席仲裁员的签名

D. 无论蓟门公司是否签收，裁决书自作出之日起生效

（3）关于蓟门公司撤销仲裁裁决的申请，下列表述正确的是（　　）。

A. 蓟门公司应向S仲裁委所在地中院提出申请

B. 法院应适用普通程序审理该撤销申请

C. 法院可以适用法律错误为由撤销S仲裁委的裁决

D. 法院应以缺席裁决违反法定程序为由撤销S仲裁委的裁决

【案例6】 王某，女，1990年出生，于2012年2月1日入职某公司从事后勤工作，双方口头约定每月工资为3 000元，试用期1个月。2012年6月30日，王某因无法胜任经常性的夜间高处作业而提出离职，经公司同意，双方办理了工资结算手续，并于同

日解除了劳动关系。同年 8 月，王某以双方未签订书面劳动合同为由，向当地劳动争议仲裁委员会申请仲裁，要求公司再支付工资 12 000 元。

分析：

（1）关于女职工权益，根据《劳动法》，下列说法正确的是（　　）。

A. 公司应定期安排王某进行健康检查

B. 公司不能安排王某在经期从事高处作业

C. 若王某怀孕 6 个月以上，公司不得安排夜班劳动

D. 若王某在哺乳婴儿期间，公司不得安排夜班劳动

（2）关于该劳动合同的订立与解除，下列说法正确的是（　　）。

A. 王某与公司之间视作已订立无固定期限劳动合同

B. 该劳动合同期限自 2012 年 3 月 1 日起算

C. 该公司应向王某支付半个月工资的经济补偿金

D. 如王某不能胜任且经培训仍不能胜任工作，公司提前 30 日以书面形式通知王某，可将其辞退

（3）如当地月最低工资标准为 1 500 元，关于该仲裁，下列说法正确的是（　　）。

A. 王某可直接向劳动争议仲裁委员会申请仲裁

B. 如王某对该仲裁裁决不服，可向法院起诉

C. 如公司对该仲裁裁决不服，可向法院起诉

D. 如公司有相关证据证明仲裁裁决程序违法，可向有关法院申请撤销裁决

在线测试

项目七

自觉守法，养成法律思维习惯

视频资源

陈碗虽然很年轻，但还是有很多话想对比自己更年轻的学弟学妹们说。本项目是本书的收尾篇，陈碗在本项目中建议创业者自觉遵守法律，远离传销陷阱，远离网络诈骗陷阱，积极养成法律思维习惯。

本项目有2项任务，分别是：

任务1　守法是创业最基本的游戏规则

任务2　积极养成法律思维习惯

能力目标

- 熟悉常见的网络诈骗形式，掌握传销和直销的区别
- 掌握法律关系分析法，掌握请求权基础分析法
- 熟悉大学生创业的优惠政策

知识目标

- 网络诈骗陷阱，传销的形式，传销和直销的区别
- 法律关系分析法，法律事实，法律适用，请求权基础分析法

职业目标

◆ 通过本项目学习，远离网络陷阱，远离传销陷阱

◆ 通过本项目学习，积极养成法律思维，懂得应用请求权基础分析法，判断请求权的性质，进行请求权检索

◆ 通过本项目学习，熟悉创业优惠政策，降低创业成本

素养目标

◆ 通过本项目学习，培养合法创业意识

◆ 通过本项目学习，增强法治意识，树立正义、公平、公正、平等理念

任务1 守法是创业最基本的游戏规则

陈碗想对创业者说的第一句话是，守法是创业最基本的游戏规则，提高合法创业意识要有自觉性，并高度重视法律风险，远离传销陷阱，远离网络诈骗陷阱。

一、提高合法创业意识要有自觉性

多年的创业经历使陈碗认识到，法律是创业活动的护航舰。创业者在创业过程中会和各种各样的人发生法律关系，如销售时和消费者形成法律关系；进货时和上游厂家形成法律关系；接受工商、税务等部门管理时，和工商、税务部门形成行政法律关系。而这些法律关系中存在的不合理和不合法之处，很多时候不会马上爆发，一旦爆发，对创业者经营带来的负面影响不会小，这时再来解决就很被动了。

尽管各个部门对创业一直都很扶持，其中也包括免费的法律援助和咨询，但要提高合法创业意识，还要靠创业者的自觉性，创业者要有意识地学习和实践有关的法律条文。特别是有些人生意做大后，需要合资或联营，这时涉及的法律问题会更复杂，如果实在是生意忙顾不上，可以聘请一位法律顾问。

大学生创业时，守法是最基本的游戏规则。创业毕竟是一项事业，有一定难度，有很大的风险，所以更需要法律的保障。大学生受过高等教育，如果相对系统地学习了法律知识，就能够具有运用法律知识的能力以及寻找法律资源的渠道。但目前的情况是，大学生在创业前很少认真了解与创业相关的法律内容，或者虽有所了解，在实践中的众多环节上却忽视法律，在风险和利益同时存在的情况下，以赌博意识、投机心理和冒险行为替代理性的法律思维，以致造成一些惨痛的教训。

大学生创业一定要增强法律意识，在应用法律时，应该遵循“事先”和“及时”两条原则。事先原则是指在进行经营活动时，如最常见的签订合同，最起码要了解《民法典》的有关内容；同时，要向专业人士进行咨询，如果可能，还应该咨询更多的人，以求获得最完美的解决方案；在出现法律问题或纠纷时，首先要冷静，在完全了解法律的规定之前，不要用法律以外的方式解决，以免错上加错。及时原则是指出现问题以后，不要认为自己是弱者，而忽略了自己事先应有的防范措施和事后应当采取的及时补救措施。在市场经济体制下，完善的法律环境是公平竞争、合法经营的重要前提，遵守法律是进入市场的最基本的游戏规则。

二、创业莫忽视法律风险

创业失败的案例很多，上海大学的一名大学生就创业未成，背负了 100 多万元的债务。

资料阅读

2003 年读大四时，秦亮（化名）通过熟人与中国联通上海分公司一级代理商上海美天通信科技工程设备有限公司（以下简称美天公司）取得联系，并得知美天公司正准备推广 CDMA 校园卡业务。秦亮认为可以发动老师、同学购买，盈利几乎唾手可得。

由于美天公司要求与公司签订协议，秦亮和几个同学又发动父母成立公司。耐不住孩子的恳求，3 位下岗母亲在经济开发区注册了上海想云科技咨询有限公司（以下简称想云公司）。

2003 年 3 月，秦亮和想云公司与美天公司签署了《CDMA 校园卡集团用户销售协议书》，约定想云公司在上海某大学发展 CDMA 手机，与 UIM 卡进行捆绑销售，并约定想云公司对校园卡用户资料真实性及履行协议承担保证责任，用户必须凭学生证和教师证购买，一人一台等。如想云公司发展用户不真实，美天公司有权停机，想云公司承担不合格用户的全部欠费。

在同学和老师的帮助下，秦亮的“生意”一下子很红火。秦亮一共发展了 4 196 名用户，按照与美天公司的协议，秦亮和想云公司可拿到 10 余万元的回报。但是美天公司刚支付给秦亮 2 万元钱后，2003 年 12 月，联通公司发现想云公司递交的几百名客户资料虚假，有一部分根本不是校园用户，还有身份证冒用别人的，最终形成大量欠费。美天公司为此赔偿联通公司 442 户不良用户的欠费 52 万余元，联通公司还扣减美天公司 406 部虚假用户和不良用户的手机补贴款 28 万余元。美天公司将想云公司及秦亮起诉到人民法院，要求承担上述赔偿款项，另赔偿美天公司 406 部虚假、不良用户手机的补贴差价 6 万余元及未归还的手机价款 15 万余元、卡款 5 100 元，总计 100 万元左右。

第一审法院认定秦亮借用想云公司名义与美天公司签订销售协议，并发动几十名学生、教师发展介绍用户，并无想云公司人员参与，故秦亮与想云公司共同承担 100 万元的赔偿责任。

和秦亮一起操作该业务的虽然还有很多人，但其他人很难追究，秦亮成了唯一的债务承担人。结果，秦亮创业一分钱没有赚到，却背上了百万余元的债务。

资料来源：刘丹，李扬．上海一大学生校园经商失败 被判背上百万元债务［EB/OL］.（2006-02-24）www.xinhuanet.com.

这个判决对很多正处于创业热情中的大学生来说是一个借鉴。大学生创业作为一种社会实践是可行的，但在市场经济中，风险不会因为你是大学生就不存在。陈碗认为，关注扶持大学生创业的过程，除了资金扶持外，一定不能忽视法律意识，最好有法律顾问，在签署合同、洽谈业务中可以帮助大学生创业者把关，规范操作以降低创业风险。

大学生校园经商、创业颇为时尚，但经商学生法律知识欠缺、社会阅历浅薄，又缺乏正确的引导和规范，结果可能非但赚不到钱，反而尚未毕业就背负一身的债务，给本人和家庭带来沉重负担。对此，也给准备下海经商的大学生们提个醒：商场有风险，需谨慎对待。

三、远离网络陷阱

防骗就像防火，隐患险于明火。前文中已经涉及多起网络陷阱案例，这里以淘宝网常见的网络陷阱为例进行说明。

（一）远离中奖信息

此类行骗消息以淘宝工作人员名义，通过站内信或者旺旺信息发送。如果有人信以为真，与骗子联系，骗子就会以大奖为诱饵，以交税或手续费为条件，要求向其账户汇入一定金额。

识别方法是：对于淘宝网链接，如果前面有一个绿色的安全标志，表示该链接属于淘宝网内部链接，为安全链接。而非淘宝网链接，前面会显示橘红色的非安全标志，并在打开的时候有提示。淘宝网的工作人员头像下会有“淘宝小二”的标志，没有则不是淘宝网的工作人员。骗子也会以买家的身份发送含有木马病毒的虚假淘宝网链接，认出链接是否为绿色安全标志，可以很大程度上避免受骗。

（二）识别相似用户名

骗子会冒充买家，用一个用户名聊天，并在旺旺中指定发货地址，然后用另一个相似用户名去拍下宝贝付款。等收货后，拍下宝贝的用户名以未收到货为由，提出退款请求。由于发货地址与拍下宝贝的发货地址不符，卖家此时无法提交真正拍下宝贝的发货凭证，因此退款成立，货物被骗走。

相似用户名需要细心观察，往往只有一些细小的差别。例如：字母“i”与字母“I”，数字“ 1”与字母“l”，数字“0”与大写字母“O”，汉字“一”与一字线“—”。行骗时，骗子往往会注册多个用户，以不同的身份同时咨询问题，转移卖家的注意力，造成卖家手忙脚乱，无暇分辨用户名是否有问题。

只需要将其中一个加为好友，而另一个不加为好友，就很容易区分了，没有加为好友的，会在聊天窗口显示为“陌生人”。通过聊天记录也可以区分，分别复制两个用户名到聊天记录查找窗口，一个存在聊天记录，而另一个是空白的，这都说明是两个不同的用户。

（三）识穿网银行骗

网银行骗不通过支付宝，骗子以没有支付宝账户为由，要求从网银直接汇款，然后制造一个虚假的汇款截图，表明自己已经汇款成功。与此同时，骗子会多次恶意登录卖家的网银账号，输入错误的密码，导致该网银账号被暂时冻结，无法继续登录。卖家在无法查看网银账户的情况下，很容易相信骗子的截图，给骗子发货。网银交易骗术还有一种情况，骗子确实向卖家账户汇入了一定的金额，但是属于跨行汇款，这种转账方式有时并不是即时到账，而卖家看到骗子汇款以后，便提供发货服务，骗子会在该笔转账款到账前，申请退汇，于是该笔金额会退回到骗子账户。

在交易中要坚持使用支付宝交易，一定要用网银交易时，首选同行间的即时到账方式。采用跨行转账汇款时，一定确认相关款项到账后，再进行发货操作。

还有犯罪分子利用伪基站发送木马链接实施诈骗。犯罪分子使用伪基站，冒用银行、运营商等客服电话号码发送短信给受害人，以账户积分兑换奖品等为由诱导受害人点击短信中的木马链接。用户一旦点击，犯罪分子就能在后台获取用户的银行账户信息和密码，进而盗取其账户资金。

孙博士提醒：当收到“银行卡密码升级”“积分兑换”“中奖”等含有链接的短信时，要通过银行、运营商的官方网站或客服电话进行核实，不要轻易点击短信中的链接。

（四）识别视觉错误行骗

在“已卖出的宝贝”中，宝贝名称后面显示的是拍下宝贝的数量，数量为1时默认为不显示。在“给我留言”按钮上方，显示的是买家在个人信息中所填的真实姓名。骗子在注册时，会把个人信息中的真实姓名填写成“××件”来达到鱼目混珠的目的，而真正拍下的只是1件。在运送方式后面显示交易状态，如“买家已付款”“等待买家付款”等，骗子同样会在注册时，把个人信息中的真实姓名填写为“买家已付款”（真正的交易状态是“等待买家付款”），来达到不付款诱使卖家发货的目的。

识别此类骗术，只需单击交易状态，进入支付宝的交易管理中，交易管理中是不显示淘宝资料中填写的真实姓名的。

（五）看穿假冒网站行骗

淘宝网中，卖家也会成为买家，当以买家身份买东西的时候，就要提防此类骗术。

钓鱼网站是指伪装成大型网站的站点，其页面与真正的网站首页一模一样，要求访问者输入用户名和密码，从而盗取用户的账号和金钱。钓鱼网站以冒充各大银行网站为主。

在交易中，骗子卖家会以低价为诱饵，要求客户登录某平台上充值，进入平台操作后，会自动转向一个与某银行网站高度相似的钓鱼网站，充值时输入的账号及密码会被后台记录，在短时间内，用户该银行账号里的钱款会被盗取。识别钓鱼网站的方法是先看域名，每个网站的域名是唯一的，假冒的网站和真实的网站域名不会相同；也可以通过安全途径进入银行网站，方法是打开自己的店铺，任意选择一件宝贝，在宝贝描述的最下方有各大银行的图标，选择要进入的银行即可。以工行网银为例，单击“中国工商银行”图标即可进入网上支付流程。

（六）校园贷诈骗

校园贷诈骗的形式主要有三种：

一是用“免抵押、低利息”为诱饵诱导学生贷款，并要求缴纳贷款手续费、管理费、保证金等费用。

二是声称能通过培训提高综合技能，夸大培训效果，签订培训合同，诱导学生贷款支付学费。

三是与兼职诈骗结合，要求学生贷款购买手机等产品做“销售代理”。这些贷款的利息和滞纳金很高，学生如不能如期还款，将迅速背上难以承受的债务压力。

孙博士提醒：学生在申请借款或分期购物时，要衡量自己是否具备还款能力。对于关乎自身信息、财产安全的事，要多方求证，不要轻易相信他人的一面之词、轻易透露个人信息，甚至将身份证借与他人使用。发现危险时，应及时报警。

（七）引诱裸聊敲诈勒索

犯罪分子非法获得被害人信息后，通过社交软件建立联系，一步步引诱受害人进行“裸聊”，从而获取受害人不雅照片、视频，以此敲诈受害人。

孙博士提醒：应远离网络不良行为，不向陌生人透露身份和家庭等敏感信息。

（八）防范诈骗须做到“四要四不要”

无论犯罪分子如何巧立名目、花言巧语，只要守住下列安全底线，就可以让犯罪分子无计可施。

◆“四要”指的是：

转账前要通过电话等方式核实确认；

手机和电脑要安装安全软件；

QQ、微信要开启设备锁及账号保护，提高账户安全等级；

网上聊天时要留意系统弹出的防诈骗提醒。

◆“四不要”指的是：

不要连接陌生 WiFi，有些 WiFi 容易导致支付账号和密码被盗；

不要向他人透露短信验证码；

不要将支付密码与账号登录密码设为同一个；

不要将身份证等个人身份信息保存在手机里。

四、远离传销陷阱

资料阅读

李文星，男，1994 年出生于山东德州的一个农村家庭，毕业于东北大学。

2017 年，李文星通过 BOSS 直聘找工作，疑遭遇“李鬼”公司。2017 年 7 月 14 日，李文星的尸体在天津市静海区 G104 国道旁水坑中被发现。2017 年 5 月 15 日，李文星在北京天通苑的一间出租屋里刷着 BOSS 直聘，不停给招 JAVA 岗位的老板们发送着信息。在向 20 位老板发送了消息后，收到了来自“北京科蓝公司”人事部薛婷婷的回复。

2017 年 5 月 18 日，北京科蓝公司通过电话面试了李文星，在电话里询问了一些比较专业的问题。第二天，对方和李文星确认面试通过了，表示录用通知会在稍后发给他。

最终，李文星通过互联网招聘平台 BOSS 直聘，拿到了名为“北京科蓝公司”的录用通知。录用通知中要求李文星 2017 年 5 月 20 日去天津滨海新区软件园报到。然而，家人和朋友发现，去公司“报到”后的李文星态度冷淡、频繁失联、多次借钱，这是他出事前的种种反常的迹象。

2017 年 7 月 8 日晚上，他给家里打了个电话，跟他妈说“谁打电话要钱你们都别给”，之后就再也没有出现。2017 年 7 月 14 日，李文星的尸体在天津静海区被发现。

在李文星的家人、朋友眼中，到了天津后，李文星表现出一些反常的行为。李文星究竟在天津滨海新区还是静海区，或者是其后来所说的石家庄，前后说法不一；与家人、朋友的联系时断时续；从不借钱的他半个月借了三次钱。

现已查明，“蝶贝蕾”传销组织成员陈某利用手机和邮箱在 BOSS 直聘网站上冒用“北京科蓝公司”之名，发布虚假招聘信息。李文星投发简历后，陈某于 5 月 20 日将李文星诱骗至天津市静海区，后向传销组织上级张某进行了汇报，张某又向他的上级胡某进行了汇报。

胡某安排传销人员江某某接站，之后将李文星送至位于静海区静海镇三里村的传销组织人员艾某某管理的寝室。随后，李文星又被转移至位于静海镇杨李院村的胡某管理的寝室，最后被转移至位于静海镇杨李院村的传销人员李某某管理的寝室。经过调查取证以及相关涉案人员供词，确认李文星在静海区期间已交付了传销产品费，正式加入了传销组织，并在进入传销组织后期已不需要被控制，可以在传销组织内部自由活动。

资料来源：唐玉洁．李文星被骗入传销溺亡案5人被刑拘 细节曝光 [EB/OL]．(2017-08-07) http://news.cnhubei.com/xw/gn/201708/t3879753.shtml.

创业也好，就业也罢，千万不要太着急，万一上了传销的当，可就损失大了。大学生参与传销活动的问题已引起国务院的高度重视。相关调查显示，不少大学生未能认清传销活动的欺骗性和危害性，因求职心切而轻易相信传销组织鼓吹的所谓家庭温暖、团队创业、先苦后甜等花言巧语，经受不住"几何倍增式"高额回报的虚假诱惑，在传销组织的培训、讲座、演讲等形式的"洗脑"活动中摧毁了自己的思想防线，从而陷入泥沼不能自拔。

资料阅读

2006年1月至9月，广东已发生8起大学生受骗参与传销的事件。多名大学生被同学以找工作为由骗入传销组织，受骗者的学历从初中、高中变成了大学甚至是研究生。由于身陷传销窝点，为了能够留住自己的"下线"，不少学生遭受了辱骂、殴打，甚至有死亡的情况发生。

郑州轻工业学院学生雷乃云，为减轻家庭负担，利用课余时间做兼职，不想却被同学诱骗加入传销组织，最后因犯非法拘禁罪被判处有期徒刑8个月。2008年至2010年11月，郑州市中原区检察院共审查起诉因传销引发的犯罪案件34件，涉案人员176人，其中大学生犯罪的46人，占涉案总人数的26.1%。

资料来源：叶静，胡燕妮．广东发生8起大学生受骗参与传销事件 [N]．信息时报，2006-09-27；王正，周逸．大学生求职频陷传销陷阱多因一夜暴富心态横行 [N]．检察日报，2010-11-18.

（一）传销的形式

传销有3种表现形式："拉人头""骗取入门费""团队计酬"。主要类型包括以下3种：有打着"网络营销""人际网络""连锁销售""资本运作""网络销售""特许经营""直销""加盟连锁"的幌子，谎称"国家搞试点""西部大开发""中国-东盟博览会和泛北部湾建设""振兴东北"等，以介绍工作、从事经营活动等名义欺骗他人离开住所地（从甲地到乙地）非法聚集参与传销活动的“拉人头”传销（异地邀约，俗称“老鼠会”）；有打着“电子商务”“网络直销”“加盟店铺”“网络电话”“网赚”“基金”“网络教育”等旗号发展会员敛财的网上传销；有假借直销名义，以合法公司为掩护，以销售商品为幌子，以高额返利、高额回报为诱饵，通过发展加盟商、业务员、优惠顾客等形式发展“下线”，以参加者发展“下线”的销售业绩为依据计提奖金的团队计酬传销行为。

在这3类传销模式中，尤以“拉人头”的异地邀约传销危害最严重，通过人身、精神、资金等达到控制的目的。当新人刚被骗到异地后，不让打电话、断绝与外界的一切联系，也不让看电视、报纸，在一个封闭的环境中密集地灌输一夜暴富的思想，唤起人们对金钱扭曲的追求，传销人员变得极端自私、唯利是图，不以欺骗为辱，反以此为荣，毫无诚信，破坏了人与人的信任资源，瓦解了社会基本单元——家庭，动摇了社会稳定的基础，导致很多家庭倾家荡产，妻离子散，家破人亡。

在大学生就业形势严峻的大背景下，传销组织通过互联网等多种工具加大了对大学生的诱骗，屡有传销组织以“招聘”“介绍工作”为名诱骗大学生参与传销。

《检察日报》2014年11月曾报道，2013年以来，天津市静海县（现为静海区）检察院共受理非法拘禁案件16件61人，其中，因非法传销活动引发的有12件48人，占受理案件总数的75%。

“此类案件的犯罪嫌疑人最初多以介绍工作、交友、网友见面为名，将被害人骗至传销窝点，强行收走手机及随身财物，隔断被害人与外界的联系。”办案检察官介绍，以引诱、哄骗等“情感软化”方式诱使被害人加入传销组织，如果不从，轻则言语侮辱，重则殴打、限制人身自由等。

由于屡出传销大案、要案，数名大学生被诱骗至传销组织致死，国家多部委开展了多次针对传销活动的专项整治行动，取得了一定的成绩。

（二）大学生为何屡陷传销陷阱？

2014年7月15日凌晨6时，西安临潼警方联合相关部门开展了打击传销的专项行动，不过是一个区的规模，即抓获传销人员418名。其中，大学生占40%左右，年龄最小的仅14岁。经审查，这些传销组织大多采取招工、网友会见和旅游观光等方式诱骗外地人员进入传销组织，从事传销活动。

大学生屡屡跌入传销陷阱已经成为社会毒瘤。自2003年传销在大学生中蔓延以来，大学生传销问题的严重性已远超许多人的想象：2003年9月，广西查获一个传销窝点，涉案人员500多人，其中90%是大学生。2004年3月，湖北、河南、陕西、云南等10多个省份的2 000多名大学生在重庆“欧曼丽”传销案件中受骗。2010年8月，南京市查获了一起在校大学生传销案，案件涉及 33 所高校的 834 名在校大学生。在民间的“反传销咨询救助网”上，甚至专门有一个“大学生专题”，罗列全国各地大学生陷入传销的有关报道，每个月都有好几起。

自 20 世纪 90 年代国家大力打击传销以来，传销之臭名昭著早就深入人心。大学生怎么会加入传销组织？这引发了社会的广泛思考。

大学生为何屡涉传销陷阱？一方面是传销组织利用大学生社会阅历浅、识别能力差等弱点，以利益回报的诱饵将大学生拉下水；二是一些大学生由于家庭经济困难，迫切希望通过捷径赚钱、自主创业，在这种心理影响下，有时候会“自动”参与到传销活动中去。另外，大学生着急就业，想找高薪工作；大学生缺乏社会实践经验，相对单纯；家长把孩子当宝贝，基本孩子要求什么家长都会信任和配合。这些都是大学生被传销人员盯上的原因。同时，也不能低估传销集团的骗术和控制能力。

招聘是传销集团拉人入伙的首要方式。作为大学生，很难不与实习、兼职、应聘打交道。而由于社会上优质职位有限，绝大部分大学生应聘的职位只能是自己此前不熟悉的职位。而且，自己的简历也很容易被传销骗子掌握，从而被有针对性地利用。不要以为传销都很容易识破，许多反传销专家指出，在把人拉到传销窝点之前，传销组织的伪装往往都是非常精妙的。

伴随暴力、恐吓的非法拘禁下，“社会闭塞”效应让人动摇。在势单力孤、人生地不熟的情况下，即便求职者对此有些怀疑，也往往无能为力，等到发现真实窝点与描述的地方差别很大时，也已经逃不掉了。随后出现的，就是伴随暴力、恐吓的非法拘禁，让人无法逃脱。而再坚定的人处在这种特定状态下，判断力也是会严重下降的。因为此时传销组织已经成功将受骗者与此前的社会支持系统隔绝开来，也避免了让受骗者与其他社会成员接触。于是便产生了学者所说的“社会闭塞现象”，受骗者只能与传销团伙发生联系，在灌输和围攻之下，受骗者往往已经无法反驳了。

在这起西安临潼打击传销专项行动中，警方起获了大量传销笔记，传销者将其总结为“7 天步骤”，民警称其为“7 天洗脑术”：第 1 天，消除恐惧感；第 2 天，找平衡感……第 7 天，解释“是不是挣朋友钱”。

改变大学生屡陷传销的现状并不容易。陷入传销陷阱后，有些大学生会想办法逃出来，但很多人并不会因此而报警。一来这种事情让人知道会“丢面子”，二来也是怕被报复。

对传销活动的打击，法律仍然有所不够。在《刑法修正案（七）》中，我国首次加入了“组织领导传销活动罪”，一旦罪名成立，最高可判处有期徒刑 5 年以上。但该罪名仅对组织者、领导者进行处罚，对参加者不予刑事处罚。然而在实际的传销诱骗活动中，一般的参加者往往都深度参与了活动，如非法拘禁等，这些做法直接诱导新成员陷入传销之中，但对此的打击力度并不够。

在大学生就业困难的背景下，很多学生被迫选择了创业，传销组织正是利用大学生的这一心理大做文章。如果没有正确的创业观念，再加上对金钱的渴望，很多大学生可能误入歧途。一些大学生在整个事件中表现出的心态的确令人震惊，他们失去了对法律最起码的敬畏。

在面对非法传销时，法制观念在一些受教育程度较高的大学生身上却出现了令人费解的"事件性缺失"。也就是说，基本的法律常识他们有，可一旦在处理具体事情时，他们却无视法律的威严存在，根本没有意识到自己在违法。

专家指出，单纯就传销这种事件来看，在高校及时给大学生补上"传销非法"这一课，应该可以避免大学生陷入传销的陷阱。但是，要杜绝大学生沦落传销的类似悲剧，就要求在更广阔的大学教育领域内，全面夯实学生扎实的法理知识。

（三）认真辨别传销和直销的区别，谨防上当受骗

直销是指直销企业招募直销员，由直销员在固定营业场所之外直接向最终消费者（以下简称消费者）推销产品的经销方式。其中，直销企业是指依照规定经批准采取直销方式销售产品的企业；直销员是指在固定营业场所之外将产品直接推销给消费者的人员。

传销是指组织者或者经营者发展人员，通过对被发展人员以其直接或者间接发展的人员数量或者销售业绩为依据计算和给付报酬，或者要求被发展人员以交纳一定费用为条件取得加入资格等方式牟取非法利益，扰乱经济秩序、影响社会稳定的行为。

传销和直销最大的区别在于组织结构不同。直销是指商品从生产者直接到消费者，没有通过其他中间层；而传销主要的特点是"拉人头"。

现在的传销更多采用故意混淆传销与连锁销售的概念，将拉人入伙赚取的"人头费"说成是销售物品收取的介绍费，同时利用网络等渠道使其行为更为隐蔽。

区别直销和传销最简单的方法是，到当地工商行政管理部门或商务行政主管部门查询登记信息。《直销管理条例》规定，直销企业必须在商务部和国家工商行政管理总局注册登记，取得直销经营许可资格，并每年将直销业务情况上报省级以上工商行政管理部门或商务行政主管部门备案。

任务2 积极养成法律思维习惯

陈碗经历了这么多事情，已经渐渐养成了法律思维习惯。

一、法律关系分析法

处理法律事务，需要一定的法学方法。法学之所以成为一门独立的学科，很大程度

上取决于其自身具有一套独立的方法理论。方法比知识更重要，因为方法是获取知识的重要手段。

在整个创业活动中，陈碗不断经历和处理法律实务，应用到各式各样的法律知识。面对纷繁复杂的法律事务，不外乎分析领悟法律关系之主体、客体、权利义务及其变动和变动的原因，并作出正确的判断，这就是运用法律关系分析法。法律关系分析法是指面对法律事务时，需要通过理顺不同的法律关系，确定其要素及变动情况，从而全面地把握案件的性质与当事人的权利义务关系，并在此基础上，通过逻辑三段论的运用以准确适用法律，作出正确判断的一种案例分析方法。

2011 年 4 月 6 日，偶在创公司与供应化妆品灌装机的 A 公司洽谈购买化妆品灌装机事宜，谈妥购买机器 1 台，双方正式签订了设备买卖合同，合同约定总价款 20 万元，预付款 4 万元，10 天内付款交货。4 月 10 日，偶在创公司按时付款，因偶在创公司厂房建筑尚未完工，于是偶在创公司与 A 公司又缔结了一份保管合同，约定由 A 公司暂时免费保管机器，保管期为 1 个月，即偶在创公司于 2011 年 5 月 10 日之前提货，否则每日按机器价值的 0.01%向 A 公司支付保管费。2011 年 5 月 5 日，该机器被王某所盗，卖于善意第三人胡某，并完成交付。

针对这一情况，需要明确至少两个问题：一是该机器归谁所有，二是偶在创公司、A 公司各对胡某可以行使何种请求权。为此，陈碗采用了法律关系分析法确定机器所有权的归属。

大致而言，采用法律关系分析法可以分为两个步骤：考察案件事实涉及的法律关系，考察法律适用。

（一）考察案件事实涉及的法律关系

考察案件事实，即小前提的确定，具体包括以下几个小步骤：

1. 分析争议点及与其相关的法律关系

分析争议点及与其相关的法律关系，即明确争议的核心关系，围绕该核心关系还有哪些有关联的法律关系，与它们之间的关系如何。如果争议点（核心关系）是无权代理行为是否有效，围绕该争议点可能涉及授权关系是否存在，相对人是否成立表见代理关系等有关联的法律关系。然后，判断核心关系与有关联的法律关系之间的联系，如授权关系是有因还是无因等。上述案例中的核心关系是“占有改定”和“盗赃物的善意取得”。

2. 分析是否产生了法律关系

例如：好意施惠关系由当事人的私人友谊调整，不构成《民法典》上的债权债务关系，应当排除在法律关系的考察之外。再如：朋友亲戚相聚交谈、邻里之间相互串门等也不产生法律意义。如果根本就没有产生法律关系，剩余的问题就无须考虑。上述案例中显然不存在好意施惠关系。

3. 分析法律关系的性质

分析法律关系的性质，如分析究竟是合同关系、侵权关系、无因管理关系还是不当得利关系。确定不同的法律关系的性质，对于确定当事人的权利义务影响很大。上述案例涉及的主要是合同关系、占有关系、侵权关系及不当得利关系。

4. 分析考察法律关系的各要素

法律关系由法律关系主体、法律关系内容（权利义务）和法律关系客体三要素构成。分析考察法律关系的各要素，即考察法律关系的主体、内容、客体。

法律关系是法律在调整人们行为的过程中形成的特殊的权利和义务关系。如企业与职工依法订立劳动合同后，就构成了双方的劳动法律关系。法律关系是以法律为前提产生的社会关系，没有法律的规定，就不可能形成相应的法律关系。法律关系是以国家强制力作为保障的社会关系，当法律关系受到破坏时，国家会动用强制力进行矫正或恢复。

任何一则法律关系，都需要分析出主体、内容、客体三要素。对于创业活动中遇到的法律关系，分析考察法律关系的三要素非常重要，围绕三要素的构成再具体确定行动方案。

在淘宝网开设的网店存在电子商务托管业务法律关系（见图7-1）。

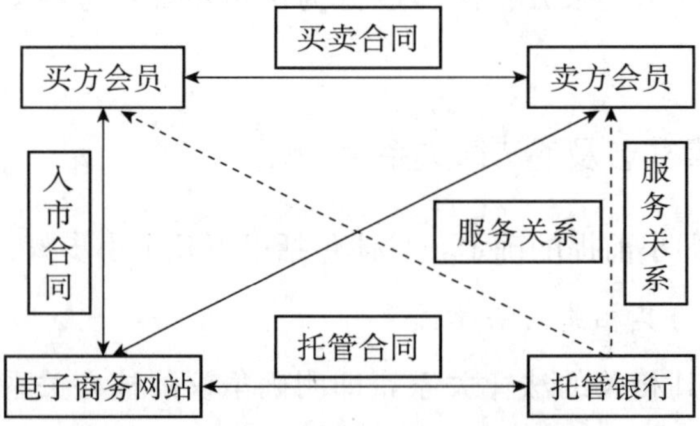

图7-1 电子商务托管业务法律关系

（1）确定法律关系的主体。考察法律关系首要的是解决法律关系的主体、法律关系涉及的人的范围、在哪些当事人之间发生等问题。在具体民事法律关系中，一般都要有双方或多方当事人参加。具体来说，确定主体要确定以下几点：1）谁向谁主张权利，是否与法律关系发生直接的利害关系，是否具有适合的诉讼主体资格；2）确定具体的主体是谁？民事法律关系的每一方主体可以是单一的，也可以是多数的。例如：在债权关系中，债权人和债务人每一方都既可以是一个人，也可以是几个人。上述案例中，主体涉及4人，均具有民事权利能力和民事行为能力。

（2）确定法律关系的内容。民事法律关系的内容，是指民事主体享有的权利和承担的义务。这种权利义务是《民法典》调整的社会关系在法律上的直接表现。任何个人和组织作为民事主体，参与民事法律关系，必然要享受民事权利和承担民事义务。法律关系的内容为当事人的权利义务，权利义务决定当事人之间的关系类型，明确权利义务的性质、效力、行使对于分析案件具有重要意义。例如：债权为对人权，具有相对性，只能在当事人间发生约束力，原则上只能对相对人主张；物权为对世权，具有绝对性，任何第三人侵害都产生排除妨害及侵权责任。再如：支配权以权利人单方意志直接实现，是权利人得直接使权利发生作用的权利，即直接取得权利内容的利益；而请求权必须依赖相对人的行为才能取得作为权利内容的利益。A公司与偶在创公司的买卖合同与保管合同合法有效，双方均应根据合同承担相应的权利义务。王某盗窃机器并将其出售，属无权处分，在民事责任领域，效力未定，应承担无权处分的义务。符合善意取得条件的受让人仍取得所有权，不过《民法典》对盗赃物的善意受让设有例外，通常规定在一定期限内，可以向占有人请求恢复其物。

（3）确定法律关系的客体。法律关系的客体，又称法律关系的标的，是法律权利和义务的指向对象。例如：物权法律关系中，其客体是物；债权法律关系中，其客体是债务人的给付行为；而买卖合同法律关系中，其客体为给付行为。民事法律关系的客体是指民事权利和民事义务所指向的对象。如果没有客体，民事权利和民事义务就无法确定，更不能在当事人之间分配权利义务关系。

5. 分析是否发生了变更、消灭的后果，考察变更、消灭的原因何在

（1）考察法律关系的变动。法律关系的变动包括法律关系的发生、变更、消灭。法律关系不是一成不变的，而是根据客观事件及当事人的意志和行为发生法定的或意定的相应变动，如权利的取得、丧失，权利内容或效力的变更等。上述案例中，物权关系发生了变更，主要涉及所有权的转移。

（2）考察法律关系变动的原因。法律关系的变动必有原因，法律关系变动的原因即法律事实，法律事实必须能够引起一定的法律后果。法律关系之所以发生变动，原因在于特定的法律事实的发生。法律事实分为自然事实和人的行为：自然事实包括事件和状态，人的行为包括合法行为、违法行为等。值得注意的是，社会生活中出现的事实并非都与法律关系有关，都能产生一定的法律效果。例如：朋友亲戚相聚交谈、当事人的内心思想感情等，不可能产生法律意义。凡是能够产生一定的法律意义、具有一定的法律价值的事实，都可以成为法律事实。法律事实不仅能引起当事人预期的特定的法律效果，也能够引起当事人预期之外的其他法律后果。例如：当事人订立的合同符合法律的强行性规范且不违反社会公共利益时，就能够产生合同法律关系。如果该合同是无效合同，则不引起当事人预期的法律后果，包括法律关系的产生、变更

或消灭。上述案例中，法律关系变化的原因主要是合同行为、无权处分行为和善意取得行为。

(3) 考察法律关系变动的客观后果，也是案例分析的另一重要方法——历史方法的一个重要特征。所谓分析案例的历史方法，是指依时间次序考察法律事实的变动，从而确定法律关系的变动，最终推导出相应的法律效果，得出判决。考察法律关系的变动过程，首先重点分析关系何时产生，其次考察关系是否发生了变动，最后确定关系是否已经终止。考察法律关系变动的原因具有重要意义。上述案例中，所有权由A公司转移至偶在创公司，胡某虽为善意取得人，但由于标的物是盗赃物，因此不发生所有权变动效果。

此外，法律关系存在的时间和地点对于案例分析也具有重要影响。时间对于时效期间和除斥期间的计算、要约与承诺期间的计算、清偿期的到来、失权的效果等具有重要意义，地点对于清偿地的确定、风险负担、司法管辖、准据法的适用具有重要意义。

（二）考察法律适用

考察法律适用，即在第一步确定的案件事实（小前提）的基础上，查找适用核心关系与有关联的法律关系的法律规范（大前提），这一过程就是逻辑三段论运用的过程。上述对法律关系的考察实际上是对事实的客观分析，在确定法律关系的事实之后，应当进一步探讨法律规范搜寻的问题，即查找适用核心关系与有关联的法律关系的法律规范。在这个过程中，实际上仍然应当按照逻辑三段论的模式展开。三段论的演绎法采取这样一种方式。例如：

大前提：违约者应承担违约的民事责任

小前提：甲违约了

结 论：甲应承担违约的民事责任

运用形式逻辑的三段论公式，不是首先寻找大前提，而是先确定小前提，即对事实的认定。因为首先接触和认识的是案件事实，对事实有了基本的了解后，才能有目的地寻找法律规范。在确定了小前提后，按照形式逻辑的三段论方式推理，将小前提套入大前提，最后得出结论，即判决结果。所谓“以事实为依据，以法律为准绳”，就是对三段论的推理过程的高度概括。

结论的正确，即需要小前提、大前提都正确，还需要解决二者如何联结的问题。首先，必须根据法律关系的性质来判断、搜寻相关法律规范。例如：若是合同关系，则依据《民法典》相关法条判定。其次，区分任意性法律规范和强制性法律规范。如果是任意性规范，则当事人有约定优先的，此时以约定作为规范的基础；如果是强制性规范，则必须适用。最后，法律解释，即通过解释来确定某项法律规范能否适用。在法律解释时，要对法律规范的构成要件和法律后果进行整体理解和把握。例如：甲假冒乙的名义与丙订立买卖合同，丙支付1万元预付款，甲携款潜逃。法官援引表见代理规则判决乙应当承担责任。法官即使认定事实正确，表见代理制度也可以适用，但如果不符合表见代理的法律要件，则判决也不正确。

法律关系分析法的特点是在运用形式逻辑三段论时，先考虑案件的小前提，即事实，然后考虑案件的大前提，即法律，但是这并不意味着将事实问题和法律问题截然分开。严格地说，法律关系分析法确定的事实并不是单纯的事实，而是法律意义上的事实。

上述案例中所涉及的法律规范，分别是《民法典》买卖合同、保管合同、无权处分等相关条文、占有关系的占有改定相关条文、善意取得规定及其例外的相关条文等。

二、请求权基础分析法

请求权基础分析法，又称为归入法、涵摄法，是指通过寻求请求权基础，将小前提归入大前提，从而确定请求权是否能够得到支持的一种案例分析方法。运用请求权基础分析法来分析案例，其机制为“谁得向谁，依据何种法律规范，主张何种权利”。依此，解题的主要工作在于寻求支持一方当事人向他方当事人有所主张的法律规范和依据。该方法通过考察当事人的请求权主张，寻求该请求权的规范基础，从而将小前提归入大前提，最终确定请求权是否能够得到支持。该考察以当事人的请求权为基础展开，因此首先探讨请求权的基础理论，再探讨请求权基础分析法在分析案例中的具体运用。采取请求权检索方法的好处在于：因该方法逐一检索，因此很少会遗漏请求权，也不会遗漏法律条文的适用。因为在讨论请求权能否成立的时候必然要检索积极要件与消极要件，所以可以发现抗辩权是否存在。

请求权基础分析法在适用中通常分为如下几个步骤：

（一）判断请求权的性质

首先要判断究竟是确认之诉、形成之诉还是给付之诉。此种方法主要适用于给付之诉，如果当事人提出的不是给付之诉，则没有该方法适用的余地，此时应当采取法律关系分析法。在确定了可以适用该方法后，则应当判断请求关系的主体和内容，即谁基于何种理由向谁提出何种请求，因为这是案例分析的前提。例如：甲请求乙返还借款，或要求乙承担违约责任。判断请求权性质的步骤具体分为：（1）确认究竟是确认之诉、形成之诉还是给付之诉。（2）如果是其他之诉，则应当采取法律关系分析法。如果是请求之诉，则应当采取归入法。(3) 判断请求关系的主体和内容，即谁基于何种理由向谁提出何种请求。例如：甲请求乙返还借款，或要求乙承担违约责任。

(二) 请求权检索

请求权检索通常适用于以下情况：原告虽然提出请求，但并未提出请求权的基础。例如：只是提出赔偿损失，但没有指出是基于什么请求权而提出的。另一种情况是，虽然原告提出了某种请求并指出其请求权基础，但法官仍然依职权对其请求权基础进行检索，即“原告提出事实，法官确认权利”。针对存在责任竞合的情形，《民法典》第186条规定：“因当事人一方的违约行为，损害对方人身权益、财产权益的，受损害方有权选择请求其承担违约责任或者侵权责任。”在提出请求时，原告必须对其起诉案由进行选择。但理论界对原告选择标的存在争议：究竟原告是选择请求权还是选择请求权的规范基础？但无论如何，原告应当作出选择。

1. 列举原告的请求可能涉及的请求权

例如：在无权处分他人财产场合，就可能涉及合同请求权、违约损害赔偿请求权、不当得利请求权等。

2. 确定各种请求权的类型

根据民法的各个法律制度，即根据请求权的基础关系的不同，可将请求权分为如下几类：一是债权的请求权，包括合同履行请求权、违约损害赔偿请求权、缔约过失请求权、无因管理请求权、侵权请求权、不当得利所产生的返还请求权。但是赔礼道歉、恢复名誉等责任形式，因本质上不是一种给付关系，不应当包括在债权的请求权中。二是物权请求权，具体包括返还原物请求权、停止侵害请求权、排除妨碍请求权、妨碍预防请求权。三是占有保护请求权，主要包括在占有受到侵害的情况下，而使占有人享有的占有返还请求权、妨碍排除请求权、消除危险请求权。四是人格权和身份权上的请求权。人格权上的请求权主要是指在人格权受到侵害的情况下产生的停止侵害和赔偿损失的请求权。身份权上的请求权主要包括抚养请求权、赡养请求权等。五是知识产权上的请求权，主要是指知识产权受到侵害的情况下产生的停止侵害、排除妨碍、消除危险请求权等。

3. 请求权分析的逻辑顺序

确定请求权分析的逻辑顺序，即对可能适用的请求权依特定次序进行通盘的检索。民法上的请求权是由一系列不同基础的请求权所组成的体系，这些不同基础的请求权形成了请求权的完整体系，因而确定检索次序，可以避免请求权的遗漏，保障当事人的权益。并且依次检索，优先考虑的请求权往往排除顺序在后的请求权，在确定权利的性质方面具有一定的思维经济性。

民法上的请求权是由一系列的请求权所组成的体系。这些请求权包括合同上的请求权、侵权上的请求权、不当得利请求权、无因管理请求权、缔约上过失的请求权等。这些请求权组成了一个有机的整体，形成一个请求权的完整体系。各种请求权在同一案件中同时并存或发生冲突时，应该确定各项请求权在行使上的先后顺序，以形成一种体系的观念。考察任何一个民事案件，必须分析请求权的体系，请求权的体系应当按照如下顺序来确定：

第一，考察请求权的先后顺序应将合同上的请求权作为第一顺序加以考虑。合同作为特定人之间的事先约定的关系，确定了当事人之间的权利义务，只有首先从合同关系着手，才能向其他关系展开，即合同上的请求权与其他的请求权发生密切联系时，应首先考虑使用基于合同上的请求权。

第二，缔约过失请求权。缔约过失的请求权与合同的请求权是不可分割的，甚至可以包含在合同的请求权之中，因为无论是在合同的缔结过程还是在合同终止以后，都会涉及缔约过失的请求权。笔者认为这两项请求权应当分开。缔约过失的请求权适用于双方无合同关系的情况，而基于违约的请求权乃是以有效合同的存在为前提的。如果存在合同关系，则属于合同责任；若不存在合同关系，可以考虑缔约过失责任。缔约过失请求权仅次于合同请求权，优先于其他请求权。

第三，无因管理请求权。无因管理请求权与合同关系极为类似，都是产生合法占有权的依据，无因管理也常常与合同有密切联系。但合同上的请求权应优先于无因管理上的请求权。因为所谓无因，是指无法律上的原因，包括无法定的义务或约定的义务为他人管理事务。如果管理人和本人之间事先存在合同关系，管理人是依照约定管理他人的事务，则管理人负有管理的义务，不构成无因管理。所以合同请求权与缔约过失请求权应当优先于无因管理请求权，但由于无因管理本质上是一种合法行为，一旦无因管理请求权能够成立，则不应当适用其他请求权，因此无因管理请求权应当优先于其他请求权。

第四，物权请求权。物权请求权是指基于物权而产生的请求权。也就是说，当物权人在其物被侵害或有可能遭受侵害时，有权请求恢复物权的圆满状态或防止侵害；在物权受到侵害的情况下，首先应当采用物权的请求权对物权进行保护。这是因为物权请求权具有优先于债权的效力。例如：在破产程序中，所有人对其物享有取回权，此种取回权实际上是由所有物返还请求权而派生的，当然应优先于一般债权而受到保护。再如：所有物返还请求权一般不受诉讼时效的限制，所以物权请求权较之于侵权请求权更有利于保护受害人，因此原则上物权请求权应当优先于侵权请求权而适用。

第五，不当得利和侵权的请求权。因为不当得利和侵权行为都是法律禁止和限制的行为，广义上都属于不合法行为。按照合法行为成立则排除非法的逻辑，所以首先应当考虑有其他以合法行为为基础的请求权存在。如果其他请求权不能适用，则最后才能适用不当得利和侵权的请求权。因此，不当得利和侵权的请求权应当置于最后的顺序。

正确了解民法的请求权体系对于培养分析和运用法律的体系观念，从体系上把握整个民法的知识、制度和规范，从而正确适用民法规则具有十分重要的意义。

（三）请求权的初步锁定

通过对请求权逻辑顺序的考察，可以逐渐排除一些与案件事实不符合的请求权，或对原告不利的请求权。在排除了一定的请求权后，原告要初步确定一种或几种对其较为有利的请求权。只有在请求权锁定后，才能开始进行请求权基础的分析。

1. 对请求权的排除

通过对请求权逻辑顺序的考察，可以逐渐排除一些与案件事实不符合的请求权或者对原告不利的请求权。

2. 对请求权的锁定

锁定就意味着原告要确定一种请求权，或者是一种对其最为有利的请求权提出主张或提起诉讼。只有在请求权锁定后，才能开始进行一种请求权基础的分析。

（四）请求权基础的分析

请求权基础既可以是法律规范，也可以是如合同、遗嘱等具有法律效力的其他法律依据。它主要是法律规范，但又不限于法律规范。正如有学者指出，此种可供支持一方当事人得向他方当事人有所主张的法律规范，即为请求权规范基础，简称请求权基础。

首先，找出对该请求权的具体法律规定。例如：在买卖合同中，出卖人请求买受人支付价款。其请求权基础可根据《民法典》合同编中对买卖合同的定义，以及合同中对有关的价款支付的规定确定。《民法典》第595条对买卖合同进行了定义："买卖合同是出卖人转移标的物的所有权于买受人，买受人支付价款的合同。"

其次，对所找的法律规范进行分类和定性。其中，有些法律规范不能单独作为请求权的基础，它们主要包括：已经由当事人约定排除的任意性规范；不完全法条，包括说明性法条、限制性法条等。至于引用性法条、拟制性法条不能独立成为请求权基础，必须与其他相关法条配合才能构成请求权基础。此外，程序性规范和某些裁判规范也不宜单独作为请求权基础。

最后，要将该规范构成要件进行具体的分解。例如：将侵权责任的构成要件分解为过错、损害事实、因果关系等。在这个分解过程中，需要运用法律的解释方法对法律规范进行准确的解释。例如：出卖人请求买受人支付价款，根据《民法典》第 626 条规定，要适用这一规定必须满足以下条件：必须有一个合同关系存在，必须在性质上是买卖合同，合同已经成立，合同已经生效。

（五）归入（或称涵摄）

即把经分解的事实归入（或涵摄）到法律规范的构成要件中去。具体来说，要经历对案件事实的认定、分解、按照规范要件提取法律上的事实、将事实归入法律规范规定的要件四步。如下所示：

A　B　C　D　规范中发生某种法律效果的各项构成要件

a　b　c　d　纠纷中的各项事实

如果争议事实被分解后一一对应地符合了构成要件，就满足了请求权。例如：买受人要依据合同规定主张合同价款，就必须根据案件的事实进行分析，确定是否具有满足《民法典》第 626 条规定要件的事实。如果事实已经满足法律规定的这些要件，则支付价款的请求权成立。

（六）消极规范构成要件的检索

消极规范构成要件是相对于积极规范构成要件而言的。规范构成要件被称为积极规范构成要件，而消极规范构成要件是指否定积极规范要件的条件。如果客观事实满足了该条件或要件，则请求权仍不能成立，通过对积极或消极规范要件的考察，事实上是从正反两方面考察请求权基础。例如：具备一定的抗辩事由，就会导致对方的请求权消灭或使其效力延期发生。当然，抗辩权的行使必须严格遵循法律规定的行使条件和程序，不能违反法律规定而行使权利，或滥用抗辩权，否则，不能发生抗辩的效果。

（七）对请求权变动状态的考察和确定

尽管通过对请求权基础的考察，已经能够确定请求权已经成立，但是如果请求权已经发生了变动，如合同已经变更或终止，则请求权也要随之重新考察。这要结合历史分析方法加以确定。

（八）请求权竞合与聚合

如果在请求权检索中，确定案件涉及多项请求权，则需要进一步确定采取责任聚合还是竞合的方法。关于责任聚合与竞合的区分，首先依据法律规范，如果合同有约定，则依据约定。如果都没有，则主要是依据公平、正义的理念，既不能使一个人因一项违法行为而遭受两次惩罚，也不能使一个人因一次损害而得到两次赔偿。

三、法律意识学习和锻炼不可或缺

在有关创业的种种指导资料中，绝大多数是指导大学生突破知识、经验、心态、创新能力、资金问题等众多限制因素，而对于创业可能涉及的法律问题却很少关注。法律应成为大学生创业过程必备的知识。大学生只有懂法、守法，并依据法律保护自己的合法权益，才能确保创业行动稳健、长久。应该从多方面加强创业过程中对法律问题的关注和学习，加强大学生创业的法律意识教育，营造有利于大学生创业的法律环境。在大学生创业过程中，创业安全意识的培养尤为重要。

案例分析

个体户张某、王某二人于某年10月1日从汽车交易中心购得一辆“东风”牌二手卡车，共同从事长途货物的运输业务。二人各出资人民币3万元。同年12月，张某驾驶这辆汽车外出联系业务时，遇到李某，李某表示愿意出资人民币8万元购买此车，张某随即将车卖给了李某，并办理了过户手续。事后，张某把卖车一事告知王某，王某要求分得一半款项。

李某买到此车后，于同年年底又将这辆卡车以人民币9万元卖给赵某。二人约定，买卖合同签订时，卡车即归赵某所有，赵某租车给李某使用，租期为1年，租金为人民币1万元，二人签订协议后，到有关部门办理了登记过户手续。

赵某把车租赁给李某使用期间，由于运输缺乏货源，于是李某准备自己备货，因缺乏资金遂向银行贷款人民币5万元，李某把卡车作为抵押物设定了抵押，双方签订了抵押协议，但没有进行抵押登记。

次年11月，赵某把该车以人民币10万元的价格卖给了钱某。12月，赵某以租期届满为由，要求李某归还卡车，李某得知赵某把车卖给钱某，遂不愿归还卡车，主张以人民币9万元买回此车，赵某不允，遂发生纠纷。

分析：

（1）张某、王某对卡车是什么财产关系？

（2）张某、李某的汽车买卖合同是否有效？为什么？

（3）李某、赵某约定买卖合同签订时，卡车即归赵某所有，该约定是否有效？为什么？

（4）李某与银行的抵押合同能否生效？为什么？

（5）李某主张买回卡车的主张能否得到支持？为什么？

（6）截至纠纷发生时，该卡车所有权归谁享有？为什么？

本案人物众多，但彼此之间的法律关系比较简明，案情发展脉络呈流线型，需要依情节按图索骥，依次思考每个问题。

张某、王某按份投资购买卡车，共同从事运输业务，依法成立按份共有关系。按份共有又称分别共有，是指两个或两个以上的共有人按照各自的份额分别对共有财产享有权利和承担义务的一种共有关系。《民法典》第 298 条规定："按份共有人对共有的不动产或者动产按照其份额享有所有权。"

既为共有关系，共有财产属于全体共有人所有，因此，共有财产的处分，必须取得全体共有人同意。一个或者几个共有人未经全体共有人同意，擅自对共有财产进行法律上的处分的，对其他共有人不产生法律效力。但如果其他共有人事后追认该行为，则该处分行为有效。《民法典》第 597 条规定："因出卖人未取得处分权致使标的物所有权不能转移的，买受人可以解除合同并请求出卖人承担违约责任。"本案中，王某事后得知、要求分得一半款项的行为表明，王某追认了张某的无权处分行为。所以，张某、李某的汽车买卖合同因为得到王某的追认而有效。

标的物的所有权自标的物交付时起转移，但法律另有规定或者另有约定的除外，即当事人可以自由约定标的物的移转时间，而不受"自标的物交付时起转移"的束缚。所以，李某、赵某约定买卖合同签订时，卡车即归赵某所有，该约定有效。因为"标的物所有权自标的物交付时起转移"，依本案案情交代，纠纷发生之时，标的物尚在承租人李某手中，因而赵某并未将卡车交付钱某，故钱某并未取得所有权，此时卡车所有权仍归赵某所有。

《民法典》第 402 条规定，以汽车抵押的，应当办理抵押登记，抵押权自登记时设立。另外，抵押人应对抵押物依法具有所有权或者处分权，不得非法在他人之物上设立抵押。李某无权以他人所有之物设立抵押，且未办理抵押登记，所以李某与银行的抵押合同不能够生效。承租人享有优先购买权，是以在同等条件下为前提的。本案中钱某出价 10 万元，李某出价 9 万元，显然不构成"同等条件"，所以李某主张买回卡车的主张不能够得到支持。

四、熟悉政策，为创业增强动力

政府越来越鼓励创业，陈碗告诉大家要响应政府政策。大学生创业需要了解和用好、用足优惠政策。近年来，越来越多的大学生尝试走创业之路。国家、社会、高校对此都大力支持，各级政府出台了许多优惠政策，涉及融资、开业、税收、创业培训、创业指导等诸多方面。对打算创业的大学生来说，了解这些政策，对于走好创业的第一步非常有益。

目前，我国大学生创业政策主要集中在 7 个方面：

（一）融资服务政策

融资服务政策包括劳动部门、小企业服务中心等部门制定和操作的各项政策，主要有劳动保障部门的开业贷款担保政策、小企业担保基金专项贷款、中小企业贷款信用担保、开业贷款担保、大学生科技创业基金等。政策优惠主要涉及创业贷款、担保及贴息等。

（二）场地扶持政策

场地扶持政策重点包括两方面：一是都市型工业园区的政策，二是开业园区的房租补贴政策。这两大类园区各自都有针对入园企业的房租补贴政策。其中，在开业园区之内，除了房租补贴之外，还有一些相关的配套指导服务，如提供代理记账、专家指导、贷款直接申请的渠道等。

（三）税费减免政策

税费减免政策主要集中在4个方面：（1）商贸型、服务型企业的优惠政策；（2）高校毕业生创业方面的税收优惠政策；（3）失业、协保人员、农村富余劳动力从事个体经营的优惠政策；（4）劳动就业服务企业的税收优惠政策。

（四）开业专家指导政策

目前，上海有一支由600多位各行业专家组成的公益性专家志愿团，可以为创业者提供个性化的指导服务，包括一对一的咨询服务，也可以由多名专家组成专家团为创业者提供“会诊”。另外，还有每隔两周定期举行的开业讲座服务、网上咨询指导服务等。

（五）开业能力提升政策

开业能力提升政策包括3个方面：一是创业培训政策，二是职业经理人培训的政策，三是开业专家讲座方面的信息。其中，创业培训政策为个人提供创业理论、个性化辅导和开业实训三段式的培训。

（六）鼓励科技创业政策

鼓励科技创业政策主要包括大学生科技创业基金政策、科技型中小企业创业基金政策和高新技术成果转化相关政策等。高校毕业生以科研成果或者专利发明创办企业的，就可申请享受各项资金支持政策。高新技术成果转化相关政策包括立项、注册登记、税费减免、贷款扶持、风险投资支持等。

（七）非正规就业孵化器政策

非正规就业是一种小企业的孵化器，个人在创业过程暂时不具备申办小企业的条件或是担心申办小企业成本太高，特别是有意向从事一些劳动密集型、有利于吸纳就业的社区服务业，可申办非正规就业劳动组织，享受有关扶持政策。非正规就业组织能够享受的政策包括无须办理工商登记、3 年内减免地方税费、社会保险缴纳优惠、免费技能培训，还能享受从业风险的综合保险等。

学思之窗

杭向未来·大学生创业创新 最高补贴 500 万元

2020 年杭州市制定出台《杭向未来·大学生创业创新三年行动计划（2020—2022 年）》（以下简称《三年行动计划》），计划到 2022 年，全市新引进 100 万以上大学生来杭创业创新，形成充满活力的大学生创业创新体系，成为大学生“双创”人才集聚地、“双创”成果转化地、“双创”文化引领地。

为落实《三年行动计划》，近日，市人力社保局会同市财政局制定出台了《杭向未来·大学生创业创新三年行动计划（2020—2022 年）实施细则》（以下简称《实施细则》），且于 2021 年 5 月 1 日起实施。

《实施细则》的发布主要为推进《三年行动计划》落实落地落细，进一步整合创业创新资源要素，构建大学生“双创”最优生态，推动我市大学生创业创新工作高质量发展。《实施细则》主要包括：大学生就业创业指导站建站补贴；高层次留学回国人员在杭创新创业项目资助；大学生创业项目无偿资助；大学生创业经营场所房租补贴；大学生杰出创业人才培育计划；大学生创业培训机构奖励；杭州市海外高层次人才创新创业大赛项目资助；中国杭州大学生创业大赛项目无偿资助；全国大学生创业大赛在杭落地项目无偿资助；市级大学生创业园认定及资助；市级大学生创业园考核；大学生创业品牌活动机构评选资助 12 个实施细则和 1 个附则。单项最高补贴高达 500 万元。每一个细则都包括政策内容、资格条件、业务流程等详细内容，可登录杭州市人力资源和社会保障局官网查看。

资料来源：沈晗卿．杭向未来·大学生创业创新 最高补贴 500 万［N］．每日商报，2021－04－08.

技能训练

1. 为什么说“大学生创业，守法是最基本的游戏规则”？

2. 在网络环境下，存在哪些网络诈骗陷阱？如何防范？

3. 传销和直销有哪些区别？为什么大学生会屡陷传销陷阱？如何防范传销陷阱？

4. 如何应用法律关系分析法来分析创业活动中的法律问题？

5. 如何应用请求权基础分析法来分析创业活动中的法律问题？

6. 目前，我国大学生创业政策主要集中在哪些方面？如何享受这些政策，为创业活动节约成本？

在线测试

参考文献

[1] 刘泽海．新编经济法教程 [M]．北京：清华大学出版社，2010.

[2] 庞开山．大学生就业与创业法律实务 [M]．合肥：中国科学技术大学出版社，2011.

[3] 苏瑜．创业不可不防的法律风险 [M]．北京：化学工业出版社，2011.

[4] 杨映忠，孙顺强，刘新智．经济法 [M]．北京：清华大学出版社，2010.

[5] 叶虹．大学生创业法律实务 [M]．北京：清华大学出版社，2009.

[6] 许洪岩，邢文娟．经济法案例教程 [M]．北京：北京交通大学出版社，2011.

[7] 张晓燕．经济法概论 [M]．北京：清华大学出版社，2011.

[8] 赵威．经济法 [M]．3 版．北京：中国人民大学出版社，2009.

[9] 曾咏梅，王峰．经济法 [M]．5 版．武汉：武汉大学出版社，2009.

[10] 蔡君彦．高校毕业生创业的呼声越来越高，但调查数据却显示其成功率相当低 [EB/OL]．新浪新闻，2009-03-13.

[11] 蔡铁锋，陈胜男．宁波一项调查表明大学生创业成功率仅 3%．浙江在线，2010-11-02.

[12] 陈彬峰．“淘宝班”批量生产“百万富翁”[N]．金华晚报，2011-10-11.

[13] 王志坚．石豪杰：该劝退还是评优秀毕业生 [N]．浙中新报，2011-10-12.

[14] 陈锟．大学生创业遇骗局 网上订购袜子 500 元打水漂 [EB/OL]．德州新闻网，2011-10-18.

[15] 陈琼珂，许光耀．业内人士提醒：警惕假支付宝骗网购款 [N]．中国消费者报，2010-09-01.

[16] 杜海．大学生创业网上做买卖 擅自超经营范围被查处 [N]．重庆晨报，2009-02-08.

[17] 胡杨．大学生创业 从校园起步 [N]．唐山晚报，2011-10-24.

[18] 黄墩良．按个手印代价 12 万 [N]．东南早报，2010-12-13.

[19] 李帆．2011 年中国网购交易额超 7 800 亿 [N]．金融投资报，2012-03-07.

[20] 樽粮．盖中盖：被危机绊倒在狂奔途中 [N]．民营经济报，2004-10-11.

[21] 李鹭芸．“淘宝大学”副院长：“创业是最好的教育” [J]．环球人物，2011(30).

[22] 刘丹，李扬．上海一大学生校园经商失败 被判背上百万元债务 [EB/OL]．新华网，2006-02-24.

[23] 马哲，卢灼华．工商：“秒杀”购物证据更重要 [EB/OL]．宁夏新闻网，2011-07-12.

[24] 马喆．北京消费纠纷人民调解委员会挂牌调解协议具法律约束力 [EB/OL]．中国广播网，2012-03-15.

[25] 南婷．凡客采用国家领导人形象做广告遭查处 [EB/OL]．新华网，2012-04-26.

[26] 潘晓凌．超级毕业生：淘宝改变命运？[N]．南方周末，2009-03-18.

[27] 钱启仁．淘宝班的学生们 [N]．浙中新报，2011-12-29.

[28] 沈雁．浙江 11 万涉网企业有了“网络工商”标识 [N]．中国工商报，2011-12-21.

[29] 石薇，余斌．合同纠纷一年多未解决 人民调解矛盾终获化解 [N]．义乌商报，2012-03-13.

[30] 宋洁，贺苗．大学生创业被城管罚两万 申请开听证会减免 [N]．西安晚报，2009-03-25.

[31] 谭启首，张非非．创业缺风险意识 20 天赔四千多 [N]．新晚报，2008-04-01.

[32] 陶涛，陈璐．水果配送网站倒闭“遗言”对创业者很有用 [N]．中国青年报，2011-12-19.

[33] 王冬梅．内蒙古警方将追究何庆魁代言万里大造林非法所得 [N]．检察日报，2009-02-04.

[34] 王伶玲．央视发布 3·15 消费投诉榜：网购高居榜首 [N]．法制晚报，2012-03-13.

[35] 王薇，周海玲，冯铁江．一个红盾标志揪出假冒企业 [N]．绍兴晚报，2011-12-25.

[36] 王烨捷．大学生创业平均比例 0.3% 政府应再添把火 [N]．中国青年报，2009-03-05.

[37] 王祎．营业执照家中“睡觉”商户被罚款 500 元 [N]．三峡晚报，2012-02-29.

[38] 王正，周逸．大学生求职频陷传销陷阱 多因一夜暴富心态横行 [N]．检察日报，2010-11-18.

[39] 魏春兴，李三旺．自谋创业开网店 刚开业却遭遇连环骗局 [EB/OL]．洛阳网，2009-12-15.

[40] 魏小毛．知识产权出资入股审查将更严格 [N]．中国知识产权报，2011-02-28.

[41] 肖莎，朱雨晨．青年创业频频遭遇法律风险 专业人士亮出避险绝招 [N]．法治周末，2010-04-14.

[42] 谢苗枫．粤 50 万毕业生不足 2%创业 [N]．南方日报，2009-02-09.

[43] 徐美燕，杨甫刚．我要做行业的 NO. 1 [N]．教育信息报，2009-05-14.

[44] 许后鹏，徐贤礼．“秒杀”商品也能“三包”拒不退货是违法行为 [N]．京江晚报，2011-10-10.

[45] 杨璐．大学生创业法律知识欠缺企业蒙受损失 [N]．中国青年报，2011-12-19.

[46] 叶静，胡燕妮．广东发生 8 起大学生受骗参与传销事件 [N]．信息时报，2006-09-27.

[47] 张鹏．大学生缘何落入传销陷阱 [N]．中国青年报，2011-04-08.

[48] 赵俊．肯德基“秒杀门”是否违法？[EB/OL] 芦溪县人民法院网，2010-04-15.

[49] 庄胜春．商标抢注蔓延至线上品牌 多家“淘品牌”被抢注 [EB/OL]．中国广播网，2012-04-15.

[50] 白歌．无现金支付还卡在哪儿 [N]．北京晚报，2017-04-27.

[51] 蔡驰凯，范怡瑜．90 后大学生创业不走寻常路：“私人定制”月入上万 [N]．温州晚报，2015-05-06.

[52] 陈孟凯．单位对是否签订劳动合同有举证责任 [N]．合肥晚报，2017-07-31.

[53] 陈晓．融资难成为大学生创业一大门槛 [EB/OL]．东方网，2016-09-09.

[54] 陈扬．宿州一大学生创业艰难走歪道 利用网络技术实施诈骗 [EB/OL]．拂晓新闻网，2016-10-10.

[55] 戴诗卉．大学生创业遭网络诈骗 被骗 8000 元“加盟费” [N]．金陵晚报，

2012-06-20.

[56] 冯松龄．2016年：受理投诉800余万件 挽回消费者损失18亿元 [N]．中国消费者报，2017-03-15.

[57] 高健，文海宣．用“驰名商标”宣传 大中被判三倍赔偿 [N]．北京日报，2016-09-06.

[58] 郭仕伟，郭学逵．论名人代言虚假广告的法律责任 [EB/OL]．广西天峨县人民法院网，2012-02-14.

[59] 解慧．95后在校大学生自费创业月入万元 打造个性礼品定制 [EB/OL]．荆楚网，2016-01-11.

[60] 解丽．10家大学生创业企业四板挂牌 融资不再是难事 [N]．北京青年报，2016-07-04.

[61] 靳昊．去年全国人民调解组织调解纠纷超900万件 [N]．光明日报，2017-06-28.

[62] 李斌．大学生网贷“创业金”被骗 自主创业须防诈骗 [EB/OL]．新华网，2013-11-07.

[63] 李俊．大学生自己创业本没错，网店卖假太不该 [N]．检察日报，2012-05-02.

[64] 李澜．6名大学生“创业”假冒“好声音”网站诈骗50万元 [N]．重庆晨报，2013-10-16.

[65] 刘慧丽．大四女生开公司替人跑腿 代取快递一件2元 [N]．河南商报，2016-11-30.

[66] 卢雨思，李雪红．坐在办公室里也能打官司 余杭法院电子商务网上法庭试水第一案 [N]．余杭晨报，2015-06-03.

[67] 吕秋晴，皮媛媛，鲁信．将电子产品和汽车配件出售到国外——武汉在校大学生创业做跨境电商 年收入十多万元 [EB/OL]．中南在线，2016-03-25.

[68] 吕洋．揭“校园贷”三大骗局 [N]．辽沈晚报，2017-08-16.

[69] 满文飞，邵宽明．12岁小学生打赏3名主播花掉8 500元 [N]．半岛晨报，2017-06-29.

[70] 唐珩．十大违反广告法案例 三条名人代言广告上榜 [N]．羊城晚报，2015-09-29.

[71] 唐婷婷，张玮．暑期打工遇“工伤”劳动关系难认定 [N]．人民法院报，2014-08-12.

[72] 唐玉洁．李文星被骗入传销溺亡案5人被刑拘 细节曝光 [EB/OL]．人民网-

天津频道，2017-08-07.

[73] 王林，陈姿妃．中青报谈大学生创业被坑：近五成受访者不清楚合同诈骗及形式 [N]. 中国青年报，2016-01-31.

[74] 王苗苗，程亚龙．大学生开网店被骗几千元 对方称傻子活该被骗 [N]. 河南商报，2015-10-30.

[75] 乌梦达，李劲峰．还在争议"靠不靠谱"？每年20万大学生创业者如此回答．中国新闻网，2017-06-27.

[76] 谢湘，雷宇．华科大学生为何能叱咤"创业江湖"[N]. 中国青年报，2014-10-27.

[77] 谢洋，李迪斐，董兴生．桂林多个创业团队上当，损失数百万元贷款 [N]. 中国青年报，2014-03-03.

[78] 谢洋，李迪斐，董兴生．调查发现近五成创业大学生不清楚合同诈骗及形式 [N]. 中国青年报，2016-01-31.

[79] 周萍英，黄鹏．大学生创业开设计公司一年利润百万 [N]. 楚天金报，2017-05-02.

图书在版编目（CIP）数据

创业法律实务/孙祥和编著．—3版．—北京：中国人民大学出版社，2023.1
ISBN 978-7-300-31113-5

Ⅰ.①创… Ⅱ.①孙… Ⅲ.①企业法—中国—高等职业教育—教材 Ⅳ.①D922.291.91

中国版本图书馆CIP数据核字（2022）第192454号

"十三五"职业教育国家规划教材
新编21世纪高等职业教育精品教材·工商管理类
创业法律实务（第3版）
孙祥和　编著
Chuangye Falü Shiwu

出版发行	中国人民大学出版社		
社　　址	北京中关村大街31号	**邮政编码**	100080
电　　话	010－62511242（总编室）		010－62511770（质管部）
	010－82501766（邮购部）		010－62514148（门市部）
	010－62515195（发行公司）		010－62515275（盗版举报）
网　　址	http://www.crup.com.cn		
经　　销	新华书店		
印　　刷	中煤（北京）印务有限公司	**版　　次**	2013年1月第1版
规　　格	185 mm×260 mm　16开本		2023年1月第3版
印　　张	20.25 插页1	**印　　次**	2023年1月第1次印刷
字　　数	398 000	**定　　价**	45.00元